# SUPREMO TRIBUNAL FEDERAL

Prússia contra Reich

Martonio Mont'Alverne Barreto Lima

# SUPREMO TRIBUNAL FEDERAL
## Prússia contra Reich

1ª reimpressão

SÃO PAULO
2023

Copyright © EDITORA CONTRACORRENTE
Alameda Itu, 852 | 1º andar |
CEP 01421 002
www.loja-editoracontracorrente.com.br
contato@editoracontracorrente.com.br

**EDITORES**
Camila Almeida Janela Valim
Gustavo Marinho de Carvalho
Rafael Valim
Walfrido Warde
Silvio Almeida

**EQUIPE EDITORIAL**
COORDENAÇÃO DE PROJETO: Erick Facioli
REVISÃO: Luciana Moreira
PREPARAÇÃO DE TEXTO: Amanda Dorth
REVISÃO TÉCNICA: Douglas Magalhães
DIAGRAMAÇÃO: Pablo Madeira
CAPA: Maikon Nery

**EQUIPE DE APOIO**
Fabiana Celli
Carla Vasconcelos
Regina Gomes
Nathalia Oliveira

**Dados Internacionais de Catalogação na Publicação (CIP)**
**(Câmara Brasileira do Livro, SP, Brasil)**

Lima, Martonio Mont'Alverne Barreto
    Supremo Tribunal Federal : Prússia contra Reich /
Martonio Mont'Alverne Barreto Lima. -- São Paulo,
SP : Editora Contracorrente, 2023.

    ISBN 978-65-5396-050-3

    1. Brasil. Supremo Tribunal Federal 2. Poder
judiciário 3. Prússia (Alemanha) - Política e governo
I. Título.

22-121757                                          CDD-347.991:32(81)

**Índices para catálogo sistemático:**
1. Supremo Tribunal Federal : Direito e política    347.991:32(81)
Eliete Marques da Silva - Bibliotecária - CRB-8/9380

@ @editoracontracorrente
f Editora Contracorrente
🐦 @ContraEditora

*Para Maria Cláudia, Júlia e Rafael, que tanto entenderam minhas ausências!*

*Que toute le lois soit claire, uniforme et précise: l'intepréter, c'est presque toujour la corrompre.*[1]

*In the center of the counter-revolution stood the judiciary. (...) Law is perhaps the most pernicious of all weapons in political struggles, precisely because of the halo that surrounds the concepts of right and justice. (...) It is impossible to escape the conclusion that political justice is the blackest page in the life of the German Republic. The judicial weapon was used by the reaction with steadily increasing intensity.*[2]

*A neutralidade política dos tribunais era apenas um mito.*[3]

*O órgão que, desde 1892 até 1937, mais falhou à República não foi o Congresso. Foi o Supremo Tribunal Federal. Grandes culpas teve, sem dúvida, o primeiro. Teve, porém, dias de resistência, de que saiu vitorioso ou tombou golpeado. (...) O Supremo Tribunal, erigido como supremo intérprete da Constituição e seu guarda supremo contra as tempestades do arbítrio, recuava, nos dias tempestuosos, de sua sagrada missão.*[4]

---

1 VOLTAIRE. *Dictionnairie Philosophique*. Le chasseur abstrait, 2005, p. 1518.

2 NEUMANN, Franz. *Behemoth*: the Structure and Practice of Nacional Socialism, 1933-1944. Chicago: Ivan R. Dee, ass. with The US Holocaust Memorial Museum, 2009, pp. 20-23.

3 No original: *Die politische Neutralität der Gerichte war nur noch ein Mythos.* (KIRCHHEIMER, Otto. *Politische Justiz*. Frankfurt am Main: Fischer Verlag, 1995, p. 319).

4 MANGABEIRA, João. *Rui*: o Estadista da República. Brasília: Senado Federal, 1999, pp. 83/84 e 85/86. (Coleção Biblioteca Básica Brasileira).

# SUMÁRIO

AGRADECIMENTOS ........................................................ 11

INTRODUÇÃO .............................................................. 13

CAPÍTULO I – *PREUßEN* CONTRA *REICH* ..................... 61

1.1 *Der Doppelstaat* (*The Dual State*) *versus Behemoth?*
Ou sobre o Poder Judiciário ....................................... 87

CAPÍTULO II – O JULGAMENTO E AS POSIÇÕES
INTELECTUAIS ............................................................. 113

2.1 Carl Schmitt ......................................................... 145

2.2 Hermann Heller ..................................................... 170

2.3 Schmitt, Heller, Teoria Constitucional e Tribunais ...... 190

CAPÍTULO III – CONSTITUIÇÃO, GOVERNO E
INSTABILIDADE .......................................................... 201

3.1 O Supremo Tribunal Federal, crise política e os
julgamentos – a arguição de descumprimento de
preceito fundamental n. 378 ..................................... 222

3.2 Mandatos de Senadores: afastamento e prisão .......... 247

3.3 Nomeação e exercício do cargo de Ministro de
Estado ................................................................. 258

## CAPÍTULO IV – PODER JUDICIÁRIO E AS FORMAS JURÍDICAS NO DIREITO … 287

4.1 Um olhar materialista … 305

## REFERÊNCIAS BIBLIOGRÁFICAS … 361

# AGRADECIMENTOS

Amigas e amigos sinceros estiveram ao meu lado enquanto escrevia esta pesquisa, durante quase três anos. Muitos nem sequer sabem o quanto me foram importantes, mas suas conversas, sugestões de leitura e de aspectos que me pareceram necessários ao texto foram decisivos para minha reflexão.

Não tenho como deixar de agradecer também aos que leram uma primeira versão do que agora se publica: Ana Maria D'Ávila Lopes, Cynara Monteiro Mariano, Daniel Rocha Chaves, Felinto Alves Martins Filho, Filomeno de Moares, Henrique Campani, Ítalo Reis Gonçalves, José Menescal de Andrade Júnior, Linda Gondim, Marcelo Cattoni, Márcio Augusto de Vasconcelos Diniz, Mariana Mont'Alverne Barreto Lima, Newton de Menezes Albuquerque, Thaís Araújo Dias, e o querido casal de amigos Walquíria e Rubem Leão Rêgo. Essas primeiras leitoras e leitores não possuem nenhuma relação com os equívocos e erros do livro, que são todos de minha exclusiva responsabilidade.

Devo um agradecimento todo especial ao Prof. Friedrich Müller, pela interlocução privilegiada com quem tenho a honra de dispor com um dos mais importantes nomes da Ciência do Direito da atualidade. À Profa. Ingeborg Maus devo os valiosos diálogos sobre democracia e soberania do povo. Aos Profs. Wolf Paul e Ilse Staff, *in memorian*, jamais terei agradecimentos suficientes: os anos em

Frankfurt a. M. me foram decisivos, em todos os sentidos. A elas e eles serei sempre grato e jamais esquecerei suas preciosas observações.

# INTRODUÇÃO

O julgamento conhecido como *Preußen contra Reich*[5] foi concluído pelo Tribunal do Estado (*Staatsgerichtshof*), com sede em Leipzig, em 25 de outubro de 1932. O julgamento começou por força dos episódios de 17 de julho do mesmo ano, no distrito de Altona, em Hamburg, após batalhas de rua de nazistas contra trabalhadores e comunistas. De um lado, integrantes do conhecido "Destacamento de Assalto" (*Sturmabteilung*, cuja abreviação veio a ser SA), em enfrentamento físico contra comunistas, de outro lado. O caso restou conhecido por "domingo sangrento" e terminou com vinte e seis mortes. Foi o último e mais significativos dos episódios políticos que se acumularam desde 1930 no Estado da Prússia, onde a tensão decorria da forte presença política dos sociais-democratas e comunistas na realidade cotidiana.

---

[5] Será utilizada a grafia *Preußen* do idioma alemão para Prússia, e não sua forma moderna, *Preussen*. Quase todas as fontes aqui consultadas assim escrevem esse substantivo próprio. Referida opção parece ser a forma mais adequada à fidelidade das fontes. A palavra *Reich* significa literalmente império. Na Constituição de Weimar seu sentido deve ser entendido como Estado, já que, por razões óbvias, não há que se falar em império ou monarquia na Alemanha após a Primeira Guerra Mundial e a promulgação desta Constituição. As traduções do idioma alemão usadas neste texto, quando não indicadas suas fontes, são de responsabilidade do autor. Para o caso de eventuais comparações, sempre se acrescentou a redação original no rodapé.

Os acontecimentos no Estado da Prússia levaram o governo central do Presidente do *Reich* (*Reichspräsident*), Paul von Hindenburg, a decretar o Estado de Emergência no território daquele Estado, com base no art. 48 da Constituição de Weimar. O governo estadual prussiano ajuizou "requerimento com pedido de expedição de medida liminar contra o *Reich* alemão"[6] perante o Tribunal do Estado da Alemanha (*Staatsgerichtshof*), onde se questionou esta competência do Presidente.

O entendimento do Tribunal do Estado sobre federalismo já era "vago" durante os tempos de Weimar,[7] e assim permaneceu também após a decisão deste caso, o que não livrou o Tribunal das consequências históricas dos acontecimentos pouco mais de três meses depois.

Grande parte da literatura constitucional – de história do Direito e de teoria política – trata a decisão do Tribunal do Estado como uma daquelas responsáveis por ter aberto o caminho para o assalto final à República de Weimar, que se consolidaria em 30 de janeiro de 1933 com a nomeação de Adolf Hitler para o cargo Chanceler do *Reich* (*Reichskanzler*): "30 de janeiro: Hitler Chanceler. O que denominei de terror com a eleição de domingo, 5 de março, foi apenas um suave prelúdio",[8] foi a observação do filólogo

---

6  *Antrag auf Erlass einer einstweiligen Verfügung gegen das Deutsche Reich.*

7  CALDWELL, Peter. *Popular Sovereignty and the Crises of German Constitutional Law*: the Theory & Practice of Weimar Constitutionalism. Durham e Londres: Duke University Press, 1997, p. 163.

8  *30. Januar: Hitler Kanzler. Was ich biz zum Wahlsonntag, 5.3, Terror, nannte, war mildes Prélude* (KLEMPERER, Victor. *Ich will Zeugnis ablege bis zum letzten*: Tagebücher 1933-1941. Berlim: Aufbau Verlag, 2015, p. 7). Klemperer refere-se aqui, nos seus Diários, à última eleição pluripartidária da Alemanha para o Parlamento (*Reichstag*) durante a República de Weimar, do ano de 1933. Nesta eleição, o Partido Nacional Socialista Alemão dos Trabalhadores (NSDAP – *Nationalsozialistische Deutsche Arbeiterpartei*), o Partido Nazista, recebeu 43,9% dos votos, conquistando 288 vagas. O mais próximo do Partido Nazista foi o Partido Social-Democrata da Alemanha, o SPD: com 18,3% dos votos, restaram-lhe 120 vagas. Também sobre a análise

## INTRODUÇÃO

Victor Klemperer. Klemperer permaneceu na Alemanha, onde pôde estudar com afinco a linguagem utilizada durante os anos de 1920 até 1945. Uma de suas conclusões é a de que o nacional-socialismo se fortaleceu quando sua linguagem passou a ser dominante entre a população alemã, o que incluiu até os opositores do nazismo.[9]

Há olhares divergentes sobre este aspecto, e referida questão não escapará da discussão aqui enfrentada. A dualidade que envolveu o Estado da Prússia e o governo do *Reich*, corporificada nos seus passado e presente durante a República de Weimar com um desafio daqueles tempos, foi um dos elementos decisivos durante a apreciação judicial do caso. De um passado "monárquico militar, com valores e estruturas autoritário-estatais",[10] a Prússia passa a ser identificada como o "bastião democrático do Estado de Weimar, em virtude da ação contínua da coalizão entre o SPD

---

de Klemperer: *Victor Klemperer's diaries chronicled the life and suffering of a German Jew in Nazi Germany and the manipulation of language by a totalitarian regime. Ernst Fraenkel's Dual State and Franz Neumann's Behemoth set out theories offering profound insights into the legal and political nature of the Nazi system.* (OETTE, Luz. "Document and analyze: the legacy of Klemperer, Fraenkel, and Neumann for Contemporary Human Rights Engagement". *Human Rights Qaurtely*, John Hopkins University Press, vol. 39, n° 4, nov. 2017, p. 832).

9  A obra conhecida sobre o estudo filológico de Victor Kelmperer é: *LTI*: Lingua Tertii Imperii – Notizbuch eines Philologen. Dietzingen: Reclam, 2019.

10 Para Karl Marx: "Em cada um de todos os seus passos, mesmo numa simples mudança de endereço, a todo-poderosa burocracia entra em ação, esta segunda providência de origem prussiana genuína. Não se pode viver nem morrer, nem casar, nem escrever cartas, pensar, imprimir, fazer negócios, ensinar ou aprender, convocar uma reunião, construir uma fábrica, emigrar, nem se fazer nada sem 'autorização oficial'". No original: "*Bei jedem ihrer Schritte, selbst bei einer einfachen Ortsveränderung, tritt die allmächtige Bürokratie in Aktion, diese zweite Vorsehung echt preußischer Herkunft. Man kann weder leben noch sterben, weder heiraten, Briefe schreiben, denken, drucken, sich Geschäften widmen, lehren oder lernen, eine Versammlung einberufen, eine Fabrik bauen, auswandern, noch überhaupt irgend etwas tun ohne 'obrigkeitliche Erlaubnis'*". (MARX, Karl. "Die Lage in Preußen". *In*: MARX, Karl; ENGELS, Friedrich. *Marx-Engels-Werke*. vol. 12. Berlim: Dietz Verlag, 1963, p. 616).

(*Sozialdemokratische Partei Deutschlands,* Partido Social-Democrata da Alemanha), o Centro Católico (*Deutsches Zentrumspartei*) e DDP"; esse último conhecido como liberais de esquerda (*Deutsche Demokratische Partei*).[11] O *Dualismus* entre o governo do *Reich* e aquele da Prússia desempenhou papel constante nas disputas internas, revelando-se fundamental na instável relação com o governo central, com maior intensidade nos tempos de Weimar, e em razão do apoio dos sociais-democratas a Weimar com sua Constituição.

Um dos mais representativos juristas à época, Heinrich Triepel, responsabilizava a Prússia pela questão do "dualismo" e a instabilidade constitucional e política daí decorrente. Em permanente disputa pela "hegemonia" contra o governo central, no âmbito de um só Estado em que havia se constituído o *Reich*, Triepel afirma que:

> De fato, o sistema da Constituição de Weimar teve o efeito de que o particularismo levantou sua feia cabeça não apenas no *Reich* em geral, mas especialmente na Prússia. Foi a Prússia que ocasionalmente assumiu a liderança da oposição ao governo unitário do *Reich* no mesmo Conselho do *Reich*.[12]

O que Triepel não menciona, porém, é que a nova forma de governo organizada pela Constituição de Weimar deixou em evidente reconhecimento a divisão das competências entre governo

---

[11] BRACHER, Karl Dietrich. "Dualismus oder Gleichschaltung: Der Faktor Preußen in der Weimarer Republik". *In*: BRACHER, Karl Dietrich; FUNKE, Manfred; JAKOBSEN, Hans-Adoff (Coord.). *Die Weimarer Republik 1918-1933*: Politik, Wirstschaft, Gesellschaft. vol. 251. Bonn: Bundeszentrale für politische Bildung, 1998, p. 537.

[12] "*In der Tat hat das System der Weimarer Verfassung die Wirkung gehabt, daß nicht nur im Reiche überhaupt, sondern besonders in Preußen der Partikularismus sein häßliches Haupt erhob, und Preußen war es, das gelegentlich im Reichesrate die Führung der Opposition gegen die unitarische Reichsregierung übernahm*". (TRIEPEL, Heirich. *Die Hegemonie*: Ein Buch von führenden Staaten. Stuttgart: Verlag von W. Kohlhammer, 1943, p. 577).

INTRODUÇÃO

central (*Reich*) e dos Estados (*Länder*, especialmente quando dos arts. 5, 6 e 7 daquela Constituição). Com outras palavras, seria impossível esperar que os governos estaduais não lançassem mão de suas prerrogativas constitucionais relativamente às questões em seu território e de suas competências executiva e legislativa.

O governo central, já então com forte inclinação nazista, enxergava nos sociais-democratas prussianos um obstáculo a ser superado: neste cenário, a remoção dos sociais-democratas dar-se-ia com a utilização do Direito como arma política contra adversários, com participação do Poder Judiciário. Eis os componentes do conhecido *Preussenschlag* de 1932, ou "golpe na Prússia".

Em 15 e 16 de dezembro de 2015, o Supremo Tribunal Federal (STF) decidiu o trâmite do processo por crime de responsabilidade da então Presidenta Dilma Rousseff, a desenvolver-se no âmbito da Câmara dos Deputados e no Senado Federal. Era o final do primeiro ano do segundo mandato da Presidenta Dilma Rousseff, precedido por outros dois mandatos de orientação de centro-esquerda do Presidente Luiz Inácio Lula da Silva. Provocado pelo Partido Comunista do Brasil (PCdoB), o Supremo Tribunal Federal julgou a Arguição de Descumprimento de Preceito Fundamental n. 378 (ADPF n. 378), a fim de analisar os termos da recepção da Lei n. 1.079, de 10 de abril de 1950 pela Constituição Federal de 1988. Esta Lei regulamenta até hoje o processo e julgamento por crime de responsabilidade do Presidente da República.

O processo judicial fora desencadeado após decisão do Presidente da Câmara dos Deputados, que recebeu a denúncia dos advogados e professores Janaína Conceição Paschoal e Miguel Reale Júnior, ambos da Faculdade de Direito da Universidade de São Paulo, contra a então Presidente, e mandou instalar comissão na mesma Câmara dos Deputados, para posterior decisão do plenário daquela Casa Legislativa, a respeito da definitiva admissibilidade, ou não, da denúncia protocolada.[13]

Pouco antes e depois desta decisão, houve as seguintes decisões, todas do STF, todas a exibirem o elevado grau de tensão política na esfera nacional do Estado brasileiro, e ainda a anunciarem o que logo aconteceria nos meados de dezembro de 2016:

| Processo | Assunto | Decisão |
|---|---|---|
| Ação Cautelar n. 4.039, Rel. Min. Teori Zavascki | Afastamento do mandato e prisão do Senador da República Delcídio do Amaral (PT-MS) | Senador afastado e preso por 81 dias (25.11.2015-19.02.2016) por decisão da 2ª Turma do STF |
| ADI n. 5.526, Rel. Min. Edson Fachin[14] | Afastamento do mandado do Senador da República Aécio Neves (PSD-MG) pelo STF | Decisão da 1ª Turma do STF cassada pelo Pleno: a decisão do STF submete-se ao Senado Federal para afastamento |
| Inquérito n. 4.483, Rel. Min. Edson Fachin. Agravo Regimental na Ação Cautelar n. 4.327, Rel. Min. Marco Aurélio | Afastamento do mandato e pedido de prisão do Senador da República Aécio Neves (PSDB –MG) | Decisão monocrática de afastamento do Senador revogada |

---

[13] O primeiro pedido foi protocolado em 15 de outubro de 2015. Em 2 de dezembro de 2015 foi atuado o segundo pedido dos mesmos autores perante a Câmara dos Deputados, após desistência do primeiro, data em que o Presidente da Câmara dos Deputados admitiu a denúncia (CÂMARA DOS DEPUTADOS. *Denúncia por Crime de Responsabilidade n. 1/2015*. 02 dez. 2015, p. 3696. Disponível em: https://www.camara.leg.br/proposicoesWeb/fichadetramitacao?idProposicao=2057823. Acessado em: 29.08.2022).

[14] Relator para o acórdão Min. Alexandre de Moraes, após ser vencido o Relator originário.

INTRODUÇÃO

| Mandados de Segurança n. 34.070 e n. 34.071, Rel. Min. Gilmar Mendes. ADPFs n. 390 e n. 391, Rel. Min. Teori Zavascki | Nomeação de Luiz Inácio Lula da Silva para o cargo de Ministro Chefe da Casa Civil da Pres. Dilma Rousseff | Decisão monocrática a suspender a eficácia da nomeação no cargo. ADPFs n. 390 e n. 391, a tratarem do assunto, arquivadas |
|---|---|---|
| Mandados de Segurança n. 34.609 e n. 34.615, Rel. Min. Celso de Mello | Nomeação de Wellington Moreira Franco para o cargo de Ministro Chefe da Casa Civil do Pres. Michel Temer | Decisão monocrática a permitir a posse no cargo |
| Mandado de Segurança n. 37.097, Rel. Min. Alexandre de Moraes | Nomeação de Alexandre Ramagem Rodrigues para o cargo de Diretor-Geral da Polícia Federal | Decisão monocrática a suspender a eficácia da nomeação no cargo Processo extinto |

Este conjunto de decisões vincula-se entre si em razão da crise constitucional e política que se instalou no Brasil logo após a reeleição de Dilma Rousseff em outubro de 2014. É neste ambiente – e posteriormente – que a jurisprudência do STF também se mostrou oscilante.

A escolha das decisões para análise do estudo não é aleatória. A decisão de afastamento e prisão de um Senador na República, no regular exercício de seu cargo, não possuía precedente no constitucionalismo brasileiro. Ao assim decidir em novembro de 2015, o STF o fez com questionável base constitucional, num momento de crise política, cujo aprofundamento confirmou-se com a decisão da ADPF n. 378, vinte e dois dias mais tarde. Esta ADPF abrirá a parte do estudo referente ao caso brasileiro.

Quando se constatou, em 2017, que o mesmo STF não mandou prender o Senador Aécio Neves, como fez com o Senador Delcídio Amaral, e que o Senado Federal decidiu deliberar sobre a aplicação, ou não, da decisão do STF de afastamento do Senador Aécio Neves quando tal ordem já havia sido expedida e enviada ao Presidente do Senado Federal, não há como esses fluxos e contra-fluxos constitucionais e políticos permanecerem despercebidos e não provocarem a dedicação de estudos a procurarem realizar sua crítica, bem como compreenderem sua natureza explicativa. Como quase nada é novidade na história, vale aqui a observação sobre outras experiências, para momentos em que tamanha disfunção dos Poderes de uma República compromete a existência do Estado Democrático de Direito:

> Quando um povo pelo erros de seus monarchas, pelos vicios da sua indole, e pela influencia das circumstancias, degenerado inteiramente da sua atividade primitiva, da sua pristina grandeza, e da sua prosperidade nacional, chegado à ultima degradação da intelligencia e dos costumes, está prestes a apagar seu nome na lista da nações, só dois caminhos se lhe offerecem para frustrar o destino: a revolução, que é energia violenta da própria sociedade acordando se deu lethargo diuturno pela ressureição da consciência, ou o despotismo iluminado, que é a força de um só homem, substituída à dormente razão da sociedade.[15]

Igualmente sem jurisprudência alguma anterior, o STF impediu a posse do ex-Presidente Luiz Inácio Lula da Silva como Ministro Chefe da Casa Civil da Presidenta Dilma Rousseff. A capacidade de articulação política do ex-Presidente Lula era de amplo conhecimento, bem como não era duvidosa a influência do ex-Presidente perante parlamentares, e que poderia mudar os rumos da votação na Câmara dos Deputados em favor de Dilma Rousseff.

---

[15] COELHO, José Maria Latino. *Marquez de Pombal*. Lisboa: Arte Mágica Editores, 2003, p. 1 (*sic*).

INTRODUÇÃO

Após a destituição de Dilma Rousseff, Michel Temer, agora Presidente da República, nomeou Wellington Moreira Franco para o mesmo cargo do ex-Presidente Lula: Ministro Chefe da Casa Civil. Detentor de capacidade de articulação política, Moreira Franco era importante para o momento inicial do governo do Presidente Temer. Alegando-se o mesmo que se alegou contra o ex-Presidente Lula, foi requerida ao STF a proibição de se nomear Moreira Franco. O STF agora manteve Moreira Franco no cargo que não permitiu ao ex-Presidente Lula.

Em 2019, após conflitos com seu Ministro da Justiça, o Presidente da República Jair Bolsonaro nomeou para o cargo de Diretor-Geral da Polícia Federal Alexandre Ramagem Rodrigues. Uma decisão monocrática liminar do Min. Alexandre de Moraes impediu a posse do nomeado,[16] o que conduziu inexoravelmente aos precedentes anteriores a envolverem o ex-Presidente Luiz Inácio Lula da Silva e Wellington Moreira Franco.

Há diversos pontos comuns entre os pedidos judiciais contra as posses nos cargos respectivos do ex-Presidente Lula em março de 2016, de Moreira Franco em 2017 e do novo Diretor-Geral da Polícia Federal em 2020: todos são pedidos ajuizados por meio de mandados de segurança; foram impetrados por partidos políticos; fundamentam-se na ocorrência de desvio de finalidade; e tiveram liminares decididas monocraticamente. O cerne da questão era

---

[16] Mandado de Segurança n. 37097, impetrado pelo Partido Democrático Trabalhista, PDT. A decisão liminar foi expedida em 29.04.2020 pelo Relator, e consistiu no deferimento da referida medida "(...) para suspender a eficácia do Decreto de 27/4/2020 (DOU de 28/4/2020, Seção 2, p. 1) no que se refere à nomeação e posse de Alexandre Ramagem Rodrigues para o cargo de Diretor-Geral da Polícia Federal" (Disponível em: http://portal.stf. jus.br/processos/downloadPeca.asp?id=15342983750&ext=.pdf. Acessado em: 29.08.2022). Em 04.05.2020 o Presidente da República nomeou Rolando Alexandre de Sousa para o cargo de Diretor-Geral da Polícia Federal. O Relator decretou, assim, a perda do objeto do Mandado de Segurança, decisão que transitou em julgado em 03.06.2020.

saber se houve desvio de finalidade, ou seja, haveria que se provar questão fática da parte de quem os nomeou, no sentido de deixar claro, desde o início do processo, que os Presidentes nomeantes desejaram, na verdade, atingir finalidade escusa com as nomeações realizadas sob aparente legalidade.

O questionamento central, pela processualística brasileira, exigiria esclarecimentos sujeitos à produção de provas, como depoimentos, o que se mostra incompatível com a garantia constitucional do mandado de segurança. Mas isso não foi objeto de apreciação pelo STF.

Como inexiste coincidências na racionalidade material da história, as decisões são aqui abordadas em razão de seu encadeamento e da vinculação a seus contextos de pressão política respectiva: o STF, como guardião da Constituição Federal, assim como outra corte com idêntica competência, exerce, a partir de sua compreensão sobre o tema, a jurisdição política e sobre a política. Dados tais pressupostos, o estudo que se desenvolverá procura encontrar nexos analíticos entre os comportamentos do Poder Judiciário nestes dois casos de grave crise. Trata-se de uma tentativa de análise entre episódios que tiveram na condição de atores institucionais decisivos para seus desfechos respectivos a burocracia judiciária, partidos políticos, setores da comunicação e governos distantes de agendas liberais tradicionais.

Desde já, adverte-se que este escrito não terá por base a "quimérica objetividade da história",[17] em que fatos e personagens obedecem à mecânica do bem e do mal; da defesa ou do enfraquecimento da democracia e da Constituição; da coragem e da covardia. Haverá instantes que vínculos de dubiedade entre os

---

[17] MIÉVILLE, China. *Outubro*: história da Revolução Russa. São Paulo: Boitempo, 2017, p. 15.

INTRODUÇÃO

diferentes lados da história se contradizem: *"The devil can cite Scripture for his purposes/An evil soul producing holy witness"*.[18]

Essas contradições antes enriquecem a fenomenologia dos acontecimentos, impondo desafios sobre quem os observa do que impossibilitam que se alcance conclusões razoáveis sobre o papel do Poder Judiciário em momentos de crises, seja na Europa, seja na América do Sul. A profunda historicidade material na qual se movimentam forças políticas da democracia liberal ocidental não se destitui de suas evidentes contradições, de forma a acontecer como tragédia e farsa.[19]

Num e noutro caso, a profusão de atores, instituições e racionalidades aparentemente desconectadas entre si não impedem que, a partir do exame das camadas onde tais elementos se apresentam, se tenha o todo diante dos olhos: *"Secret knowledge is deep knowledge (because only what is lying under the surface can remain unknown)"*.[20]

Será no contexto do caráter variável do Poder Judiciário que a histórica contradição dos casos aqui analisados será exposta. O mesmo Poder Judiciário avança nos assuntos dos costumes; reflui na matéria da democracia econômica; aceita uniões homoafetivas, mas se recusa a definir a função social da propriedade; adota dubiedade quando se trata de relativizar a conhecida presunção de inocência, amplia, porém, direitos às mães encarceradas. Marchas e contramarchas que não alteram o Poder Judiciário como centro subjacente de participação da decisão política do poder do Estado, o qual poderia, com sua

---

[18] SHAKESPEARE, William. "The Merchant of Venice". *Shakespeare Comedies*, vol. I. Edited by Peter Alexander. Londres e Glasgow: Collins, 1963, p. 427.

[19] MARX, Karl. "Der achtzehnte Brumaire des Louis Napoleon". *In*: MARX, Karl; ENGELS, Friedrich. *Marx-Engels-Werke*. vol. 8. Berlim: Dietz Verlag, 1960, p. 115.

[20] ECO, Umberto. *Interpretation and Overinterpretation*: World, History, Texts. The Tanner Lectures on Human Values. Delivered at Clare Hall: Cambridge University, 1990, p. 10.

proeminência, ter protegido as leis e a Constituição, e, sobretudo, a radicalidade do constitucionalismo democrático e dirigente de 1988.

A diferença entre as situações da Alemanha da República de Weimar e do Brasil após a Constituição de 1988 comprova-se facilmente: sociedades com formação e história completamente diferenciadas é apenas um dos aspectos revelador da distância entre uma e outra.

É necessário que se procure fundamentar a possibilidade da análise sobre dois poderes judiciais de duas sociedades distintas em tempos igualmente distantes um do outro. Não se trata de tentativa de comparação intelectual entre experiências separadas por lugares e tempos. Trata-se, na verdade, de analisar as duas atuações do Poder Judiciário por seus impactos durante crises que ameaçaram as normatividades constitucionais respectivas.

Susan Neiman enfrentou o debate complexo da análise entre dois grandes males humanos, espacial e temporalmente distantes: a escravidão de populações africanas durante a colonização britânica nos Estados Unidos, seguido do problema racial nos mesmos Estados Unidos, até o século XX, de um lado, e o holocausto perpetrado pela Alemanha nazista, de outro lado. *"'Tendentious' is the mildest objection white people raise. Slavery was wrong, but it was an economic issue. How can you compare it to the deliberate murders of millions?"*,[21] foi apenas uma das críticas que a autora relata ter enfrentado.

Palavras como aquelas de Howard Zinn, confirmadoras da profundidade da escravidão e do racismo na formação cultural e política dos Estados Unidos, fortalecem a análise de Neiman,

---

[21] NEIMAN, Susan. *Learning from the Germans*: Race and the Memory of Evil. Nova Yok: Farrar, Straus and Giroux, 2019, p. 27.

INTRODUÇÃO

embora não pareçam ter recebido de consideração pelos mesmos críticos de Neiman:[22]

> There is not a country in world history in which racism has been more important, for so long a time, as the United States. And the problem of "the color line", as W. E. B, Du Bois put it, is still with us. So it is more than a purely historical question to ask: How does it start? -and an even more urgent question: How might it end? Or, to put it differently: Is it possible for whites and blacks to live together without hatred? If history can help answer these questions, then the beginnings of slavery in North America-a continent where we can trace the coming of the first whites and the first blacks-might supply at least a few clues.

Neiman inicia com sua resposta por entender que não se trata simplesmente de comparação entre males: *"Evil isn't a matter for competition, though it is often treated as one".*[23] A Filósofa adverte que escreveu um livro *"about comparative redemption, not comparative evil".*[24] Dessa maneira, por exemplo, na tentativa de se universalizar as diferenças para melhor compreensão, a autora chama a atenção de seu leitor para o fato de que há monumentos a lembrarem o holocausto; mas com exceção do National Lynching Memorial for Peace and Justice, em Montgomery, Alabama, *"there are no large momuments remebering the victims of racial terror or* dedicated *to educating the public about the forces that led to those crimes".*[25]

---

22  NEIMAN, Susan. *Learning from the Germans*: Race and the Memory of Evil. Nova Yok: Farrar, Straus and Giroux, 2019, p. 18.

23  NEIMAN, Susan. *Learning from the Germans*: Race and the Memory of Evil. Nova Yok: Farrar, Straus and Giroux, 2019, p. 37.

24  NEIMAN, Susan. *Learning from the Germans*: Race and the Memory of Evil. Nova Yok: Farrar, Straus and Giroux, 2019, p. 32.

25  NEIMAN, Susan. *Learning from the Germans*: Race and the Memory of Evil. Nova Yok: Farrar, Straus and Giroux, 2019, p. 305.

A mensagem da perversidade deveria ser enfrentada como uma única, a dizer do que foi e é capaz o homem. Mas não se pode esquecer que a perversidade adquire formas distintas espacial e temporalmente. Desvendar essas formas, nas suas peculiaridades respectivas, é dever também da tarefa científica de trabalhar o passado em busca do futuro, com este passado fortemente esclarecido, na concreta esperança de que não se repita.

Susan Neiman não somente oferece uma visão de como comparar experiências extremas a respeito do trabalhar para a superação de eventos traumáticos, desencadeadores do mal, e a comprometerem e desafiarem a existência humana, num regresso inimaginável do nível civilizatório, mesmo que discursivo. Há uma concordância generalizada a abarcar o pensamento conservador e liberal, sobre como puderam acontecer episódios como o holocausto contra o povo judeu e o terror racial contra a população afro-americana dos Estados Unidos: como teriam sido possíveis tão marcantes episódios no século XX? Quando a autora relata seus encontros com ativistas, lideranças intelectuais e políticas, compreende-se, por exemplo, por que se permitiu a presença de antigos nazistas em postos de destaque da alta burocracia alemã, após a Segunda Guerra e a diferença como tal tema foi enfrentado de modo assimétrico entre os dois Estados alemães então existentes, a República Federal da Alemanha e a República Democrática Alemã.[26] Explica também Neiman como se construiu a assimilação

---

[26] NEIMAN, Susan. *Learning from the Germans*: Race and the Memory of Evil. Nova Yok: Farrar, Straus and Giroux, 2019, pp. 81 e ss. O destaque se registra pela presença de diplomatas, muitos filiados ao Partido Nazista que foram reincorporados ao serviço do Min. das Relações Exteriores da Alemanha (*Auswärtiges Amt*) durante o governo de Konrad Adenauer. Cf.: CONZE, Eckart; FREI, Norbert; HAYES, Peter; ZIMMERMANN, Moshe. *Das Amt und die Vergangenheit*: Deutsche Diplomaten im Dritten Reich und in der Bundesrepublik. München: Verlag, 2010. Um caso significativo é o de Hans Globke, oficial do Ministério do Interior nazista, que escreveu comentários sobre as leis raciais conhecidas como "Leis de Nürnberg" e trabalhou sobre a liderança de Rudolf Heß. Preso após a guerra, Globke foi

INTRODUÇÃO

da cultura social de relutância quando da punição contra o terror racial praticado sistematicamente no sul dos Estados Unidos.[27] O que se ressalta em comparações de maior abrangência espacial e temporal é a fraqueza de instituições e de pessoas a caracterizar com firmeza os momentos históricos vividos como desumanos.

---

solto e juntou-se ao governo, onde ocupou o posto de Chefe da Chancelaria de Konrad Adenauer. A defesa de Adolf Eichmann, no julgamento em Jerusalém, manifestou – *behind the scenes* (TEITELBAUM, Raul. "Hans Globke and the Eichmann Trial: a Memoir". *Israel Journal of Foreign Affairs*, 5:2, 2011, p. 80) – a intenção pelo depoimento de Globke, no que foi desestimulada pelo Presidente do julgamento, Gideon Hausner, que atendeu recomendação de David Ben-Gurion e do próprio Konrad Adenauer. Susan Neiman ainda registra a assimetria da luta contínua de enfrentamento do passado nazista de toda a Alemanha, também conhecido pela expressão *Vergangenheitsbewältigung*. Durante a existência das duas Repúblicas, a balança pende favoravelmente à República Democrática Alemã e seus esforços neste sentido, com julgamentos e banimento da vida pública de antigos colaboradores nazistas. A tentativa de comparação entre os crimes cometidos pelo comunismo, de um lado, e fascismo e nazismo, de outro lado foi considerada *"morally illegitimate"* por importantes atores da vida pública alemã, como Jürgen Habermas, Rudolf Augustein e a historiadora Mary Fulbrook. A República Democrática Alemã "left behind mountains of Stasi files, not mountains of corpses" (NEIMAN, Susan. *Learning from the Germans*: Race and the Memory of Evil. Nova Yok: Farrar, Straus and Giroux, 2019, p. 87). No que diz respeito à crítica intelectual do Direito, o 39º Ano do periódico *Staat und Recht*, da antiga República Democrática Alemã, trouxe a visão dos cientistas do Direito sobre o fim da mesma República e suas tarefas futuras (STOLLEIS, Michael. *Sozialistische Gerechtigkeit*: Staats- und Verwaltungsrechtswissenschaft in der DDR. München: Verlag, 2009, p. 162). V. ainda: JOSEPH, Detlef. *Nazis in der DDR*: die deutschen Staatsdiener nach 1945 - woher kamen sie? Berlim: Ost, 2002; KLENNER, Hermann. "Zur ideologischen Natur des Rechts". *In*: _____. *Staat und Recht im Lichte des grossen Oktober*: Festschrift zum 40. Jahrestage der Grossen Sozialistischen Revolution. Berlim: Deutscher Zentralverlag, 1957; MOLLNAU, Karl A. *Recht und Juristen im Spiegel der Beschlüsse des Politbüros und Sekretariats der SED*. Frankfurt am Main: Klostermann, 2004. Pelo lado da crítica ao sistema de aplicação do Direto na extinta República Federal Alemã: ROTTLEUTHNER, Hubert. *Steuerung der Justiz in der DDR*: Einflußnahme der Politik auf Richter, Staatsanwälte und Rechtsanwälte. Köln: Bundesanzeiger, 2004.

[27] NEIMAN, Susan. *Learning from the Germans*: Race and the Memory of Evil. Nova Yok: Farrar, Straus and Giroux, 2019, pp. 180 e ss.

As circunstâncias do Tribunal do Estado quando do julgamento da Prússia contra o *Reich* não são as mesmas do Supremo Tribunal Federal e do golpe de 2016 contra a Constituição Federal e a Presidente eleita no Brasil. A indagação de Neiman cabe aqui perfeitamente: *"How could they be?"*[28] Ocorre que se está diante do desafio de que *"forget the past and move on isn't even helpful in the realms of individual psychology; as a political advice it is worthless"*.[29] A fraqueza institucional que se constatou num e noutro caso torna possível o diálogo entre os dois acontecimentos a envolverem as últimas instâncias do Poder Judiciário das duas sociedades.

Não se trata de mera comparação entre duas experiências separadas pelo atlântico Adamastor, além de quase 80 anos entre uma e outra; porém de compreender como se comportam Poder Judiciário e seus tribunais em momentos de crise e de instabilidade. Trata-se de investigar as fraquezas institucionais que tornaram possíveis os resultados. A discussão aqui trazida é sobre como reagem o Poder Judiciário e seus tribunais perante tentativas constitucionais com fortes compromissos sociais e interventivos – especialmente na redefinição do conceito de propriedade –; quando a tensão interna ao processo constitucional e político se estabelece de tal maneira que a escolha entre um lado e outro significa a escolha pela sobrevivência, pela meia-vida ou pela morte de um sistema constitucional dirigente e social a que estão vinculados o mesmo Judiciário com seus tribunais. Novamente: não se comete o equívoco de exigir de tribunais e de seus membros que ultrapassem os textos constitucionais a que estão democraticamente submetidos, como em Weimar e no Brasil de 2016, em nome de abstrata defesa da democracia. Trata-se de esperar desse Poder a defesa da Constituição a qual lhe foi confiada a guarda.

---

28 NEIMAN, Susan. *Learning from the Germans*: Race and the Memory of Evil. Nova Yok: Farrar, Straus and Giroux, 2019, p. 36.

29 NEIMAN, Susan. *Learning from the Germans*: Race and the Memory of Evil. Nova Yok: Farrar, Straus and Giroux, 2019, p. 37.

INTRODUÇÃO

Este estudo parece possível porque sua base para aferição do papel dos Tribunais será as duas Constituições. Não se terá como base as eventuais formulações metafísicas contidas nas discussões sobre os discursos da ciência do Direito a prelecionarem como deveriam ser constituições e leis. O ponto de partida é a legislação escrita, aprovada pelo poder constituinte, e o que dessa legislação fizeram os Tribunais em momentos de crise. O que se propõe analisar, portanto, é como os dois Tribunais procederam e qual foi seu papel no desfecho após os julgamentos respectivos, a fim de se mensurar sua responsabilidade perante a história e ante as constituições democráticas cujas guardas lhes foi reservada.

A indagação que parece ser possível de investigação é aquela sobre o Poder Judiciário e sobre sua atuação em tempos de instabilidade. Não é a primeira vez que se recorre ao caso alemão para o olhar da realidade na América Latina. As experiências políticas socialistas ou com governos de esquerda no Chile e na Nicarágua chamaram a atenção de William Smaldone, que encontrou um possível ponto de encontro com o caso alemão da queda de Weimar: se na Alemanha a "maioria do povo escolheu para o parlamento uma maioria anti-parlamentar",[30] nos casos chileno e nicaraguense pode-se ver que:

> (...) in societies lacking minimal consensus, parliamentary democracy can function as a key obstacle to the democratic socialist project. The firm idelogical commitment of the socialist forces to representative democracy allowed their opponents to use plarliament not as a plataform for their views, but also as a powerful instrument to sabotage the legislative process and undermine the government's legitimacy in the eyes of the public. (...) While paralyzing the body they simultaneously mobilized recationary military and paramilitary forces, other branches of government (e.g.

---

30 SMALDONE, Willian. *Confronting Hitler*: German Social Democrats in Defense of The Weimar Republic, 1929-1933. Lanham: Lexigton Books, 2009, p. xii.

the courts and police), and social suppport in the streets
to attack the state.[31]

Por essa razão, há pouco de surpreendente quanto se toma
como referência a tragédia da experiência alemã de 1933 como
ponto de partida para possível reflexão a respeito da natureza explicativa de fenômenos que aconteceram a partir de 2010 em alguns
países da América Latina, governados novamente pela esquerda
ou centro-esquerda, após as ditaduras militares.

Outra semelhança merece ser lembrada. A social-democracia
alemã deu conta da tarefa da transição de uma monarquia reacionária,
derrotada na Primeira Guerra Mundial para um processo de constituinte, a derivar na Constituição de Weimar de 11 de agosto de 1919.

Pela primeira vez, a Alemanha, sem tradição democrática,
estava dotada da Constituição de Weimar, com tentativas de Estado
social e de intervencionismo, no que pesem as complexas discussões sobre, por exemplo, o sentido da igualdade – *"before the law;
not of the law"*[32] –; de direito de propriedade; e a regularidade de
eleições em todos os níveis.

A social-democracia teve seus aliados, episódicos e outros
mais duradouros. Porém, nem os sociais-democratas nem seus
aliados mostraram-se preparados para um inimigo tão poderoso
com o consórcio nascido das ações do Partido Nacional Socialista
Alemão dos Trabalhadores (NSDAP – *Nationalsozialistische
Deutsche Arbeiterpartei*) com imprensa, forças armadas, grande
indústria e burocracia judiciária; todos os refratários à democracia
e à república; ou seja, profundamente "antiWeimar".

---

31  SMALDONE, Willian. *Confronting Hitler*: German Social Democrats in Defense
of The Weimar Republic, 1929-1933. Lanham: Lexigton Books, 2009, p. 271.

32  CALDWELL, Peter. *Popular Sovereignty and the Crises of German
Constitutional Law*: the Theory & Practice of Weimar Constitutionalism.
Durham e Londres: Duke University Press, 1997, p. 148.

INTRODUÇÃO

Mesmo no que diz respeito ao Código Civil alemão (*Bürgerliches Gesetzbuch, BGB*) de 1900, este fora lido como um "código patriarcal, insensível às questões sociais, não compreensível de pronto e demasiadamente romanista em espírito, forma e conteúdo", e passou logo a ser rejeitado pelo nacional-socialismo, que esperava "uma lei que fosse 'alemã'", que se misturasse "com a ideologia racista".[33] Os conhecidos *Palandt Kommentar* ao Código Civil alemão bem oferecem exemplo desta suspeita. Seu autor é Otto Palandt, jurista de clara orientação ao nacional-socialismo, que foi de 1934 até 1943 Presidente do Departamento de Provas do Ministério da Justiça (*Präsident des Reichsministeriums-prüfungsamts*), responsável pela formação dos jovens juristas no "espírito do nacional-socialismo". Palandt ficou conhecido por suas palavras a não deixarem qualquer dúvida: jovens juristas devem aprender a enfrentar aquilo que é nocivo ao povo e entender a vinculação entre sangue e solo, raça e nacionalidade.

Tal rejeição na Alemanha ao seu Código Civil, analisada por Zimmermann, é denotativa das dificuldades de apreço institucional até em favor de uma legislação conservadora, tradicionalmente garantista de direitos privados. A revelar outro ponto em comum entre experiências alemã e brasileira, o mesmo liberalismo estava presente na visão sobre o Código Civil Brasileiro, influenciado por seu congênere alemão:[34]

---

[33] ZIMMERMANN, Reinhard. "O Código Civil alemão e o desenvolvimento do Direito Privado na Alemanha". Tradução, revisão e notas: Arthur Maximus Monteiro, João Carlos Mettlach, Otavio Luiz Rodrigues Júnior e Jan Peter Schmidt. *Revista de Direito Civil Contemporâneo*, vol. 12, ano 4. São Paulo: RT, jul.-set. 2017, pp. 344/345.

[34] RODRIGUES JÚNIOR, Otavio Luiz. "Clóvis Beviláqua e o Código Civil de 1916 na visão de um estrangeiro: contradições com a imagem preponderante na historiografia nacional". *Revista de Direito Civil Contemporâneo*, vol. 12, ano 4. São Paulo: RT, jul.-set. 2017, p. 55.

A referência ao código brasileiro surge de modo lateral, quando Gilissen menciona criticamente a tese de Franz Wieacker, no sentido de que o BGB seria o "filho tardio do liberalismo" e que, apesar desta visão, a influência do Código Civil da Alemanha seria notável sobre diversas codificações, dentre as quais a brasileira de 1916.

Parece se configurar numa "tradição" da Alemanha a recusa de suas próprias legalidades. Quando a Constituição prussiana de 1850 fora promulgada, Carl Schmitt registra a observação de Donoso Cortés, então plenipotenciário da Espanha em Berlim: *"al princípio, el pueblo alemán aplaudió e rindió culto a la Asamblea nacional como a una diosa de la libertad; pero un año depués, este mismo Pueblo la dejó sucumbir 'como a uma prostituta de taberna'".*[35]

O significado de Weimar para a alta burocracia militar alemã pode ser ainda representado pelo General de Infantaria do Exército alemão na campanha contra a União Soviética, Feodor August Gotthard Heinrici, o qual "não derramou uma lágrima pela República marxista judaica" quando Weimar ruiu.[36] Weimar significava a figura inimiga do "bolchevismo judaico" e fazia com que Heinrici representasse para a "elite conservadora a típica forma de antissemitismo".[37] Para a ativa propaganda nazista interna, *the idea of Communism and Jewry were nothing but two names for the same thing. National Socialism characterized international*

---

35 SCHMITT, Carl. *Interpretación Europea de Donoso Cortés*. Buenos Aires: Struhart & Cía., 2006, p. 77.

36 HÜRTER, Joahnnes (Coord.). *Notizen aus dem Vernichtungskrieg – Die Ostfront 1941/42 in den Aufzeichnungen des Generals Heinrici*. Darmstad: Wissenschaftliche Buchgesellschaft, 2016, p. 13.

37 HÜRTER, Joahnnes (Coord.). *Notizen aus dem Vernichtungskrieg – Die Ostfront 1941/42 in den Aufzeichnungen des Generals Heinrici*. Darmstad: Wissenschaftliche Buchgesellschaft, 2016, p. 15.

INTRODUÇÃO

*Bolshevism as an instrument of international Jewry.*[38] "Fome, pobreza, inflação e desilusão" (*Hunger, Armut, Inflation und Desillusionierung*)[39] foram as consequências catastróficas da Primeira Guerra Mundial. Não causa surpresa que o olhar estrangeiro sobre Weimar, ainda que vindo de simpatizante do fascismo italiano, registre a mesma generalizada resistência contra Weimar:[40]

> Por tanto, la nueva República no fue secundada por ninguno de los setores de la sociedade, tampouco por las instituciones. No contó com el apoyo de la burocracia, cuyos dirigentes permanecían fieles ao antíguo Reich; tampoco com el de la magistratura, que em numerosos procesos políticos se demonstro severa com los excesos de los partidos de izquierda e indulgente con los intentos subversivos de inspiración nacionalista; tampoco com el del Tribunal de Estado (Staatsgerichtshof) de Liepzig, al que se reprochó uma interpretación demasiado generosa de la ley de amnestía tras el golpe de Estado Kapp-Lüttwitz em 1922; tampoco com el de las fuerzas armadas, cuyos dirigentes, bajo el pretexto de la neutralidad política de la Reichsswehr, ocultalban su resistência a los proyectos que buscaban su adhesión a las nuevas instituciones.

O mesmo Constantino Mortati ressalta o papel contrário à Constituição de Weimar das igrejas: as protestantes, por se virem separadas do Estado, *movidas por su tradicional espíritu*

---

[38] FRAENKEL, Ernst. "German-Russian Relations Since 1918. From Brest-Litovsk to Moscow". *The Review of Politics*, vol. 2, nº 1, 1940, p. 49.

[39] BECKER, Sabina. *Experiment Weimar*: Eine Kulturgeschichte Deutschlands 1918-1933. Darmstadt: WBG Academic, 2018, p. 39.

[40] MORTATI, Constantino. "Una valoración de conjunto sobre la experiencia de la Constituición de Weimar". *In*: MORTATI, Constantino; BÜHLER, Ottmar; JELLINEK, Walter; AMADO, Juan Antonio García (Coord.). *La Constitución de Weimar*. Madrid: Editorial Tecnos, 2010, p. 71.

*conservador*,[41] rechaçaram qualquer mudança; a católica, que apoiou a Constituição de Weimar, viu-se imobilizada por seu *conflicto latente entre el ala izquierda e el ala derecha del partido.*[42]

O quadro da tragédia econômica e política de Weimar, especialmente após 1933, não impediu, porém, a efervescência da vida nas artes e na cultura. A "dança sobre o vulcão" (*Tanz auf dem Vulkan*) não deixou de acompanhar os exilados de Weimar como Paul Zech, Stefan Zweig ou Walter Benjamin,[43] que, em meio ao presságio de tempos sombrios e a ultimação da tragédia, não deixaram de recorrer à criatividade e sensibilidade para abrir possíveis caminhos de enfrentamento, pelo menos intelectuais e artísticos.[44]

No Brasil, os setores políticos do centro e da esquerda também deram conta da transição para o retorno da democracia, com a Assembleia Constituinte de 1987/88, com a promulgação da Constituição Federal de 1988 e com a regularidade das eleições em

---

[41] MORTATI, Constantino. "Una valoración de conjunto sobre la experiencia de la Constituición de Weimar". *In*: MORTATI, Constantino; BÜHLER, Ottmar; JELLINEK, Walter; AMADO, Juan Antonio García (Coord.). *La Constitución de Weimar*. Madrid: Editorial Tecnos, 2010, p. 72.

[42] MORTATI, Constantino. "Una valoración de conjunto sobre la experiencia de la Constituición de Weimar". *In*: MORTATI, Constantino; BÜHLER, Ottmar; JELLINEK, Walter; AMADO, Juan Antonio García (Coord.). *La Constitución de Weimar*. Madrid: Editorial Tecnos, 2010.

[43] BECKER, Sabina. *Experiment Weimar*: Eine Kulturgeschichte Deutschlands 1918-1933. Darmstadt: WBG Academic, 2018, p. 523.

[44] V. ainda sobre distintos campos da vida cultural durante a República de Weimar: Jochen Hung: Massenkulturen; Helmuth Kiesel: Deutsche Literatur 1918–1933; Beate Störtkuhl: Architektur, Stadtplanung und Massenwohnungsbau: Herausforderungen, Visionen und Lösungsansätze; Todd H. Weir und Udi Greenberg: Religiöse Kulturen und Konfessionspolitik; Lutz Raphael: Geistes- und Sozialwissenschaften; Kerry Wallach: Das visuelle Weimar. Die Ikonografie sozialer und politischer Identitäten; Claudia Siebrecht: Die Präsenz des Ersten Weltkrieges in der Kultur der Weimarer Republik. Todos estes estudos estão publicados em: ROSSOL, Nadine; ZIEMANN, Benjamin (Coord.). *Aufbruch und Abgründe*: das Handbuch der Weimarer Republik. Darmstadt: Wissenschaftliche Buchgesellschaft, 2021, pp. 699-878.

INTRODUÇÃO

todos os níveis. Por outro lado, os governos de centro-esquerda e seus aliados a partir de 2003 no Brasil mostraram-se incapazes de compreender a natureza histórica e a tudo disposta dos processos de tentativas de bloqueio de avanços republicanos e de defesa dos interesses nacionais e da soberania econômica, como as riquezas naturais. Desta forma, também não tiveram, tampouco juntaram, atores e forças políticas capazes de contraposição aos conglomerados dos meios de comunicação, ao capital financeiro e internacional e aos elevados estamentos da burocracia judiciária.

Em ambos os casos parece evidente que as principais lideranças políticas e sociais – na Alemanha, principalmente a social-democrata; no Brasil, aquela de centro-esquerda – apostaram até os últimos momentos numa conciliação cuja natureza era incompatível com seus projetos de Estado e de governo. Três representativos intelectuais, portadores de visões de mundo absolutamente opostas, como adiante se verá, pressentiram o que estava por vir na Alemanha: Max Weber e John Maynard Keynes, ambos ainda em 1919; e Leon Trotsky em 1933.

Juristas com forte atuação intelectual e política como Hans Kelsen, Gerhard Anschütz e Richard Thoma, ao insistirem na prevalência da Constituição de Weimar em meio aos ataques de todas as direções, sinalizaram não compreender que o estado de exceção era "(...) considerado um assunto não jurídico"; e que estavam na verdade diante de um decisivo enfrentamento político.[45] No Brasil, experimentados juristas integrantes do Supremo Tribunal Federal, como Edson Fachin, Luís Roberto Barroso, Celso de Mello, Gilmar Mendes, Marco Aurélio e Teori Zavascki[46] não demonstraram disposição de enfrentar um movimento de destituição

---

[45] BERCOVICI, Gilberto. *Constituição e Estado de Exceção Permanente*: Atualidade de Weimar. Rio de Janeiro: Azougue Editorial, 2004, p. 140.

[46] Estes foram os relatores no STF das ações judiciais indicadas no quadro acima. No caso da ADPF n. 378, Edson Fachin foi relator vencido; Luís Roberto Barroso foi relator para o acórdão vencedor.

da Presidenta da República que se mostrava claramente contra a Constituição, vez que era evidente o caráter "anticonstituição" deste movimento: seus inequívocos e óbvios nexos entre burocracia judiciária (de integrantes da magistratura, do Ministério Público e da Polícia Federal), capital financeiro, conglomerados de meios de comunicação, partidos conservadores, além da fragilidade das acusações contra a Presidenta durante o processo de *impeachment* de 2016, corporificaram um ambiente previsível quanto à natureza externa, à Constituição e às leis do movimento que se organizava.

Na Alemanha, procurou a República de Weimar fazer "ao mesmo tempo o cidadão do Estado (*Staatsbürger*)" também um "cidadão da economia (*Wirtschaftsbürger*)".[47] Tratava-se aqui da busca pela "democracia econômica" (*Wirtschaftsdemokratie*), conceito elaborado em 1928 por Fritz Naphtali. Entendia-se uma nova formulação de democracia em que o conteúdo econômico faria parte da democratização política. Não estavam somente em jogo o sufrágio universal, o voto direto, de igual valor, secreto, a regularidade dos períodos eleitorais e liberdade de manifestação de pensamento; o conceito de democracia econômica "complementaria o de democracia política" (*als eine Ergänzung zur politischen Demokratie*). Ao mesmo tempo a democracia econômica teria como pressuposto a democracia política, ou seja, haveria a necessidade da estabilidade do sistema normativo constitucional democrático, ao qual se queria oferecer vitalidade às determinações econômicas.[48] Em breves palavras: "democracia econômica significa assim a expansão da democracia política pela democratização das relações

---

47  BERCOVICI, Gilberto. *Constituição e Estado de Exceção Permanente*: Atualidade de Weimar. Rio de Janeiro: Azougue Editorial, 2004, p. 60.

48  NAPHTALI, Fritz. *Wirtschaftsdemokratie*: Ihr Wesen, Wegen und Ziel. Frankfurt am Main: Europäische Verlaganstalt, 1966, p. 20. O conceito de democracia econômica não restou imune à crítica, como a Frank Deppe, destacadamente quando o qualifica como a busca da "Integração sobre o Estado" (*Intergation über den Staat*, 1981, p. 79), a disfarçar, na verdade, a força e permanência do conflito entre capital e trabalho.

INTRODUÇÃO

econômicas".[49] Não resta dúvida que esta concepção possui base marxiana, uma vez que a democracia deve se estender além do político, o que ainda denuncia a proximidade da social democracia alemã do começo do século XX com o marxismo, conforme registrou Sultany:[50]

> Marx is a democrat who criticises both authoritarian centralism (of the Jacobins, Louis Bonaparte, Simón Bolívar, and others) and judicial empowerment. Yet he does not presuppose a Weberian state that is separate from society, or a Hegelian state whose universality transcends social conflict in 'civil society' (the sphere of economic relations). His critique is not merely concerned with the separation of powers within the state or with inclusion (i.e., struggle over

---

[49] *Wirtschaftsdemokratie bedeutet also den Ausbau der politischen Demokratie durch die Demokratisierung der wirtschaftlichen Beziehungen* (NAPHTALI, Fritz. *Wirtschaftsdemokratie*: Ihr Wesen, Wegen und Ziel. Frankfurt am Main: Europäische Verlaganstalt, 1966, p. 21). V. ainda: KAHN, Ernst; NAPHTALI, Frizt. *Wie liest man den Handelsteil einer Tageszeitung?* Frankfurt am Main: Verlag, 1922; NAPHTALI, Fritz. *Konjuktur, Arbeiterklasse und sozialistische Wirtschaftspolitik.* Berlim: Dietz, 1928; WEIZEN, Hans Willi. *Gewerkschaften und Sozialismus*: Naphtalis Wirtschaftsdemokratie und Agratz' Witschaftsordnung. Frankfurt am Main: Campus-Verlag, 1982 (esp. pp. 30 e ss.); RIEMER, Jehuda. *Fritz Perez Naphtali*: Sozialdemokrat und Zionist. Schriftenreihe des Instituts für Deutsche Geschichte der Universität Tel Aviv, 12. Gerlingen: Bleicher Verlag, 1991 (esp. pp. 145 e ss.). Para Terry Eagleton, a extensão da democracia para a economia corresponderia à visão marxiana de ampliação do conteúdo de democracia, que não deveria se encerrar nos parlamentos: *But he [Marx] saw democracy as too precious to be entrusted to parliaments alone. It had to be local, popular and spread across all the institutions of civil society. It had to extend to economic as well as political life. It had to mean actual self-government, not government entrusted to a political elite. The state Marx approved of was the rule of citizens over themselves, not of a minority over a majority.* (EAGLETON, Terry. *Why Marx was Right.* New Haven e Londres: Yale University Press, 2011, p. 201).

[50] SULTANY, Nimer. "Marx and Critical Constitutional Theory". *In*: O'CONNEL, Paul; ÖZSU, Umut. *Research Handbook on Law and Marxism.* Londres: Edward Elgar Publishing Limited The Lypiatts, 2021, p. 212.

access to the state). Rather, it is concerned with extending democracy to the economic and not only the political sphere.

A Constituição Federal de 1988 optou por caminho semelhante. Esta Constituição buscou um caminho de transformação da realidade social, usando o seu "arsenal jurídico para legitimar essa transformação (...) para alcançar a superação do subdesenvolvimento".[51] Enquanto o Brasil fora governado por lideranças políticas não comprometidas com a efetivação desta dupla cidadania econômica e política, inexistiu qualquer ameaça à estabilidade e responsabilidade governativas, isto é, à conhecida *accountability*, formulação meramente descritiva adotada pela Ciência Política desde os anos 1990, mas pobre em aspectos teóricos de maior alcance, assim como as formulações institucionalistas, a se apegarem aos aspectos das formas jurídicas e judiciais para conclusões, tornando secundários elementos das lutas econômica e política.[52]

As eleições de lideranças de esquerda e centro-esquerda na América Latina corresponderam na resposta destas sociedades, especialmente na América do Sul, aos vinte anos de ditaduras militares e de seguidos fracassos de políticas econômicas dirigidas por correntes econômicas dependencistas, vinculadas às formulações de austeridade fiscal do Fundo Monetário Internacional e do Banco Mundial, correspondendo à reestruturação do sistema financeiro internacional desde 1944.[53] Por meio de tais ajustes fiscais, revela-se o mecanismo pelo "qual os países em desenvolvimento

---

[51] CABRAL, Mário André Machado. *Subdesenvolvimento e Estado de Exceção*: o papel da Constituição Econômica e do Estado o Brasil. Rio de Janeiro: Lumen Juris, 2018, p. 35.

[52] MARTUSCELLI, Danilo Enrico. "A crise política e os conflitos de classe não importam na análise das eleições de 2018? Um comentário crítico à obra 'O Brasil dobrou à direita' de Jairo Nicolau". *Cadernos CEMARX*, nº 13, 2020, p. 9.

[53] MATTEI, Ugo; NADER, Laura. *Pilhagem*: Quando o Estado de Direito é Ilegal. São Paulo: VMF Martins Fontes, 2013, p. 76.

INTRODUÇÃO

abrem mão de sua soberania econômica e jurídica, em troca de financiamentos".[54] Na desigualdade entre as partes nestes acordos, transforma-se o

> Estado de Direito em um facilitador da pilhagem e um instrumento da opressão social. Sem dúvida, a retórica do Estado de Direito desempenha seu poderoso papel ideológico, e dela não se abre mão em hipótese alguma.[55]

No caso brasileiro, ainda merece registro a "maldição do petróleo". Desde 2007 o governo brasileiro anunciou a descoberta de grandes reservas petrolíferas, que ficaram conhecidas como pré-sal: conjunto de rochas marinhas do litoral brasileiro, com potencial para a geração e acúmulo de petróleo e gás natural. Por estarem localizadas abaixo de camadas de sal, a mais de 7 mil metros de profundidade abaixo do nível do mar, recebem esta denominação. Se a descoberta dessas reservas exige complexo e novo planejamento econômico estrutural de qualquer país, a fim de melhor enfrentar o fim de seus recursos naturais não renováveis, não menos sensível é o desafio de enfrentar a geopolítica. Parece evidente que conglomerados transnacionais de exploração de petróleo, e seus governos respectivos, sempre buscam o controle de grandes reservas. Governos em cujos territórios se encontram grandes reservas não devem representar qualquer ameaça à exploração de tais reservas. Desta forma, governos que eventualmente tenham inclinação desenvolvimentista nacional, de fortalecimento da soberania econômica, de defesa da cadeia produtiva e distributiva do petróleo são ameaça a interesses internacionais, e as articulações externa e interna para a remoção destes governos nunca foi escondida.

---

[54] MATTEI, Ugo; NADER, Laura. *Pilhagem*: Quando o Estado de Direito é Ilegal. São Paulo: VMF Martins Fontes, 2013, p. 97.

[55] MATTEI, Ugo; NADER, Laura. *Pilhagem*: Quando o Estado de Direito é Ilegal. São Paulo: VMF Martins Fontes, 2013.

Ao anunciar suas reservas e seu modelo de exploração de orientação nacionalista, o governo brasileiro, a partir de 2007, conviveu com críticas desde a incapacidade tecnológica de sua maior empresa – a Petrobras – à corrupção existente na empresa. A descoberta do pré-sal, os marcos regulatórios de sua exploração, com o seu conteúdo nacional, não se dissociam da aliança formada para a remoção de Dilma Rousseff da Presidência da República.

Chama a atenção o fato de que estudos estrangeiros sobre o que se viveu no Brasil, desde as eleições de 2014 até a golpe de 2016 contra a então Presidenta Dilma Rousseff, não mencionem os vínculos geopolíticos entre a descoberta das enormes reservas do pré-sal e a existência de um projeto desenvolvimentista mantido pelo governo, com as acusações de corrupção na maior empresa brasileira, que é também empresa pública. É óbvio que a remoção deste governo, com o enfraquecimento da visão desenvolvimentista de modelo econômico, e de uma companhia estatal petrolífera não são elementos que devam permanecer à margem de qualquer análise sobre o assunto.[56]

---

[56] Mark Tushnet (TUSHNET, Mark. *The New Fourth Branch*: Institutions for Protecting Constitutional Democracy. Cambridge: Cambridge University Press, 2021, pp. 98 e ss.), por exemplo, não menciona nenhuma possibilidade de envolvimento de potências estrangeiras no processo de apoio à Operação Lava Jato, o que ficou amplamente reconhecido, como se verá. George Mészaros reconhece os méritos da Operação Lava Jato, reconhecendo também seu lado de comprometimento da democracia: *In many senses, Lava Jato was a success. Operationally speaking, the investigators' strategy and tactics were vindicated. (...) Alongside its notable achievements, however, Lava Jato generated major negative impacts in both the legal field and the wider democratic process.* (MÉSZÁROS, George. "Caught in an Authoritarian Trap of Its Own Making? Brazil's 'Lava Jato' Anti-Corruption Investigation and the Politics of Prosecutorial Overreach". *Journal of Law and Society*, vol. 47, issue S1, out. 2020, S64/S65). Porém, nenhuma observação sobre os nexos da geopolítica. No mesmo sentido: DAMGAARD, Mads. "Cascading corruption news: explaining the bias of media attention to Brazil's political scandals". *Opinião Pública*, Campinas, vol. 24, n° 1, jan.-abr., 2018, pp. 114-143.

## INTRODUÇÃO

Após quatro vitórias eleitorais consecutivas de governos mais identificados com política de redistribuição de oportunidades e de renda, o cenário de enfrentamento mudou: tanto setores externos ao Estado como internos reagiram no sentido de remover não somente uma mandatária eleita, porém de remover as ideias de desenvolvimentismo nacionalista do cenário do debate constitucional e político. Portanto, análise a acentuar as semelhanças entre experiências da Europa e da América Latina não são impossíveis de serem, pelo menos, expostas.

Qualquer analogia histórica sempre oferecerá risco quanto ao seu conteúdo. Para afastar-se deste risco deve estar presente a cautela de não se radicalizar a analogia. A análise histórica entre sociedades e experiências diferenciadas não deve ser conduzia literalmente, uma vez que eventual repetição histórica será sempre contraditória, jamais linear.

Períodos de tranquilidade econômica e institucional não parecem representar maior tensão na vida dos poderes do Estado, ainda mais quando se observa que a ação política se desenvolve por Estados regidos por constituições a atenderem pelo menos aos requisitos formais de qualquer democracia liberal. Neste cenário, os tribunais parecem desempenhar suas funções, aplicando Constituição e leis sem maiores turbulências. Se se constata que os momentos de crise se dão em meio a constituições inovadoras, e em sociedades egressas de regime autoritário e/ou totalitário – como a Constituição de Weimar de 1919 e Brasileira de 1988 – o cenário de disposição dos tribunais em agir parece mudar. É aqui que se provará a maturidade de qualquer texto constitucional pactuado democraticamente pelas distintas forças econômicas e sociais, e é neste momento que se deixa ver a disposição da sociedade e seus atores – o que inclui o Poder Judiciário – na manutenção de tais compromissos constitucionais durante a instabilidade.

Nos casos alemão e brasileiro, a composição dos tribunais contava com profissionais possuidores de maturidade intelectual e política, conhecedores da instabilidade nas suas sociedades, e das causas desta insegurança. Nos dois exemplos, as cortes e seus integrantes tinham amplo conhecimento sobre quem eram os inimigos das constituições marcadamente intervencionistas, e sobre quem representava o bloco econômico e político reacionário/conservador que assumiria a cena política com a derrota de quem estava formalmente no poder. Nos dois casos, apesar de inusitados direitos e garantias atribuídos à burocracia judiciária e policial, estas não hesitaram em posicionar-se, na sua quase totalidade, contra as inovações institucionais trazidas pelo novo constitucionalismo, ou pelo menos contra os que foram, durante os processos constituintes respectivos, seus mais veementes defensores contra o Estado anterior autoritário, de um e doutro caso.

Ao criticar a política dos vencedores da Primeira Guerra, ainda no outono de 1919, a advertência de John Maynard Keynes foi clara: "de outro lado, uma vitória reacionária na Alemanha seria considerada por todos uma ameaça à segurança do continente, pondo em perigo os frutos da vitória e os fundamentos da paz".[57] Para o caso alemão, mesmo com considerável espaço de tempo anterior à decisão de *Preußen contra Reich* já era possível saber-se que a democracia dificilmente sobreviveria aos nazistas. No Brasil, também se sabia que a aliança conservadora derrotada em 2014 não pouparia esforços para impedir o quarto governo consecutivo de centro-esquerda de governar e subsistir, da mesma maneira que se conhecia perfeitamente quem e como governaria no caso de concretização desta interrupção: uma coalização conservadora com dificuldades de aceitar sequer o jogo democrático liberal do século XX.

Na Alemanha de Weimar e no Brasil da Constituição Federal de 1988 havia a objetiva esperança construída por novas constituições, a buscarem por fim: a) numa monarquia autoritária que conduziu

---

[57] KEYNES, John Maynard. *As Consequências Econômicas da Paz*. São Paulo: Imprensa Oficial do Estado/Editora UnB/Inst. de Pesq. em Relações Internacionais, 2002, p. 201.

INTRODUÇÃO

a Alemanha a uma guerra; e b) numa ditadura militar que levou o Brasil ao colapso econômico. Eis a possibilidade da esperança política constitucional de quem já decidiu o que quer, e não mais aspira ou deseja um porvir que não veio, como previu Ernst Bloch:[58]

> Porém, por mais intenso que seja, neste ponto o desejar se diferencia do querer propriamente dito por seu modo passivo, ainda parecido com o ansiar. No desejar não há nada de trabalho ou atividade. Em contrapartida, todo querer é um querer-fazer. (...) Aquele que quer, ao contrário, já estabeleceu uma preferência: sabe o que prefere, a escolha ficou para trás., (...) O querer, ao contrário, é necessariamente um avançar ativo rumo a esse alvo, dirige-se para fora, tem de se medir unicamente com coisas realmente dadas.

É o mesmo Bloch quem, na sua percepção da história, conduz à conclusão do que novamente se demonstra: as alternativas históricas dos tempos da Guerra não permitem *"neutral positions either in one's thinking or actions"*.[59] O chamado ao pensamento ou à ação estarão sempre diante de todos que fizeram suas escolheram.

No que pesem os esforços, o fracasso constitucional não pode ser evitado nos dois lados do Atlântico. Herbert Marcuse lembra que uma das principais tarefas do intelectual e político Franz Neumann não consistia somente em defender a "desnazistificação" (*Entnazifizierung*) da Alemanha, por meio do banimento de pessoal e da legislação herdada do nazismo. Tratava-se de ir "às raízes do fascismo alemão" para eliminar *"the economic foundations of the anti-democratic policy of German big industry"*.[60] Em que

---

[58] BLOCH, Ernst. *O Princípio Esperança*. Rio de Janeiro: UFRJ/Contraponto, 2005, pp. 50/51.

[59] NEGT, Oskar; ZIPES, Jacke. "Ernst Bloch, the German Philosopher of the October Revolution". *New German Critique*, Winter, n° 4, 1975, p. 5.

[60] MARCUSE, Herbert. *Preface to Franz Neumann's The Democratic and The Authoritarian State*. Glencoe: The Free Press, 1957, p. viii.

medida referida tentativa remanesce em aberto na Alemanha – e na Europa – não será assunto aqui levantado. Se do ponto de vista formal a Alemanha tentou sua "desnazistificação", por outro lado, nem sequer se buscou no Brasil alguma "desditadurização" após a Constituição de 1988. A decisão do Supremo Tribunal Federal na Arguição de Descumprimento de Preceito Fundamental n. 153, proferida em 29 de abril de 2010 e que julgou recepcionada e válida a "lei da anistia" (Lei n. 6.683, de 28.08.1979), veio a confirmar a indisposição do Poder Judiciário de ir "às raízes" do autoritarismo brasileiro.

Para sustentar a possibilidade de comparação entre experiência europeia e sul-americana, uma derradeira reflexão. Heiner Fechner produziu inovadora análise sobre o "Estado de Direito emancipatório" (*emazipatorischer Rechtsstaat*) na Venezuela. Se a principal reflexão de Teoria do Direito na América Latina tem produção especialmente originada na Argentina, no Brasil, na Colômbia e no México, por outro lado, foi na Venezuela, na Bolívia e no Equador que transformações constitucionais mais radicais se operaram quando das eleições de governos de centro-esquerda, a partir de 1998, com suas posteriores assembleias constituintes.[61] Aqui, a pesquisa de Fechner aponta no rumo de uma produção constitucional que se distancia tanto daquela do capitalismo do bem-estar social europeu como daquela outra da herança burocrática do socialismo real. Se nenhum dos dois modelos conseguiu resolver o dilema da inclusão cultural política das classes subalternas, faz todo sentido indagar se o modelo do "Norte" pode ser aproveitado para o "Sul".[62]

---

[61] FECHNER, Heiner. *Emazipatorischer Rechtsstaat – Praxistheoretische Untersuchung soziokultureller Inklusion durch Recht am Beispiel Venezuelas*. Baden-Baden: Nomos Verlagsgesellschaft, 2016, p. 29.

[62] FECHNER, Heiner. *Emazipatorischer Rechtsstaat – Praxistheoretische Untersuchung soziokultureller Inklusion durch Recht am Beispiel Venezuelas*. Baden-Baden: Nomos Verlagsgesellschaft, 2016.

# INTRODUÇÃO

O que merece ser destacado, para fins de justificação da exposição das experiências alemã e brasileira, é uma das perguntas centrais da pesquisa de Fechner: "pode o Direito oferecer contribuição importante na luta contra a exclusão político-social e a marginalização?"[63] A busca por repostas não parte de repetida análise sobre Direito e política, porém sobre Direito na política. Este desafio persiste nos dois lados do Atlântico, e a formulação destes quesitos por Fechner denuncia o rumo adequado da pesquisa e fortalece a possibilidade dialógica expositiva entre duas experiências.

Neste sentido, uma análise do modelo não somente alemão, porém europeu, parece ser possível, desde que se olhem os dois fenômenos pela lente com que merecem ser vistos, isto é, a partir de seus atores políticos e intelectuais devidos, sem se incorrer no elevado risco de submeter a análise europeia à história e premissa sul-americanas, e vice-versa. Tem-se aqui a mesma perspectiva comparatista anunciada por Diogo Silva, a advertir de que a comparação é possível, desde não se negue a existência de diferenças e sejam estas reconhecidas, a fim de que aquele que compara realize "uma assimilação da alteridade".[64] Desta maneira,[65]

> não pode o jurista comparatista apenas se ater aos institutos jurídicos em vigor em determinado momento, mas pela

---

[63] *(...) kann das Recht einen relevanten Beitrag zur Bekämpfung von soziopolitische Exklusion und Marginalisierung leisten?* (FECHNER, Heiner. *Emazipatorischer Rechtsstaat – Praxistheoretische Untersuchung soziokultureller Inklusion durch Recht am Beispiel Venezuelas*. Baden-Baden: Nomos Verlagsgesellschaft, 2016).

[64] SILVA, Diogo Bacha e. *Desconstruindo o novo Constitucionalismo Latino-Americano*: o Tribunal Constitucional plurinacional e a jurisdição constitucional decolonial. Belo Horizonte: Conhecimento Livraria e Distribuidora, 2020, p. 35.

[65] SILVA, Diogo Bacha e. *Desconstruindo o novo Constitucionalismo Latino-Americano*: o Tribunal Constitucional plurinacional e a jurisdição constitucional decolonial. Belo Horizonte: Conhecimento Livraria e Distribuidora, 2020.

diferença da cultura: a diferença está embutida em uma cultura. Ela se explica à luz de uma cultura e só poder ser justificada à luz de uma cultura.

Ante a perspectiva de se tratar da construção de um possível diálogo entre um exemplo do capitalismo central e outro da chamada periferia do sistema capitalista, há pontos comuns de contato de tais experiências. Uma das figuras mais destacadas aqui tratada será Carl Schmitt. Em articulação sobre a atualidade de Schmitt, Gilberto Bercovici destaca o conceito schmittiano de soberania e o significado do comprometimento deste elemento específico do poder do Estado:[66]

> Onde o monopólio do político se dissolve, torna-se impossível a unidade jurídico-política denominada Estado tomar decisões e exercitar sua soberania. A crise da soberania e a perda do monopólio do político são, para Schmitt, dois aspectos do mesmo fenômeno de perda de substância política por parte do Estado. E é a perda do monopólio do político e a desagregação da soberania estatal que colocam em crise o sistema internacional de Estados e geram a necessidade de um novo nomos da Terra.

O risco descrito na análise de Schmitt é o que se opera hoje na chamada periferia do capitalismo, ou seja:[67]

> A periferia vive em um estado de exceção econômico permanente, contrapondo-se à normalidade do centro. Nos Estados periféricos há o convívio do decisionismo de emergência para salvar os mercados com o funcionamento

---

[66] BERCOVICI, Gilberto. "O estado de exceção econômico e a periferia do capitalismo". *Revista Pensar*, Fortaleza, vol. 11, fev. 2006, p. 96.

[67] BERCOVICI, Gilberto. "O estado de exceção econômico e a periferia do capitalismo". *Revista Pensar*, Fortaleza, vol. 11, fev. 2006, p. 96.

INTRODUÇÃO

dos poderes constitucionais, bem como a subordinação do Estado ao mercado, com a adaptação do Direito interno às necessidades do capital financeiro, exigindo cada vez mais flexibilidade para reduzir as possibilidades de interferência da soberania popular. A razão de mercado passa a ser a nova razão de Estado.

Dito de outro modo, o pressuposto de Schmitt de comprometimento da soberania do Estado, refletido a partir da realidade da Alemanha e de sua instabilidade do período entre as duas guerras mundiais, deflagradas pelas disputas capitalistas centrais, oferece material explicativo para a periferia do capitalismo, como o caso brasileiro, já que este também tem buscado sua autonomia soberana de formação econômica e política.

Se os governos de centro-esquerda eleitos na América do Sul após 1998 representaram a possibilidade de outros modelos, com bases em "(...) cenário bastante diferente do europeu, onde foram criados os conceitos, as teorias e as instituições aplicados na América Latina na atualidade",[68] enfrentaram esses mesmos governos os desafios para uma tentativa de afirmação de condição normal de Estado, que não lhes retirasse a soberania e capacidade de decisão política governamental, o que tradicionalmente lhe era imposto, com desmobilização completa de sua estatalidade.

O olhar proposto por Schmitt, seja por seu lado metodológico de enxergar Direito e teoria histórica e política, seja pelo diagnóstico elementar do comprometimento da soberania econômica e política, produz ampla possiblidade para as novas experiências da

---

[68] BELLO, Enzo. "Constituição e política na Venezuela: um balanço da conjuntura contemporânea". *Revista Pensar*, Fortaleza, vol. 24, nº 1, jan./mar. 2019, p. 11.

América do Sul, além de desvendar o realismo cínico da observação meramente jurídica:[69]

> Concluem que a complexidade de um processo histórico, social, econômico e político não é captada por análises unicamente formais do Direito, baseadas em normas jurídicas e interpretações constitucionais que, tradicionalmente, têm fundamentos e procedimentos liberais; porém, historicamente, não são respeitados pela direita para garantir sua supremacia ao utilizar meios imorais/ilegais, civis/militares e pacíficos/violentos, estando ou não no governo (...) O plano abstrato de conceitos, teorias e modelos institucionais é algo ideal que nem sempre acompanha a realidade, e vice-versa. Daí a relevância de se refletir sobre o papel do Direito enquanto elemento político e parte da política, com funcionalidade ambígua de conservação ou transformação da ordem social, para que não se incorra nos equívocos corriqueiros de se tomar partido de um lado da disputa idealizando elementos abstratos e sem conhecimento abrangente da realidade concreta.

Assim, o argumento central desta obra é o de que tanto no caso da Prússia contra o *Reich* quanto naquele da atuação do STF durante o processo de *impeachment* da Presidenta Dilma Rousseff, o Poder Judiciário pavimentou o caminho para os atores políticos comprometidos com a ruptura das respectivas constituições e leis democraticamente pactuadas que antecederam tais episódios. A complexidade que a análise agora exige localiza-se exatamente na nova modalidade de uma "ruptura sem ruptura", ou seja, esvaziamento do Direito pelo mesmo Direito. Referido caráter dúbio intencional produzido pela política alimentou também decisões judiciais. Foi o Poder Judiciário igualmente responsável pela ruptura

---

[69] BELLO, Enzo. "Constituição e política na Venezuela: um balanço da conjuntura contemporânea". *Revista Pensar*, Fortaleza, vol. 24, n° 1, jan./mar. 2019, pp. 8-11.

INTRODUÇÃO

com a Constituição, bem como por seus desdobramentos contra a democracia brasileira.

Dois dos principais protagonistas intelectuais aqui abordados – Carl Schmitt e Hermann Heller – exercitaram suas qualidades de cientistas na compreensão sobre Weimar. Heller e Schmitt tinham claro que os tempos de Weimar eram de crise, por se tratar pela primeira vez de uma tentativa democrática para a Alemanha: não se estava mais diante de uma era individualista, porém de uma democracia de massas, que trazia novos significados políticos como sufrágio, direitos individuais e governo do povo, numa sociedade caracterizada ainda pela duplicidade de "formação e propriedade" (*Bildung und Besitz*) para somente parte de seu povo.[70] O conceito de liberdade dirigia-se apenas contra o Estado "e como pressuposto de uma democracia da minoria possuidora de propriedade e formação".[71]

---

[70] BOOKBINDER, Paul. "Hermann Heller Versus Carl Schmitt". *International Social Science Review*, Summer, vol. 62, nº 2, 1987, p. 120.

[71] *Der Freiheitsbegriff war nur gegen den Staat und auf die gesellschaftlichen Voraussetzungen einer Minoritätsdemokratie von Besitz und Bildung bezogen.* (WASSERMANN, Rudolf. *Der politische Richter*. München: R. Piper & Co. Verlag, 1972, p. 47). Rudolf Wassermann foi juiz e Presidente do Tribunal Superior de Braunschweig (*Oberlandgericht Braunschweig*), conhecido por suas reflexões sobre a relevância de se politizar os juízes na direção do fortalecimento do Estado democrático de Direito ainda nos anos 1970, quando estava em atividade como magistrado. Sua posição era clara: "Por politização da justiça, quero dizer a formação de uma consciência que corresponda a esta função política. Uma vez que a Constituição para a qual o juiz se deve orientar é o sistema da democracia, o mesmo processo pode ser chamado de democratização. É a internalização desses valores democráticos que, segundo a Constituição, deve determinar a nossa vida social". (WASSERMANN, Rudolf. *Der politische Richter*. München: R. Piper & Co. Verlag, 1972, p. 17). No original: *Unter Politisierung der Justiz verstehe ich die Bildung eines Bewußtseins, dass dieser politischen Funktion entspricht. Da die Verfassung, an der der Richter sich zu orientieren hat, das System der Demokratie ist, kann man denselben Vorgang Demokratisierung nennen. Es handelt sich um die Verinnerlichung ("Internalisierung") jener demokratischen Werten, die nach der Verfassung unser soziales Leben bestimmen sollen.*

No Brasil, tinha-se também uma nova Constituição que prometia a intervenção do Estado na propriedade e a expansão de direitos coletivos e individuais; conjunto de elementos que jamais fora recepcionado anteriormente por uma de suas constituições. A quarta vitória eleitoral consecutiva de um mesmo grupo de inclinação de centro-esquerda desencadeou uma reação sem precedentes de não aceitação, pela oposição, do resultado das urnas.

Assim como na Alemanha, o percurso do processo político também fez uma parada no Poder Judiciário. Com tal realidade, aliada ao tema da corrupção e de suposta luta contra uma iminente vitória do comunismo, nos dois casos, operou-se a queda dos governos que eram exatamente distantes do que se poderia qualificar como comunistas.

Não surpreende que observadores mais atentos tenham percebido a "desingênua" formação deste cenário, que não foi construído por um único ator político, porém, por um conjunto de atores, igualmente nas duas experiências aqui tratadas. Para Wolfgang Abendroth,

> com a aprovação ameaçada das classes mais baixas de uma nação contra a posição de poder das classes mais altas, a tendência que deve surgir nas classes dirigentes é aquela de empurrar o anticomunismo fascista mais uma vez para a linha de frente.[72]

---

[72] *Mit der dadurch gefährdeten Zustimmung der Unterschichten einer Nation gegenüber der Machtstellung von Oberschichten muß in den herrschenden Klassen die Neigung entstehen, den faschisten Antikommunismus wieder in den Vordergrund zu schieben.* (ABENDROTH, Wolfgang. "Der Notstand der Demokratie – Die Entwürfe zur Notstandgesetzgebung". *In*: ABENDROTH, Wolfgang; KOGON, Eugen; RIDDER, Helmut; HANNOVER, Heinrich; SEIFERT, Jürgen. *Der totale Notstandsstaat.* Frankfurt am Main: Im Stimme-Verlag, 1965, p. 11).

INTRODUÇÃO

Nas experiências alemã e na brasileira, cuidou-se de conferir aparência de legalidade democrática à ruptura praticada, recorrendo-se à operação de uso de dispositivos constitucionais contra as próprias vigentes constituições. O que foi percebido também por Abendroth. A respeito da utilização do art. 48 da Constituição de Weimar, como se verá, aplica-se sem maior dificuldade à compreensão sobre os arts. 85 e 86 da Constituição Federal, bem como a nova interpretação pelo Supremo Tribunal Federal da Lei n. 1.079 de 10 de abril de 1950: uma operação de oferecer outra forma de democracia que não está na Constituição, sem que grande parte da população perceba o que realmente se passa:

> A norma do artigo 48º da Constituição de Weimar àquela altura praticamente significava que era tecnicamente possível transformar a democracia numa outra forma de governo sem que as massas pudessem reconhecer cada passo desta transformação do sistema político, porque parecia que essa transformação resultaria da própria norma. A norma parecia assim justificada tão logo essa mudança, para as classes altas, parecesse necessária em algum momento posterior.[73]

Assim, como no Brasil, a ilusão constitucional que alterou a Constituição apenas com a mudança do sentido normativo declara a procedência da afirmação que Abendroth fez em 1965 sobre a Alemanha de Weimar.

Em 2010 há registro intelectual significativo formulado por Paulo Arantes sobre o diálogo entre a realidade de Weimar

---

[73] *Artikel 48 WRW damals bedeutet praktisch zunächst nur, daß technisch möglich wurde, die Demokratie in eine andere Staatsform zu überführen, ohne daß die Massen in der Lage waren, jeden Schritt dieser Transformation dieses politischen Systems zu erkennen, weil dem Scheine nach dieser Transformation durch diese Norm gerechtigfertig erschien, sobald nur den Oberklassen diese Veränderung einmal später erforderlich erscheinen sollte.* (1965, p. 12).

e aquela da Constituição Federal de 1988. Arantes produziu importante reflexão sobre o que ainda resta da ditadura brasileira de 1964, do ponto de vista normativo, mas que se estende com grande força até o instante democrático após 1988. O suporte teórico de Arantes recai sobre Ernst Fraenkel o seu conceito de "estadual dual". Recorrendo a Franz Neumann para deixar evidente de que "o grande capital pode dispensar inteiramente as formalidades da racionalidade jurídica idealizada por Max Weber",[74] o mesmo Arantes tenta demonstrar como se manteve um "continuísmo ditatorial" de 1964 aos dias após a Constituição de 1988.[75] A tensão pelo disfarce da não interrupção do aparato normativo teria se revelado com tanto ímpeto que manteve os fundamentos jurídicos constitucionais durante a ditadura civil militar brasileira inaugurada em 1964.

É razoável que se discuta a afirmação de Arantes sobre uma continuidade linear desta realidade "dual" após a redemocratização brasileira. Nem a democracia brasileira se consolidou inteiramente após 1988, tampouco desvencilhou o orçamento público do capitalismo financeiro, ou garantiu as limitações que o próprio texto constitucional trouxe sobre o direito de propriedade. Porém, parece igualmente razoável que o recurso à dualidade que Arantes enxerga decorre da complexidade de identificação normativa que Fraenkel pode também apreender a partir de sua observação como advogado na transição de Weimar para o nacional-socialismo.

É aceitável supor, assim, que a objetividade dos fatos autorize a possibilidade de diálogo entre os dois momentos. Se o tormento de Margarida para seu Fausto era aquele de "dizei-me,

---

74 ARANTES, Paulo. "1964, o ano que não terminou". *In*: TELES, Edson; SAFLATE, Vladimir (Coord.). *O que resta da ditadura*: a exceção brasileira. São Paulo: Boitempo, 2010, p. 215.

75 ARANTES, Paulo. "1964, o ano que não terminou". *In*: TELES, Edson; SAFLATE, Vladimir (Coord.). *O que resta da ditadura*: a exceção brasileira. São Paulo: Boitempo, 2010, p. 232.

## INTRODUÇÃO

como é a religião?/És tão bom homem, mas será mister/Ver que tem pouca devoção",[76] quando Goethe mostra as duas faces da mesma sociedade – a que teme a religião e aquela do Iluminismo –, o drama do Poder Judiciário nas duas experiências consistiu na imensa dificuldade de dizer como é a democracia e separá-la da retórica do idealismo político. Para os Tribunais, seria mais simples olhar as Constituições a que estavam sujeitos. Realizassem pelo menos esta prosaica operação, estariam noutro patamar de suas histórias, sem necessidade de agirem incitados por nenhum Mefistófeles "que nunca dorme".[77]

Teria sentido, para os dias atuais, recuperar um julgamento que ficou perdido no tempo? A resposta pode ser afirmativa. Bernd Rüthers entende que o período do regime nazista é ainda um dos elementos a identificar a "consciência jurídica" da Alemanha.[78]

---

[76] GOETHE, Johann Wolfgang von. *Fausto*: uma Tragédia. Primeira Parte. Trad. Jenny Klabin Segall. São Paulo: Editora 34, 2004, p. 379.

[77] CERVANTES, Miguel de. *Don Quijote de la Mancha*. Edición del IV Centenario. Madrid: Real Academia Española/Asociación de Academias de la Lengua Española, 2004, p. 463.

[78] RÜTHERS, Bernd. "Hatte die Rechtsperversion in den deutschen Diktaturen ein Gesicht?" *JuristenZeitung*, 62. Jahrg., n° 11, 2007, p. 556 (original destacado pelo autor): *"Die deutsche Jurisprudenz und Justiz haben zwischen 1919 und 1989 sechs oder sieben verschiedene politische Systeme mit zugehörigen Verfassungs- und Rechtsordnungen erlebt: Kaiserreich, Weimar, NS-Staat, Besatzungsregime, Bundesrepublik alt, DDR, Bundesrepublik neu mit wachsender Integration in die supranationale Ordnung der EU. Mit mehreren dieser Systemwechsel waren tiefgreifende militärische, ökonomische, wahrungspolitische, soziale und sozial psychologische Erschütterungen, ja Katastrophenlagen verbunden. Die Einzelheiten sind oft beschrieben.2 Ich setze sie hier voraus. Meine erste von fünfzehn Hypothesen:* **Das deutsche National- und Rechtsbewußtsein wird bis heute maßgeblich durch diese Ereignisse geprägt"**. Heribert Prantl destaca a importância das três constituições democráticas da Alemanha, igualmente na perspectiva de formarem três positivos acontecimentos daquela sociedade: maldita e rasgada "por reis príncipes", a de 1848; esmagada pelos nazistas, a de Weimar; e a atual Lei Fundamental (*Grundgesetz*), que não é perfeita, mas teve melhor sorte que as outras. Cf.: PRANTL, Heribert. *Eigentum Verpflichtet*: das unerfüllte Grundgesetz. München: Süddeutsche Zeitung, 2019, p. 23.

Entre 1919 e 1989, a jurisprudência e a justiça alemãs experimentaram seis ou sete sistemas políticos diferentes com os seus respectivos sistemas constitucionais e jurídicos: Império, Weimar, o Estado nazista, o regime de ocupação, a antiga República Federal, a República Democrática Alemã, e a nova República Federal com a sua crescente integração à ordem supranacional da União Europeia. Várias destas mudanças de sistema foram associadas a profundos choques militares, econômicos, políticos, sociais e sociopsicológicos, estando mesmo vinculados a situações catastróficas. Muitos são os estudos sobre suas particularidades. Pressuponho-os aqui. A primeira de minhas quinze teses é a de que **a consciência nacional e jurídica alemã tem sido decisivamente moldada por estes acontecimentos até aos dias de hoje.**

Rudolf Wassermann registra ainda a atualidade da dúvida a respeito da sobrevivência da cultura judicial do nacional socialismo na nova República Federal da Alemanha:[79] "em tal contexto, geralmente é feita referência a uma identidade pessoal entre o juiz antes e depois de 1945, cuja posição intelectual é supostamente correspondente". O julgamento da Prússia contra o *Reich* nos diz muito para os dias atuais. Recentemente, Andreas Fischer-Lescano fez semelhante registro, quando do caso do juiz Jens Maier, que foi readmitido ao cargo de juiz após exercer mandato de deputado no Parlamento (*Bundestag*), durante a legislatura de 2012 a 2017, como membro do partido Alternativa para a Alemanha (AfD, *Alternative für Deutschland*), de clara orientação nacional socialista.[80]

---

[79] *Verwiesen wird dabei meist auf eine personelle Identität zwischen dem Richter vor und nach 1945, der die geistige Haltung ‚korrespondieren soll.* (WASSERMANN, Rudolf. *Justiz und Nationalsozialismus zur Aufarbeitung der NS-Vergangenheit durch die Justiz.* München: Luchterhand, [s.d.], p. 12).

[80] Surpreso com a possibilidade de retorno à atividade judicante de Jens Maier, afirmou Fischer-Lescano: "O fato de que os casos de extrema-direita – como as feitas por Jens Maier (abster-me-ei de reproduzir os comentários repugnantes, documentados por Joachim Wagner, Rechte Richter, 2021, e até na Wikipédia sobre Jens Maier) – constituem grave conduta oficial incorreta

INTRODUÇÃO

Além de oferecer pistas sobre como compreender a complexa relação entre política e Direito, o julgamento abre as portas para que se entenda o alcance e a natureza da argumentação jurídica, no sentido de fortalecer ou enfraquecer qualquer normatividade, constitucional ou legal. Eis mais uma lição que serve de advertência ao presente.

Não se trata da insuficiência do positivismo, da legalidade escrita, aprovada pelo jogo da separação de poderes e concebida sob a forma de um novo modelo de Constituição. Trata-se da corrupção do positivismo estabelecido democraticamente. Esta corrupção não partiu do positivismo, ao contrário, veio pela força de uma decidida ação política, que foi recepcionada pelas sociedades e por seus atores institucionais para destruir o que restava da tentativa democrática; tentativa possibilitada também pelo positivismo jurídico. Se a crítica realizada em desfavor do positivismo jurídico formulado por Hans Kelsen consiste na sua não absorção de uma teoria política, de maneira destacada como inerente ao Direito Constitucional, tal crítica não guarda relação com a responsabilidade do mesmo positivismo pela erosão de Weimar

---

foi, entretanto, esclarecida pelas mais altas cortes. O Tribunal de Serviço para Juízes do Tribunal Regional Superior de Stuttgart, julgamento de 18.03.2021 – DGH 2/19, no caso do procurador da extrema-direita e membro do parlamento da AfD Thomas Seitz, decidiu que a demissão do serviço público era apropriada". No original: *Dass es sich bei rechtsextremistischen Ausfällen – wie sie Jens Maier pflegt (ich verzichte darauf, die Widerlichkeiten zu reproduzieren, sie sind u.a. dokumentiert bei Joachim Wagner, Rechte Richter, 2021, und im Wikipedia-Eintrag zu Jens Maier) – um schwere Dienstvergehen handelt, ist mittlerweile auch höchstrichterlich geklärt. So hat der Dienstgerichtshof für Richter bei dem Oberlandesgericht Stuttgart, Urteil vom 18.03.2021 – DGH 2/19, im Fall des rechtsextremen Staatsanwalts und AfD Abgeordneten Thomas Seitz entschieden, dass die Entlassung aus dem Beamtenverhältnis angezeigt war.* (FISCHER-LESCANO, Andreas. "Warum der Rechtsextremist Jens Maier nicht wieder Richter werden darf". *Verfassungsblog*, 10 jan. 2022. Disponível em: verfassungsblog.de/warum-der-rechtsextremist-jens-maier-nicht-wieder-richter-werden-darf/.10/. Acessado em: 01.09.2022).

e sua Constituição. Os positivistas, com a defesa da legalidade, representaram, aliás, um dos principais obstáculos que juristas do nacional-socialismo procuraram enfrentar, bem como buscaram livrar a Teoria do Direito alemã da influência da norma jurídica posta, vigente e limitadora da ação do poder do Estado. A tragédia de Weimar é a tragédia de todos os experimentos que sucumbiram à força das mesmas ações políticas, cuja decisão era, antes de mais nada, o fim do pluralismo artístico, intelectual, político e social.

Mas não é somente a instabilidade da política que abre as portas da compreensão sobre a fraqueza da institucionalidade constitucional. Sem dúvida o Poder Judiciário responde pelos acontecimentos que esvaziaram o conteúdo de Constituições como a de Weimar e a Federal de 1988 do Brasil. A grande parcela de responsabilidade do Poder Judiciário decorre de que seu compromisso deveria ser com a normatividade constitucional que se implantava. O Poder Judiciário, nos dois casos em análise, foi protagonista no sentido contrário: contra as respectivas constituições e essa explicação requer maior atenção, apesar de não representar nenhuma novidade na historiografia constitucional do século XX.

A Constituição de Weimar, assim como a brasileira de 1988, tinham limites no âmbito de constituições inovadoras. Esses limites são tão denunciadores da disposição de não se permitir que as previsões constitucionais inovadoras de ambas se materializassem, tanto quanto são comprovadores das ilusões constitucionais que a expectativa política criou em torno desta nova normatividade constitucional:[81] "chamamos de ilusões constitucionalistas o erro político pelo qual as pessoas acreditam na existência de um sistema normal, jurídico, ordenado e legal – em suma, 'constitucional' –, embora ele não exista de fato".

---

[81] LENIN, Vladimir Ilyich. *Ilusões Constitucionalistas*. São Paulo: Kairós, 1985, p. 83.

INTRODUÇÃO

Sob Weimar, o registro fica a cargo de Otto Kirchheimer e sua percepção sobre "governo" (*Regierung*)[82] àquela altura. Ao analisar a formação dos governos durante Weimar, Kirchheimer destaca que a normatividade daquela Constituição era bloqueada no mundo do concreto. A concentração capitalista dilatou sua "esfera de direção" (*Direktionssphäre*),[83] a ponto, por exemplo, de esvaziar a formação do governo por meio de nomeações de

> não parlamentares, especialistas para a Chancelaria do *Reich*, sob constante consulta de outros denominados técnicos e alguns políticos na condição de homens de ligação deste governo "acima dos partidos" com os partidos respectivos.[84]

A "esfera de direção" consistia, assim, no "domínio das forças do capital, grandes proprietários agrários, exército e burocracia" ("*die Herrschaft der Kapitalgruppen, der Großagrarier, Armee und Bürokratie*").[85] Kirchheimer ainda enxerga uma "esfera de divisão" (*Verteilungssphäre*),[86] no qual se tinha a divisão política das duas principais forças antagônicas durante Weimar: capital e trabalhadores. Por não serem fortes sozinhas o suficiente para uma submeter a outra, o ponto de partida para Kirchheimer foi

---

82 KIRCHHEIMER, Otto. "Weimar – und was dann? Analyse einer Verfassung". *Politik und Verfassung*. Frankfurt am Main: Suhrkamp, 1964, p. 40.

83 KIRCHHEIMER, Otto. "Weimar – und was dann? Analyse einer Verfassung". *Politik und Verfassung*. Frankfurt am Main: Suhrkamp, 1964, p. 42.

84 "(...) *Nichtparlamentarier, Fachmann genannt, ins Reichskanzleramt unter Hinzuziehung anderer sogenannter Fachleute und einzelner Parteipolitiker als Verbindungsmänner diese 'überparteiischen' Regierung zu den Typ Cuno 1923*". (KIRCHHEIMER, Otto. "Weimar – und was dann? Analyse einer Verfassung". *Politik und Verfassung*. Frankfurt am Main: Suhrkamp, 1964, p. 40).

85 LUTHARDT, Wolfgang. *Von der Weimarer Republik zum Faschismus*: die Auflösung der demokratischen Rechtsordnung. Frankfurt am Main: Suhrkamp, 1976, p. 24.

86 KIRCHHEIMER, Otto. "Weimar – und was dann? Analyse einer Verfassung". *Politik und Verfassung*. Frankfurt am Main: Suhrkamp, 1964, p. 42.

claramente o "teorema do bonapartismo marxiano" (*Marxsche Bonpartismus-Theorem*).[87]

Referido funcionamento transformou o governo independente do parlamento, numa Constituição parlamentarista, o que significava o esvaziamento do próprio sentido constitucional da articulação entre os poderes constitucionais. Além da disposição das forças armadas para ação física de manutenção da ordem capitalista anterior, Kirchheimer ressalta que, mesmo a força da representação política dos trabalhadores no parlamento não correspondia, porém, "à divisão de poder entre trabalhadores e capital" (*Machtverteilung zwischen Arbeiterschaft und Kapital*).[88] Neste sentido é que Kirchheimer registra a "digna franqueza" de Popizt,[89] quando este manifestou o entendimento de que exatamente aqueles menos abastados, e não os que se encontram nas faixas mais elevadas, sentem os custos adicionais da representação política.

O que se tem é, pois, aquele de previsões normativas avançadas, em sociedades políticas a não terem compromisso com essas respectivas normatividades. Em Weimar e no Brasil que conduziu o golpe de 2016 contra a Presidenta Dilma Rousseff, os integrantes da última instância do Poder Judiciário, sem tradição de defesa de direitos econômicos e ampliados, deixaram evidente a ausência de compromisso com a nova força constitucional. O sentido de uma Constituição que anuncia um "ponto de virada" (*Wendenpunkt*)[90] significa também "um dado programa de ação,

---

[87] LUTHARDT, Wolfgang. *Von der Weimarer Republik zum Faschismus*: die Auflösung der demokratischen Rechtsordnung. Frankfurt am Main: Suhrkamp, 1976, p. 24.

[88] KIRCHHEIMER, Otto. "Weimar – und was dann? Analyse einer Verfassung". *Politik und Verfassung*. Frankfurt am Main: Suhrkamp, 1964, p. 43.

[89] KIRCHHEIMER, Otto. "Weimar – und was dann? Analyse einer Verfassung". *Politik und Verfassung*. Frankfurt am Main: Suhrkamp, 1964, p. 44.

[90] LUTHARDT, Wolfgang. *Von der Weimarer Republik zum Faschismus*: die Auflösung der demokratischen Rechtsordnung. Frankfurt am Main: Suhrkamp, 1976, p. 12.

# INTRODUÇÃO

em nome de quem a organização de uma nova sociedade deve acontecer".[91] A social-democracia europeia já havia deixado a lição de que o aprofundamento da democracia é com mais participação e formação de conselho e órgãos deliberativos abertos plurais que possam enfrentar a tecnocracia do poder econômico. A história também adverte: quando governos ampliam a participação da decisão econômica e política em favor de classes populares, a resistência do capital aparece. Quase sempre na forma de golpismo contra a legalidade constitucional.

O estudo aqui realizado apoia-se nas fontes bibliográficas e jurisprudenciais originais[92] que se julgou relevantes. A fonte original do caso *Preußen contra Reich* está na publicação de 1933, por J. H. W. Dietz Verlag. Esta edição conta com um prefácio de Arnold Brecht e foi republicada em 1976, conforme consta nas referências deste texto. Utilizou-se tal obra como fonte na medida em que é esta publicação que traz os debates travados no Tribunal do Estado alemão, bem como é a mesma a que todos os estudos sobre este caso recorrem para acesso ao registro das audiências e manifestações originais das partes e de seus representantes.

Para o caso brasileiro, as fontes foram extraídas do sítio do Supremo Tribunal Federal disponíveis na rede mundial.[93] Neste

---

91 *"(...) ein bestimmtes Aktionsprogramm zu verkünden, in dessen Namen die Organisation einer neuen Gesellschaftsordnung stattfinden soll".*

92 Nas referências, esta obra acha-se devidamente listada sob o nome de *Preußen contra Reich vor dem Staatsgerichtshof*, abreviada para PcR. Quando se referir ao prefaciador, estará listado este autor nas referências: Arnold Brecht.

93 Relativamente ao caso brasileiro, quase todas as referências foram obtidas no sítio do Supremo Tribunal Federal, que possibilita o acesso às peças processuais originais das ações judiciais mencionadas. Há fontes processuais que são de ações judiciais a correrem em segredo de justiça. Porém, parte da imprensa especializada teve acesso a esse material e fez publicar peças processuais que estavam sob o sigilo judicial. Nestes casos, foram utilizadas estas publicações da imprensa especializada, o que ocorreu com frequência durante os anos da Operação Lava Jato: "Em se tratando de medidas cautelares, muitos dos processos não foram encontrados facilmente em razão do

sítio estão acórdãos e decisões monocráticas oficialmente postos ao conhecimento do grande público.

---

sigilo inerente a esse tipo de procedimento, motivo pelo qual foi empreendida também pesquisa nos veículos abertos de informação e no mecanismo de busca do Google, com a utilização do nome de cada investigado, seguido dos vocábulos prisão, lava jato, decisão ou decreto de prisão, de forma isolada ou cumulativa. Alguns portais de notícia e *sites* especializados em cobertura jornalística jurídica[236] noticiavam as prisões e eventualmente disponibilizavam as próprias decisões, ainda que de procedimentos sigilosos" (CHAVES, Álvaro Guilherme de Oliveira. *Prisões Preventivas da Operação Lava Jato (2014-2017)*: Pesquisa empírica e crítica garantista. Brasília: Universidade de Brasília, 2021, p. 60. (Dissertação de Mestrado).

# CAPÍTULO I

## *PREUßEN* CONTRA *REICH*

O processo da Prússia contra o *Reich* não foi o primeiro sinal da tibieza do Poder Judiciário de Weimar em relação ao nacional-socialismo, mesmo antes da ascensão de Hitler em janeiro de 1933. Na eleição de 14 setembro de 1930, os nacionais socialistas quintuplicaram sua bancada no Parlamento: de doze cadeiras saltaram para 107 lugares.

Na noite de 22 de setembro de 1930, trabalhadores migrantes comemoravam a fundação de sua associação no *Tanzpalast Eden*, em Berlim, local tradicional de encontros do proletariado da cidade. Perto dali, no conhecido bar *Zur Altstadt*, se encontravam membros da SA (*Sturmabteilung*, "Destacamento de Assalto"), que, armados, investiram com tiros contra os cerca de 120 trabalhadores que se achavam no *Tanzpalast Eden*. Com palavras de ordem como "salve Hitler, rua livre" (*Heil Hitler, die Straße frei*), a agressão resultou em três graves feridos e dois mortos. Em novembro teve início o julgamento do caso perante o tribunal do júri Berlim-Moabit (*Schwurgericht Berlin-Moabit*).

No dia 9 de maio de 1931, a acusação liderada pelo jovem advogado de 28 anos, Hans Litten, ouviu o depoimento de Adolf

Hitler. Litten já era conhecido por suas firmes disposições: *Litten's life deserves a Freud for exploring his psychology, a Marx for capturing his leftist fighting spirit, and a Gershom understanding his religious sentiments.*[94] No depoimento, Hitler insistia que o compromisso dos nacionais socialistas com a legalidade era "sólido como granito". As contradições do depoimento foram apontadas uma atrás da outra, a ponto de inquietar Hitler profundamente. Litten fez ver que Hitler não somente era conhecedor dos planos de eliminação de adversários políticos, mas incentivador. A violência seria comprovada como arma política de intimidação de adversários do NSDAP.

O processo jamais foi concluído. Hitler considerou Litten seu inimigo pessoal. Na noite de 27 de fevereiro de 1933, 28 dias após a ascensão de Hitler ao cargo de Chanceler e data do incêndio do Reichstag, Litten foi posto em prisão preventiva. Após cinco anos de torturas, foi enviado para o campo de concentração de Dachau. Não suportando tanto sofrimento físico e psicológico, cometeu suicídio em fevereiro de 1938, aos 35 anos de idade. O "Processo do Edenpalast" (*Edenpalast-Prozess*), como ficou conhecido, foi outro momento de comprovação de que o Poder Judiciário não representaria obstáculo ao nacional socialismo. Tampouco demonstraria disposição neste sentido.[95]

Das eleições para o parlamento prussiano (*Landtag*) de 24 de abril de 1932, o Partido Nacional Socialista Alemão dos

---

[94] MORRIS, Douglas. "Review Denkmalsfigur. Biographische Annäherung an Hans Litten, 1903-1938 by Knut Bergbauer, Sabine Fröhlich and Stefanie Schüler-Springorum". Göttingen: Wallstein Verlag, 2008. *Central European History*, vol. 42, n° 1, mar. 2009, p. 167. V. ainda: HETT, Benjamin Carter. *Crossing Hitler*: the man who put the Nazis on the witness stand. Oxford: Oxford University Press, 2008.

[95] Cf.: BERGBAUER, Knut; FROHLICH, Sabine; SCHÜLER-SPRINGORUM, Stefanie. *Denkmalsfigur*: biographische Annäherung an Hans Litten, 1903-1938. Göttingen: Wallstein Verlag, 2008; BRÜCK, Carlheinz von. *Ein Mann, der Hitler in die Enge trieb*: Hans Littens Kampf gegen den Faschismus – ein Dokumentarbericht. Berlim: Verlag, 1975.

CAPÍTULO I – *PREUßEN CONTRA REICH*

Trabalhadores (NSDAP – *Nationalsozialis-tische Deutsche Ar-beiterpartei*) passou a figurar com a maior força política estadual. Uma mudança no regimento interno do parlamento tornou possível que o Partido Social-Democrata (SPD – *Sozialdemokratische Partei Deutschlands*) e o Centro católico (DZP – *Deutsche Zentrumspartei*) impedissem os nazistas de tomar o poder no parlamento estadual.

O Regimento Interno (*Geschäftsordnung*) do Parlamento da Prússia de 24 de novembro de 1921 (art. 20, § 2º) previa que a eleição do Governador (*Ministerpräsident*) dar-se-ia em segundo turno por uma maioria simples, o que jogaria a Prússia nas mãos do nazista NSDAP. A modificação regimental faria com que a escolha do Governador pelo Parlamento desse-se agora pelo voto da maioria absoluta, o que significava uma "barreira instranspo-nível" aos nazistas.[96] A clara intenção de prevenir a formação de um possível governo de minoria liderado pelos nazistas sinalizava o que parte da classe política já enxergava: a) a concreta ameaça que o nazismo representava para o fim de Weimar; b) as conse-quências que o fim de Weimar poderia trazer para a Alemanha e para a Europa. Não foi outro o sentido das palavras de Max Weber,[97] ainda em 1919:

> Mas assim não é a realidade: diante de nós não está o flo-rescer do verão, porém uma noite polar, de gélida escuridão e dureza, qualquer que seja o grupo que aparentemente

---

[96]  SEIBERTH, Gabriel. *Anwalt des Reiches*: Carl Schmitt und der Prozess "Preußen contra Reich" vor dem Staatsgerichtshof. Berlin: Duncker & Humblot, 2001, p. 39.

[97]  *Aber so ist die Sache nicht. Nicht das Blühen des Sommers liegt vor uns, son-dern zunächst eine Polarnacht von eisiger Finsternis und Härte, mag äußerlich jetzt siegen welche Gruppe auch immer. Denn: wo nichts ist, da hat nicht nur der Kaiser, sondern auch der Proletarier sein Recht verloren.* (WEBER, Max. "Politik als Beruf". *In*: BAIER, Horst; LEPSIUS, M. Rainer; MOMMSEN, Wolfgang J.; SCHLUCHTER, Wolfgang; WINCKELMANN, Johannes (Coord.). *Max Weber Gesamtausgabe*. vol. 17. Tübingen: Mohr Siebeck, 1992, p. 251).

vença neste momento. Pois onde nada há, não somente o Imperador, mas também o proletariado perderá seu direito.

Significativa parte dos historiadores "saudava" a mudança regimental, já que ela evitaria a ascensão ao poder do extremismo de direita na mais importante das unidades federativas da Alemanha. A compreensão – bastante razoável – era a de que a queda da Prússia em mãos nazistas apressaria a tomada do poder central, com maior disposição e empolgação da parte do mesmo nazismo. Porém, há vozes críticas sobre o assunto.[98]

Nos dias 17 e 18 de julho de 1932 ocorreram violentos embates, a resultarem na morte de vinte e seis pessoas, somadas às vinte já ocorridas no mês de junho.[99] No dia 20 de julho, foi assinado o Decreto de Emergência do Presidente do *Reich*, Paul von Hindenburg, a tornar Franz von Papen em Comissário do *Reich* (*Reichskommissar*) para a Prússia.

O Decreto de Emergência[100] já estava assinado há uma semana[101] e sem data, *a virtual blank check since he* [Hindenburg]

---

98 Seiberth (SEIBERTH, Gabriel. *Anwalt des Reiches*: Carl Schmitt und der Prozess "Preußen contra Reich" vor dem Staatsgerichtshof. Berlim: Duncker & Humblot, 2001, p. 40) enumera intelectuais que divergiram, e trataram a mudança do Regimento Interno como "manobra política": Friedrich Karl Fromme, Hans Schneider, Ernst Rudolf Huber.

99 BLOMEYER, Peter. *Der Notstand in den letzten Jahren von Weimar*. Berlim: Duncker & Humblot, 1999, p. 249.

100 Decreto do Presidente do *Reich*, concernente ao restabelecimento da segurança e da ordem no território do Estado da Prússia (*Verodnung des Reichspräsidenten, betreffend die Wiederherstellung der öffentlichen Sicherheit und Ordnung im Gebiet des Landes Preußens*. SEIBERTH, Gabriel. *Anwalt des Reiches*: Carl Schmitt und der Prozess "Preußen contra Reich" vor dem Staatsgerichtshof. Berlim: Duncker & Humblot, 2001, p. 72).

101 CALDWELL, Peter. *Popular Sovereignty and the Crises of German Constitutional Law*: the Theory & Practice of Weimar Constitutionalism. Durham e Londres: Duke University Press, 1997, p. 165.

CAPÍTULO I – *PREUßEN CONTRA REICH*

*signed the decree without dating it.*[102] A maior e mais importante unidade estadual da República de Weimar – econômica e politicamente – havia caído nas mãos dos nazistas, uma vez que a vinculação de Franz von Papen ao NSDAP, após abandonar o seu Centro católico, era evidente. Papen foi Vice-Chanceler (*Vizekanzler*) de Adolf Hitler. Já em 1º de março de 1933, em grande evento eleitoral do NSDAP em Essen, constata-se o conhecido cumprimento entre Papen e Hitler:[103] "o desejo do *Führer* Adolf Hitler era para o Vice-Chanceler Franz von Papen uma ordem".[104] Papen permaneceu fiel a Hitler até o fim. Quando de seu julgamento em Nürnberg, foi "confrontado com suas próprias palavras" escritas a Hitler, "intercaladas com longas passagens de seguras lealdade e confiança". Papen disse que, "após os assassinatos de *Röhmputsch*,[105] teve todas as dúvidas sobre sua política e integridade. Mas

---

102 BRAATZ, Werner E. Franz. "Papen and the Preussenschlag, 20 July 1932: a move by the 'New State' toward Reichsreform". *European History Quarteley* 3, nº 2, 1973, p. 165. Cf. ainda DYZENHAUS, David. "Legal Theory in the Collapse of Weimar: Contemporary Lessons?" *The American Political Science Review*, vol. 91, nº 1, mar. 1997, p. 123: *On July 14, Papen secured the emergency decree from Hindenburg that permitted him to usurp the Prussian government's powers. This was on the wholly contrived pretext that the Prussian government, in particular the SPD element, intended to conspire with the communists to act against the Nazis. Papen kept this decree "in his pocket" until the outbreak of violence gave him the excuse he wanted.*

103 MÖCKELMANN, Reiner. *Franz von Papen*: Hitlers ewiger Vasall. Darmstadt: Wissenschaftliche Buchgesellschaft, 2016, p. 22.

104 *Der Wunsch des "Führers" Adolf Hiter war dem Vizekanzler Franz von Papen ein Befehl.* (MÖCKELMANN, Reiner. *Franz von Papen*: Hitlers ewiger Vasall. Darmstadt: Wissenschaftliche Buchgesellschaft, 2016, p. 385).

105 Literalmente "golpe *Röhm*", em referência ao então Chefe da SA (*Sturmabteilung*, Destacamento de Assalto), Chefe de Tropa (*Stabschef*) Ernst Röhm. A propaganda nazista se encarregou de difundir a versão de que a "noite dos punhais" (*Nacht der langen Messer*) do final de junho de 1934, quando Ernst Röhm foi assassinado por integrantes de seu próprio Partido Nazista, teria sido uma resposta contra um golpe que o mesmo Röhm planejara contra a liderança de Adolf Hitler. Tal versão nunca foi aceita e o consenso é que se tratou mesmo de eliminação física de eventual oposição interna ao Partido Nazista.

também acreditou que a política de Hitler não poria a Alemanha em desvantagem".[106]

Os nazistas trabalhavam em conjunto com Papen. A liderança nazista no Parlamento prussiano, exercida por seu Presidente desde 1932, Hans Kerrl, movimentava-se para que Papen assumisse o poder da polícia em 18 de julho sobre a Prússia.[107] Após o "golpe na Prússia" (*Preußenschlag*), Kerrl assumiu o Ministério da Justiça prussiano em março de 1933, sendo responsável pelo banimento de todas as atividades profissionais de advogados e notários de origem judia.

A base constitucional do Decreto de Emergência eram os parágrafos 1º e 2º do art. 48 da Constituição de Weimar. Este artigo determinava que:

> Art. 48 [Medidas sobre perturbação e segurança da ordem]
>
> Quando um Estado (*Land*) não cumprir as obrigações que lhe são impostas pela Constituição ou pelas leis do *Reich*, poderá o Presidente do *Reich* socorrer-se de meios armados para seu restabelecimento.
>
> O Presidente do *Reich* poderá, nos casos de grave perturbação da ordem e segurança públicas, ou de sua ameaça no *Reich* Alemão, tomar as medidas necessárias para seu restabelecimento, inclusive com recurso a meios armados. Para tais objetivos, podem ser suspensos, em parte ou no

---

106 *Die Briefe an Hitler waren durchzogen von langen Passagen mit Loyalitäts- und Treueversicherungen. Mit den eigenen Worten konfrontiert, erklärte Papen, er habe nach den Röhmputsch-Morden jeden Zweifel an seiner politischen Integrität auszuräumen versucht. Zudem sei er im Glauben gewesen, Hitlers Politik würde Deutschland nicht zum Nachteil gereichen.* (POSTERT, André; ORTH, Rainer. "Franz von Papen an Adolf Hitler - Briefe im Sommer 1934". *Vierteljahrshefte für Zeitgeschichte*, vol. 63, 2015, p. 260. DOI 10.1515/vfzg-2015-0014).

107 STOLLEIS, Michael. *Geschichte des öffentlichen Rechts in Deutschland.* vol. 3. München: Verlag C. H. Beck, 1999, p. 122.

CAPÍTULO I – *PREUßEN* CONTRA *REICH*

todo, os direitos fundamentais dos artigos 114, 115, 117, 118, 123, 124 e 153 [da Constituição].

O Presidente do *Reich* deverá imediatamente dar conhecimento ao Parlamento (*Reichstag*) de todas as medidas tomadas na conformidade dos parágrafos 1 ou 2 deste artigo [anteriores]. Por exigência do Parlamento as medidas poderão perder sua eficácia.

Ante a iminência de perigo, poderá o Governo Estadual dispor de medidas provisórias do parágrafo 2 em seu território. Por exigência do Presidente do *Reich* ou do Parlamento tais medidas poderão perder sua eficácia.

Lei do *Reich* regulamentará a matéria.[108]

Desta forma, não se tratava "somente do caso de medida ditatoriais para o restabelecimento da segurança e ordem públicas, (art. 48, par. 2°), mas igualmente de uma execução do *Reich* contra um Estado (art. 48, par. 2°), de uma execução do *Reich* contra a

---

[108] *Art. 48 [Maßnahmen bei Störung von Sicherheit und Ordnung] Wenn ein Land die ihm nach der Reichsverfassung oder den Reichsgesetzen obliegenden Pflichten nicht erfüllt, kann der Reichspräsident es dazu mit Hilfe der bewaffneten Macht anhalten.*

*Der Reichspräsident kann, wenn im Deutschen Reich die öffentliche Sicherheit und Ordnung erheblich gestötr oder gefährdet wird, die zur Widerhersstellung der öffentlichen Sicherheit und Ordnung nötigen Maßnahmen treffen, erfordelichenfalls mit Hilfe der bewaffneten Macht einschreiten. Zu diesem Zweck darf es vorübergehend die in den Art. 114, 115, 117, 118, 123, 124, und 153 festgesetzen Grundrechten ganz oder zum Teil außer Kraft setzen.*

*Von alle gemäß Abs. 1 oder 2 dieses Artikels getroffenen Maßnahmen hat der Reichspräsident unverzüglich dem Reichstag Kenntnis zu geben. Die Maßnahmen sind auf Verlangen des Reichstages außer Kraft su setzen.*

*Bei Gefahr im Verzuge kann die Landesregierung für ihr Gebiet einstweilige Maßnahme der in Abs. 2 bezeichnenten Art treffen. Die Maßnahmen sind auf Verlangen des Reichspräsidenten oder des Reichstages außer Kraft zu setzen.*

*Das Nähere bestimmt ein Reichsgesetz.* (SCHUSTER, Rudolf (Coord.). *Deutsche Verfassungen. Die Verfassung des Deutschen Reiches (Weimarer Verfassung) von 11. August 1919.* München: Goldmann Verlag, 1985, p. 180).

Prússia".[109] A disposição do governo central parece inequívoca em seus alcance e intenção: por força da alegação da ocorrência de dois dispositivos constitucionais, ou de apenas um deles, a intervenção na Prússia restaria adequada a qualquer das exigências constitucionais.

No art. 48 da Constituição de Weimar estava um dos problemas-chave da democracia alemã. Em nenhum dos dispositivos constitucionais residia "tanto perigo" como no art. 48:[110] "somente nos anos de 1920-1923 mais de 70 vezes" recorreu-se ao art. 48 no âmbito do governo central, para não contar as inúmeras vezes em que os Estados lançaram mão deste expediente,[111] em razão de seu último parágrafo. Até 1928 foram ao todo 135 medidas de emergência, e "quarenta e quatro delas para a ordenação do estado de emergência econômico".[112] Na opinião de Otto Kirchheimer, o uso frequente do art. 48 deve ser posto "na conta de uma defeituosa consciência parlamentar dos partidos burgueses", os quais ainda

---

[109] *Es handelt sich also nicht um sogenannte "Diktaturmaßnahmen zur Wiederherstellung der öffentlichen Sicherheit und Ordnung" (Art. 18, Abs. 2), "sondern zugleich um eine Reichsexekution gegen ein Land" (Art. 48, Abs. 1), um eine Riechsexekution gegen Preußen.* (BRECHT, Arnold. Vorwort. *Preußen contra reich vor dem staatsgerichtshof*: Setnogrammbericht der Verhandlungen vor dem Staats-gerichtshof in Leipzig vom 10. bis 14. und vom 17. Oktober 1932. Mit einem Vorwort von Ministerialdiretktor Dr. [Arnold] Brecht. Glashütten im Taunus [mit freundlicher Genehmigung des Verlages J. H. W. Dietz Nachfolger, GmBH. Unveränderter Nachdruck der Ausgabe Berlin 1933], 1976, p. IX).

[110] KRONHEIMER, Wilhelm. "Der Streit um den Art. 48 der Reichsverfassung". *Archiv des öffentlichen Rechts*, vol. 46, 1924, p. 304.

[111] KRONHEIMER, Wilhelm. "Der Streit um den Art. 48 der Reichsverfassung". *Archiv des öffentlichen Rechts*, vol. 46, 1924.

[112] *(...) darunter vierundvierzig zur Behebung wirtschaftlicher Notstände.* (STAFF, Ilse. "Italien und der Faschismus. Ein Beitrag zu Hermann Hellers Faschismus-Interpretation". *In*: STAFF, Ilse; MÜLLER, Christoph (Coord.). *Der soziale Rechtsstaat*: Gedächtnisschriften fü Hermann Heller. Baden-Baden: Nomos, 1984, p. 17).

## CAPÍTULO I – *PREUßEN* CONTRA *REICH*

"gostavam de se ver a si próprios como resmungões irresponsáveis no ofício de uma burocracia afastada da sua influência".[113]

A conclusão possível a que se chega é a de que a instabilidade política era quase permanente, em razão da força política e social dos adversários da Constituição, bem como da desproporcional desorganização dos que a defendiam. Como até 1924 a lei regulamentadora a que se refere o art. 48 não havia sido aprovada, para Kronheimer restava a dúvida se nos casos de "distúrbios, tentativas de golpe, situações perigosas de tensão" o art. 48 deveria ser usado ou não, embora em diversos casos assim tenha ocorrido, especialmente em matéria econômica e financeira.[114] Em todo caso, para Kronheimer, a eliminação do Parlamento do *Reich* ou do Governo, com suposto apoio no art. 48 – o que efetivamente se deu em março de 1933 – somente seria possível caso se se retirasse a vigência não somente do mesmo art. 48, mas de toda a Constituição de Weimar.[115]

A Constituição de Weimar sempre representou um obstáculo a ser removido para o nacional-socialismo, apesar de ter sido ela utilizada, desde que não se distanciasse das visões fundamentais

---

113 *Dabei muß erwähnt werden, daß der häufige Gebrauch des Artikels 48 in den Nachkriegsjahren zum Teil auch auf das Konto mangelnden parlamentarischen Bewußtseins der bürgerlichen Partei zu setzen ist, die sich zu gerne noch als die unverantwortlichen Nörgler am Handwerk einer ihrem Einfluss entzogene Bürokratie verstanden.* (KIRCHHEIMER, Otto. "Weimar – und was dann? Analyse einer Verfassung". *Politik und Verfassung*. Frankfurt am Main: Suhrkamp, 1964, p. 19).

114 *Unruhen, Putschbestrebungen, gefährdende Spannungszustände.* Kronheimer enumera diversos decretos: proibição da recusa de receber pagamentos em marcos do *Reich*, limitação do comércio de divisas na moeda oficial, limitação de venda de marcos do *Reich* no exterior, obrigação da entrega de divisas como contribuição para a o abastecimento de pão; todas de 1923 (KRONHEIMER, Wilhelm. "Der Streit um den Art. 48 der Reichsverfassung". *Archiv des öffentlichen Rechts*, vol. 46, 1924, pp. 311 e ss.).

115 KRONHEIMER, Wilhelm. "Der Streit um den Art. 48 der Reichsverfassung". *Archiv des öffentlichen Rechts*, vol. 46, 1924, p. 310.

(*Grundanschuungen*) do nazismo. Por esta razão, em meio à cultura escrita identificada com o nazismo, havia duas principais correntes:[116] a primeira a defender que a Constituição "como um todo foi suspensa silenciosamente"; a segunda corrente, representativa da teoria dominante, entendeu que a Constituição "não perdeu sua força de validade de um só golpe; mas que perderá com o passar das transformações do Estado".[117]

A discussão sobre a necessidade de uma nova Constituição para o *Reich* esteve presente logo no primeiro "Esclarecimento de Governo" (*Regierungserklärung*) de Adolf Hitler como Chanceler, em 23 de março de 1933. A sessão do *Reichstag* (o Parlamento) fora realizada na Opera Kroll, em razão do incêndio do mesmo *Reichstag* de 24 de fevereiro de 1933. Para o novo Chanceler do *Reich*, "uma reforma futura do *Reich* somente poderá resultar de um vivo desenvolvimento. Seu objetivo deve ser a construção de uma Constituição que vincule a vontade do povo à autoridade de uma verdadeira liderança".[118]

A opinião intelectual a respeito do art. 48 é compartilhada fora da Alemanha. Para Giorgio Agamben:[119]

---

[116] STUCKART, Wilhelm; HOEWEL, Harry von. *Der staatsaufbau des Deutschen reichs in systematischer darstellung (Neues staatsrecht III)*. Neue Gestaltung von Recht und Wirtschaft (Hrsg. von C. Schaeffer). 13. Heft. 4. Teil. Leipzig: Verlag W. Kohlhammer – Abteilung Schaeffer, 1943, p. 13.

[117] *(...) als zusammenhängendes Ganzes stillschweigende aufgehoben worden sei. (...) (ihre Geltungskraft nicht mit einem Schlage eingebüßt habe; sondern daß sie sie im Verlauf des staatlichen Umbruchs allmählich und stückweise verliere).*

[118] No original: "*Eine weitergehende Reform des Reiches wird sich nur aus der lebendigen Entwicklung ergeben können. Ihr Ziel muss die Konstruktion einer Verfassung sein, die den Willen des Volkes mit der Autorität einer wirklichen Führung verbindet*". (DEUTSCHER REICHSTAG. *Verhandlungen des Reichstages. VIII Whalperiode. 1933*. Stenographische Berichte – Anlagen zu den Stenographischen Berichte Sach- und Sprechberichte. vol. 457. Berlim: Druck und Verlags des Reichsdruckerei, 1934, p. 27).

[119] AGAMBEN, Giorgio. *Estado de exceção*: homo sacer, I, I. São Paulo: Boitempo, 2004, p. 28.

CAPÍTULO I – *PREUßEN* CONTRA *REICH*

A história do art. 48 da Constituição de Weimar é tão estreitamente entrelaçada com a história da Alemanha entre as duas guerras que não é possível compreender a ascensão de Hitler ao poder sem uma análise preliminar dos usos e abusos desse artigo dos anos que vão de 1919 a 1933.

Embora não mencione o caso da Prússia contra o *Reich*, nada autoriza a pensar que Agamben não tenha conhecimento do "golpe na Prússia", a ponto de não o incluir como um dos elementos que contribuiu à subida do nazismo ao poder em janeiro de 1933.

Com a nomeação de Franz von Papen como Comissário do *Reich*, o governo estadual da coalização social-democrata e católicos estava derrubado:

> Os motivos do governo do *Reich* para a dissolução do Estado da Prússia e a subordinação de sua administração sob o *Reich* não se fundamentaram, como aqueles do governo de Braun, visto ante a necessidade de uma reforma do *Reich*.[120]

Decorrentes do Decreto de Emergência, as medidas tomadas por Papen apenas confirmaram o objetivo do governo central de não somente comprometer a autonomia prussiana, mas enviar inequívoca mensagem a todo o *Reich*: os tempos seriam bem diferentes para a ideia constitucional de federação.

Papen demitiu servidores públicos e indicou novos representantes da Prússia para o Conselho do *Reich* (*Reichsrat*), que era a reunião de todos os Estados integrantes do *Reich* Alemão. A este conjunto de ação constitucional e política correspondia a

---

120 *Die Motiven der Reichsregierung für eine Auflösung des Staates Preußen und die Unterstellung seiner Verwaltung unter das Reich gründeten sich nicht, wie die der Regierung Braun, auf die Einsicht in die Notwendigketi einer Reichsreform.* (BLOMEYER, Peter. *Der Notstand in den letzten Jahren von Weimar*. Berlin: Duncker & Humblot, 1999, p. 249).

bem conhecida "sincronização" (*Gleichschaltung*),[121] tão cara ao nazismo, e a caracterizar a teoria do Estado totalitário: o Estado com o "direito total e o poder total", a não permitir qualquer forma de descentralização do poder político.[122]

Os secretários (*Minister*) do Estado prussiano que foram suspensos pelo Decreto de Emergência, em conjunto com os Estado da Baviera e de Baden, buscaram o Tribunal do Estado. Três argumentos relevantes formavam o cerne da representação judicial perante o Tribunal: a) não estavam dadas as condições objetivas que justificassem a intervenção, de acordo com o art. 48, já que o Estado da Prússia e seus secretários achavam-se no pleno exercício de seus cargos e suas ordens eram obedecidas pelas autoridades prussianas; b) a intromissão do Comissário Papen na demissão de servidores e na indicação e nomeação dos representantes da Prússia no Conselho do *Reich* violava o federalismo da Constituição. A terceira acusação era de natureza distinta: os autores da ação judicial afirmavam ser a intenção de Papen o fortalecimento dos nazistas. A um primeiro olhar, este terceiro ponto da argumentação dos autores possuía cunho meramente político, o que escaparia do controle da jurisdição de um Tribunal. Tal argumento é questionável.

Primeiro porque desde a promulgação da Constituição de Weimar a intelectualidade germânica da ciência política e do constitucionalismo se debatia sobre um novo tipo de tribunal que exercesse uma jurisdição política, que praticasse uma forma de controle da constitucionalidade sobre a política. Um dos mais importantes produtos deste debate deu-se no Colóquio de Viena

---

[121] Cf.: ROTTLEUTHNER, Hubert. "Rechtsphilosophie und Rechtssoziologie im Nationalsozialismus". *In*: DREIER, Ralf; SELLERT, Wolfgang (Coord.). *Recht und Justiz im 'Dritten Reich'*. Frankfurt am Main: Suhrkamp, 1989, pp. 295-322.

[122] NEUMANN, Franz. *Behemoth*: the Structure and Practice of Nacional Socialism, 1933-1944. Chicago: Ivan R. Dee, ass. with The US Holocaust Memorial Museum, 2009, p. 51.

CAPÍTULO I – *PREUßEN* CONTRA *REICH*

de 1928 da conhecida Associação dos Professores Alemães de Direito do Estado (*Wiener Tagung; Vereinigung der Deutschen Staatsrechtslehrer*),[123] cujo tema foi a "Essência e Desenvolvimento da Jurisdição do Estado".[124] De um lado, teóricos do Estado como Heinrich Triepel condenavam a possibilidade de uma jurisdição constitucional por seu "caráter verdadeiramente político"; Hans Kelsen e Adolf Merkel, por outro lado, compreendiam a necessidade de competências constitucionais definidas para o necessário exercício desta jurisdição. Outro expressivo resultado deste debate materializa-se pela publicação de "O Guardião da Constituição" (*Der Hüter der Verfassung*), de Carl Schmitt, em 1929, e a resposta de Hans Kelsen a este escrito, em 1930-31: "Quem deve ser o Guardião da Constituição" (*Wer soll der Hüter der Vefassung sein?*).

Já no Colóquio de 1927, em Münster, Hans Kelsen havia participado da discussão apresentada pelo professor Erich Kaufmann sobre "A igualdade perante a lei de acordo com o artigo 109 da Constituição de Weimar" (*Die Gleichheit vor dem Gesetz im Sinne des Art. 109 der Reichsverfassung*).[125] Da participação

---

[123] A Associação dos Professores Alemães de Direito do Estado realiza seus eventos até os dias atuais. Com interrupção de seus tradicionais colóquios entre anos de 1932 a 1948, a Associação realizou seu último encontro em outubro de 2019, em Marburg.

[124] STOLLEIS, Michael. *Geschichte des öffentlichen Rechts in Deutschland*. vol. 3. München: Verlag C. H. Beck, 1999, p. 117. Schmitt não esteve presente fisicamente ao evento: mas sua presença intelectual fez-se sentir, seja pela publicação de *Der Begriff des Politischen*, seja por sua posição contrária à jurisdição constitucional (STOLLEIS, Michael. *Geschichte des öffentlichen Rechts in Deutschland*. vol. 3. München: Verlag C. H. Beck, 1999, p. 118). V. ainda o mesmo Michael Stolleis sobre a discussão a respeito do controle judicial da constitucionalidade: STOLLEIS, Michael. *Recht im Unrecht*: Studien zur Rechtsgeschichte des Nationalsozialismus. Frankfurt am Main: Suhrkamp, 2016, pp. 126 e ss.

[125] KAUFMANN, Erich. *Die Gleichheit vor dem Gesetz im Sinne des Art. 109 der Reichsverfassung*. 1. Bericht von Professor Dr. Erich Kaufmann in Bonn. Berlim: De Gruyter, 1927, p. 2. (Tagung vom März 1927 der Vereinigung der Deutschen Staatsrechtslehrer).

de Kelsen neste debate se permite extrair que intelectuais foram capazes de perceber o que estava a caminho: a desvinculação da legalidade como forma de resistência contra a legalidade constitucional introduzida pela Constituição de Weimar. Em outras palavras, apesar de Kelsen não mencionar a luta política que se travava no interior do Poder Judiciário em torno da assimilação e da recusa em recepcionar a nova Constituição, a dificuldade de fazer com que a nova cultura constitucional se impusesse perante o Poder Judiciário é registrada:[126]

> Há uma clara tendência a depreciar o valor da autoridade do legislador positivo. Se e até que ponto este afastamento de certos círculos jurídicos do positivismo, até então incondicionalmente reconhecido, pode ser explicado sociologicamente pela mudança na estrutura política do corpo legislativo, eu gostaria de deixar aqui em aberto. Em qualquer dos casos, não há como se ignorar que os juristas, que anteriormente ensinavam o juiz a estar estritamente vinculado à lei, agora desejam conceder aos mesmos juízes uma ampla liberdade em relação à lei, invocando o Direito natural; e ainda que

---

[126] *Es zeigt sich die deutliche Tendenz, den Wert der Autorität des positiven Gesetzgebers herabzusetzen. Ob und inwieweit diese Abkehr gewisser juristischer Kreise von dem bisher bedingungslos anerkannten Positivismus soziologisch mit der Änderung in der politischen Struktur des Gesetzgebungsorgans zu erklären ist, möchte ich hier dahingestellt lassen. Jedenfalls ist nicht zu verkennen, daß Juristen, die ehedem die strikteste Bindung des Richters an das Gesetz lehrten, heute den Richtern mit Berufung auf Naturrecht weitgehende Freiheit gegenüber dem Gesetze zuerkennen möchten; und daß der Richterstand von jenen Änderungen der politischen Struktur so ziemlich frei geblieben ist, die sich in der Zusammensetzung des Parlamentes zeigt;(...).* (KELSEN, Hans. *Die Gleichheit vor dem Gesetz im Sinne des Art. 109 der Reichsverfassung*. 1. Bericht von Professor Dr. Erich Kaufmann in Bonn. Berlim: De Gruyter, 1927, p. 54. (Tagung vom März 1927 der Vereinigung der Deutschen Staatsrechtslehrer). V. também: DOPATKA, Fridrich-Wilhelm. "Zur Bedeutung des Bundesverfassungsgerichts in der politischen und gesellschaftlichen Entwicklung der Bundesrepublik 1951 bis 1978". *In:* DÄUBLER, Wolfgang; KÜSEL, Grudrun (Coord.). *Verfassungsgericht und Politik*. Hamburg: Rowolth Taschenbuch Verlag, 1979, pp. 36/37.

CAPÍTULO I – *PREUßEN* CONTRA *REICH*

> a magistratura permaneceu razoavelmente livre das mudanças na estrutura política que se mostram evidentes na composição do Parlamento; (...).

Até a discussão desencadeada na Alemanha já se tinha amplo conhecimento da experiência dos Estados Unidos da América. Mas a concepção madisoneana não havia sido conceitualizada sobre o papel da Suprema Corte norte-americana como guardiã da Constituição até então. O que se tinha não era controle da constitucionalidade, porém uma "revisão judicial", ou a *judicial review*, para os casos em que se constatava choque de interpretações ou de atribuições entre os poderes. A Suprema Corte, além de ser instância de revisão judicial e de não figurar como tribunal constitucional, não estava estruturada conceitualmente para o controle concentrado da constitucionalidade de atos normativos, como tal entendido e formulado por Hans Kelsen como exercício jurídico e político da jurisdição constitucional. Mark Tushnet chama a atenção dessa ideia, que se fortalece quando surgem os conflitos "policêntricos",[127] isto é, aqueles a envolverem a normatividade, mas incluem, em igual medida, desafios da política em quase todos os campos sociais, especialmente ante a presença de um pluralismo partidário, o que não é o caso dos Estados Unidos da América até os dias atuais.[128] Neste sentido, não havia como se assimilar o modelo da *judicial review* dos norte-americanos ao que se discutia na Alemanha de Weimar.

Desta forma, no ano de 1932 não era a discussão sobre controle político de atos de governo nada estranha ao constitucionalismo germânico. Especificamente sobre este tema, a longa monografia

---

[127] TUSHNET, Mark. *The New Fourth Branch*: Institutions for Protecting Constitutional Democracy. Cambridge: Cambridge University Press, 2021, pp. 14 e ss.

[128] Cf.: LEVINSON, Daryl J.; PILDES, Richard H. "Separation of Parties, Not Powers". *New York University Public Law and Legal Theory Working Papers*. Paper 25, 2006, pp. 1-73.

de Johannes Heckel bem retrata a discussão, e ainda no âmbito do caso *Preußen contra Reich.*[129]

Assim, uma ação judicial perante o último grau do judiciário alemão com tal argumento não somente era de se esperar como era mesmo uma constante provocação para que o Tribunal do Estado, com sua jurisprudência, formasse entendimento também sobre a Constituição de Weimar neste sentido de controle da constitucionalidade de questões políticas. Este debate chegou mesmo a caracterizar não somente o Direito Constitucional da Alemanha como também a Teoria do Estado de Weimar, e de forma "violenta" (*heftig*).[130]

Segundo, em razão de que o argumento da aliança entre Papen e os nazistas no Estado da Prússia foi o elemento objetivo que moveu o aspecto constitucional do caso. Devido à deliberada intenção de afastar sociais-democratas do mais importante Estado do *Reich*, o NSDAP ou tomaria o Parlamento prussiano, e com isso o governo estadual, ou realizaria ações que levariam ao comprometimento da ordem e segurança pública. Numa e noutra opção, o caminho estaria aberto para que o objetivo do NSDAP fosse alcançado: remover o "bastião" da democracia do *Reich*.

Reconhecer, portanto, que um ataque de um aliado dos nazistas, Papen, contra um governo social-democrata, em meio ao panorama político de fortes contradições, também decorrentes de uma realidade constitucional inovadora, constituir-se-ia quase uma obviedade a quem ocupava o cargo de juiz na última instância do Poder Judiciário. Desprezar este conjunto de elementos objetivos

---

129 HECKEL, Johannes. "Das Urteil des Staatsgerichtshofs vom 25.10.1932 in dem Verfassungsstreit Reich-Preußen". *Archiv des öffentlichen Rechts*, vol. 23, 1933, pp. 233 e ss.

130 KOENEN, Andreas. *Der Fall Carl Schmitt*: sein Aufstieg zum "Kronjuristen des Dritten Reiches". Darmstadt: Wissenschaftliche Buchgesellschaft, 1995, p. 122.

## CAPÍTULO I – *PREUßEN* CONTRA *REICH*

equivale a fingir o desconhecimento da própria realidade da qual se está cercado.

Por fim, relativamente a este ponto, e de maneira decisiva, está explícito na "fala final" (*Schlußrede*) de Carl Schmitt, como advogado do *Reich*, o caráter político do decreto de intervenção. Para Schmitt, o Tribunal do Estado era o guarda da Constituição, e sobre este ponto não recairia dúvida. Ocorre que:[131]

> Dado que uma Constituição é uma estrutura política, requer-se também a tomada de decisões políticas essenciais, e, relativamente a este ponto, creio eu, o Presidente do *Reich* é o guardião da Constituição, e exatamente suas atribuições constantes do art. 48 possuem por objetivo, seja para os entes federados como também para os demais, constituir um verdadeiro guardião político da Constituição. Se ante tal qualidade o Presidente do *Reich* instaura um governo estadual formado por comissário, atua ele também como guardião da Constituição, com base na sua decisão essencialmente política, dentro de certos limites. Mas segue tratando-se de sua decisão política.

Schmitt reconhece o caráter político da decisão, mas para separar a competência do Tribunal daquela do Presidente do *Reich*: onde o Tribunal atua como guardião da Constituição, não atuará o Presidente do *Reich*. Igualmente, se se trata de decisão

---

131 *Da eine Verfassung ein politisches Gebilde ist, bedarf es außerdem noch wesentlicher politischer Entscheidung, und in dieser Hinsicht ist, glaube ich, der Reichspräsident der Hüter der Verfassung, und gerde seine Befügnisse aus Art. 48 haben sowohl für die föderalistischen Bestandteile, wie für die anderen Bestandteile der Verfassung vor allem den Sinn, einen echten politischen Hüter der Verfassung zu konstituieren. Wenn er in dieser Eigenschaft eine kommissarische Landesregierung einsetzt, so handelt er ebenfalls als Hüter der Verfassung auf Grund der seinem politischen Ermessen anheimgegebenen im wesentlichen politischen Entscheidung innerhalb gewisser Grenzen, die wir hier festgestellt haben. Aber es ist seine politische Entscheidung, um die es sich dabei handelt.* (PcR, 1976, p. 469).

política, não caberá ao Tribunal o seu controle. Ao reconhecer o caráter político do Decreto de intervenção, Schmitt endossa sua tese desde 1930: sobre a decisão política não recairá controle judicial. Assim, vê-se o conteúdo político do Decreto de intervenção, alegado perante o Tribunal do Estado.

Logo após o Decreto de Emergência de intervenção na Prússia, em 23 de julho de 1932, ocorreu a conferência entre Papen, Chanceler do *Reich* e de seu Ministro do Interior Wilhelm *Freiherr* von Gayl, com os governadores de Estados da Federação Alemã, em Stuttgart. A nomeação de Papen para Chanceler já havia aberto verdadeira onda de desconfiança entre os governadores dos Estados (*Länder*) alemães, desconfiança que se fortalecia exatamente no mesmo ponto que em pouco tempo seria confirmado: no conflito entre o governo central do *Reich* e os Estados, ou seja, no *Dualismus* entre o *Reich* e a Prússia, que seria resolvido agora às custas da autonomia dos Estados.[132]

Os Estados de Baden, Baviera, Hessen, Württemberg e as cidade hanseáticas de Hamburg e Lübeck posicionaram-se contra a decisão, seja em seu aspecto político, seja no campo de sua constitucionalidade. A favor da decisão de Papen estavam os governadores de Mecklenburg-Schwerin, Mecklenburg-Strelitz e Oldenburg, além dos representantes de Anhalt e Braunschweig; os dois últimos com instruções recebidas por seus respectivos governos estaduais compartilhados com o NSDAP. Constata-se que a oposição à intervenção se localizava nos Estados mais importantes – econômica e politicamente – além de mais populosos.

Chamam a atenção, na "Documentação" organizada por W. Benz, as manifestações de alguns governadores e de Papen. O governador da Baviera, Heinrich Held,[133] expressou sua consternação ao

---

[132] BENZ, Wolfgang. "Dokumentation – Papens 'Preussenschlag' und die Länder". *Vierteljahrshefte für Zeitgeschichte*, Jahrgang 18, 1970, p. 320.

[133] Held já havia produzido conhecido "Discurso" (*Rede*) quando da Conferência dos *Länder* em 18 de novembro de 1929. Seu Discurso se chamava "O

CAPÍTULO I – *PREUβEN* CONTRA *REICH*

comprovar que o governo central negou informação da intervenção, afirmando o contrário do que se deu na realidade. Na véspera da intervenção na Prússia, em 19 de julho de 1932, a Legação da Baviera desejou ter conhecimento da possibilidade de decretação do estado de emergência. A Chancelaria de Pappen assegurou não ser "aguda" a situação.[134] Tratava-se da prática de ocultação de medidas tomadas; ocultação de informações praticadas pelo governo central, negando às autoridades estaduais conhecimento de matéria que lhes interessava diretamente, além de haver sido protocolado pelas vias oficiais.

Atitudes como esta do governo central conduziram a Legação da Baviera à "desconfiança" e a requerer que governo central se manifestasse de forma clara sobre o assunto da intervenção decretada na Prússia.[135] No dia seguinte, 20 de julho, deu-se a decretação do estado de emergência. Tal comportamento somente confirmaria o que se repetia em todo o *Reich*: "o Chanceler assina, um segundo senhor confirma, e um terceiro, Hitler, dita".[136]

Igualmente, não surpreende quando Papen reporta ao seu gabinete em Berlim que, com apenas "uma exceção, todos os demais representantes dos outros Estados consideraram fortemente a ação contra o governo prussiano com maior ou menor aplauso".[137] Em nada correspondem estas palavras aos verdadeiros

---

problema prussiano-alemão" (*Das preussische-deutsche Problem*), e foi saudado como a reflexão de um "bem informado e sensível político" (BILFINGER, Carl. "Rezension zum Das preussische-deutsche Problem von Heinrich Held". *Archiv des öffentlichen Rechts*, vol. 21, 1932, p. 460).

134 BENZ, Wolfgang. "Dokumentation – Papens 'Preussenschlag' und die Länder". *Vierteljahrshefte für Zeitgeschichte*, Jahrgang 18, 1970, p. 326.

135 BENZ, Wolfgang. "Dokumentation – Papens 'Preussenschlag' und die Länder". *Vierteljahrshefte für Zeitgeschichte*, Jahrgang 18, 1970.

136 *Der Reichskanzler firmiert, ein anderer Herr signiert, um ein dritter Herr, Hiler, diktiert.* (BENZ, Wolfgang. "Dokumentation – Papens 'Preussenschlag' und die Länder". *Vierteljahrshefte für Zeitgeschichte*, Jahrgang 18, 1970, p. 326).

137 *(...), daß mit einer Ausnahme alle Ländervertreter die Aktion gegen de preußische Regierung mit mehr oder weniger starkem Beifall bedacht hatten.*

acontecimentos, devidamente registrados: *Oh bellaco, vilano, malmirado (...) tales deshonestidades y atrevimentos osaste poner em tu confusa imaginación?*[138]

É neste clima de disputa política e intrigas – no qual estava em jogo a sobrevivência do próprio Estado e sua Constituição, sob a forma de um processo judicial perante a última instância judiciária – que o caso despertará especial atenção na sociedade alemã.

Todo o episódio da intervenção nada mais representou do que a realização das intenções políticas de Papen, isto é, da necessidade de uma completa reformulação não somente da Constituição de Weimar, porém de um modelo político na Alemanha. Para Papen e seus aliados do pensamento conservador, a fundação de um "novo Estado" não incluía o republicanismo e federalismo, elementos ameaçadores da integridade do *Reich*. O "novo Estado" estava mais próximo do retorno à monarquia, o que fez com que o "príncipe herdeiro" da dinastia destronada após a Primeira Guerra Mundial, Wilhelm von Hohenzollern, apoiasse a ideia da intervenção contra a Prússia.[139]

Embora haja discussão sobre uma eventual dubiedade do apoio da nobreza alemã ao nazismo, esta dubiedade foi dissipada logo no início do regime, com o silêncio da nobreza sobre os assassinatos

---

(BENZ, Wolfgang. "Dokumentation – Papens 'Preussenschlag' und die Länder". *Vierteljahrshefte für Zeitgeschichte*, Jahrgang 18, 1970, p. 321).

[138] Cf. CERVANTES, Miguel de. *Don Quijote de la Mancha*. Edición del IV Centenario. Madrid: Real Academia Española/Asociación de Academias de la Lengua Española, 2004, p. 478. Ainda DYZENHAUS, David. "Legal Theory in the Collapse of Weimar: Contemporary Lessons?" *The American Political Science Review*, vol. 91, n° 1, mar. 1997, p. 123: *The Nazis were only months away from power and given to increasing public indications of their contempt for law and order, which gave the lie to Papen's pretext for intervention in Prussia.*

[139] BRAATZ, Werner E. Franz. "Papen and the Preussenschlag, 20 July 1932: a move by the 'New State' toward Reichsreform". *European History Quarteley 3*, n° 2, 1973, p. 161.

## CAPÍTULO I – *PREUßEN CONTRA REICH*

ordenados por Hitler em 30 de junho de 1934, conhecidos como "noite dos punhais" (*Nacht der langen Messer*), ou "Operação Colibri" (*Unternemhem Kolibri*). Para Malinowski,[140]

> Com a aceitação silenciosa da onda de assassinatos, até mesmo os membros aristocráticos da elite funcional ampliaram seu acordo com os objetivos do regime nazista, bem como sua concordância com seus métodos.[141]

Na mesma direção, Karina Urbach[142] adverte que, desde 1923, a nobreza alemã não tolerava a Constituição de Weimar:

> O Príncipe von Hohenzollern-Sigmaringen já havia se manifestado desde 1923 sobre a nova realidade após a Primeira Guerra: "A Constituição de Weimar deve ser revista, e o [Parlamentarismo] provou ser incapaz, e, acima de tudo, temos de romper com o marxismo".[143]

Os laços familiares e comuns da nobreza alemã se estendiam à nobreza de outros países europeus, a qual também emprestou apoio a Hitler e suas agressões bélicas:

> Em outubro de 1941, quatro meses após o ataque da Alemanha contra a União Soviética, o Rei da Suécia, Gustav V, felicitou o "Caro Chanceler do *Reich*" Adolf Hitler, por

---

140 MALINOWSKI, Stephan. *Vom König zum Führer*: Deutsche Adel und nationalsozialismus. Frankfurt am Main: Verlag, 2004, p. 586.

141 No original: *Durch die schweigende Hinnahmen der Mordwelle hatten auch die adeligen Mitglieder der Funktioneliten ihr Einverständnis mit den Zielen der NS-Regimes und ihr Einverständnis mit seinen Methoden erweitert.*

142 URBACH, Karina. *Hitlers heimlicher Helfer*: Der Adel im Dienst der Macht. Darmstadt: WBG-Theiss, 2019, p. 256.

143 *Die Weimarer Verfassung muss revidiert werden, [der Parlamentarismus] hat sich bei uns als unfähig erwiesen und vor allem muß mit dem Marxismus gebrochen werden.*

ter ele "erradicado o nocivo bolchevismo". O entusiasmo do Rei Gustav V foi compartilhado por muitos nobres.[144]

Papen tratou do problema com a Prússia – e sobre como seria possível resolvê-lo – de uma maneira que parecesse uma solução legal, a fim de dar conta da constatação mais elementar dos conservadores:

> The experience of the last thirteen years had demonstrated, for example, the inadequacy of the Weimar Constitution which permitted governments with different political outlooks in the Reich and Prussia to pursue policies often diametrically opposed to one another.[145]

Consistia, na verdade, numa estratégia de esvaziamento do conteúdo descentralizador de Weimar por meio de decisão judicial, o que não exigiria mudança na Constituição, e ainda dificultaria o argumento de que se estava diante de um golpe: afinal, a legalidade e devido processo legal haviam sido observados. Este foi argumento amplamente utilizado no caso brasileiro para justificar o golpe contra a então Presidenta Dilma Rousseff: com a decisão do Supremo Tribunal Federal na ADPF n. 378, o rito processual de afastamento foi ratificado pela última instância do Poder Judiciário, o que afastaria qualquer dúvida contra sua legalidade. Outra não foi a posição de um dos membros do Supremo Tribunal Federal, Luís Roberto Barroso:[146]

---

144 *Im Oktober 1941, vier Monate nach Deutschlands Überfall auf die Sowjetunion, gratulierte der schwedische König Gustav V. dem "lieben Reichskanzler" Adolf Hitler, dass er "den bolschewistischen Schädling ausgemerzt" habe. Gustavs Begeisterung wurde von vielen Adeligen geteilt.* (URBACH, Karina. *Hitlers heimlicher Helfer*: Der Adel im Dienst der Macht. Darmstadt: WBG-Theiss, 2019, p. 159).

145 BRAATZ, Werner E. Franz. "Papen and the Preussenschlag, 20 July 1932: a move by the 'New State' toward Reichsreform". *European History Quarteley* 3, n° 2, 1973, p. 158.

146 BARROSO, Luís Roberto. *Curso de Direito Constitucional Contemporâneo*: os Conceitos Fundamentais e a Construção do Novo Modelo. 7ª ed. São

## CAPÍTULO I – *PREUßEN* CONTRA *REICH*

Imensa polêmica se instalou na sociedade brasileira sobre se a destituição da Presidente teria sido ou não um "golpe". Do ponto de vista jurídico, a verdade é que foram observadas as normas constitucionais aplicáveis, bem como o rito definido pelo Supremo Tribunal Federal, que, no entanto, prudentemente não interveio no perito político da decisão final. Já do ponto de vista político, a ausência de um comportamento moralmente reprovável por parte da Presidente afastada sempre dará margem a uma leitura severamente crítica do episódio.

Tanto no caso alemão quanto no brasileiro os membros da mais elevada instância judicial tinham conhecimento do que efetivamente se desenvolvia nos processos: a instrumentalização de normas constitucionais para enfraquecer a respectiva Constituição, por meio da astúcia argumentativa, bem como estavam conscientes do que tal processo desencadearia em termos de comprometimento da democracia nas sociedades respectivas.

O eventual oferecimento de ação judicial pelo Estado da Prússia não representou a menor novidade para o Governo do *Reich*: para Papen as chances de uma vitória judicial da Prússia seriam poucas.[147] Igualmente, uma possível adesão em favor da Prússia, vinda de outros Estados poderia ser removida com a ideia de que havia espaço legal e constitucional para a intervenção. Neste caso, poder-se-ia convencer os Estados do sul da Alemanha da legalidade do ato, bem como seria positivo porque *would exorcize Hindenburg's scruples about authorizing and undertaking which might violate the Weimar Constitution.*[148] Na verdade, quando

---

Paulo: Saraiva, 2018, p. 513.

[147] BRAATZ, Werner E. Franz. "Papen and the Preussenschlag, 20 July 1932: a move by the 'New State' toward Reichsreform". *European History Quarteley* 3, nº 2, 1973, p. 163.

[148] BRAATZ, Werner E. Franz. "Papen and the Preussenschlag, 20 July 1932: a move by the 'New State' toward Reichsreform". *European History Quarteley* 3, nº 2, 1973, p. 159.

Hindenburg concorda com a nomeação de Papen, em 1º de junho de 1932, para o cargo de Chanceler do *Reich*, estava formado o "Gabinete da Concentração Nacional" (*Kabinett der nationalen Konzentration*). Este Gabinete "consistia na representação da grande indústria, grandes proprietários, militares e alta burocracia, e, pela primeira vez na história da República de Weimar, não continha nenhum deputado do Parlamento".[149] Já aqui, Hindenburg e Papen tratavam do tema da participação de Hitler no governo.

O segundo e grande ato de Papen foi sua luta perante o Presidente do *Reich* Hindenburg para a nomeação de Adolf Hitler como Chanceler do *Reich*.[150] A mais velha neta de Otto von Bismarck, Hannah von Bedrow, registrou em suas cartas os encontros entre Hindenburg, Hitler e Papen. Por se fazer presente em círculos intelectuais e políticos, foi expectadora privilegiada de informações de seu especial amigo Erwin Planck, filho de Max Planck. Erwin, bastante próximo de Kurt Ferdinand von Schleicher, acabou nomeado Secretário de Estado do Ministério da Defesa durante o governo do mesmo Schleicher, último Chanceler antes de Hitler.[151] Erwin foi ainda o responsável, a pedido de Papen, pelo encontro marcado de "13 de agosto de 1932, às 16:30, entre Hindenburg, Papen, Hitler, Röhm e Frick".[152]

---

149 (...) *das aus Vertretern der Großindustrie, des Großgrundbesitzes, der Militärs un der hohen Beamtenschaft bestand und zum ersten Mal in der Geschichte der Weimarer Republik keine Abgeordneten des Reichstages mehr enthielt.* (KÜHNL, Reinhard. *Der Deutsche Faschismus in Quellen und Dokumenten.* Köln: Paul-Rugenstein Verlag, 1977, p. 90).

150 JONES, Larry Eugene. "Franz von Papen, the German Center Party, and the Failure of Catholic Conservatism in the Weimarer Republic". *Central European History*, vol. 38, nº 2, 2005, p. 191.

151 MÖCKELMANN, Reiner. *Hannah von Bedrow*: Bismarcks furchtlose Enkelin gegen Hitler. Darmstadt: Theiss/Wisseschaftliche Buchgesellschaft, 2018, p. 48.

152 MÖCKELMANN, Reiner. *Hannah von Bedrow*: Bismarcks furchtlose Enkelin gegen Hitler. Darmstadt: Theiss/Wisseschaftliche Buchgesellschaft, 2018, p. 262. O mesmo encontro é referido por Peter Blomeyer: Hitler

## CAPÍTULO I – *PREUßEN* CONTRA *REICH*

Para Papen, somente o nacional-socialismo dispunha da energia revolucionária suficiente a ponto de resgatar o renascimento espiritual da Alemanha desejada pelo conservadorismo católico.[153] Remover a resistência de Hindenburg em favor de Hitler era empresa a que Papen dedicou-se nos meses que se seguiram ao julgamento *Preussen contra Reich*.[154] A cultura de um "Soldado-Presidente",[155] apesar de seu conservadorismo, fez com que Hindenburg mantivesse distância do fanatismo da energia do nazismo e não enxergasse em Hitler o chanceler capaz de pacificar internamente o país e suas tensões com os vizinhos europeus.[156]

Desde 4 de janeiro de 1933, porém, a reconciliação entre Hitler, Papen e Hindenburg "foi arranjada"[157] ainda pelo Barão von Schröder – Johann Heinrich von Stein, herdeiro da centenária

---

queria todo o poder ou nada mais, o que fez Hinderburg distanciar-se neste momento de tal intenção (BLOMEYER, Peter. *Der Notstand in den letzten Jahren von Weimar*. Berlim: Duncker & Humblot, 1999, p. 481).

[153] JONES, Larry Eugene. "Franz von Papen, the German Center Party, and the Failure of Catholic Conservatism in the Weimarer Republic". *Central European History*, vol. 38, n° 2, 2005, p. 217.

[154] Ainda sobre Papen-Hindenburg, as eleições e a nomeação de Adolf Hitler: POSTERT, André; ORTH, Rainer. "Franz von Papen und Adolf Hitler – Briefe im Sommer 1934". *Vierteljahresheft für Zeitgeschichte*, vol. 63, n° 2, 2015, pp. 259-287; JONES, Larry Eugene. "'The Dying Middle': Weimar Germany and the Fragmentation of Bourgeois Politics". *Central European History*, vol. 5, n° 1, 1972, pp. 23-54; JONES, Larry Eugene. "Hindenburg and the Conservative Dilemma in the 1932 Presidential Elections". *German Studies Review*, vol. 20, n° 2, mar. 1997, pp. 191-217.

[155] McNUTT, Russell T. "Paul von Hindenburg, Germany's Soldier-President". *The Historical Outlook*, vol. 22, n° 7, 1981, p. 321.

[156] V. CARRY, Noel. "The Making of the Reich President 1925: German Conservatism and the Nomination of Paul con Hindenburg". *Central European History*, vol. 23, n° 2/3, jun.-set. 1990, pp. 179-204; McNUTT, Russell T. "Paul von Hindenburg, Germany's Soldier-President". *The Historical Outlook*, vol. 22, n° 7, 1981, pp. 319-324.

[157] NEUMANN, Franz. *Behemoth*: the Structure and Practice of Nacional Socialism, 1933-1944. Chicago: Ivan R. Dee, ass. with The US Holocaust Memorial Museum, 2009, p. 360.

casa bancária *Kölner Privatbank*. Hindenburg cedeu e não sobreviveria a todos os resultados da ascensão do regime que sua hesitação ajudou a construir, já que faleceu em 2 de agosto de 1934. Tampouco o simples "cabo boêmio", como Hindenburg qualificava Hitler,[158] teve um curto governo. Confirmou-se a previsão de Leon Trotsky, quando ainda em 2 de novembro de 1933 escrevia sobre o primeiro ano da chegada do nazismo ao poder na Alemanha:[159]

> The date of the new European catastrophe will be determined by the time necessary for the arming of Germany. It is not a question of months, but neither is it a question of decades. It will be but a few years before Europe is again plunged into a war, unless Hitler is forestalled in time by the inner forces of Germany.

Bem ao contrário de Trotsky, as forças internas da política alemã não tiveram capacidade de antecipar o fim do governo de Hitler. Consolidado o governo de Papen, sua intervenção deu-se pouco mais de um mês após ser nomeado Chanceler do *Reich*. Restava dar início ao processo de rompimento do conteúdo da estrutura normativa da Constituição de Weimar, ruptura que deveria parecer, pelo menos até um previsto assalto final, localizada no limite da própria legalidade constitucional. Na verdade, como agora se verá, o ambiente da cultura jurídica praticamente dominada por um sentimento "antiWeimar" estava disposto à colaboração desde o início da vigência daquela Constituição.

---

[158] LENHARD, Philipp. "Introdução: as análises de Friedrich Pollock do nacional-socialismo". *In*: FLECK, Amaro; CAUX, Luiz Philipe de (Coord.). *Crise e transformação estrutural do capitalismo*: artigos na Revista do Instituto de Pesquisa Social, 1932-1941. Florianópolis: NEFIPO, 2019, p. 10.

[159] TROTSKY, Leon. "What is National Socialism?" *Writings in Exile*. Edited by Kunal Chattopadhyay and Paul Le Blanc. Londres: Pluto Press, 2012, p. 125.

CAPÍTULO I – *PREUßEN* CONTRA *REICH*

## 1.1 *Der Doppelstaat* (*The Dual State*) *versus Behemoth*? Ou sobre o Poder Judiciário

Dentre as tentativas de compreensão e explicação a respeito da natureza do funcionamento da burocracia judicial durante a Alemanha nazista, duas merecem especial atenção: aquelas que foram empreendidas por Franz Leopold Neuman e Ernst Fraenkel. É sobre a força interpretativa destas explicações que se tentará compreender como foi organizada esta burocracia que obteve êxito na sua proposta: esvaziar e liquidar o sentido de legalidade democrática.

No dia 30 de janeiro de 2001, o juiz do Tribunal Estadual de Braunschweig (*Landgericht Braunschweig*), Helmut Kramer, indagou-se com as seguintes palavras, quando se manifestou sobre o conhecido Processo Auschwitz de Frankfurt (*Frankfurter Auschwitz-Prozeß*),[160] o qual teve seu início em dezembro de 1963:[161]

> Em meio aos juízes, achavam-se excelentes juristas, portadores de boas maneiras. Sempre me perguntei como é possível que

---

160 Os processos Auschwitz de Frankfurt foram uma das mais significantes tentativas de fazer a Alemanha discutir seu passado. Protagonizado pelo Promotor (*Staatsanwalt*) Fritz Bauer perante o Tribunal Estadual de Frankfurt (*Landgericht Frankfurt*), terminou com julgamentos frustrantes a respeito dos crimes durante o nazismo. Para Bauer, o julgamento representou uma "tragédia". Cf.: STEINKE, Ronen. *Fritz Bauer oder Auschtwitz vor Gericht*. München: Pipper Verlag, 2018; RENZ, Werner. *Frizt Bauer und das Versagen der Justiz*: Nazi-Prozese und ihre "Tragödie". Hamburg: CEP Europäische Verlagsanstalt, 2015. Para análise dos documento processuais de Frankfurt: GROSS, Raphael; RENZ, Wener (Coord.). *Der Frankfurter Auschwitz-Prozess (1963-1965)*. vol. 1 e 2. Frankfurt am Main: Campus Verlag, 2013.

161 *Darunter waren viele hervorragende Juristen mit guten Umgangsformen. Ich stelle mir oft die Frage, wie ist es möglich, daß Juristen mit einer gediegenen Ausbildung sozisagen über Nacht zu Mördern in der Robe werden können? War das Karriereanstreben? War es die ideologische Verblendung durch den Nationalsozialismus? Will man nur nicht auffallen in der beruflichen Umgebung?* (MIQUEL, Marc von. "Juristen: RIchter in eigener Sache". *In*: FREI, Norbert. *Hitlers Elite nach 1945*: Heraaysgegeben von Nobert Frei. München: DTV Verlagsgesesslchaft, 2018, p. 203).

juristas com sólida formação, por assim dizer, da noite para o dia se transformaram em assassinos de beca? Tratava-se de ambição na carreira? Ou era uma cegueira ideológica pelo nacional-socialismo? Não queriam ser visíveis somente no ambiente profissional?

É a mesma indagação que moveu a pesquisa de Bernd Rüthers:[162]

La segunda pregunta es esta: ¿cómo fue posible? En muchos debates con jueces y abogados, y también con estudiantes y colegas, sobre la evolución del derecho en el Tercer Reich, se repite una y otra vez esse interrogante. ¿En qué pensaban los catedráticos, en qué pensaban los jueces después de 1933, cuando se entregaban a la "renovación jurídica popular", con su marcado acento racista y antisemita desde el principio?

Friedrich Karl Kübler não se distancia desta ideia de formação intelectual da magistratura alemã. A presença de cultura refratária à democracia deixa-se sentir há bastante tempo entre a grande maioria dos juízes alemães:[163]

A característica mais marcante da relação entre o juiz alemão e a lei do Estado era sua dependência do estado político da sociedade: quanto mais autoritário era o Estado alemão, mais cumpridor da lei era o juiz alemão; à medida em que

---

162 RÜTHERS, Bernd. *Derecho Degenerado. Teoría Jurídica y Juristas de Cámara em el Tercer Reich*. Madrid: Marcial Pons, 2016, p. 47.

163 *Auffälligstes Merkmal des Verhältnisses des deutschen Richters zum staatlichen Gesetz ist seine Abhängigkeit vom politischen Zustand der Gesellschaft: der deutsche Richter war - was im Folgenden zu belegen sein wird - um so gesetzestreuer, je autoritärer der deutsche Staat verfaßt war; in dem Maße, in dem das Gemeinwesen sich demokratisierte, wurde dem Richter die Verbindlichkeit des Gesetzes problematisch.* (KÜBLER, Friedrich Karl. "Der deutsche Richter und das demokratische Gesetz: Versuch einer Deutung aus richterlichen Selbstzeugnissen". *Archiv für die civilistische Praxis*. 162. Band, H.1/2, 1963, p. 106).

CAPÍTULO I – *PREUßEN CONTRA REICH*

a sociedade se tornava mais democrática, mais problemática era a relação do juiz com o caráter vinculante da lei.

Talvez nenhuma outra definição supere aquela de Otto Kirchheimer sobre a cultura do Poder Judiciário que se deixou consubstanciar na República de Weimar, de forma toda especial nos anos que alcançam o julgamento da Prússia contra o *Reich*:[164]

> É quase óbvio que nos últimos anos da República (1930 a 1933), quando o equilíbrio de poder rapidamente se deslocou em favor da direita, o sistema judicial não encontrou motivo para abandonar sua jurisprudência política. O fato de o Poder Judiciário ter tomado uma posição na luta política, claramente contra o Estado republicano e suas forças de apoio, foi logo percebido por uma parte considerável do povo.

A descrição de Kirchheimer é ainda mais clara quando de sua definição sobre o "exemplo de Weimar: juízes inimigos do regime" (*Exempel Weimar: regimefeindliche Richter*).[165] Por tal motivo é que Kirchheimer identificou não somente juízes, mas a burocracia do Estado com os verdadeiros "donos do poder" (*Machtträger*)

---

164 *Daß der Justizapparat in den letzten Lebensjahren der Republik (1930 bis 1933), in denen sich das Machtgleichgewicht rapid zugunsten der Rechten verschob, keine Ursache fand, von seiner politischen Rechtsprechung Abstand zu nehmen, versteht sich fast von selbst. Daß die Justiz im politischen Kampf Stellung bezog, und zwar eindeutig gegen den republikanischen Staat und seine tragende Kräfte, war damit für ein beträchtlichen Teil des Volkes klar enthüllt.* (KIRCHHEIMER, Otto. *Politische Justiz*. Frankfurt am Main: Fischer Verlag, 1985, p. 319).

165 KIRCHHEIMER, Otto. *Politische Justiz*. Frankfurt am Main: Fischer Verlag, 1985, p. 314. Sobre as reflexões de Kirchheimer, em articulação com outros intelectuais de Weimar: SCHALE, Frank; OOYEN, Robert Crhr. Van (Coord.). *Kritische Verfassungspolitik*: Das Staatsverständnis von Otto Kirchheimer. Baden-Baden: Nomos Verlagsgesellschaft, 2011.

durante o nazismo, ao lado da grande indústria, da grande propriedade, do Partido e das forças armadas.[166]

A natureza do Estado nazista como definição jurídica e as posições que o Poder Judiciário teve ao longo deste domínio desencadeiam até hoje intensas polêmicas entre cientistas políticos, historiados, juristas. Ernst Fraekel e Franz Neummann, juristas de origem judia, advogados (tiveram a mesma banca de advocacia, na *Alte Jakobstrasse,* n° 145, no centro de Berlim), imigrantes para os Estados Unidos, dedicaram-se às obras que se constituíram em referência sobre a estrutura e o funcionamento judicial do Estado alemão durante o nacional-socialismo.

A escrita do livro de Ernst Fraenkel, *Der Doppelstaat,* deu-se entre 1936 e 1938, e o manuscrito foi levado secretamente na bagagem diplomática da Embaixada da França de Berlim para Paris.[167] O livro revela a prática judicial sob o nacional-socialismo. A finalização do texto ocorreu em 5 de junho de 1940, e apareceu pela primeira vez em 1941, publicado em língua inglesa pela Oxford University Press, já que em 20 de setembro de 1938 o autor deixou a Alemanha nazista rumo os Estados Unidos.[168] Até sua publicação, inexistia reflexão mais precisa e reveladora, a partir de experiência judicial concreta, sobre o funcionamento da justiça durante o nacional-socialismo.

---

166 SAAGE, Richard. "Otto Kirchheimers Analyse des nationalsozialistischen Herrschaftssystems 1935-1941". *In*: OOYEN, Robert. Chr. Van; SCHALE, Frank (Coord.). *Kritische Verfassungspolitik*: Das Staatsverständ-nis von Otto Kirchheimer. Baden-Baden: Nomos Verlagsgesellschaft, 2011, p. 131.

167 FRAENKEL, Ernst. *Der Doppelstaat*. Hamburg: CEP Europäische Verlagsanstalt, 2012, p. 44.

168 Uma "tradução de volta" (*Rückübersetzung*) do inglês para o idioma alemão somente aconteceria em 1974, sob o título: *Der Doppelstaat* (Hamburg: CEP Europäische Verlagsanstalt, 2012). Há ainda o registro de uma primeira versão, chamada *Der Urdoppelstaat*, de 1938, e publicada nos Gesammelte Schriften (escritos escolhidos, de E. Fraenkel): vol. II, pp. 267-473.

CAPÍTULO I – *PREUBEN* CONTRA *REICH*

Franz Neumann publicou seu *Behemoth – The Structure and Pratice of National Socialism, 1933-1944*, em 1942, também em língua inglesa pela Oxford University Press, já que havia escapado do terror nazista para a Inglaterra, em 1933, após sua prisão na Alemanha. O livro chamou a atenção pela amplitude e riqueza do material utilizado na sustentação de suas principais afirmações e abriu caminho para a atividade de professor para Neumann nos Estados Unidos. Neumann teve acesso a uma imensa relação de informações macroeconômicas e de movimentação política até então desconhecidas do grande público.

A escolha de Jens Meierhenrich entre a força explicativa de Fraekel e aquela de Neuman é clara:[169] *This book seeks to prove Neumann wrong (sic). I show that his account of the structure and practice of "the phenomenon of National Socialism", as Schleunes called it, is deeply flawed.* Para o mesmo autor, no qual Neumann viu uniformidade (*uniformity*), Fraenkel viu "diversidade e variação, complexidade e contingência" (*diversity and variation, complexity and contigence*).[170] Já para outros intelectuais, como Charles Wright Mills, a obra de Neumann é definitiva:[171]

> Franz Neumann's book is at once a definitive analysis of the German Reich and a basic contribution to the social sciences. No book could be both these things and not contain political directives. In looking closely at one complex object, Neumann reveals in sensitive outline many feature of all modern social structure.

---

[169] MEIERHENRICH, Jens. *The Remnants of the Rechtsstaat*: an Ethnography of Nazi Law. Oxford: Oxford University Press, 2018, p. 28.

[170] MEIERHENRICH, Jens. *The Remnants of the Rechtsstaat*: an Ethnography of Nazi Law. Oxford: Oxford University Press, 2018, p. 34.

[171] MILLS, Charles. "The Nazi Behemoth". *In*: MILLS, Charles Wright; HOROWITZ, Irving Louis. *Power, politics, and people*: the collected essays of C. Wright Mills. Nova York: Oxford University Press, 1963, p. 170.

As críticas à orientação marxista de Neumann expostas em seu *Behemoth* chamaram a atenção também de William Scheuerman[172] além de Meierhenrich.[173] A ideia de apresentar uma visão do nacional-socialismo e de seu funcionamento como sistema de organização estatal incorpora elementos que os mesmos críticos assimilam em suas análises: a) o forte antagonismo entre partidos políticos de Weimar, claramente originados e formados a partir da luta de classes; b) o funcionamento parlamentar; c) a organização de conglomerados financeiros contrários à social-democracia; d) o destaque da burocracia judiciária do Estado para o banimento do pluralismo político interno da Alemanha; e) a ambição espacial da mesma Alemanha, tão discutida por Schmitt na sua noção de *Großraum* (grande espaço), como dilatação territorial do germanismo nazista. Essa última, compreendida pela interpretação marxiana como elemento indispensável à expansão do capitalismo.

Todos estes aspectos que dialogam com a teoria marxiana – especialmente quando da reificação e necessidade de expansão, ainda que se esteja diante do capitalismo de Estado de que adverte Neumann –, além de conferirem substância teórica ao *Behemoth*, acham-se incorporados pela crítica acima mencionada.

Meierhenrich recorre à ideia de Estado normativo e de prerrogativa a partir de casos como Singapura e China: são aspectos econômicos e políticos utilizados, adequadamente, para requalificação daqueles regimes.[174] A reflexão de Meierhenrich articulada para esses dois casos aparece ainda renovada na atualização conceitual que o mesmo autor oferece ao estado dual: *They stand for, and combine*

---

172 SCHEUERMAN, William E. "Franz Neumann: Legal Theorist of Gloabalization?" *Constellations*, Oxford, vol. 8, n° 4, 2001, p. 507.

173 MEIERHENRICH, Jens. *The Remnants of the Rechtsstaat*: an Ethnography of Nazi Law. Oxford: Oxford University Press, 2018, p. 36.

174 MEIERHENRICH, Jens. *The Remnants of the Rechtsstaat*: an Ethnography of Nazi Law. Oxford: Oxford University Press, 2018, pp. 232 e ss.

CAPÍTULO I – *PREUßEN CONTRA REICH*

*two conflicting strategies of authoritarian rule: decisionism and legalism.*[175] Em outras palavras, a decisão política que instrui o legalismo nas experiências que Meierhenrich relata aproxima-se da reificação das relações políticas e sociais, tão caras ao volume III de *O Capital*, reatualizada por Adorno e Horkheimer.[176]

Por outro lado, não escapou à análise de Scheuerman, quando, em seu estudo sobre a Escola de Frankfurt, registrou a importância de intelectuais como Neumann e Kirchheimer para tempos de fusão entre *liberal law with burocratic decrees, a demagogic attack on the rights of the criminally accused.*[177] No mesmo sentido de Meierhenrich, Scheuerman não submete o Direito na forma de reflexo do econômico, reconhecendo o papel do Direito na reorganização de novos autoritarismos no capitalismo.

Como Neumann abandona a concepção pretensamente marxista de que o Direito "não teria dignidade própria",[178] sua análise incorpora o funcionamento do Direito e de seu principal aplicador, o Poder Judiciário, no papel desempenhado pela política da sincronização (*Gleichschaltung*)[179] entre as legislações federal, estadual e municipal, do qual o julgamento da Prússia contra *Reich* foi um exemplo antecipador do que se materializaria mais tarde. Aliás, o papel das forças econômicas sobre a política e o Direito é também objeto de reflexão dos mesmos críticos de Neumann, que

---

175 MEIERHENRICH, Jens. *The Remnants of the Rechtsstaat*: an Ethnography of Nazi Law. Oxford: Oxford University Press, 2018, p. 45.

176 Cf.: LIMA, Martonio M. Barreto; REGO, Walquíria Leão. "Atualidade da reificação de Marx como instrumentos da análise das relações jurídicas e sociais". *Revista Lua Nova*, n° 109, 2020, pp. 205 e ss.

177 SCHEUERMAN, William E. *Between the norm and the exception*: the Frankfurt school and the rule of law. Cambridge: The MIT Press, 1997, p. 248.

178 RODRIGUEZ, José Rodrigo. "Franz Neumann, o Direito e a Teoria Crítica". *Revista Lua Nova*, n° 61, 2004, p. 56.

179 NEUMANN, Franz. *Behemoth*: the Structure and Practice of Nacional Socialism, 1933-1944. Chicago: Ivan R. Dee, ass. with The US Holocaust Memorial Museum, 2009, p. 51.

destaca a grande indústria e o capitalismo financeiro já dissecado por Rudolf Hilferding desde 1910.[180]

A obra de Fraenkel obteve inúmeras resenhas e comentários desde sua publicação. Para alguns, seria "tão confusa quanto brilhante".[181] Tratava-se de um esforço intelectual a pesquisar e retratar a prática legal da Alemanha sob o nacional-socialismo, o que alcança também a dinâmica da política.[182] De Otto Kirchheimer, Fraenkel recebeu crítica mais substanciosa na resenha publicada em 1941. Além de questionar as várias decisões judiciais que Fraenkel traz em sua obra e seu impacto, por exemplo, na formação de monopólios econômicos, Kirchheimer duvida se a divisão entre estado de prerrogativa e normativo daria conta de uma tarefa tão complexa quanto aquela de oferecer explicação convincente sobre o funcionamento do Poder Judiciário na Alemanha sob o nazismo:[183]

> That the German system is based on a dual policy of "prerogative" constables and "normative" judges, on a law-exempted police for the various assortments of rogues and on a calculable rule of law for the law-abiding citizen and on a corporation of substantial means seems to be an application of cherished but antiquated doctrines to a radically changed reality.

---

180 *Das Finanzkapital* foi publicado em 1910, em Viena, pela primeira vez: HILFERDING, Rudolf. *Das Finanzkapital*: Eine Studie zur jüngsten Entwicklung des Kapitalismus. Wien: Verlag der Wiener Volksbuchhandlung Ignaz Brand & Co., 1910.

181 HULA, Erich. "The Dual State: a Contribution to the Theory of Dictatorship". Book Review. *Social Research – An International Quarterly*, vol. 9, n° 2, mai. 1942, p. 272.

182 MORRIS, Douglas. "Write and Resist: Ernst Fraenkel and Franz Neumann on the Role of Natural Law in Fighting Nazi Tyranny". *New German Critique*, 126, vol. 42, n° 3, nov. 2015, p. 201.

183 KIRCHHEIMER, Otto. "The Dual State: A Contribution to the Theory of Dictatorship". by Ernst Fraenkel. Book Review. *Political Science Quarterly*, vol. 56, n° 3, set. 1941, p. 436.

CAPÍTULO I – *PREUßEN* CONTRA *REICH*

Fraenkel traz casos concretos perante o Poder Judiciário. O tratamento judicial dispensando às partes processuais, aos advogados, bem como a presença de agentes da *Gestapo* (*Geheimstaatspolizei*), a "polícia secreta do Estado", nos julgamentos compõem o cenário em que o advogado Fraenkel procurará construir uma versão analítica do funcionamento da burocracia judiciária. Aqui, o advogado perante o público se transforma num intelectual a produzir teoria sobre o sistema legal do nacional-socialismo.[184]

Num dos anexos do livro, é registrado, por exemplo, o julgamento em que se viu a presença de um membro da *Gestapo* no recinto judicial. O advogado defensor do interesse do Estado afirmou que "a Gestapo poderia efetivamente fazer válido tudo o que lhe parecesse necessário e exigido". O advogado da outra parte indagou se a *Gestapo* poderia "também dissolver um casamento?", ao que recebeu como resposta um firme "sem dúvida".[185]

O que Neumann constatou a partir de sua observação pelo âmbito mais geral da sociedade e do Estado nazista, Fraenkel enxergou no cotidiano. Além dos elementos empíricos da pesquisa objetiva, Fraenkel aproximou-se da escolha weberiana de procurar sentir a subjetividade dos atores judiciais nos seus espaços próprios, isto é, nos processos judiciais que teve acesso e conhecimento. Os escritos de Max Weber causaram *"significant impression"* sobre Fraenkel.[186] É o mesmo autor, William Scheuerman, quem

---

[184] MORRIS, Douglas. "The Dual State Reframed: Ernst Fraenkel's political Clients and his Theory of Nazi Legal System". *Leo Baeck Institute Year Book*, vol. 58, mar. 2013, p. 6.

[185] *(...) die Gestapo könne rechtswirksam alles vornehmen, was ihr notwendig und erforderlicher erscheine (...) Auch eine Ehe scheiden? (...) Zweifellos.* (FRAENKEL, Ernst. *Der Doppelstaat*. Hamburg: CEP Europäische Verlagsanstalt, 2012, p. 262).

[186] SCHEUERMAN, William E. "Social Democracy and the Rule of Law: The Legacy of Ernst Fraenkel". *In*: CALDWELL, Peter; SCHEUERMAN, William. *From Liberal Democracy to Fascism*. Boston/Leiden/Cologne: Humanities Press, Inc., 2000, p. 77.

resume as diferenças entre as perspectivas de Neumann e Fraenkel, mesmo com o registo de uma anterior simpatia a favor de Fraenkel ante a visão oferecida por Neumann, para depois operar-se o distanciamento do esforço teórico:[187]

> Whereas Neumann tend to insist that the emergence of monopoly capitalism necessarily entails arbitrary power that directly serves the large-scale capitalist firm, Fraenkel strives to offer a more complex picture. Remaining loyal to Weber's legacy in a way that Neumann does not, Fraenkel is unwilling to accept the possibility of capitalism, even intis monopoly or organize stage, can do without some measure of traditional legal calculability altogether.

A "lealdade" a Weber, acima apontada, não distanciou Fraenkel de Marx. Na verdade, será Marx quem formulará, já na sua primeira obra em que se define como economista em junho de 1847, a tese da "dualidade" do desenvolvimento no capitalismo. Na *Miséria da Filosofia*, Marx compreende o caráter duplo – *zwieschlächtig* – das relações de produção capitalistas, não somente as econômicas:[188]

> Dia a dia resta mais claro que as relações de produção em que a burguesia se move não são de caráter uniforme, simples;

---

[187] SCHEUERMAN, William E. "Social Democracy and the Rule of Law: The Legacy of Ernst Fraenkel". *In*: CALDWELL, Peter; SCHEUERMAN, William. *From Liberal Democracy to Fascism*. Boston/Leiden/Cologne: Humanities Press, Inc., 2000, p. 90.

[188] *Von Tag zu Tag wird es somit klarer, daß die Produktionsverhältnisse, in denen sich die Bourgeoisie bewegt, nicht einen einheitlichen, einfachen Charakter haben, sondern zwieschlächtigen; daß in denselben Verhältnissen, in denen der Reichtum produziert wird, auch das Elend produziert wird; daß in denselben Verhältnissen, in denen die Entwicklung der Produktivkräfte vor sich geht, sich eine Repressionskraft entwickelt; (...).* (MARX, Karl. "Das Elend der Philosophie: Antwort auf Proudhons 'Philosophie des Elends'". *In*: MARX, Karl; ENGELS, Friedrich. *Marx-Engels-Werke*. vol. 4. Berlim: Dietz Verlag, 1990, p. 141).

## CAPÍTULO I – *PREUßEN* CONTRA *REICH*

mas de natureza dupla; que nas mesmas relações em que se produz riqueza, também se produz miséria; que nas mesmas relações em que se desenvolve o desenvolvimento das forças produtivas, desenvolve-se uma força de repressão (...).

Parece ser autorizada a conclusão de que, diante de intelectual com sólida leitura marxista como Fraenkel, não remanesce estranheza quanto ao fato de buscar ele em Marx uma natureza explicativa, também para dissipar as nuvens que o impediam de ver a dualidade no funcionamento da burocracia da Alemanha logo antes e durante o nacional-socialismo, e não como mecânica repetição do econômico.

Ao não prescindir do "cálculo legal, jurídico", que seria necessário à compreensão do funcionamento do Estado nazista como um todo, a busca de Fraenkel se direcionou a um ambiente menor, porém a exibir uma prática legal reveladora de um dos componentes políticos que deu energia ao estabelecimento e à existência do nacional-socialismo na Alemanha: a prática da burocracia judiciária. Por tal razão, afigura-se procedente a opinião de Morris,[189] para quem Ernst Fraenkel, com suas habilidades de advogado e intelectual atenção, soube encontrar um meio entre "precipitação e covardia, personificando o ideal aristotélico de coragem".

Ernst Fraenkel caracteriza o Estado nazista como um "Estado dual", que se divide em "Estado de prerrogativas e Estado normativo" (*Maßnahmenstaat* e *Normenstaat*), a receberem do autor sua definição na introdução à edição estadunidense de 1940:[190]

---

189 *(...) found the mean between rashness and cowardice, personifying the Aristotclian ideal of courage.* (MORRIS, Douglas. "The Dual State Reframed: Ernst Fraenkel's political Clients and his Theory of Nazi Legal System". *Leo Baeck Institute Year Book*, vol. 58, mar. 2013, p. 21).

190 *Unter "Maßnahmenstaat" verstehe ich das Herrschaftssystem der unbeschränkten Willkür und Gewalt, daß durch keinerlei rechtlichen Garantien eingeschränkt ist; unter "Normenstaat" verstehe ich das Regierungssystem, das mit weitgehenden Herrschaftsbefugnisse zwecks Aufrechterhaltung der*

Por "Estado de prerrogativas" entendo o sistema de regra da arbitrariedade e violência ilimitadas, que não está limitado por quaisquer garantias jurídicas; por "Estado normativo" entendo o sistema de governo, que está dotado de amplos poderes para manter a ordem jurídica, expressos nos confrontos, decisões judiciais e atos administrativos do executivo.

O Estado de prerrogativas consistia no domínio do poder arbitrário, da violência contra aqueles que não poderiam dispor de nenhuma proteção jurídica. O Estado normativo era aquele do uso da estrutura legal existente em articulação com a legislação implementada pelo nacional-socialismo.[191] Tal era o quadro de uma Alemanha que, para Fraenkel,[192] tinha sua verdadeira Constituição, após a ascensão de Hitler: o Regulamento do Presidente do *Reich* para a Proteção do Povo e do Estado de 28 de fevereiro de 1933,[193] e que se deixou traduzir pela perda de conteúdo da previsão normativa do conhecido art. 48 da Constituição de Weimar, cerne da disputa judicial da Prússia contra o *Reich*. Fraenkel percebeu a fundamental diferença introduzida pelo Regulamento: seu caráter permanente.

São diversos os julgamentos trazidos por Fraenkel[194] para a comprovação de sua tese, especialmente de que o Estado

---

*Rechtsordnung ausgestattet ist, wie sei die Gesetzen, Gerichtsentscheidungen und Verwaltungsakten der Exekutive zum Ausdruck gelangen.* (FRAENKEL, Ernst. *Der Doppelstaat.* Hamburg: CEP Europäische Verlagsanstalt, 2012, p. 49).

[191] MORRIS, Douglas. "The Dual State Reframed: Ernst Fraenkel's political Clients and his Theory of Nazi Legal System". *Leo Baeck Institute Year Book*, vol. 58, mar. 2013, p. 7.

[192] FRAENKEL, Ernst. *Der Doppelstaat.* Hamburg: CEP Europäische Verlagsanstalt, 2012, p. 55.

[193] *Verordnung des Reichespräsidenten zum Schutz vom Volk und Staat vom 28. Februar 1933.*

[194] Cf.: OLIVEIRA, Marcelo Andrade Cattoni de; LIMA, Martonio Mont'Alverne Barreto: "Justiça e Política – O passado que ainda desafia o presente". *In*:

CAPÍTULO I – *PREUßEN CONTRA REICH*

normativo não se deixava confundir com a ideia do *rule of law*, mas era a "administração técnica da lei", não no seu sentido liberal, mas numa administração coincidente com a "doutrina do nacional-socialismo".[195] Desta forma é que a aplicação da lei no Estado normativo não se confundia com seu pressuposto de impessoalidade e generalidade, e por esta razão Estado normativo e Estado de prerrogativas agiam entre si: *He [Fraenkel] made it clear that the dual state, taken as whole, that is the combination of the normative and the prerrogativa state, has replaced the rule of law.*[196]

As duas formas de aplicação e realização do Direito caracterizaram a relação judicial durante o nazismo. Um dos mais significativos julgamentos que Fraenkel reporta diz respeito à decisão colegiada, e não de juízo monocrático, a denunciar a penetração dos Estados de prerrogativa e normativo nas instâncias superiores do Poder Judiciário. Em 1937 o Tribunal do Trabalho do *Reich* (*Reichsarbeitsgericht*) fundamentou sua negativa de proteção legal em favor de judeus sob o seguinte argumento: [197]

---

BERCOVICI, Gilberto (Coord.). *Cem Anos da Constituição de Weimar*. São Paulo: Quartier Latin, 2019, pp. 641-663.

[195] MORRIS, Douglas. "The Dual State Reframed: Ernst Fraenkel's political Clients and his Theory of Nazi Legal System". *Leo Baeck Institute Year Book*, vol. 58, mar. 2013, p. 19.

[196] MORRIS, Douglas. "The Dual State Reframed: Ernst Fraenkel's political Clients and his Theory of Nazi Legal System". *Leo Baeck Institute Year Book*, vol. 58, mar. 2013, p. 19.

[197] "(...) *die Anerkennung von der NSDAP vertretenen rassischen Grundsätze auch in den breiten, nicht der Partei angehörigen Volksschichten ganz unverkennbare Ausbreitung gefunden hat". Wenn das höchste Gericht vor dem Terror der Straßen kapituliert, ist es nicht verwunderlich, daß die unteren Instanzen den judenfeindlichen Tendenzen des Maßnahmenstaates keinen Widerstand entgegensetzen.* (FRAENKEL, Ernst. *Der Doppelstaat*. Hamburg: CEP Europäische Verlagsanstalt, 2012, p. 144).

"(...) o reconhecimento dos princípios raciais representados pelo NSADP [Nationalsozialistische Deutsche Arbeiterpartei – Partido Nacional Socialista Alemão do Trabalhadores] encontrou também inequívoca penetração entre as amplas camadas da população, mesmo que não pertencentes ao Partido". Quando a Suprema Corte se rende ao terror das ruas, não surpreende que as instâncias inferiores não resistam às tendências antijudaicas do estado de prerrogativa.

A presença do "argumento" de que cortes judiciárias devem ouvir o "clamor das ruas" – ou "terror das ruas", para Fraenkel – denota a ampla aceitação do regime pela sociedade alemã, além de caracterizar condição de cômoda fuga do *rule of law* por parte de juízes e tribunais quando do momento da decisão judicial. Fraenkel parece deixar evidente que dificilmente a "ciência do Direito deve fazer concessões à opinião pública".[198]

O que Fraenkel destacou é o "paralelo entre 'normalidade' e terror, desenvolvendo a partir daí um princípio estrutural do sistema nazista".[199] O Poder Judiciário, sabedor desse paralelo, ignorou-o. Como foi possível que uma sociedade com elevado nível geral de formação tenha convido com referido paralelismo é uma indagação

---

[198] Karl Marx: "Qualquer crítica científica é-me bem-vinda. Ao contrário dos preconceitos da conhecida opinião pública, a qual eu jamais fiz concessões, vale-me antes como agora o lema do grande florentino: *'segui i tuo corso, e lascia dir le genti'*". A frase final é referência de Marx d' A *Divina Comédia* (Purgatório, canto V, estrofe 13: na edição da Editora 34, São Paulo: 2001, p. 38): "segue teu curso e deixa falar a gentalha". No original: *Jedes Urteil wissenschaftlicher Kritik ist mir willkommen. Gegenüber den Vorurteilen der sog. öffentlichen Meinung, der ich nie Konzessionen gemacht habe, gilt mir nach wie vor der Wahlspruch des großen Florentiners: Segui il tuo corso, e lascia dir le genti* (MARX, Karl. "Das Kapital". Erster Band. *In*: MARX, Karl; ENGELS, Friedrich. *Marx-Engels-Werke*. vol. 23. Berlim: Dietz Verlag, 1969, p. 17).

[199] *Fraenkel hatte die Paralelität von "Normalität" und Terror unterstrichen, ja sogar ein Strukturpinzip des MS-Systems daraus entwickelt.* (STOLLEIS, Michael. *Recht im Unrecht*: Studien zur Rechtsgeschichte des Nationalsozialismus. Frankfurt am Main: Suhrkamp, 2016, p. 11).

CAPÍTULO I – *PREUßEN* CONTRA *REICH*

que remanesce até os dias atuais, materializado num dos mais importantes desafios à sociedade alemã, mesmo após o transcurso de mais de 80 anos: a culpa coletiva pelo nacional-socialismo.

O rastro deixado por atores institucionais ao assimilarem esta convivência durante o nacional-socialismo também permanece até hoje. Não se trata de aqui e acolá identificar episódios da normalidade do paralelismo: trata-se de identificar as raízes de sua existência ainda presentes atualmente, como se os episódios da experiência germânica pouco significassem. Questionamento sobre a necessidade de decisivo e sincero engajamento institucional no sentido de superar tais quadros de "normalidade" ainda encontram espaço.

Há opiniões de juristas, por exemplo, que elaboram a defesa da possibilidade das falas de ódio ou racistas como liberdade de manifestação de pensamento,[200] que tendem a aceitar o discurso

---

[200] Cf.: MEYER-PFLUG, Samantha. *Liberdade de expressão e discurso de ódio.* São Paulo: RT, 2010, p. 228: "(...) deve o Estado assegurar a liberdade de expressão e zelar pelo livre debate público, pois ele é o elemento essencial para a busca da verdade. Nesse sentido, não existe nenhum argumento que justifique a proibição de expressão de uma determinada ideia ou opinião, como o discurso de ódio, mesmo que esta seja errônea ou inverídica, pois ainda sim sua manifestação é importante para chegar à verdade". V. ainda: FERNANDES, André Gonçalves. "Caso Ellwanger: Despotismo judicial ilustrado". *In*: PEREIRA JÚNIOR, Antonio Jorge; BARBOSA, Milton Gustavo Vasconcelos. *Supremos Erros*: decisões inconstitucionais do STF. Porto Alegre: Fundação Fênix, 2020, pp. 27-41 e 36: "Sem dúvida, a arbitrariedade, ainda que coberta sob o manto judicial, não nos torna mais verdadeiros. A máxima evangélica 'a verdade vos fará livres!' pode ser vertida para a oração passiva, a fim de deixar mais cristalino o que pensamos acerca da liberdade de expressão: 'a liberdade nos faz mais verdadeiros!' Sem liberdade, não há acesso real à verdade. Quando ela é imposta pela via do silenciamento intelectual, lembra mais uma prótese ortopédica colocada num corpo humano: é algo não assimilado. Seria muito interessante substituir a expressão 'liberdade' por 'arbitrariedade', a fim de testar os limites ontológicos da máxima evangélica disposta na forma passiva – 'a arbitrariedade nos faz mais verdadeiros' –, e, diante da evidente falsidade dessa nova assertiva, concluir que a verdade delimita a fronteira decisiva entre liberdade e arbitrariedade,

intolerante como forma de expressão de contribuição à construção democrática, enquanto se constituem, na verdade, em compromisso de destruição da mesma democracia que integram.

Certamente com o olhar a captar esta ampla aceitação é que Franz Neumann construiu sua teoria para o nacional-socialismo, nela incluindo o Poder Judiciário:[201] *The judiciary invariably sided with the right and the civil services supported counter-revolutionary movements.* Neumann não instruiu sua pesquisa com julgamentos com a riqueza de detalhes de Fraenkel. Mas confirmou que o comportamento do Poder Judiciário durante o nacional-socialismo já estava sedimentado pela formação e origem social desta parte da burocracia estatal. Eis o motivo que conduz Neumann a enxergar nas atividades do Poder Judiciário, ainda sob Weimar, a atuação de bloqueio das nova Constituição:[202]

> The judicial weapon was used by the reaction with steadily increasing intensity Furthermore, this indictment extends to the entire record of the judiciary, and particularly to the change in legal thought and in the position of the judge that culminated in the new principle of judicial review of statutes (as a means of sabotaging social reforms).

Neumann havia fixado a base de sua investigação na constituição econômica de Weimar. Embora deva ser registrado que a confiança de Neumann recaiu sobre a base normativa de Weimar para ser utilizada contra os monopólios e interesse organizados,

---

na medida em que a arbitrariedade seria uma falsa liberdade por rechaçar qualquer normatividade prévia".

[201] NEUMANN, Franz. *Behemoth*: the Structure and Practice of Nacional Socialism, 1933-1944. Chicago: Ivan R. Dee, ass. with The US Holocaust Memorial Museum, 2009, p. 13.

[202] NEUMANN, Franz. *Behemoth*: the Structure and Practice of Nacional Socialism, 1933-1944. Chicago: Ivan R. Dee, ass. with The US Holocaust Memorial Museum, 2009, p. 23.

CAPÍTULO I – *PREUßEN* CONTRA *REICH*

não haveria, nesta construção teórica de Neumann, esclarecimento sobre quando e sob quais condições se poderia perceber estes conflitos entre normatividade constitucional e monopólios – e ainda em relação às violações da liberdade –, ou mesmo quando estas aspirações constitucionais normativas estariam em condições de responder a tais "discrepâncias".[203]

O sentimento de completa ausência de identificação cultural e política da sociedade alemã com a nova República de Weimar, de maneira destacada de suas classes sociais localizadas nos estratos médio e superior, conseguiu ser capturado pelo Partido Nazista e, assim, fazer com que democracia, Estado social e república traduzissem desordem, igualdade, perda de privilégios decorrentes de nascimento, o que também não escapou da atenção de Neumann para oferecer sua compreensão a respeito da estrutura do nacional-socialismo:[204]

> The National Socialist German Workers Party was without an ideology, composed of the most diverse social strata but never hesitating to take in the dregs of every section, supported by th army, the judiciary, and parts of the civil service, financed by industry utilizing the anti-capitalist sentiments of the masses and yet careful never to estrange the influential moneyed groups.

O exemplo a que Neumann recorre envolve um aspecto do caso do julgamento da Prússia contra o *Reich*. A proibição do terror da propaganda nazista que obteve a tolerância do Poder

---

203 OFFE, Claus. "The Problem of Social Power in Franz L. Neumann's Thought". *Constellations*, vol. 10, issue 2, 2003, p. 244.

204 NEUMANN, Franz. *Behemoth*: the Structure and Practice of Nacional Socialism, 1933-1944. Chicago: Ivan R. Dee, ass. with The US Holocaust Memorial Museum, 2009, p. 33.

## MARTONIO MONT'ALVERNE BARRETO LIMA

Judiciário:[205] *National Socialist propaganda, we must not forget, went hand in hand with terror by the SA and by the SS., tolerated by the German judiciary and by many of the non-Prussian states.* O Estado da Prússia já havia proibido o uso ostensivo de uniformes por militantes do Partido Nazista, proibição suspensa pelo governo do *Reich*.

Expostas duas das principais visões sobre o Poder de Judiciário de Weimar e a derrocada da primeira experiência republicana na Alemanha, parece ser possível afirmar que, no que envolve a burocracia judiciária, as teses de Fraenkel e Neumann não somente dialogam como encontram fundamento recíproco nos resultados oferecidos por uma e outra.

O dualismo do Estado de Fraenkel, com a administração técnica da lei de acordo com o conteúdo nacional socialista e a aplicação seletiva da mesma lei corresponde ao aspecto bem retratado por Neumann: o capitalismo de Estado para sua inalterada manutenção. Porém, Neumann precisará a complexidade desta relação, o que termina por trazer água ao moinho de Fraenkel.

Ao final de seu *Behemoth*, Neumann desenvolve sua análise sobre o nacional-socialismo, o Direito e o terror. É aqui que Neumann opera seu traçado sobre a generalidade como elemento imprescindível ao Direito e ao estabelecimento do *rule of law*, necessário ao liberalismo capitalista, seja na forma econômica, seja política. Mais que um elemento necessário, a generalidade da lei abre a possibilidade democrática por conta de suas vinculações com o processo de elaboração legal em parlamentos plurais, ou até onde o liberalismo permitia tal pluralismo. Em todo caso, em se tratando de Weimar, este pluralismo parlamentar já superava a formulação meramente formal e retórica do liberalismo e atingia o

---

[205] NEUMANN, Franz. *Behemoth*: the Structure and Practice of Nacional Socialism, 1933-1944. Chicago: Ivan R. Dee, ass. with The US Holocaust Memorial Museum, 2009, p. 437.

## CAPÍTULO I – *PREUßEN* CONTRA *REICH*

centro da tensão política: pobres, mulheres, trabalhadores também comporiam a nova paisagem do pluralismo político institucionalizado nos parlamentos e na administração. Referida composição sempre assustou os liberais.

É aqui que o liberalismo começa a abandonar o Direito natural e recorre ao positivismo, que será ferramenta de Weimar contra o assalto nacional-socialista. Neumann rejeita de Fraenkel a possibilidade de um Direito natural possível de compatibilização com a concepção materialista. E este consiste mesmo num dos pontos de divergência entre os dois autores,[206] divergência, porém, que não se estende àquela sobre o Direito e Poder Judiciário durante o nacional-socialismo, como Neumann registra em seu Behemoth: *It has been maitened that National Socialism is a dual state, that is, in fact, one state within which two sytems are operating, one under nomative law, the other under individual measures.*[207]

A generalidade e a irretroatividade da lei circunscrevem o arco das garantias necessárias ao *rule of law*, tanto que, por óbvio, a Constituição de Weimar proibiu a retroatividade da lei penal. Como o nacional-socialismo percebe tal mecânica de articulação e: *(...) completely destroys the generality of the law with their independence of the judiciary and the prohibition of retroactivity,*[208] referida destruição da generalidade e da irretroatividade da lei não poderiam ser mais perniciosas, uma vez que pavimentariam

---

206 SCHEUERMAN, William E. "Social Democracy and the Rule of Law: The Legacy of Ernst Fraenkel". *In*: CALDWELL, Peter; SCHEUERMAN, William. *From Liberal Democracy to Fascism*. Boston/Leiden/Cologne: Humanities Press, Inc., 2000, pp. 83 e ss.

207 NEUMANN, Franz. *Behemoth*: the Structure and Practice of Nacional Socialism, 1933-1944. Chicago: Ivan R. Dee, ass. with The US Holocaust Memorial Museum, 2009, p. 467.

208 NEUMANN, Franz. *Behemoth*: the Structure and Practice of Nacional Socialism, 1933-1944. Chicago: Ivan R. Dee, ass. with The US Holocaust Memorial Museum, 2009, p. 447.

o caminho para o Estado normativo e de prerrogativas. Em outras palavras, a percepção do alcance sobre generalidade e retroatividade/ irretroatividade da lei de Neumann confirma sua manifestação concreta na forma de Estado normativo e de prerrogativas, uma vez que a lei passa a ser aplicada por técnicas e escolhas internas ao ambiente judicial do nacional-socialismo.

Desta forma, ganham em natureza explicativa tanto *Behemoth* como *The Dual State*, ao abandonarem o simplismo da explicação tentadora da sujeição da maquinaria judiciária a automáticos desejos do nacional-socialismo, destituído de tensões internas e contradições observáveis em diversos processos judiciais.[209]

Se o julgamento da Prússia contra o *Reich* se deu antes do assalto final da Alemanha pelos nazistas, elementos objetivos do julgamento se acham presentes de modo a antecipar como o Poder Judiciário viria a ser estruturado da maneira que enxergaram Fraenkel e Neumann. A disposição e parcialidade políticas do Presidente do Tribunal do Estado, Erwin Bumke, não conseguiram se esconder na aparência de suas manifestações durante o julgamento, como um breve futuro comprovou ao assistir-se à filiação de Bumke ao Partido Nazista em 1937. As sustentações de Carl Schmitt, vestidas de salvação do *Reich* dos extremos de comunismo e nazista, cederam lugar, logo em 1934 com o texto "O *Führer* protege o Direito", à dura realidade de como se conceberia legalidade e *due process of law*.

---

[209] *To elaborate on the preview in the Introduction, Fraenkel's theory of the dual state explained the Nazi legal-political system as the interplay between two parts of the state – namely, between the normative state, which consisted of the legal order itself (including both traditional law and newly enacted Nazi law), and the prerogative state, which consisted of the realm of arbitrary power and official violence against which citizens enjoyed no legal protection. The prerogative state was essential, had set down roots at the very beginning of the regime, and was entrenched long before the exigencies of war.* (MORRIS, Douglas. *Legal Sabotage*: Ernst Fraenkel in Hitler's Germany. Cambridge: Cambridge University Press, 2020, p. 56).

CAPÍTULO I – *PREUßEN* CONTRA *REICH*

É aqui que as explicações formuladas por Fraenkel e Neumann novamente destacam-se em sentido e fazem ver que uma visão da dogmática jurídica encapsulada pela pretensa neutralidade histórica e social[210] possui por objetivo, na verdade, a destruição da mesma dogmática e do positivismo como marcos civilizatórios de compromissos mínimo entre capital e trabalho. E é aqui ainda que Fraenkel e Neumann oferecem uma visão ampliada do quadro social da Alemanha sob o nazismo. Interesses financeiros e econômicos – *business as usual* – viram-se continuamente tentados pelo regime nazista, ao mesmo tempo que dispunham de certo espaço de liberdade e escolha para não apoiar de forma tão entusiástica o nacional-socialismo.[211]

Não havia como ser diferente desde a promulgação da Constituição de 1919. A lealdade dos juízes à República de Weimar jamais se deixou comprovar: no caso do julgamento do golpe Kapp (*Kapp-Putsch*), restou evidente que "os tribunais compreenderam as ameaças

---

[210] ZAFFARONI, Eugenio Raul. *Doutrina Penal Nazista*: a Dogmática Penal Alemã entre 1933 a 1945. Florianópolis: Tirant lo Blanch, 2019, p. 23.

[211] LUSTIG, Doreen. "The Nature of the Nazi State and the Question of International Criminal Responsibility of Corporate Officials at Nuremberg: Revisiting Franz Neumann's Concept of Behemoth and the Industrialist Trials". *International Law and Politics*, vol. 43, 2011, p. 1042.

MARTONIO MONT'ALVERNE BARRETO LIMA

da direita abertamente menos graves do que aquelas da esquerda".[212]
A mesma constatação vem da palavra de Rudolf Wassermann:[213]

---

[212] *(...) daß die Gerichte die Berdohung von rechts offensichtlich as weiteraus weniger gravierend empfanden as diejenige von links.* (JASPER, Gotthard. "Justiz und Politik in der Weimarer Republik". *In*: JASPER, Gotthard; MAJER, Diemus; OLDENHAGE, Klaus; RÜPING, Hinrich; SELLERT, Wolfgang. *Justiz im Nationalsozialismus.* Hannover: Niedersächsische Landeszentrale für politische Bildung, 1985, p. 17). Franz Neumann registra os resultados dos julgamentos dos que participaram do golpe Kapp e dos revolucionários que declararam a "República Soviética da Baviera" de abril a maio de 1919: "*407 persons, fortress imprisionment; 1737 persons, prision; 65 persons, imprisioned at hard labor*". Quanto aos julgamentos do golpe Kapp, de março de 1920: "*412 in the opinion of the courts came under the amnesty law of 4 August 1920, despite the fact that the statute specifically excluded the putsch leaders from its provisions; 108 had become obsolete because of death or other reasons; 174 were not pressed; 11 were unfinished. Not one person had been punished*". (NEUMANN, Franz. *Behemoth*: the Structure and Practice of Nacional Socialism, 1933-1944. Chicago: Ivan R. Dee, ass. with The US Holocaust Memorial Museum, 2009, pp. 21/22). Cf. Arthur Rosenberg: *When in the rest of the country Kapp's retreat was followed by a renewed consolidation of the Republican government, the Bavarian counter-revolution gave the appearance of once more adapting to the constitutional framework. From that time on, German fascism found its legal basis in Munich. All conspirators who could not stay in other parts of the country found a cordial reception in Bavaria, and it was in Munich that preparations could proceed, without hindrance, for further assaults on democracy in Germany* (ROSENBERG, Arthur. "Fascism as a Mass-Movement (1934)". *Historical Materialism*, nº 20, 2012, p. 175). V. ainda: HÜRTEN, Heinz. *Der Kapp-Putsch als Wende Über Rahmenbedingungen der Weimarer Republik seit dem Frühjahr 1920.* Opladen: Westdeutscher Verlag GmbH, 1989. Do mesmo autor, como compilador: *Zwischen Revolution und Kapp-Putsch*: Militär und Innenpolitik, 1918-1920. Düsseldorf: Droste Verlag, 1977; ERGER, Johannes. *Der Kapp-Lüttwitz-Putsch*: Ein Beitrag zur deutschen Innenpolitik 1919/20. (Beiträge zur Geschichte des Parlamentarismus und der politischen Parteien, vol. 35). Düsseldorf: Droste Verlag, 1967; KÖNNEMANN, Erwin; SCHULZE, Gerhard (Coord.). *Der Kapp-Lüttwitz-Ludendorff Putsch*: Dokumente. München: Olzog, 2002.

[213] *Die Weimarer Justiz begünstigte in Staatsschutzverfahren und anderen politischen Prozesse die politisch rechtsstehenden Angeklagten, während sie die Angehörigen linkstehender Parteien und Organisationen mit der ganzen Schärfe des Gesetzes vorging. (...) Die Gesinnung linkstehender Politiker wurde grundsätzlich für ehrlos gehalten, die Gesinnung rechtsstehender*

Em processos de proteção de direitos e noutros julgamentos políticos, o Judiciário de Weimar favoreceu os réus políticos de direita, enquanto prosseguiu contra membros de partidos e organizações de esquerda com toda a força da lei. (...) A atitude dos políticos de esquerda era basicamente considerada desonrosa, a atitude dos círculos e de pessoas de direita era basicamente considerada honrosa – ainda que violassem as leis penais por razões políticas, e cometessem crimes graves.

Para o olhar de fora da Alemanha, esse diagnóstico não se altera:[214]

A presumida cumplicidade entre "vermelhos" e "escuros" é risível, dada à elevada consideração e estima que Papen

---

*Kreise und Personen galt grundsätzlich für ehrenhaft – die auch dann, wenn sie aus politischen Gründen gegen die Strafgesetze verstoß und schwere Verbrechen begangen haben.* (WASSERMANN, Rudolf. *Richter, Reform, Gesellschaft*: Beiträge zur Erneuerung der Rechtspflege. Karlsruhe: Verlag C. H. Müller, 1970, p. 78). V. ainda: JASPER, Gothard. *Der Schutz der Republik*: Studien zur staatlichen Sicherung der Demokratie in der Weimarer Republik, 1922-1930. Tübingen: Mohr Siebeck, 1963; SCHMID, Richard. "Über die politische Haltung der Richterschaft seit Weimar". *Gewerkschaftliche Monatshefte*, 1961, pp. 660 e ss.

[214] No original: *La prétendue complicité entre "rouges" et "noirs" prête à sourire, quand on sait dans quelle estime Papen et Hindenburg tiennent les sociaux-démocrates, que le chancelier évince du seul Land qu'ils gouvernent encore, la Prusse, par un véritable coup d'État perpétré le 20 juillet 1932. Quant à la supposée complicité des institutions de l'État, notamment la justice, avec la gauche, l'affirmation est plus ridicule encore: il vaut bien mieux, quand on comparaît devant une cour allemande, être nazi que communiste.* (CHAPOUTOT, Johann. *Le meurtre de Weimar*. Paris: Presses Universitaires de France, 2015, p. 77). O autor se refere às cores dos comunistas – vermelho – e aquela dos *Freikorps*, milícias armadas de clara orientação nazista, que usavam uniformes marrom em seus desfiles urbanos e atos de violência. Num destes atos, em 24 de junho de 1922, foi assassinado o industrial de origem judia e Ministro das Relações Exteriores da Alemanha Walther Rathenau. Seus assassinos eram membros da Organisation Consul, grupo terrorista que tinha entre suas lideranças o antigo comandante naval e membro dos *Freikorps*, Hermann Ehrhardt.

e Hindenburg tinham pelos sociais-democratas, a quem o Chanceler Papen expulsou do *Land*, o único Estado que eles ainda governavam, a Prússia, por um verdadeiro golpe de Estado perpetrado em 20 de julho de 1932. Quanto à suposta cumplicidade das instituições do Estado com a esquerda, especialmente do Poder Judiciário, a alegação é ainda mais ridícula: era muito melhor, quando se comparecia diante de uma corte alemã, ser nazista do que comunista.

O golpe Kapp, ou ainda *Kapp-Lüttwitz Putsch*, traz o nome de suas principais lideranças, os militares Wolfgang Kapp e Walther von Lüttwitz. Foi uma tentativa de golpe contra o governo social-democrata da República de Weimar, que eclodiu em 13 de março de 1920. O objetivo era derrubar a República, com o estabelecimento de um governo autocrático. A sede do governo mudou de Berlim para Dresden, e depois Stuttgart, quando os sindicatos deflagraram greve geral e suprimiram o golpe, restabelecendo a autoridade do governo legítimo eleito.

Para a elite econômica, o mesmo golpe Kapp foi percebido como preferível a um governo democrático, segundo as palavras de Jakob Wilhelm Reichert, Presidente da Associação Alemã dos Industriais do Ferro e Aço (*Verein Deutscher Eisen- und Stahlindustrieller*), para seus colegas associados, em 22 de junho de 1920: "*A dictatorial government system has undeniable advantages over a democratic one*",[215] embora se registre a condenação do golpe por outros industriais como Carl Duisberg.[216]

Assim como a maior parte da magistratura, *businesses as usual*, juízes e tribunais também preferiram outro rumo. Diante de tal cenário histórico, ainda chama a atenção que magistratura e elite

---

[215] FELDMAN, Gerald D. "Big Business and the Kapp Putsch". *Central European History*, vol. 4 nº 2, 1971, p. 130.

[216] CHAPOUTOT, Johann. *Le meurtre de Weimar*. Paris: Presses Universitaires de France, 2015, p. 101.

CAPÍTULO I – *PREUßEN* CONTRA *REICH*

econômica, ao recuperarem sua própria cultura histórica, insistem em afirmar que "tais episódios não mais se repetem", como se houvesse demonstração histórica objetiva autorizadora desta hipótese.

# CAPÍTULO II

## O JULGAMENTO E AS POSIÇÕES INTELECTUAIS

Georg Lukács não permaneceu desatento aos tempos intelectuais da Alemanha guilhermina a desembocarem no nazismo. É do mesmo Lukács o registro sobre as formulações de um dos principais representantes do pensamento da filosofia alemã, influência que se estendia ao mundo cultural e político. Lukács recorre ao exemplo de Hegel, a quem o nazismo procurou aproximação, a fim de convencer da fundamentação filosófica necessária ao regime. Tal posição procurava naturalizar o regime no debate científico e intelectual, o que foi tentado, principalmente, da seguinte forma:[217]

> Os neo-hegelianos fizeram diversas tentativas de obtenção de favores do hitlerismo imperante: Hegel foi apresentado como um ideólogo reacionário digno de confiança. Da imensa quantidade de tentativas como essa, citemos somente um exemplo. Herbert Franz diz que na Itália Hegel é o filósofo de Estado do fascismo, "ao passo que na Alemanha se acha

---

[217] LUKÁCS, Georg. *A Destruição da Razão*. São Paulo: Instituto Lukács, 2020, p. 501.

exposto hoje a uma série de ataques. Se se dedicasse a Hegel o esforço que esse grande espírito realmente merece, logo se veria que o conceito hegeliano de ordem estatal contém amplamente os critérios da vitalidade, da corporeidade do ciclo orgânico, da nacionalidade espiritual, critérios que são precisamente os que devem elevar o conceito vital de 'ordem do povo' por cima do conceito medíocre e cotidiano de um mecanismo estatal esquemático".

Se para o mesmo Lukács esta tentativa fracassou,[218] a existência da disposição em levar a cabo semelhante busca é denunciadora do que se procurou para oferecer filosófica e sofisticada racionalidade à estatalidade nazista. O "mecanismo estatal esquemático" do nazismo não caberia na perspectiva hegeliana do movimento de sua dialética, e com esta não poderia manter nenhuma proximidade. A concepção universalista de Hegel que transformou a concepção de história da Europa[219] não se prende aos monólitos fascista e nazista de estruturação da "energia total do Estado", e sua dificuldade instransponível de conceber o progresso, o rumo da história como inerente à racionalidade dialética. Assim, não parece ser possível

---

[218] LUKÁCS, Georg. *A Destruição da Razão*. São Paulo: Instituto Lukács, 2020, p. 505: Assim, pois, o neo-hegelianismo, com seu Hegel adaptado à situação reacionária do imperialismo, não conseguiu se efetivar como a "síntese" almejada por ele de todas as tendências filosóficas da época (com exceção das progressistas). Limitou-se a ser tolerada em alguns recantos universitários da Alemanha. Seus resultados para o desenvolvimento da filosofia são igualmente nulos. O único interesse que pode despertar do ponto de vista da História da Filosofia é um interesse negativo: a história do neo-hegelianismo revela claramente como são estéreis os compromissos filosóficos, como toda resistência vacilante sucumbe às correntes reacionárias mais importantes, o quão pouco contam, nas grandes mudanças da história mundial, as nuanças e as reservas. Nesse sentido, podemos dizer que o desenvolvimento do neo-hegelianismo é bastante instrutivo como imagem filosófica refletida do papel que o liberalismo, cada vez mais decadente (com suas diversas variantes), desempenhou na história dos avanços reacionários, do processo defascistização, e que ainda irá desempenhar também no futuro.

[219] LUKÁCS, Georg. *A Destruição da Razão*. São Paulo: Instituto Lukács, 2020, p. 504.

## CAPÍTULO II – O JULGAMENTO E AS POSIÇÕES INTELECTUAIS

que do absoluto que ganha forma na racionalidade do Estado tão caro a Hegel possa ser construído vínculo com o "conceito vulgar" da historicidade constituída por Hegel.[220]

> Obviamente, também aqui os ideólogos fascistas não são originais. Conhecemos a tradição anti-hegeliana de Schopenhauer a Chamberlain. E também tem antigas raízes na filosofia reacionária a tese de que a luta contra Hegel deve partir, historicamente, de Descartes. O iniciador dessa tese é o Schelling de maturidade, cujo continuador é Eduard von Hartmann e sua escola. E que também aqui se coloquem as mesmas questões que temos destacado como as fundamentais, mostra os ataques de Boehm contra o conceito de progresso: "O progresso é o aumento gradual do existente. Com isso, todo o caráter criador do devir histórico é negado e deslegitimado como uma monstruosa antecipação do futuro". 3 Como sempre ocorre nessas polêmicas, Boehm ignora totalmente o conceito hegeliano dialético e histórico de progresso (para não falar do marxismo) e destaca em primeiro plano, como o único possível, o conceito vulgar.

Veio de Carl Schmitt, ainda, o obituário de Hegel com a ascensão do nazismo ao poder em 30 de janeiro de 1933:[221]

> No dia 30 de janeiro, o Estado oficial hegeliano do século XIX, para o qual a unidade do funcionalismo público e das camadas de apoio ao Estado era característica, seria

---

[220] LUKÁCS, Georg. *A Destruição da Razão*. São Paulo: Instituto Lukács, 2020, p. 504.

[221] *An diesem 30. Januar ist der hegelische Beamtenstaat des 19. Jahrhunderts, für den die Einheit von Beamtentum und Staatstragender Schichte kennzeichnend war, durch eine andere Staatskonstruktion ersetz werden. An diesem Tag ist demnach, so kann man sagen, "Hegel gestorben".* (SCHMITT, Carl. *Staat, Bewegung und Volk*: die Dreigliederung der politischen Einheit. Hamburg: Hanseatische Verlagsanstalt, 1933, p. 31).

substituído por outra estrutura distinta. Neste dia, pode-se dizer que "Hegel está morto".

Apesar de intelectuais como Karl Larenz e Ernst Fosthoff[222] insistirem na proximidade entre o Estado hegeliano e o que formou após o nacional-socialismo, Bernd Rüthers realiza a distinção necessária a que também se referiu Lukács:[223]

> Para Hegel, el Estado era la realización de la razón y de la moralidad bajo la forma de una burocracia funcionarial que obre según criterios racionales. Los nacionalsocialistas comenzaron el 30 de enero de 1933 a construir un Estado completamente distinto, basado en el mito del predominio de la raza nórdica y de la homogeneidade racial del pueblo dirigido por el *Führer*. Todo intento de harmonizar una tal contraposición estaba abocado al fracaso. Con razón proclamaba C. Schmitt que con la tripartición de "Estado, movimiento y pueblo", el 30 de enero de 1933 Hegel había muerto.

A distância clara entre hegelianismo e formação estrutural do nazismo não foi suficiente para a tentativa de transposição intelectual do "real como ideal" às posições jurídicas que derivaram na ascensão do nacional-socialismo. A ideia predominante do julgamento da Prússia contra o *Reich* era exatamente seu oposto ontológico: ao arguir para si a guarda e manutenção de uma ordem constitucional e política, as posições defendidas no caso pelos

---

222 Cf.: LARENZ, Karl. "Rechtsperson und subjektives Recht: zur Wandlung der Rechtsgrundbegriffe". *In*: _____. *Grundfragen der neuen Rechtswissenschaft*. Berlim: Junker & Dünnhaupt, 1935, pp. 225 e ss.; LARENZ, Karl. *Über Gegenstand und Methode des völkischen Rechtsdenkens*. Berlim: Junker & Dünnhaupt, 1938; LARENZ, Karl. "Die Bedeutung der völkischen Sitte in Hegels Staatsphilosophie". *Zeitschrift für die gesamte Staatswissenschaft*, vol. 98, 1938, pp. 108-150.

223 RÜTHERS, Bernd. *Derecho Degenerado. Teoría Jurídica y Juristas de Cámara em el Tercer Reich*. Madrid: Marcial Pons, 2016, p. 103.

CAPÍTULO II – O JULGAMENTO E AS POSIÇÕES INTELECTUAIS

representantes do *Reich* – e que foram em seu conteúdo principal assimiladas pelo Tribunal do Estado – conduziram ao fim da mesma ordem constitucional e política.

O julgamento *Preußen contra Reich* envolveu a intelectualidade constitucional e política da Alemanha. Sabia-se da relevância do julgamento para o destino de Weimar. O fim da República de Weimar não dependeu exclusivamente da decisão do Tribunal do Estado. Com certeza, pode-se dizer que o resultado do julgamento, ao mostrar a dubiedade do Tribunal na decisão tomada, emitiu sinais que encorajaram o NSDAP a completar sua tarefa de implantação do Estado total, iniciada com nomeação de Hitler em 30 de janeiro de 1933.

O Tribunal do Estado tinha uma composição derivada do Tribunal do *Reich* (*Reichsgericht*), órgão supremo da jurisdição civil e penal de 1879 a 1945. No momento da decisão de 25 de outubro de 1923, o Tribunal era presidido por Erwin Bumke, do Tribunal do *Reich* e os juízes do mesmo Tribunal Franz Triebel, Hermann Schmitz, Maximilian Schwalb. Contava ainda com as presenças de Georg von Müller, Gümbel e Streigel, estes integrantes do Tribunal Superior Administrativo (*Oberverwaltungsgeri-cht*).

O Presidente Bumke era conhecido por suas parcialidade e proximidade com o nazismo, especialmente após tornar-se membro do NSDAP em 1937. Para Caldwell, seria difícil imaginar que juízes conservadores, *"including Chief Justice Erwin Bumke"*,[224] garantiriam uma vitória judicial dos sociais-democratas da "Prússia Vermelha" (*Red Prussia*). Ingo Müller registra o papel de Bumke na presidência do Tribunal do Estado durante "o julgamento escandaloso" do *Preußenschlag* que lhe reservou a posição de representante do Presidente do *Reich*, após o julgamento, convertendo-se no

---

[224] CALDWELL, Peter. *Popular Sovereignty and the Crises of German Constitutional Law*: the Theory & Practice of Weimar Constitutionalism. Durham e Londres: Duke University Press, 1997, p. 168.

"segundo homem do Estado".[225] Em 20 de abril de 1945, dois dias após a entrada das tropas americanas em Leipzig, Erwin Bumke suicidou-se.[226] Para Letícia Vita,

> Los magistrados de la época se veían a sí mesmos más como defensores del viejo Reich, como últimos bastiones de la lucha contra el crímen e el caos, antes que como defensores de la República. No sólo habían sido formados em tempos del Imperio y provenían de la classe alta o media alta de la sociedad, sino que además, estos jueces tenían nombramiento de por vida y sin límites de edad, los que los otorgaba uma

---

[225] *mit dem skandalösen Urteil (...) avancierte der Reichsgerichtspräsident sogar zum Stellvertreter des Reichspräsidenten und damit – zumindest nach dem Protokoll – zum zweiten Mann im Staate.* (MÜLLER, Ingo. *Furchtbare Juristen*: die unbewältigte Vergangenheit unserer Justiz. München: Droemersche Verlagsanstalt Th. Knaur Nachf., 1989, pp. 48/49).

[226] Cf.: KOLBE, Dieter. *Reichsgerichtspräsident Erwin Bumke*: Studien zum Niedergang des Reichsgerichts und der deutschen Rechtspflege. Karlsruhe: Müller, 1975. *"In many examples Kolbe illustrates how the Reichsgericht practiced 'class justice', being lenient to delinquents of the political right, severe to those of the left. In several political cases the Supreme Court showed its attempt to appear as 'unpolitical' as possible, avoiding all manifestations of state-political responsibility, thus preparing the ground for the radical right and its desire for legitimacy. After the establishment of the Nazi regime in 1933 the judiciary and particularly the Supreme Court is characterized by its tendency to make concessions in individual cases in order to defend its competence as such Nevertheless, the gradual transformation of the traditional self-governing associations of judges into Nazi organizations, a progressive infiltration of statutes with a terminology based on the Nazi racist 'legal theory', the creation of special courts for political cases, party interference in criminal procedure, and an increasing adjustment of judicial personnel to Nazi rule, as in Bumke's case (he became a member of the Nazi Party in 1937), made it inevitable that 'esprit de corps' could only serve as a temporary barrier. With the beginning of the war the idea of a 'volkisch autoritären Rechtsstaats' was definitely frustrated. Now the judiciary was debased to being nothing but an instrument of total war and deterrence"* (HEUSER, Robert. *Reichsgerichtspräsident Dr. Erwin Bumke*. By Dieter Kolbe. Studies and Sources of the History of German Constitutional Law, Series A (Studies). vol. 4. Karlsruhe: Müller, 1975. *The American Journal of Comparative Law*, Summer, vol. 25, n° 3, 1977, pp. 590/591).

# CAPÍTULO II – O JULGAMENTO E AS POSIÇÕES INTELECTUAIS

posición privilegiada em la sociedad, que al mismo tiempo los alejaba de ella.[227]

Desde os primeiros instantes nas audiências perante o Tribunal do Estado, o Estado da Prússia e o Partido Social-Democracta recuperaram o histórico do ambiente político da Alemanha desde as eleições de setembro de 1930. O Partido Nazista, embora com considerável crescimento em diversos Estados (*Länder*) do ponto de vista eleitoral, recusava-se à formação de governos de coalizações. Para os nazistas, Weimar era uma questão a ser liquidada.

A primeira fala do Ministro Diretor Arnold Brecht inicia-se com palavras sobre este assunto, com destaque para o acordo entre Hilter e Papen. Como o NSDAP não conseguia maioria para formar governos estaduais e central sozinho, tampouco aceitava a formação de governos com outros partidos, seu objetivo era obter o governo sem compartilhar com outros partidos: "tudo ou nada" (*alles oder nichts*), como afirmava Hitler.[228] A contínua violação de regras era praticada pelo NSDAP. Um dos exemplos foi a recusa do NSDAP em submeter-se à proibição de uniformes de 8 de dezembro de 1931 (*Uniformverbot*). O uso de uniforme para externar opinião política foi amplamente praticado pela *Sturmabteilung*, ou SA (Destacamento de Assalto), do Partido Nazista.

O Ministro Diretor Brecht traz em sua exposição as decisões judiciais de 5 de março e de 24 de março de 1931 e ainda de 30 de setembro de 1931, quando o Tribunal do *Reich* reconhecia as claras intenções do NSDAP e sua SA:

> O objectivo do NSDAP é a derrubada violenta da forma de Estado existente (...) Nestas preocupações surge ...

---

[227] VITA, Letícia. *Prusia contra el Reich ante al Tribunal Estatal – La sentencia que enfrentó a Hermann Heller, Carl Schmitt e Hans Kelsen em Weimar*. Bogotá: Universidad Externado de Colombia, 2015, p. 39.

[228] PcR, 1976, p. 11.

claramente... que os Destacamentos Tempestade possuem o objetivo principal de formar uma força de combate eficaz para um golpe de Estado violento.[229]

Brecht denuncia de forma precisa a intenção do nacional-socialismo, e insiste que sua propaganda não poderia ficar sem uma resposta do governo estadual prussiano. É aqui que Brecht recupera as palavras de Joseph Goebbels contra a população judia e o judaísmo, em artigo publicado no jornal *Angriff*, em 24 de agosto de 1932, a fim de oferecer elementos concretos e objetivos ao Tribunal do perigo que representava o nazismo tanto para o governo prussiano como para a Constituição e para a existência do *Reich*:[230]

> Nunca se esqueçam! Não ficaremos em paz até que este regimento com a sua burguesia jornalística seja expulso do poder ... Os judeus são os culpados ... (...) Nunca se esqueçam, camaradas! Diga isso a você cem vezes ao dia, de modo que assombre você até nos seus sonhos mais profundos: Os judeus são os culpados! E eles não escaparão da justiça criminal que merecem.

A tentativa da comprovação deste quadro da realidade foi uma constante durante as exposições dos representantes do Estado da Prússia. Em sua primeira manifestação, Hermann Heller, assim como Arnold Brecht, mostra que não há como se conceber todo o

---

[229] *Das Ziel der NSDAP ist der gewaltsame Umsturzt der bestehenden Staatsformen (...) In diesen Befehlen kommt ... ganz klar ... zum Ausdruck, daß die Sturmabteilugen in erster Linie den Zweck haben, bei einem gewaltsamen Umsturzt eine schlagfertige Kampftruppe zu bilden.* (PcR, 1976, p. 43).

[230] *Niemals vergessen! Wir werden nicht Ruhe lassen, bis dieses Regiment mit seinen journalistischen Stabbürgerhalten aus der Macht verjagt ist... Die Juden sind schuld... (...) Vergeßt es nie, Kameraden! Sagt es Euch hundertmal am Tage vor, so daß es Euch bis in Eure tiefsten Träume verfolgt: Die Juden sind schuld! Und sie werden dem Strafgericht, das sie verdienen, nicht entgehen.* (PcR, 1976, p. 44).

## CAPÍTULO II – O JULGAMENTO E AS POSIÇÕES INTELECTUAIS

caso apenas por seus aspectos jurídicos, uma vez que o Direito fora instrumentalizado como forma de realização de objetivos políticos claros e devidamente anunciados. Tal ilegitimidade no agir, a não permitir a garantia do pluralismo que a Constituição de Weimar garante, consistiria, inicialmente, num ataque ao coração da mesma Constituição, além de severa manipulação do Direito Constitucional. Heller[231] revela que todo o episódio resulta de acordo entre Papen e Hitler (*als eine Episode der Einigung zwischen Herrn von Papen und Herrn Hitler*). A fim de provar suas palavras, Heller requer o testemunho de determinadas pessoas, para provar que a intervenção é completamente violadora da Constituição, já que atende apenas ao objetivo de fortalecer acordo políticos com Hitler. Caso o Tribunal do Estado não aceite chamar ao depoimento tais pessoas, o próprio Heller traria os documentos formais que comprovariam o acordo, como a correspondência de membros do *Herrenklub* de Berlim, o "Clube dos Senhores de Berlim", que na verdade tem sua origem em 1924 com o "Clube dos Senhores Alemães" (*Deuscther Herrenklub*). Formado por grandes proprietários, banqueiros industriais e nobreza, o Clube dos Senhores de Berlim teve como principais figuras Heinrich von Gleichen, Barão (*Freiherr*) von Gleichen-Rußwurm e o Conde (*Graf*) von Alvensleben. Um dos objetivos do Clube era rejeitar o marxismo para a Alemanha, reverter e ganhar a revolução que se iniciou com Weimar.[232]

Heller[233] apresenta correspondência de nomes importantes destes dois representantes do Clube, datadas de 7 de junho de 1932 a Papen (o mesmo Papen ingressou no governo em 1º de junho): "uma vez que dificilmente conseguiremos chegar a um governo de direita na Prússia, estou a recorrer ao Comissário do *Reich*. O que seria também uma lição valiosa para certos cavalheiros bávaros

---

231 PcR, p. 37.

232 MALINOWSKI, Stephan. *Vom König zum Führer*: Deutsche Adel und nationalsozialismus. Frankfurt am Main: Verlag, 2004, p. 219.

233 PcR, 1976, p. 37.

que desejam a separação"; ou "o novo gabinete não será somente tolerado pelos nazistas, mas terá a expressa concordância do *Führer*".[234] Segundo Heller, mesmo o Presidente do *Reich* estaria ciente do que ocorreria, já que ele próprio havia recomendado, em resposta à carta de 7 de junho de 1932, a "(...) nomeação de um homem confiável como Primeiro-Ministro ou como Comissário do *Reich*, para a reorganização da administração interna com a forte participação das forças nacionais socialistas".[235]

Tratava-se da tentativa de Heller de convencer o Tribunal do Estado, mediante provas escritas, de que não se estava diante de uma intervenção do governo central por motivos constitucionais. Era uma ação política deliberada de destituição de um governo estadual eleito, sem apoio em bases normativas constitucionais.

Heller e Brecht recusaram a acusação sobre a incapacidade da Prússia em conter os movimentos violentos desencadeados em seu território e de eventual complacência com os comunistas.[236] Desde

---

[234] *Da wir in Preußen kaum zu einer Rechtsregierung kommen werden, so steure ich auf den Recihskommissar los. Auch für gewisse separationslüsterne Herren aus Bayern eine sehr wertvolle Lehre. (...) Das neue Kabinett wir nicht nur von den Nationalsozialistischen toleriert, sondern hat die ausdrückliche Zustimmung des Führers.*

[235] *(...) die Einsetzung eines bewährten Mannes als Ministerpräsident oder al Reichskommissar, und Umorganisierung der inneren Verwaltung unter starker Mitwirkung nationalsozialistischer Kräfte.* (PcR, 1976, p. 38). No instante em que Heller exibe tais documentos de correspondências, o Presidente do Tribunal do Estado, Erwin Bumke, requer a Heller que ele se dirija aos membros do Tribunal, e não ao público presente, uma vez que "não nos encontramos no Parlamento" (..., *daß wir uns nicht im Parlament befinden*, PcR, 1976, p. 38). Heller responde que o Parlamento lhe é estranho, e que se dirigiu ao público uma vez que Georg Gottheiner, que sustentou pelo governo do *Reich*, igualmente se dirigiu à audiência, especialmente a Arnold Brecht. O Presidente Bumke afirmou que "não havia percebido, caso contrário teria feito valer a mesma disposição anteriormente também" (*Das ist mir nicht aufgefallen, sons wäre ich mir erlauben haben, das schon voher geltende zu machen*, PcR, p. 39).

[236] PcR, 1976, pp. 36/37 e 78.

## CAPÍTULO II – O JULGAMENTO E AS POSIÇÕES INTELECTUAIS

o 6º Congresso Mundial do Comintern, de julho a agosto de 1928, em Moscou, que as tensões entre comunistas e sociais-democratas na Europa se agravaram. Neste Congresso, presentes delegados de sessenta e cinco organizações – entre as quais mais de cinquenta partidos comunistas – teve grande repercussão a definição dos termos da tese dos "sociais fascistas", especialmente para designar os sociais-democratas.[237] Considerada reformista pelo movimento comunista internacional, a social-democracia passou a ser vista por grande parte do comunismo como verdadeira inimiga a ser combatida.

A demonstração fática de acordos políticos celebrados para utilização do Direito como arma política foi ignorada pelo Tribunal do Estado, assim como ilustra, dentre outras a sustentação do Ministro Diretor Gottheimer, na audiência de 17 de outubro de 1932, já durante o "resumo" (*Zusammenfassung*) das manifestações de um lado e de outro:[238]

> O Presidente do Tribunal do Estado já advertiu que o Diretor Ministerial Brecht dedicou uma parte não negligenciável das suas observações ao domínio político, que incluiu nas suas discussões assuntos que remontam bem antes do dia 20 de julho, e que em si mesmos nada têm a ver com a questão do presente processo.

Em 25 de julho de 1932, o Tribunal do Estado negou a expedição da medida cautelar requerida pelas partes. Se a decisão de

---

237 GREEN, John. *Willi Münzenberg*: Fighter against Fascism and Stalinism. Routledge Studies in Radical History and Politics. Oxfordshire: Taylor & Francis Group, 2020, p. 222.

238 *Der Herr Vorsitzende des Staatsgerichtshofs hat bereits darauf hingewiesen, daß Herr Ministerial Direktor Brecht sich in diesen Ausführungen zu einem nicht unwesentlichen Teil auf das Gebiet begeben hat, daß er Dinge in den Rahmen seiner Erörterungen einbezogen hat, die zeitlich weit hinter dem 20. Juli liegen, die an sich mit den Fragen, die hier zur Erörterung stehen, nichts zu tun haben.* (PcR, 1976, p. 403).

denegação da ordem liminar desanimou os requerentes, não se pode dizer o mesmo daqueles que logo procuraram escrever sobre o assunto. Adolf Schüle, por exemplo, questiona o pressuposto que o Tribunal do Estado estabeleceu em sua jurisprudência para a concessão de medidas liminares: "essencial desvantagem" (*wesentlicher Nachteil*). Porém, desvantagem de quem: do requerente ou do requerido? Apesar de tal indefinição pelo Tribunal do Estado, Schüle concorda com a denegação da medida liminar: o pedido, segundo Schüle, quer lançar o Tribunal para que este "se meta nas lacunas da lei", e "com toda razão, ele [o Tribunal do Estado] recusou-se a fazê-lo".[239]

Da mesma forma, a participação processual dos Estados de Baden e da Baviera foi rejeitada: a inexistência de "concretas disputas" a envolver estas partes fundamentava a decisão quando da análise do recebimento da ação neste sentido.[240] O indeferimento da medida liminar "significaria que o Tribunal do Estado teria por não urgente" a medida adotada pelo Presidente do *Reich*, enquanto o mesmo Tribunal não analisou os fundamentos que conduziram o Presidente do *Reich* à edição do Decreto de Emergência, exatamente baseados na urgência que o caso envolveria.[241]

Denegada a liminar, o Tribunal do Estado expediu seu julgado final em 25 de outubro de 1932 da seguinte forma: *a)* a nomeação

---

239 *Mit vollem Recht hat er sich das zu tun geweigert.* (SCHÜLE, Adolf. "Aus der Praxis des Staatsrechts. Einstweilige Verfügung in der Staatsgerichtsbarkeit – Zu dem Urteil des Reichsstaatsgerichtshofes vom 25. Juli 1932". *Archiv des öffentlichen Rechts*, vol. 23, 1933, p. 182).

240 SEIBERTH, Gabriel. *Anwalt des Reiches*: Carl Schmitt und der Prozess "Preußen contra Reich" vor dem Staatsgerichtshof. Berlim: Duncker & Humblot, 2001, p. 146.

241 *Eine einstweilige Verfügung dieser Art würde bedeuten, daß der Staatsgerichtshof die vom Reichspräsidenten in der Verordnung vom 20. Juli deises Jahres getroffene Anordnung nicht fü dringlich erachtet. Für eine solche Entschließung fehlen dem Staatsgerichtshof im gegenwärtigen Zeitpunkt, in dem er über die Gründe für das Vergehen des Reichspräsidenten nicht unterrichtet ist, die erforderlichen Grundlagen.* (PcR, 1976, p. 491).

## CAPÍTULO II – O JULGAMENTO E AS POSIÇÕES INTELECTUAIS

de um Comissário do *Reich* na Prússia encontra-se entre as atribuições constitucionais do Presidente do *Reich*, e é constitucional, podendo o Comissário destituir os secretários estaduais da Prússia; *b)* a destituição dos membros do Estado Prússia no Parlamento e no Conselho de Estado não é compatível com a ordem constitucional:

> O Decreto do Presidente do *Reich* de 20 de julho de 1932 para o restabelecimento da segurança e ordem públicas no território do Estado da Prússia é compatível com a Constituição do *Reich*, uma vez que o Decreto nomeia o Chanceler do *Reich* no cargo de Comissário do *Reich* para o Estado da Prússia, autorizando provisoriamente a este Comissário a destituição dos Secretários estaduais de suas atribuições, e assim assumir o Comissário estas mesmas atribuições, ou designar outras pessoas como Comissários do *Reich*. Tais atribuições não se estendem à representação do Estado da Prússia seja no Parlamento (*Reichstag*) ou no Conselho de Estado (*Reichsrat*), bem como ao *Reich*, ao Parlamento estadual ou ao Parlamento de qualquer outro Estado.[242]

Estava lançado o dilema: a impossível convivência de dois governos, absolutamente opostos em tudo, e em meio a grave crise política. Papen recusou-se a permitir o retorno dos antigos secretários. Não sem razão, o melhor exemplo de tal atitude de Papen a fazer eco na discussão judicial no âmbito do Tribunal do

---

242 *Die Verordnung des Reichspräsidenten vom 20. Juli 1932 zur Widerherstellung der öffentlichen Sicherheit und Ordnung im Gebiet des Landes Preußen ist mit der Reichsverfassung vereinbar, soweit sie den Reichskanzler zum Reichskommissar für das Land Preußen bestellt und ihn ermächtigt, preußischen Ministern vorübergehend Amtsbefugnisse zu entziehen und diese Befugnisse selbst zu übernehmen oder anderen Personen als Kommissaren des Reiches zu übertragen. Diese Ermächtigung dufte sich aber nicht darauf erstrecken, dem Preußischen Staatsministerium und seinen Mitgliedern die Vertretung des Landes Preußen im Reichstag, im Reichsrat oder sonst gegenüber dem Reich oder gegenüber dem Landtag, dem Staatsrat oder gegenüber anderen Ländern zu entziehen.* (PcR, 1976, p. 493).

MARTONIO MONT'ALVERNE BARRETO LIMA

Estado foi a destituição de uma das mais notórias figuras do governo prussiano, Carl Severing, que era também uma das principais lideranças políticas nacionais dos sociais-democratas. Ministro do Interior da Prússia, Severing foi removido por Papen.[243] Ao anunciar perante Papen que sua destituição era inconstitucional, foram enviados policiais ao escritório de Severing para que se completasse o afastamento. Apesar de seus protestos, ele e os representantes do governo prussiano deixaram seus postos sem esboçar qualquer reação,[244] exatamente no Estado que possuía mais de oitenta mil homens em sua força policial: *The Berlin police under Severing were a formidable force, and the Communists' influence amongst the Berlin proletariat was far less than that of the Social Democrats.*[245] Severing integrava a ala mais moderada do SPD, descrita como a direta da social-democracia prussiana.

Arnold Brecht, mais tarde, em 1945, indaga-se se as medidas tomadas pelo Estado da Prússia de somente se circunscreverem aos meios de arguição da inconstitucionalidade, foi a atitude correta:[246]

---

243 Com o seguinte comunicado: "Segundo minha nomeação de 20 de julho de 1932 (Diário Oficial do *Reich* I, p. 377), para o cargo de Comissário do *Reich* no Estado da Prússia, pelo Sr. Presidente do *Reich*, suspendo V. Exa. de seu cargo de Governador da Prússia" (PcR, 1976, p. 19).

244 SMALDONE, Willian. *Confronting Hitler*: German Social Democrats in Defense of The Weimar Republic, 1929-1933. Lanham: Lexigton Books, 2009, p. 181.

245 BROUÉ, Pierre. *The German Revolution, 1917-1923*. Leiden/Boston: Brill, 2005, p. 738.

246 *Man kann darüber streiten, ob de Maßnahmen der preußischen Regierung stets weise gewesen sind und ob nicht am Schluß diese Regierung besser auch mit andere als nur verfassungsmäßigen Mitteln gekämpft hätte; diese Fragen können hier nicht untersucht werden. Es steht aber fest, daß ihr Kampf gegen den Faschismus ernst war und selbst noch fortgesetzt wurde, als die Reichsregierung und die meisten Länderregierungen schon dem Druck nachgegeben hatten.* (BRECHT, Arnold. *Föderalismus, Regionalismus und die Teilung Preussens*. Bonn: Dümmlers Verlag, 1949, p. 53).

## CAPÍTULO II – O JULGAMENTO E AS POSIÇÕES INTELECTUAIS

É discutível se as medidas tomadas pelo governo prussiano foram sempre sensatas e se, no final, este governo não teria lutado melhor por outros meios que não os constitucionais; tais questões não podem ser examinadas aqui. É certo, porém, que a luta do Estado da Prússia contra o fascismo foi sincera, e assim continuou mesmo depois que o governo do *Reich* e a maioria dos governos dos outros Estados alemães [*Länderregierungen*] já haviam cedido à pressão.

Brecht não está sozinho em sua dúvida. Pauer-Studer registra a indagação de muitos historiadores: em que grau consistiu mesmo na melhor opção do governo estadual prussiano confiar num tribunal "composto predominantemente por juízes com formação antirrepublicana inimiga", ao invés de recorrer à força da polícia prussiana, àquela leal ao governo de seu Estado.[247] No mesmo sentido, Martin Broszat, para quem a intervenção na Prússia foi fator determinante para o aniquilamento do último governo estadual republicano confiável na Alemanha, responsabiliza a decisão das lideranças sociais-democratas que se limitaram a agir apenas formalmente perante o Tribunal do Estado, "mas que se intimidaram de responder à violência com os mesmos meios".[248]

Em outras palavras, por compreenderem a dimensão política do que realmente se tratava, havia vozes que demonstravam ter perfeita noção de que medidas limitadas à ação institucional não seriam suficientes para impedir a ação política do governo do *Reich*, disfarçada de intervenção federal com base na Constituição

---

[247] *Manche Historiker meinen, die preußische Regierung wäre besser beraten gewesen, ihre Rechte auf politische Ebene mit Polizeigewalt (die preußische Polizei war zu dem Zeitpunkt loyal) durchsetzen als einem Gerichtshof von Richtern mit vorwiegend republikfeindlichen Einstellungen zu vertrauen.* (PAUER-STUDER, Herlinde; FINK, Julian (Coord.). *Rechtfertigungen des Unrechts*: das Rechtsdenken im Nationalsozialismus. Frankfurt am Main: Suhrkamp, 2019, p. 37).

[248] BROSZAT, Martin. *Der Staat Hitlers*: Grundlegung und Entwicklung seiner inneren Verfassung. Wiesbaden: Marix Verlag, 2007, p. 23.

e nas leis. Tais vozes tinham ainda a nítida compreensão de que seria um erro confiar no Poder Judiciário àquela altura: até 1932, com todas as demonstrações da disposição do Partido Nazista de destruir Weimar, praticamente nenhuma atitude do mesmo Poder Judiciário contribuiu para inibir os nazistas de suas ações.

As atividades legais derivadas após a decisão e a tomada do poder na Prússia tiveram um *abrupt end a few months later when Hitler assumed power*, em 30 de janeiro de 1933.[249] Um ano e meio após a posse de Hitler, em 19 de agosto de 1934, com a vacância do cargo de Presidente do *Reich* após a morte de Paul von Hindenburg, 95% dos 45,5 milhões de alemães aptos a votar manifestaram-se por meio de plebiscito: destes 45,5 milhões, "quase 90% dos homens e mulheres alemães votaram a favor de que as atuais competências do Presidente do *Reich* passassem ao *Führer* e Chanceler do *Reich* Adolf Hitler".[250]

Um dos mais destacados atores políticos do caso foram os meios de comunicação. O grupo empresarial de extrema direita Hugenberg detinha quase 1200 jornais locais, a segunda maior agência de notícia, além da maior produtora de filmes, a UFA (*Universum Film AG*): "propriedade privada, família e mentalidade conservadora, eis a mensagem da imprensa Hugenberg".[251] A liderança do grupo recaia sobre o empresário Alfred Hugenberg, que serviu a Hitler em seu primeiro gabinete de 1933 *(...) with*

---

249 CALDWELL, Peter. *Popular Sovereignty and the Crises of German Constitutional Law*: the Theory & Practice of Weimar Constitutionalism. Durham e Londres: Duke University Press, 1997, p. 168.

250 *Knapp 90% der deutschen Männer und Frauen stimmten dafür, dass die bisherigen Befugnisse des Reichspräsidenten auf den "Führer und Reichskanzler Adolf Hitler" übergehen (...)*. (MÖCKELMANN, Reiner. *Franz von Papen*: Hitlers ewiger Vasall. Darmstadt: Wissenschaftliche Buchgesellschaft, 2016, p. 258).

251 *Privateigentum, Familie und konservativen Gesinnung, das war die Botschaft der Hugenberg-Presse.* (KÜHNL, Reinhard. *Die Weimarer Republik – Errichtung, Machtstruktur und Zerstörung einer Demokratie*. Hamburg: Rowohlt Taschenbuch Verlag, 1985, p. 134).

## CAPÍTULO II – O JULGAMENTO E AS POSIÇÕES INTELECTUAIS

*Schacht's blessing, in order to forge a "national" opposition to the Brünning cabinet.*[252]

No ano de 1932, o Manual da imprensa alemã estabelecia 27,9% da imprensa como "direita"; 12,8% como "centro"; e 8,3% como "esquerda". O restante – cinquenta por cento – era tido como "apolítico", porém "de maneira alguma era o caso; eram sim, em regra, burgueses conservadores, e realmente dependentes de grandes empresas e de suas agências de notícias".[253]

No que pese a ação política de Willi Münzenberg, e sua Internacional de Auxílio aos Trabalhadores (*Internationale Arbeiterhilfe*), com a fundação e proliferação de uma intensa rede de publicações como jornais, livros, periódicos, filmes, não há como comparar a ação deste dirigente do Partido Comunista Alemão com os conglomerados de imprensa de apoio ao nazismo. Primeiro, em razão do decisivo conteúdo internacional de solidariedade, especialmente com a campanha contra a fome da Rússia desde 1921.[254] A fundação da Internacional de Auxílio aos Trabalhadores deu-se exatamente

---

252 NEUMANN, Franz. *Behemoth*: the Structure and Practice of Nacional Socialism, 1933-1944. Chicago: Ivan R. Dee, ass. with The US Holocaust Memorial Museum, 2009, p. 52.

253 *(...) aber natürlich keineswegs unpolitisch, sondern im Regelfall bürgerlich-konservativ und real auch abhängig von den großen Konzernen und ihre Nachrichten Agenturen.* (KÜHNL, Reinhard. *Die Weimarer Republik – Errichtung, Machtstruktur und Zerstörung einer Demokratie.* Hamburg: Rowohlt Taschenbuch Verlag, 1985, pp. 134/135).

254 Cf. BRASKÉN, Kasper. *The International Workers' Relief, communism, and transnational solidarity*: Willi Münzenberg in Weimar Germany. Nova York: Palgrave Macmillan, 2015, p. 19. *The first interpretation of solidarity is defined as a 'classical Marxist class solidarity' which is described with synonyms such as brotherhood, class unity and internationalism. This interpretation was then further developed by the German social democrat Karl Kautsky (1854-1938) who, during the last decades of the nineteenth century, provided the works of Marx and Engels with an authoritative interpretation. Together with August Bebel (1840–1913) and Eduard Bernstein (1850-1932), they formulated the SPD's 1891 Erfurt Programme which then advocated a specific 'social democratic' idea of solidarity.*

nesta perspectiva de desencadear a solidariedade internacional, ainda como estratégia política em favor do movimento comunista internacional. Depois, não há como tratar toda a atividade publicística de Münzenberg como empreendimento financeiro:

> It would be an error to picture Münzenberg as only an impresario. From the beginning of his political consciousness in Switzerland he was a writer in his own right (...) The most significant of Münzenberg's writing dealt with the nature and danger of fascism.[255]

O que estava em disputa era a guerra de informação, que o próprio Münzenberg também perdeu com a ascensão de Hitler, e o incêndio do Parlamento, período em que Münzenberg era deputado.[256]

Para Franz Neumann, a única pessoa a ser temida no gabinete após Hitler tornar-se chanceler era (...) *Dr. Hugenberg. He was the sole member with real political and economic power of his own, a private army, a large number of newspapers and nearly the whole of the production of talkies* (filmes falados).[257] Mesmo sendo demitido do gabinete de Hitler, seria um erro acreditar que havia diferenças entre Hugenberg e a instalação de um Estado totalitário na Alemanha: a política de autossuficiência de Hugenberg, que ainda defendeu a proibição de todos os sindicados, permitindo-se

---

[255] GRUBER, Helmut. "Willi Münzenberg's German Communist Propaganda Empire 1921-1933". *The Journal of Modern History*, vol. 38, n° 3, set. 1966, pp. 292-294.

[256] V. ainda: John Green, *Willi Münzenberg: Fighter against Fascism and Stalinism*. Münzenberg foi eleito para o *Reichstag* em 1924 pelo Partido Comunista Alemão, além de haver sido recomendado por Lenin, perante o Comintern, para o papel de emissário na Europa (GREEN, John. *Willi Münzenberg*: Fighter against Fascism and Stalinism. Routledge Studies in Radical History and Politics. Oxfordshire: Taylor & Francis Group, 2020, p. 221).

[257] NEUMANN, Franz. "The Decay of German Democracy". *The Political Quartely*, vol. 4, Issue 4, 1933, p. 541.

## CAPÍTULO II – O JULGAMENTO E AS POSIÇÕES INTELECTUAIS

somente aqueles dóceis ao governo (*yellow companies-unions*), e "seu programa mais adequado ao Partido Nazista do que o de seu sucessor, Dr. Schmitt"[258] revelam sua disposição na defesa do que aconteceria na Alemanha após Hitler.

O envolvimento de Hugenberg com a queda de Weimar não apareceu em 1932. Na verdade, este vem desde o começo dos anos 1920, quando se constata o firme envolvimento do "Barão da Imprensa de Weimar" contra a República:[259]

> Like all of Hugenberg's papers, the majority of newspapers was unsympathetic to the concept of a republican democracy, and most overtly political papers started on a political crusade that was to last for the lifetime of the Weimar Republic.

Em 1926, o jurista Heinrich Claß integrava o Conselho da Justiça (*Justizrat*) e foi processado por alta traição contra a Constituição, perante o Tribunal do *Reich* (*Reichsgericht*). O processo por alta traição (*Hochverrastverfahren*) registrava a ação de Claß, com o objetivo político de uma "ditadura nacional" (*völkische Diktatur*), a partir de um "Estado nacional" (*völkische Staat*).[260] Para o Secretário da Prússia, Badt, quando de sua exposição perante o Tribunal do Estado, este plano contra a mesma Prússia vinha de longe e "(...) sob os auspícios do Ministério da Defesa do *Reich* – trazidos aos círculos em torno de Claß e Hugenberg e finalmente de von Pappen. E este plano deveria se tornar realidade em 20 de julho".[261] Na verdade, Hugenberg começou cedo sua campanha

---

[258] NEUMANN, Franz. "The Decay of German Democracy". *The Political Quartely*, vol. 4, Issue 4, 1933, pp. 541/542.

[259] FULDA, Bernhard. *Press and Politics in the Weimar Republic*. Oxford: Oxford University Press, 2009, p. 19.

[260] Cf.: BRAMMER, Karl. *Attentätter, Spitzel, und Justizrat Class*: der Seeckt- und Harden-Prozess. Berlim: Verlag für Sozialwissenschaft, 1924.

[261] *(...) unter den Auspizien des Reichswehrministeriums – in den Kreisen um Claß und Hugenberg und schließlich auch an Herrn von Papen herangebracht.*

pelo fim da República de Weimar, e assim se manteve até o fim do nazismo na Alemanha.

Não surpreende que, na Alemanha, além da imprensa, por óbvio, a cinematografia tenha tido destaque como forma de legitimação interna à sociedade alemã do regime nazista. O que chama a atenção, ainda, é a "colaboração" (*Zusammenarbeit*) dos estúdios cinematográficos de Hollywood com o mesmo regime: Para Ben Urwand,[262] não se tratava apenas a venda de bens americanos para o mercado alemão, mas também de exportar ideias e culturas, bem como da oportunidade de mostrar ao mundo o que realmente acontecia na Alemanha sob o nazismo. Nesta omissão, "o conceito de 'colaboração' contém seu mais completo significado".[263]

Não somente o ambiente do governo central era hostil ao governo estadual prussiano como igualmente se desenvolvia na

---

*Und dieser Plan sollte am 20. Juli Wirklichkeit werden.* (PcR, 1976, p. 82).

262 URWAND, Ben. *Der Pakt*: Hollywoods Geschäfte mit Hitler. Darmstadt: Theiss/Wissenschaftliches Buchgesellschaft, 2017, p. 15.

263 *Hier enthält denn auch den Begriff "Kollaboration" seine volle Bedeutung* (URWAND, Ben. *Der Pakt*: Hollywoods Geschäfte mit Hitler. Darmstadt: Theiss/Wissenschaftliches Buchgesellschaft, 2017, p. 15). São inúmeros os casos de produções cinematográficas, com os proprietários de estúdios que silenciaram ou que aceitaram interferências nos filmes, após mensagens trocadas com autoridades alemãs, como o Departamento de Relações Exteriores (*Auswätiges Amt*). Um dos exemplos foi a proibição do filme *Im Westen nichts Neues*, da obra de Erich Maria Remarque, que recebeu o título para o filme, em 1930, de Lewis Milestone, de *All Quiet on the Western Front* ("Nada de novo no Front"). Após sua proibição, em dezembro de 1930, autoridades alemãs e americanas cortaram diversas passagens do filme que, segundo os alemães, trariam prejuízo à figura do *Kaiser* e da Alemanha. A nova versão foi vigiada pelo serviço diplomático alemão em diversas cidades, a fim de se certificar que o acordo celebrado, inclusive com a presença do advogado da Universal Pictures, era cumprido (URWAND, Ben. *Der Pakt*: Hollywoods Geschäfte mit Hitler. Darmstadt: Theiss/Wissenschaftliches Buchgesellschaft, 2017, p. 36). O filme *The Mortal Storm*, de 1940, teve partes excluídas, especialmente quando criticava o antissemitismo na Alemanha (URWAND, Ben. *Der Pakt*: Hollywoods Geschäfte mit Hitler. Darmstadt: Theiss/Wissenschaftliches Buchgesellschaft, 2017, p. 229).

# CAPÍTULO II – O JULGAMENTO E AS POSIÇÕES INTELECTUAIS

sociedade profunda repulsa à democracia (que teria humilhado a Alemanha com o Tratado de Versalhes), à social-democracia, aos sindicatos e aos comunistas.

A decisão contra o Estado da Prússia disseminou debate entre juristas. Johannes Heckel é um caso curioso: defensor da República de Weimar até o final, logo em 1934 aderiu ao nazismo. De *Privatdozent* em Berlim, recebeu a cátedra de Direito Eclesiástico (*Kirchenrecht*) em Bonn (1928) e Munique (1934). Para Heckel, a decisão não era "bem-vinda" (*unwillkommen*).[264] Para ele, a decisão deixou três questões abertas: *a)* a natureza dos Estados, a partir da ditadura contra a Prússia; *b)* a análise da essência da guarda constitucional do *Reich* quando da intervenção na Prússia; e *c)* a questão sobre os limites da jurisdição constitucional nas disputas sobre quem tem o dever de exercer a guarda (*Aufsicht*) da Constituição.[265]

De Georg Jellinek o acórdão recebeu a opinião de que Tribunal teria dado razão ao *Reich* em 95%. Este pensamento é compartilhado por outros. Aos que afirmavam ter se tratado de uma decisão "salomônica", dizia-se, o Tribunal, ao contrário de Salomão, dividiu a criança: "os cachinhos ficaram com a Prússia; a criança permaneceu com o *Reich*".[266] Para o Presidente do *Reich*, Hindenburg, o fato de o Tribunal não ter deixado o caso somente nas mãos de uma das partes impossibilitava que se "superassem as dificuldades".[267]

---

[264] HECKEL, Johannes. "Das Urteil des Staatsgerichtshofs vom 25.10.1932 in dem Verfassungsstreit Reich-Preußen". *Archiv des öffentlichen Rechts*, vol. 23, 1933, p. 183.

[265] HECKEL, Johannes. "Das Urteil des Staatsgerichtshofs vom 25.10.1932 in dem Verfassungsstreit Reich-Preußen". *Archiv des öffentlichen Rechts*, vol. 23, 1933, p. 245.

[266] SEIBERTH, Gabriel. *Anwalt des Reiches*: Carl Schmitt und der Prozess "Preußen contra Reich" vor dem Staatsgerichtshof. Berlim: Duncker & Humblot, 2001, p. 182.

[267] SEIBERTH, Gabriel. *Anwalt des Reiches*: Carl Schmitt und der Prozess "Preußen contra Reich" vor dem Staatsgerichtshof. Berlim: Duncker & Humblot, 2001, p. 182.

Hans Kelsen também se manifestou. A proximidade de Hermann Heller não significou o acompanhamento das orientações doutrinárias e jurisprudenciais do mesmo Heller. No seu escrito sobre a sentença, Kelsen entende não se poder responsabilizar exclusivamente o Tribunal do Estado:

> La raíz del mal se encuentra em la deficiência técnica de la Constituição de Weimar. Esta creó um sistema federal equilibrado em la distribuición de competências entre Reich y los Estados Federados, pero no considero necessário incorporar garantías efectivas para conservar ese sistema.[268]

Este pensamento representa parte considerável da análise geral sobre Weimar. Ao final de seu escrito, entende o mesmo Kelsen que:

> (...) el Tribunal Estatal solo incrementó la confusión de la situación legal com su afán, humamente compreensible, de un término médio entre la interpretación extensiva del decreto de 20 de julio y la restrictiva del gobierno estatal pusiano. Pero a pesar del justo medio buscado por la sentencia del Tribunal Estatal, la Constituición no fue salvada.[269]

A leitura sobre o discurso de participação de Kelsen no julgamento também compreende a crítica do mesmo Kelsen à decisão que o Tribunal alcançou. Kelsen já era um defensor da jurisdição

---

[268] KELSEN, Hans. "La Sentencia del Tribunal Estatal del 25 de octubre de 1932". *In*: VITA, Leticia (Coord.). *Prusia contra el Reich ante al Tribunal Estatal – la sentencia que enfrentó a Hermann Heller, Carl Schmitt e Hans Kelsen em Weimar*. Bogotá: Universidad Externado de Colombia, 2015, p. 248.

[269] KELSEN, Hans. "La Sentencia del Tribunal Estatal del 25 de octubre de 1932". *In*: VITA, Leticia (Coord.). *Prusia contra el Reich ante al Tribunal Estatal – la sentencia que enfrentó a Hermann Heller, Carl Schmitt e Hans Kelsen em Weimar*. Bogotá: Universidad Externado de Colombia, 2015, p. 251.

## CAPÍTULO II – O JULGAMENTO E AS POSIÇÕES INTELECTUAIS

constitucional como forma de controle e de defesa da Constituição. É o que traz Herlinde Pauer-Studer:[270]

> As Kelsen saw it, a major problem with the Staatsgerichtshof's decision of the case (the judgment) was that it did not clearly declare Hindenburg's decree to be in part unconstitutional, but merely expressed its divided legal view (no violation of Article 48.1, but of 48.2) in its opinion, that is, justification, to its judgment. Yet according to Kelsen, only a court judgment, not a court's opinion, could be executed. The result was for Kelsen that "the President of the Reich is under no obligation, in the present case, to discontinue the federal execution that the Staatsgerichtshof has qualified as unconstitutional in its opinion, but not in its judgment". Consequently, although the court declared the President's decree to b unconstitutional in so far as it was based on Article 48.1, the Reich President was not required to rescind this part of the decree.

A crítica a Kelsen e sua posição durante o julgamento reforçam insuficiências de uma concepção fechada de positivismo que não integra o político. Dyzenhaus trouxe o tema de forma clara:[271]

> On the one hand, then, Kelsen's argument tends in the following direction. Constitutional review is the technically appropriate means for bringing to expression the principle of legality, which is identified as a principle by legal science. The issue in the case, al-though it concerns an actual political conflict, is also a legal question and eminently justiciable, that is, decidable by a court. The appropriate judgment is one which would have upheld the democratic and federal

---

270 PAUER-STUDER, Herlinde. *Justifying Injustice*: Legal Theory in Nazi German. Cambridge: Cambridge University Press, 2020, pp. 39/40.

271 DYZENHAUS, David. "Legal Theory in the Collapse of Weimar: Contemporary Lessons?" *The American Political Science Review*, vol. 91, nº 1, mar. 1997, p. 128.

structure of the Constitution. On the other hand, he wants to argue that legal science has little to say on this matter, because from its standpoint a judgment that the decree was constitutional and that it was unconstitutional are equally political acts of judicial legislation. Neither the positive law nor Kelsen's legal theory supply any legal reason to reject Schmitt's argument before the court. In sum, Kelsen seems at times to be developing a theory of constitutionality that would show how the formal aspects of a legal order impose genuine constraints on political power.

Por outro lado, Martins Filho chama a atenção para a crítica sobre Kelsen e de sua suposta não abertura ao político não traduz o conteúdo formulado pelo mesmo Kelsen, quando de sua definição a respeito da pureza do Direito:[272]

> Portanto, Kelsen distingue entre o ato do cientista, que consiste no conhecimento e descrição do Direito, e em sua aplicação; neste ponto é que ele separa Direito e moral, uma consequência da sua finalidade de pureza metodológica. A postura tanto não implica na negação de que existem outras normas não positivadas, tampouco influencia na interpretação dos aplicadores da norma, que se valem de critérios não positivos para a tomada de decisão.

Mesmo juristas conservadores, de proximidade ao nazismo, como Heinrich Triepel, registraram que:[273]

---

[272] MARTINS FILHO, Felinto Alves. *Jurisdição e Democracia*: Contribuição à compreensão dos limites do poder de decisão judicial. Rio de Janeiro: Lumen Juris, 2020, p. 47.

[273] No original: *Der klägliche Ausgang des Konfliktes von 1932 durch die unbefriedigte Entscheidung des Staatsgerichtshofs ist bekannt. Er bildet das tragische Schlußkapitel der traurigen Geschichte der Weimarer Verfassung. Wenige Monate darauf hat die nationalsozialistische Revolution dieser Verfassung den Garaus gemacht.* (TRIEPEL, Heirich. *Die Hegemonie*: Ein Buch von führenden Staaten. Stuttgart: Verlag von W. Kohlhammer, 1943, p. 578).

CAPÍTULO II – O JULGAMENTO E AS POSIÇÕES INTELECTUAIS

É conhecido o resultado miserável do conflito de 1932, por meio da decisão insatisfatória do Tribunal do Estado. Este resultado marca o trágico capítulo final da triste história da Constituição de Weimar. Poucos meses depois, a Revolução Nacional Socialista pôs fim a esta Constituição.

São ainda de Triepel as seguintes palavras:[274]

> Para antecipar o resultado: considero a decisão do Tribunal do Estado em grande parte incorreta. Para o bem do assunto, isto deve ser declarado abertamente. Tentarei justificar meu ponto de vista dissidente. Pressupõe-se que os fatos do caso são conhecidos pelos leitores.

Num julgamento em que o debate sobre o limite da atuação judicial, bem como o significado de competência constitucional para agir, a compreensão de Triepel sobre o caso da Prússia contra o *Reich*, fornece material até para a discussão dos dias atuais:[275]

> Ao Tribunal do Estado deve se garantir a liberdade para examinar se, objetivamente falando, uma violação de dever pode ser encontrada na conduta individual de um Estado, contra a qual o *Reich* está tomando medidas. Porém: essa liberdade

---

[274] *Um das Ergebnis vorauszunehmen: ich halte die Entscheidung des StGH. zum großen Teile für unrichtig. Das muß, um der Sache willen, in aller Offenheit ausgesprochen werden. Ich will versuchen, meine abweichende Auffassung zu begründen. Der Tatbestand darf bei den Lesern als bekannt vorausgesetzt werden.* (TRIEPEL, Heirich. *Die Hegemonie*: Ein Buch von führenden Staaten. Stuttgart: Verlag von W. Kohlhammer, 1943, p. 251).

[275] *Dem StGH. muß es freistehen, zu prüfen, ob in dem einzelstaatlichen Verhalten, gegen welches das Reich vorgeht, objektiv betrachtet, überhaupt eine Pflichtverletzung gefunden werden kann. Und ferner: freies Ermessen ist nicht Willkür. Es gilt auch für Handlungen des RPräs. und andere "actes de gouvernement" der Grundsatz, daß Ermessensüberschreitung und Ermessensmißbrauch den Akt fehlerhaft machen und vom Richter korrigiert werden können.* (TRIEPEL, Heirich. *Die Hegemonie*: Ein Buch von führenden Staaten. Stuttgart: Verlag von W. Kohlhammer, 1943, p. 254).

de examinar não é arbítrio. Também se aplica aos atos do Presidente do *Reich* e a outros "actes de gouvernement" o princípio de que, por um excesso ou um abuso de discricionariedade, o ato equivocado pode ser corrigido pelo juiz.

Michael Stolleis reconhece o passo dado pelo Tribunal do Estado perante a história do Poder Judiciário alemão até os dias atuais, por meio do resultado do julgamento:[276]

O julgamento ambivalente e aparentemente mediador, que no final capitulou diante dos fatos criados, é um marco na história constitucional, a descrever a queda da República. Os comentadores da época já o perceberam, e ainda assim é visto à distância.[277]

Para Duncan Kelly, a visão sobre o caso e o Tribunal do Estado não escondem as consequências da decisão:[278]

The SPD instead chose to challenge the *Legality* of the coup in the *Staatsgerichtshof*. The court's ultimate decision that the coup had been constitutional, bolstered the façade of legality surrounding the enterprise and, ultimately, shored up Hitler's legal route to the chancellorship.

Para haver, no mínimo, a ideia de que uma eventual decisão do Tribunal do Estado a favor da Prússia poderia retirar do

---

[276] STOLLEIS, Michael. *Geschichte des öffentlichen Rechts in Deutschland*. vol. 3. München: Verlag C. H. Beck, 1999, p. 121.

[277] *Das zwiespältige und scheinbar vermittelnde Urteil, das am Ende noch den geschaffenen Fakten kapitulierte, ist ein Markstein der den Untergang der Republik beschreibenden Verfassungsgeschichte. Das haben schon de Kommentatoren jener Zeit gespürt, und erst recht hat man es aus der Distanz so gesehen.*

[278] KELLY, Duncan. *The State of the Political*: Conceptions of Politics and the State in the Thought of Max Weber, Carl Schmitt and Franz Neumann. Oxford: Oxford University Press, 2003, p. 249.

CAPÍTULO II – O JULGAMENTO E AS POSIÇÕES INTELECTUAIS

nacional-socialismo a aparência de legalidade, que tanto procuravam seus apoiadores, pelo menos nos anos anteriores à nomeação de Hitler para o posto de Chanceler do *Reich*, como igualmente avalia Dyzenhaus:[279]

> In short, even if the court's decision had gone against the cabinet, its direct effect might not have been large. But if the court had declared the coup unconstitutional, then a major crack would have opened in the veneer of legality that Papen and Schleicher sought to paint over their attempts to establish government by decree in Germany. While both were willing to use the authority of the president's office and person to break free of the parliamentary system entrenched in the Constitution, they (and Hindenburg himself) were anxious to be seen to be keeping within the law.

Limitar-se-á agora ao debate travado entre dois exemplos significativos e a representarem cada um dos lados na repercussão que o julgamento obteve. Carl Schmitt integrou com destaque a equipe de defesa do *Reich*; Hermann Heller estava entre os que defenderam o Estado da Prússia, pelo Partido Social-Democrata da Alemanha, o SPD: "o real confronto [do julgamento] se deu entre os dois 'Antipositivistas', Carl Schmitt e Hermann Heller".[280]

Além de Schmitt, integravam a defesa do *Reich*: Ministros Diretores (*Ministerialdirektoren*) Drs. Jahn e Georg Gottheiner (de Berlim); o Professor da Universidade de Halle Carl Bilfinger; e o Professor da Universidade de Leipziz Erwin Jacoby. Do lado

---

[279] DYZENHAUS, David. "Legal Theory in the Collapse of Weimar: Contemporary Lessons?" *The American Political Science Review*, vol. 91, nº 1, mar. 1997, p. 123.

[280] *Die eigentliche Konfrontation fand zwischen den beiden "Antipositivisten" Carl Schmitt und Hermann Heller statt.* (STOLLEIS, Michael. *Geschichte des öffentlichen Rechts in Deutschland*. vol. 3. München: Verlag C. H. Beck, 1999, p. 122).

da Prússia estavam, além de Hermann Heller e Friedrich Giese, Professores da Universidade de Frankfurt, o Ministro Diretor (*Ministerialdirektor*) Arnold Brecht; o Professor da Universidade de Berlim Hans Peters e o famoso Professor da Universidade de Heidelberg e autor dos comentários à Constituição de Weimar Gehard Anschütz. Pelo Estado da Baviera, o Professor da Universidade de Munique, von Jan, o Professor Hans Nawiasky e Theodor Maunz; o último à época *Privatdozent*. Pelo Estado de Baden, o Ministro Diretor (*Ministerialdirektor*) Dr. Fecht.[281]

Paul Bookbinder afirma que

> (...) the real commitment of Schmitt and Heller can be seen in their roles in the court battle following the seizure of the Prussian state government of the socialists Otto Braun and Carl Severing in July 1932 by the national government of Franz Papen.[282]

---

[281] SEIBERTH, Gabriel. *Anwalt des Reiches*: Carl Schmitt und der Prozess "Preußen contra Reich" vor dem Staatsgerichtshof. Berlin: Duncker & Humblot, 2001, pp. 160 e ss., com galeria de desenhos; PcR, 1976, p. 469, pp. 3/4; VITA, Letícia. "El conflito de Prusia contra em el Reich". *In*: CASQUETE, Jesús; TAJADURA, Javier (Coord.). *La Constitución dde Weimar*: Historia, Política e Derecho. Madrid: Centro de Estudios Políticos y Constitucionales, 2020, p. 255: *La parte actora se componía por el gobierno de Prusia, los ministros suspendidos, las facciones del SPD y del Zentrum del parlamento local - todos ellos desplazados de sus cargos por el decreto - y los Estados Federados de Baviera y Baden. Estos últimos se sumaron a la demanda porque en sus territorios estaban ocurriendo sucesos de violencia como los de Prusia y temían ser el próximo objeto de una intervención. Prusia nombró para su representación a los profesores Arnold Brecht, Hermann Badt, Friedrich Giese, Gerhard Anschütz, Hans Peters y a Hermann Heller. Los Estados Federados de Baviera y Baden designaron a Hans Nawiasky, Heinrich von Jan, Theodor Maunz, Hermann Fecht y Ernst Walz. Por parte del Reich actuaron los funcionarios Georg Gottheiner y Werner Hoche y los profesores Carl Schmitt, Erwin Jacobi y Carl Bilfinger.*

[282] BOOKBINDER, Paul. "Hermann Heller Versus Carl Schmitt". *International Social Science Review*, Summer, vol. 62, nº 2, 1987, p. 125.

CAPÍTULO II – O JULGAMENTO E AS POSIÇÕES INTELECTUAIS

Será com este julgamento, que teria significado *the real end of Weimar democracy*,[283] que serão expostos os pontos de vista entre Schmitt e Heller. Os sociais-democratas, acusava Schmitt, estariam frustrando a construção de uma unidade política, nacionalista e de vontade geral;[284] Heller respondeu que que o esforço prussiano era o de criar uma comunidade *based on equality and fair play*. A direita nacionalista, representada na atitude de Papen, destruiria a chance de uma *homegeneous community which could develop a meaningful general will*.[285]

Gerhard Anschütz já era autoridade intelectual reconhecida por seus "Comentários", com catorze edições durante a República de Weimar. Sua reputação vinha desde a Alemanha monárquica, o que não lhe deteve o ânimo federalista: "um Estado centralizado não exclui uma administração descentralizada".[286] Ainda que manifestasse sua admiração pela era de Bismarck, Anschütz integrava o rol de intelectuais que defendiam a ampliação do voto, dos direitos, e enxergava em Weimar e no governo formado com o SPD a possibilidade consolidação da democracia numa sociedade destituída de experimentos democráticos. Sua reflexão já em 1917 manifesta tal sentido, quando discorre sobre a reforma eleitoral prussiana:[287]

---

283 BOOKBINDER, Paul. "Hermann Heller Versus Carl Schmitt". *International Social Science Review*, Summer, vol. 62, nº 2, 1987, p. 126.

284 BOOKBINDER, Paul. "Hermann Heller Versus Carl Schmitt". *International Social Science Review*, Summer, vol. 62, nº 2, 1987, p. 126.

285 BOOKBINDER, Paul. "Hermann Heller Versus Carl Schmitt". *International Social Science Review*, Summer, vol. 62, nº 2, 1987.

286 ANSCHÜTZ, Gerhard. "Three Guiding Principles of the Weimar Constitution". *In*: JACOBSON, Arthur J.; SCHLINK, Berhard. *Weimar*: Jurisprudence of Crisis. Berkeley: University of California Press, 2000, p. 143.

287 *Das, was dem politisch ethischen Ideal entspricht, das Gerechte, ist, wie auch sonst glücklicherweise so oft, zugleich das Zweckmäßige; die Verbesserung des Wahlrechts der minderbesitzenden und besitzlosen Klassen in Preußen ist, wie ich schon an anderer Stelle betont habe, ein Gebot nicht nur der Gerechtigkeit, sondern auch der Staatsklugheit, eine Aufgabe*

O que corresponde ao ideal político-ético, ao justo, é ao mesmo tempo, como felizmente tantas outras vezes destaquei, a oportunidade; a melhoria do sufrágio dos pequenos proprietários e daqueles sem propriedade na Prússia é, como já enfatizei em outro lugar, um imperativo não só de justiça, mas também de prudência, uma tarefa de verdadeira política de preservação do Estado.

Após o fim de Weimar, Anschütz, em 31 de março de 1933, requereu sua aposentadoria como professor emérito da Universidade de Heidelberg por sua absoluta "falta de conexão pessoal" com o ensino do Direito do Estado nazista.[288] Afinal, estava-se diante de um intelectual com convicções liberais, porém, com "decisiva disposição de atuar em união da defesa de democracia e república" dos tempos de Weimar.[289]

Não era difícil compreender a posição de Anschütz neste julgamento, a qual já estava consolidada. Anschütz ainda ficaria

---

*wahrhaft staatserhaltender Politik.* (ANSCHÜTZ, Gerhard. *Die preußische Wahlreform.* Berlim/Heidelberg: Springer-Verlag GmbH., 1917, p. 6).

288 PAULY, Walter. "Gerhard Anschütz". *In*: JACOBSON, Arthur J.; SCHLINK, Berhard. *Weimar*: Jurisprudence of Crisis. Berkeley: University of California Press, 2000, p. 130. V. também sobre a saída de Anschütz da atividade docente o discurso de Richard Thoma, colega de defesa da Prússia de Anschütz no julgamento: "Quando o inimigo mortal da democracia finalmente consegui o domínio do povo e do *Reich*, Gerhard Anschütz já tinha idade para sua aposentadoria. Fez uso desta prerrogativa, e jamais retornou à sua cátedra durante os tempos de tirania" (*Als der Todfeind der Demokratie die Herrschaft über Volk und Reich ergriff, hatte Gerhard Anschütz das Alter erreicht, das ihm ein Recht auf Emeritierung gab. Er hat von diesem Rechte Gebrauch gemacht und in den Jahren der Tyrannei das Katheder nicht wieder betret*). THOMA, Richart. "Gerhard Anschütz: Zum 80. Geburtstag". *Deutsche Rechts-Zeitschrift*, 2. Jahrg., H. 1 jan. 1947, pp. 25-27.

289 *Entscheidender ist sein aktives Mitwirken in Vereinigungen zur Verteidigung von Republik und Demokratie.* (HÄBERLE Peter; KILIAN, Michael; WOLFF, Heinrich Amadeus. "Gerhard Anschütz (1867–1948)". *In*: _____. *Staatsrechtslehrer des 20. Jahrhunderts (Deutschland - Österreich - Schweiz).* Berlin: De Gruyter, 2015, p. 98).

CAPÍTULO II – O JULGAMENTO E AS POSIÇÕES INTELECTUAIS

famoso por sua fala durante a celebração do ano letivo na Universidade de Heidelberg, em 22 de novembro de 1922:[290]

> But do not turn your eyes hatred against your fellow citizens, turn it where it belongs. The enemy is not to the left and right, *but on the Rhine*. There he is, the only one with whom there can be neither peace nor reconciliation. I do not need to name him.

Anschütz e Schmitt já haviam manifestado sintonia no que diz respeito ao "potencial destrutivo do pluralismo econômico" em razão de seus interesses. Porém, para Aschütz, o repositório democrático destes interesses na Alemanha, agora democratizada pela Constituição de Weimar, seria o *Reichstag*, o parlamento, enquanto Schmitt era claramente inclinado para que esta tarefa estivesse nas mãos do presidencialismo.[291] Decorrem de tais pontos de vista opostos as posições distintas entre Anschütz e Schmitt: o primeiro via no art. 48 o dever de manutenção e reafirmação da Constituição de Weimar; Schmitt sustentava que a autoridade do art. 48 significou a abertura constitucional para que o Presidente do *Reich* fosse além da Constituição. Para Anschütz, a consolidação do texto constitucional de Weimar estava vinculada exatamente ao polo contrário: à observação das prerrogativas do Poder Legislativo e à implementação e reconhecimento de uma forma de federalismo.

Em Schmitt, fortalecer a autoridade do Presidente do *Reich* seria o mesmo que conferir substância política à Constituição e ao Estado. De fato, a substância do Estado tão cara a Schmitt

---

290 ANSCHÜTZ, Gerhard. "Three Guiding Principles of the Weimar Constitution". *In*: JACOBSON, Arthur J.; SCHLINK, Berhard. *Weimar*: Jurisprudence of Crisis. Berkeley: University of California Press, 2000, p. 150.

291 KENNEDY, Ellen. "Emergency Within the Bounds of the Constitution: An Introduction to Carl Schmitt, 'The Dictatorship of the Reich president according to Article 48 R.V.'". *Constellations*, Blackwell Publishing, vol. 18, n° 3, 2011, p. 291.

corresponde àquela definida por Hegel e que recebeu a crítica de Marx. Marx transcreve em sua *Crítica da Filosofia do Direito de Hegel* a afirmação de Hegel de que "porém, esta substancialidade é, exatamente, o espírito que, *por haver passado pela forma da cultura* sabe-se e quer a si mesmo. O Estado *sabe*, então, o que quer, e o sabe em sua *generalidade*, como algo *pensado*".[292] Para um irônico Marx, quando:[293]

> traduzimos este parágrafo inteiro para o idioma alemão, temos: 1. O *espírito que se sabe e se quer* é a substância do Estado (o espírito *já formado, autoconsciente* passa ser o sujeito e o fundamento; é a autonomia do Estado). 2. O *interesse geral e a manutenção nele* dos interesses particulares é o objetivo e o conteúdo deste espírito, a substância então existente do Estado, a natureza do espírito do Estado que se sabe e se quer.

Naturalmente que sem dar ouvidos à crítica já bastante conhecida de Marx neste sentido, Schmitt entende que somente a articulação entre substância do Estado e decisão política é que poderia ser redenção de Weimar. Ao contrário, Anschütz enxergava a defesa e fortalecimento de Weimar pela separação de poderes e descentralização, o que poderia vir a ser a reordenação constitucional

---

292 *(...) eben diese Substantialität ist aber der als durch* die Form der Bildung hindurch gegangene *sich wissende und wollende Geist. Der Staat* weiß *daher, was er will, und weiß es in seiner* Allgemeinheit, *als* Gedachtes *(...).* (HEGEL, Georg Wilhelm Friedrich. *Grundlinien der Philosophie des Rechts.* vol. 5. Darmstadt: Wissenschaftliche Buchgesellschaft, 1999, p. 220).

293 *Übersetzen wir nun diesen ganzen Paragraphen zu deutsch. Also: 1.* Der sich wissende und wollende Geist *ist die Substanz des Staates (der* gebildete, selbstbewußte *Geist ist die Substanz und das Fundament, ist die Selbständigkeit des Staats).* 2 Das allgemeine Interesse und in ihm Erhaltung der besonderen Interessen *ist der allgemeine Zweck dieses Geistes, die seiende Substanz des Staats, die Staatsnatur des sich wissenden und wollenden Geistes.* (MARX, Karl. "Zur Kritik der Hegelschen Rechtsphilosophie". *In:* MARX, Karl; ENGELS, Friedrich. *Marx-Engels-Werke.* vol. 1. Berlim: Dietz Verlag, 1977, p. 215).

CAPÍTULO II – O JULGAMENTO E AS POSIÇÕES INTELECTUAIS

de toda a Alemanha. O desafio entre fortalecer ou enfraquecer a Constituição não poderia ser mais explícito.

## 2.1 Carl Schmitt

A participação de Schmitt tem gerado controvérsia ao longo da pesquisa histórica. Schmitt não seria o "homem de Papen",[294] mas de Kurt von Schleicher, Ministro da Defesa do *Reich* (*Reischswehrminister*): este último a procurar um fortalecimento de suas posições no interior do governo do *Reich*, com o auxílio intelectual de Schmitt.[295] Segundo Mehring, "(...) Schmitt permaneceu em muitas questões mais próximo de Schleicher do que de Papen. (...) Pessoalmente permaneceu ele mais próximo de Papen".[296]

Para Seiberth, na tese central de seu estudo, nem o caso do julgamento deve ser visto como uma preparação para o nazismo com a queda do "bastião prussiano" (*preußische Bastion*), tampouco deve ser concebido como o "impulso concreto" (*konkreter Anstoß*) para que se efetivasse a intervenção do *Reich* desejada por Schleicher, mas proposta pelo Ministro do Interior Gayl (somente mais tarde este obteve a concordância de Schleicher).

A proximidade do momento entre Schleicher e Schmitt fez com que estes se afastassem aos poucos da linha de pensamento e ação mais incisiva dos outros integrantes do governo central, como Papen, que defendiam a intervenção, com a legitimidade da substituição das

---

[294] *Zwar stand Schmitt Schleicher politisch in manchen Frage näher als Papen. (...) Persönlich stand er Papen näher.*

[295] SEIBERTH, Gabriel. *Anwalt des Reiches*: Carl Schmitt und der Prozess "Preußen contra Reich" vor dem Staatsgerichtshof. Berlim: Duncker & Humblot, 2001, p. 78.

[296] MEHRING, Reinhard. *Carl Schmitt*: Aufstieg und Fall – Eine Biographie. München: Verlag C. H. Beck, 2009, p. 301.

autoridades estaduais da Prússia.[297] Um outro indício para a posição de Schmitt de distância de Papen seria aquele relativo à compreensão que tinha de todo o caso: uma "vergonha" (*Schande*) para a si próprio, o que o levou a ponderar se deveria ou não permanecer na equipe de elaboração da defesa do *Reich* no caso.[298]

Andreas Koenen[299] compartilha posição semelhante, quando discorre sobre o papel de Schmitt: tanto no plano de emergência para a proibição – desejada por Schmitt – do NSDAP e do Partido Comunista da Alemanha como de sua participação no parecer pelo voto de desconfiança contra o Chanceler Papen, ter-se-ia em ambos os casos a distância que Schmitt guardava dos nazistas. Esse período teria durado pelo menos até 1º de abril de 1933, quando de sua conferência na Associação Alemã para a Formação Superior da Ciência do Estado (*Deutsche Vereiningug für Staatswissenschaftliche Fortbildung*),[300] intitulada: "O Direito de Emergência do Estado na Vida Constitucional Moderna" (*Das Staatsnotrecht im modernen Verfassungsleben*). Após esta ativa participação de Schmitt no evento, estava selado o "último mais significativo passo de Schmitt rumo à aproximação aos novos detentores do poder".[301] Sem dúvida, a aproximação de Schmitt foi com o regime nazista.

---

297 SEIBERTH, Gabriel. *Anwalt des Reiches*: Carl Schmitt und der Prozess "Preußen contra Reich" vor dem Staatsgerichtshof. Berlim: Duncker & Humblot, 2001, pp. 37 e 64.

298 KOENEN, Andreas. *Der Fall Carl Schmitt*: sein Aufstieg zum "Kronjuristen des Dritten Reiches". Darmstadt: Wissenschaftliche Buchgesellschaft, 1995, p. 181.

299 KOENEN, Andreas. *Der Fall Carl Schmitt*: sein Aufstieg zum "Kronjuristen des Dritten Reiches". Darmstadt: Wissenschaftliche Buchgesellschaft, 1995, p. 230.

300 KOENEN, Andreas. *Der Fall Carl Schmitt*: sein Aufstieg zum "Kronjuristen des Dritten Reiches". Darmstadt: Wissenschaftliche Buchgesellschaft, 1995, p. 241.

301 KOENEN, Andreas. *Der Fall Carl Schmitt*: sein Aufstieg zum "Kronjuristen des Dritten Reiches". Darmstadt: Wissenschaftliche Buchgesellschaft, 1995.

## CAPÍTULO II – O JULGAMENTO E AS POSIÇÕES INTELECTUAIS

Schmitt mantinha diante dos olhos a necessidade de defender o *Reich* perante o Tribunal. Sua concepção seria a de procurar garantir uma ordem constitucional clara e definida, em que o Presidente corporificasse, entre suas competências, a garantia da existência do Estado contra forças econômicas e aquelas das polícias que tenderiam à desagregação. Nesta visão, a participação de Schmitt estaria distante dos interesses dos nazistas, pelo menos naquelas últimas horas de Weimar, em especial pela alegada repulsa de Schmitt aos extremos de comunismo e nazismo.

Para Gabriel Seiberth, Schmitt havia percebido o que estava em jogo, isto é, a resolução do conflito do *Dualismus* entre Prússia e o *Reich*, com definição de uma "arquitetura do Estado", ainda que "provisória", a fim de fortalecer o mesmo Estado na situação de crise instalada.[302] O que o círculo do governo em torno de Schleicher ambicionava – e é aqui que se circunscreve a participação de Schmitt – era o fortalecimento do governo presidencial, sem "experimentos perigosos".[303] Dessa maneira,

> procuraram os representantes do *Reich* transformar a atitude [de expedição] de medidas provisórias num enfrentamento da crise, e com uma extensiva interpretação do art. 48 criar-se-iam os fundamentos jurídicos para este comportamento.[304]

---

[302] SEIBERTH, Gabriel. *Anwalt des Reiches*: Carl Schmitt und der Prozess "Preußen contra Reich" vor dem Staatsgerichtshof. Berlim: Duncker & Humblot, 2001, p. 260.

[303] SEIBERTH, Gabriel. *Anwalt des Reiches*: Carl Schmitt und der Prozess "Preußen contra Reich" vor dem Staatsgerichtshof. Berlim: Duncker & Humblot, 2001, p. 260.

[304] *Deshalb versuchten die Reichsvertreter die Aktion als vorübergehende Maßnahme zur Krisebewältigung umzudeuten und durch eine extensive Interpretation des Art. 48 die rechtliche Grundlage für dieses Vorgehen zu schaffen.*

Na verdade, tal alternativa nada mais era do que fora da Constituição, além de possuidora "(...) de cunho autoritário, com atribuição de mais poderes ao Presidente do Reich".[305]

Herlinde Pauer-Studer diverge de Seiberth quando discorre sobre a participação de Schmitt no julgamento. Para a autora, se Schmitt já havia sustentado que a República de Weimar e sua Constituição estavam *"dead in both letter and spirit"*,[306] porque restaria em Schmitt alguma crença na preservação da mesma Constituição? Pauer-Studer destaca ainda:[307]

> Yet even if Schmitt sought to prevent the collapse of the Weimar Republic, he did not intend to safeguard it as a liberal-democratic state. Hostility toward liberal democracy and value pluralism infused his writings in the 1920s and found clear expression in his Leipzig statement. The normative structure he attributed to Weimar is not the one that the drafters of its constitution had in mind, but rather that which resulted from the destructive blows Weimar's enemies dealt to Germany's first democracy. If Schmitt had the republic's defense in mind, it was in the political form it had taken by the summer of 1932 – a presidential dictatorship, with governmental power residing in the use of emergency decrees by the Reich President.

Desde os primeiros momentos, o que pode ser visto como sincero desejo de uma "legalidade" para Schmitt significava não somente atribuir sentido diverso ao que estabelecia a Constituição de Weimar, para favorecer um estado de exceção a fim de resolver

---

305 BERCOVICI, Gilberto. *Constituição e Estado de Exceção Permanente*: Atualidade de Weimar. Rio de Janeiro: Azougue Editorial, 2004, p. 141.

306 PAUER-STUDER, Herlinde. *Justifying Injustice*: Legal Theory in Nazi German. Cambridge: Cambridge University Press, 2020, p. 36.

307 PAUER-STUDER, Herlinde. *Justifying Injustice*: Legal Theory in Nazi German. Cambridge: Cambridge University Press, 2020, p. 37.

## CAPÍTULO II – O JULGAMENTO E AS POSIÇÕES INTELECTUAIS

a crise, mas envolvia ir além da Constituição,[308] sair de sua órbita de constitucionalidade, em atração ao tão conhecido decisionismo político que caracterizou boa parte de sua obra. O que estava no pensamento de Schmitt quando de sua atuação era a exclusão do Poder Judiciário – isto é, do Tribunal do Estado – do caso. Schmitt requereu que a corte decidisse que não poderia decidir. Com outras palavras, estava-se diante, mais uma vez, do decisionismo político de Schmitt:[309]

> The argument Schmitt presented to the court was thus to ask it to rule that it had no role to play in deciding on substantive legal constraints on the federal government, that it had no authority to make any ruling save that it had no authority.

Stefan Breuer registra não somente a distância dos objetivos constitucionais entre Schmitt e o "círculo de Papen" – restauração da monarquia Hohenzollern – como também a disposição de Schmitt quanto ao fortalecimento do Governo do *Reich*, em "razão das circunstâncias e de forma pontual", mesmo que tal pensamento se deixasse verificar por um "desestímulo do Parlamentarismo" (*Zurückdrängung des Parlamentarismus*) e em favor de rupturas institucionais.[310]

Para Schmitt e para os representantes do *Reich*, uma vez demonstrada a incapacidade de governar do Estado da Prússia, não faria sentido a manutenção das mesmas autoridades nos mesmos postos, cuja inação havia causado a intervenção. Este argumento

---

[308] Seria esta a forma "desastrosa" de Schmitt enfrentar a "indeterminação legal" que os novos tempos exigiam (SCHEUERMAN, *Preface*, 2020), com a liquidação das incertezas postas nos textos constitucionais.

[309] DYZENHAUS, David. "Legal Theory in the Collapse of Weimar: Contemporary Lessons?" *The American Political Science Review*, vol. 91, nº 1, mar. 1997, p. 127.

[310] BREUER, Stefan. *Carl Schmitt im Kontext*: Intellektuellenpolitik in der Weimarer Republik. Berlim: Akademie Verlag, 2012, p. 222.

teve utilidade para justificar a remoção do cargo de uma importante liderança do SPD, como o ocorrido com Carl Severing. O mesmo Schmitt defendeu o risco de uma saída por fora da Constituição, única alternativa à crise mantida diante de seus olhos, mas que preservaria a autoridade do Estado com sua estatalidade (*Staatlichkeit*), ainda que custasse o sacrifício da pedra fundamental de Weimar, ou seja, a própria Constituição. Homem experimentado, Schmitt era conhecedor do ambiente político a favorecer o NSDAP e Hitler. E tinha conhecimento também das prováveis consequências da queda de Weimar e do poder nas mãos de Hitler.

Em virtude da rapidez dos acontecimentos, a defesa do *Reich* centrou sua argumentação na neutralização do par. 1 do art. 48 da Constituição, "pelo menos para o caso atual", e com isso procurou "destacar o par. 2, de forma a realizar sua subsunção ante o instituto do estado de exceção".[311] No horizonte da defesa do *Reich* estaria a insistência na construção dos contornos do estado de exceção contra a desagregação que uma democracia parlamentar conduziria. Tanto é que a discussão sobre eventual "golpe" com a mudança do Regimento Interno do Parlamento estadual prussiano ocorrida em abril de 1932 e concebida como ataque à legalidade surgiu apenas como uma "característica" da situação de descontrole institucional que tinha suas raízes na Constituição e nos seus atores institucionais e políticos. Se tal mudança regimental seria uma marca do "desrespeito às leis pela luta partidária, e que envenenou o ambiente político", menos instabilidade não deixava de provocar o Decreto de Emergência. Assim, a "ameaça da situação como um todo" exigiria também a aplicação do art. 48, par. 2, sem que isso se traduzisse em qualquer violação de regras da parte

---

[311] *An dieser Argumentation zeigt sich deutlich, dass die Reichsvertreter versuchten, den Abs. 1 weitgehend zu neutralisieren und – zumindest für den aktuellen Fall – auf die Seite des Abs. 2 hinüberzuziehen und unter das Institut des Ausnahmezustands zu subsumieren.* (SEIBERTH, Gabriel. *Anwalt des Reiches*: Carl Schmitt und der Prozess "Preußen contra Reich" vor dem Staatsgerichtshof. Berlim: Duncker & Humblot, 2001, p. 169).

## CAPÍTULO II – O JULGAMENTO E AS POSIÇÕES INTELECTUAIS

do governo prussiano,[312] vez que este par. 2 do art. 48 garantia a possibilidade de decretação do estado de exceção pelo governo estadual prussiano, que não o fez.

Vencida a questão da competência do Tribunal do Estado para prosseguir com o julgamento do processo, com a decisão sobre o pedido liminar, a centralidade do ponto estava, portanto, na reflexão sobre o alcance e limite da Presidência do *Reich* quando do estado de exceção.

Para Schmitt, ao Presidente do *Reich* era permitida a avaliação política de cada caso, para sua decretação do estado de emergência ou não, desde que, por força de considerações políticas, entenda ele ser cabível a expedição de tais medidas. A fim de superar o argumento do lado posto, Schmitt deixou claro que este ponto não pode ser confundido pelo Tribunal do Estado com a consideração de tratamento diferenciado entre Estados que apresentem a mesma situação, dando-se, porém, a intervenção somente num deles.[313]

Schmitt proferiu no julgamento sua "fala final" (*Schlußrede*). Logo no início, a questão aparentemente formal sobre quem seria o Estado da Prússia e quem o representava revestiu-se de "real e elevada questão política" (*reale um hochpolitische Frage*). A este raciocínio segue-se um significativo argumento: o Estado da Prússia não desapareceu; existe, possui um governo, com

---

[312] *Die Geschäftsordnungsänderung vom 12. April 1932 kam in diese Argumentation ebenfalls nur als Merkmal der Gesamtsituation vor. Sie ist ein "Anazeichen" für die Rücksichtlosigkeit des Parteikampfes und die Vergiftung der innenpolitischen Atmosphäre Preußens. Was die Reichsvertreter aber schwer entkräften konnten, war der Hinweis der Gegenseite, dass eine Gefährdung der politischen "Gesamtlage" eben ein Einschreiten nach Art. 48 Abs. 2 erforderlich machte, aber keine Pflichtverletzung der preußischen Regierung beinhalte.* (SEIBERTH, Gabriel. *Anwalt des Reiches*: Carl Schmitt und der Prozess "Preußen contra Reich" vor dem Staatsgerichtshof. Berlin: Duncker & Humblot, 2001, p. 168).

[313] PcR, 1976, p. 289.

um Comissário do *Reich* devidamente nomeado, a dispor das atribuições deste Estado. Por esta razão, tratar-se-ia de uma ficção o processo chegado ao Tribunal do Estado, uma vez que representado por quem não mais governaria a Prússia; isto é, por Ministros suspensos de seus cargos, a recorrerem ao Tribunal, quando não mais poderiam falar por um governo que nem sequer existe: "este assim chamado governo estadual não é mais o do Estado da Prússia".[314]

Parece óbvio que Schmitt era conhecedor do efeito meramente retórico de suas palavras: exatamente contra a extinção desse governo – "que não mais existe" – que o processo fora desencadeado e prosseguira no Tribunal do Estado.

A suspensão de um governo estadual pelo Presidente do *Reich*, de acordo com o art. 48 da Constituição, resolve o problema: a partir da ação concreta do Presidente, o governo estadual agora é aquele indicado por este Presidente, e não mais o governo substituído, que não subsiste. E o governo estadual fora substituído em razão igualmente de ter caído nas mãos de partidos políticos, que dele se

---

[314] *Diese sogenannte Landesregierung ist gar nicht mehr das Land Preußen.* (SCHMITT, Carl. "Positionen und Begriffe im Kampf mit Weimar - Genf – Versailles". In: _____. *Schlußrede vor dem Staatsgerichtshof in Leipzig (1932).* Berlim: Duncker & Humblot, 1994, pp. 206/207). Esta "fala final" de Schmitt também se acha na cópia do processo organizada na obra *Preußen contra Reich*, pp. 466-469; assim como na tradução para o espanhol organizada por Letícia Vita (VITA, Letícia. *Prusia contra el Reich ante al Tribunal Estatal – La sentencia que enfrentó a Hermann Heller, Carl Schmitt e Hans Kelsen em Weimar.* Bogotá: Universidad Externado de Colombia, 2015, pp. 199-208).

## CAPÍTULO II – O JULGAMENTO E AS POSIÇÕES INTELECTUAIS

apoderaram com seus agentes e serviçais.[315] Aqui Schmitt chama a atenção de Hermann Heller: "Prof. Heller, isto é inusitado".[316]

Poder-se-ia pensar que o argumento de Schmitt seria com relativa facilidade classificado de ingênuo, já que procura justificar uma acusação de violação constitucional com a própria violação. No momento seguinte, Schmitt oferece seu fecho para sobrepor a figura do Presidente do *Reich* àquela de qualquer outra autoridade constitucional, inclusive o Tribunal do Estado. Desta forma, a decisão do Presidente do *Reich* de intervir na Prússia sequer poderia ser objeto de deliberação judicial. Ao concordar com o Prof. Nawiasky de que o Tribunal do Estado é guardião da Constituição, destaca Schmitt que, apesar de guardião da Constituição, continua apenas um Tribunal, que deve proteger judicial e juridicamente a Constituição. Nada mais. Como qualquer Constituição é também uma "figura política", a necessitar de uma decisão política,[317]

---

[315] A frase completa de Schmitt relativamente a este ponto é a seguinte: "É perfeitamente concebível que, desta forma, a autonomia do Estado possa ser salva, já que um dos maiores e piores perigos para o nosso sistema federal, para o federalismo e para a independência dos Estados (*Länder*) reside precisamente no fato de, em todos os Estados, partidos políticos rigidamente organizados e centralizados estarem a tomar posse do mesmo Estado, colocando os seus agentes, os seus funcionários num governo do Estado (Professor Heller: isto é inusitado!), pondo assim em perigo a autonomia do Estado". No original: *Es ist der Fall durchaus denkbar, daß auf diese Weise die Selbständigkeit des Landes überhaupt gerettet werden kann, dann eine der größen und schlimmsten Gefahren für unser bundesstaatliches System, für den Föderalismus und für die Selbständigkeit der Länder liegt noch gerade darin, daß über die Länder hinweggehend straff organisiert und zentralisiert politische Parteien sich des Landes bemächtigen, ihre Agenten, ihre Bediensteten in eine Landesregierung hineinsetzen (Professor Heller: das ist unerhört!) und so die Selbständigkeit des Landes gefährdet.* (PcR, 1976, p. 468).

[316] *Prof Heller: Das ist unerhört!* (SCHMITT, Carl. "Positionen und Begriffe im Kampf mit Weimar - Genf – Versailles". *In*: _____. *Schlußrede vor dem Staatsgerichtshof in Leipzig (1932).* Berlin: Duncker & Humblot, 1994, p. 207).

[317] *Da eine Verfassung ein politisches Gebilde ist, bedarf es außerdem noch wesentlicher politischer Entscheidungen, und in dieser Hinsicht ist, galube ich, der Reichspräsidente der Hüter der Verfassung, und gerade seine Befugnisse*

MARTONIO MONT'ALVERNE BARRETO LIMA

penso eu, relativamente a este ponto, que o Presidente do
*Reich* é o guardião da Constituição, e exatamente as suas
atribuições do art. 48 têm sobretudo o sentido de constituir
um guardião da Constituição, tanto em matéria sobre federalismo como para outras partes da Constituição.

Na verdade, este pensamento de Schmitt vem desde o começo
do ano de 1924, quando do segundo Colóquio da Associação Alemã
de Professores de Direito do Estado (*Vereinigung der Deutschen
Staatsrechtslehrer*). De acordo com Nawiasky, Schmitt já havia
dado um passo maior: até a regulamentação do art. 48, exigida
pela Constituição de Weimar, o Presidente do *Reich* poderia tomar
qualquer medida para a manutenção da ordem e segurança públicas. Portanto, o que surgiu na fala final de Schmitt em outubro de
1932 é um desdobramento de seu pensamento de oito anos antes,[318]
assim como nesta mesma monografia de 1925 de Nawiasky está
explícita sua forte crítica em favor do federalismo, do respeito aos
governos estaduais e suas competências; críticas, portanto, contra
Schmitt e Erwin Jacobi.

A defesa de Schmitt sustentava-se na necessidade de uma
exceção externa à Constituição, que resolvesse o dilema e evitasse
os excessos dos radicalismos. Se Schmitt foi tão importante e en-
fático na defesa do *Reich* na esperança de preservar o que ainda
poderia ser preservado, esta posição logo mudaria.

Com a eliminação política da oposição após 14 de julho de
1933, Schmitt protagonizou conferência em 24 de janeiro de 1934

---

*aus Art. 48 haben sowohl für die föderalistischen als auch für die andere
Bestandteile der Verfassung vor allem den Sinn, einen echten politischen
Hüter der Vafassung zu konstituiren.* (SCHMITT, Carl. "Positionen und
Begriffe im Kampf mit Weimar - Genf – Versailles". *In:* _____. *Schlußrede
vor dem Staatsgerichtshof in Leipzig (1932)*. Berlim: Duncker & Humblot,
1994, p. 209).

[318] NAWIASKY, Hans. "Die Auslegung des Art. 48 der Reichsverfassung".
*Archiv des öffentlichen Rechts*, vol. 9, neue Folge, 1925, p. 4.

CAPÍTULO II – O JULGAMENTO E AS POSIÇÕES INTELECTUAIS

na Universidade de Berlim, em comemoração ao nascimento de Frederico, O Grande. Publicada em maio de 1934, a conferência "Estrutura do Estado e Queda do Segundo *Reich*: A Vitória do Cidadão sobre o Soldado" (*Staatsgefüge und Zusammenbruch des zweiten Reiches: Der Sieg des Bürgers über den Soldaten*) já diz bastante por seu título. Schmitt é claro, e aqui acentuou as "qualidades de soldados" do povo alemão, bastante distintas dos outros povos. Schmitt responsabilizava os ideais liberais de parlamentarismo e constitucionalismo que desde 1848 enfraqueceram o Estado prussiano.[319] Embora sem muita importância na centralidade das teses de Schmitt, o texto, porém, revela reconhecimento relevante ao papel da Prússia, agora derrotada pelo nazismo, exatamente por deter uma das características permanentes do povo alemão na formação de autêntico Estado: ordem e disciplina (*Ordnung und Disziplin*). Se tais características prussianas haviam se diluído no agora "bastião democrático", o recurso ao passado – e não ao futuro da democracia – fundamentava, a partir de agora, a tese do Estado total, em que Weimar e sua Constituição nada mais representariam.

Outro passo significativo de Schmitt na direção de apoio ao nazismo foi a publicação, em 1º de agosto de 1934, de seu conhecido escrito "O *Führer* protege do Direito" (*Der Führer schützt das Recht*), após a "Noite dos Punhais", de 30 de junho de 1934, quando se deu os assassinatos ordenados por Hitler dos membros de seu próprio Partido Nazista. Este texto desencadeou severa crítica a Schmitt:[320] "o teor da crítica é claro: com o seu artigo,

---

[319] SCHWAB, George. *The Challenge of Exception – An Introduction to the Political Ideas of Carl Schmitt between 1921 and 1939*. Nova York/Londres: Greenwood Press, 1989, pp. 127 e ss.

[320] HERMANNS, Stefan. "Der Führer schützt das Recht". *In*: _____. *Carl Schmitts Rolle bei der Machtkonsolidierung der Nationalsozialisten*. Wiesbaden: Springer Fachmedien Wiesbaden GmBH, 2018, p. 255.

Schmitt conferiu legitimidade jurídica ao regime nacional socialista de injustiça, quando este foi desmascarado pela primeira vez".[321]

O texto de Schmitt foi escrito após a expedição de instrumento normativo legal, em que Hitler deu a si próprio imunidade judicial contra seus atos, e eis o tom mais duro contra Schmitt:[322] Hitler concluiu a operação com a promulgação da Lei de Medidas de Emergência de Defesa do Estado, de 3 de julho de 1934, e que se resumiu em um único artigo: "as medidas executadas para suprimir os ataques de alta traição e traição em 30 de junho, 1º e 2 de julho de 1934 são legais, na forma de defesa da emergência do Estado".[323] Tais atos foram interpretados por Schmitt como uma legal defesa do Estado, a consistiriam na superação das "fraquezas institucionais de Weimar":[324]

Na primeira parte do artigo, Schmitt referiu-se a extratos do discurso de rádio de Adolf Hitler de 13 de julho de

---

[321] *Der Tenor der Kritik ist eindeutig: Schmitt habe mit seinem Artikel dem Unrechtsregime der Nationalsozialisten bei seiner ersten Demaskierung die juristische Legitimierung gegeben.*

[322] HERMANNS, Stefan. "Der Führer schützt das Recht". In: _____. *Carl Schmitts Rolle bei der Machtkonsolidierung der Nationalsozialisten.* Wiesbaden: Springer Fachmedien Wiesbaden GmBH, 2018, p. 277.

[323] *Hitler beendete die Operation und erließ das Gesetz über Maßnahmen der Staatsnotwehr vom 3. Juli 1934. Dieses bestand aus einem einzigen Artikel: "Die zur Niederschlagung hoch- und landesverräterischer Angriffe am 30. Juni, 1. und 2. Juli 1934 vollzogenen Maßnahmen sind als Staatsnotwehr rechtens".*

[324] *Im ersten Teil des Artikels bezog Schmitt sich auf Auszüge der angesprochenen Rundfunkrede Adolfs Hitlers vom 13. Juli 1934. Er wies darauf hin, dass Adolf Hitler bereits 1933 auf dem deutschen Juristentag die juristische Schwäche des Weimarer Systems aufgezeigt habe. Von dieser Schwäche ausgehend, erweiterte Schmitt den Gedanken mit Hitlers Worten, dass das starke Bismarck-Reich im entscheidenden Augenblick versagt habe, weil es nicht Gebrauch von seinen Kriegsartikeln gemacht habe. Die "instinktlose Zivilbürokratie [hatte] nicht den Mut, Meuterer und Staatsfeinde nach verdientem Recht zu behandeln".* (HERMANNS, Stefan. "Der Führer schützt das Recht". In: _____. *Carl Schmitts Rolle bei der Machtkonsolidierung der Nationalsozialisten.* Wiesbaden: Springer Fachmedien Wiesbaden GmBH, 2018, pp. 281/282).

## CAPÍTULO II – O JULGAMENTO E AS POSIÇÕES INTELECTUAIS

1934, salientando que Adolf Hitler já tinha demonstrado a fraqueza jurídica do sistema constitucional de Weimar quando da Conferência dos Juristas de 1933. Partindo desta fraqueza, Schmitt expandiu a ideia com as palavras de Hitler de que o forte *Reich* de Bismarck havia falhado no momento decisivo porque não tinha feito uso de seus artigos de guerra. A "burocracia civil insensível [não teve] a coragem de tratar os amotinados e inimigos do Estado de acordo com os seus merecidos direitos".

Schmitt se encarregará de legitimar a ação do *Führer* Adolf Hitler por meio da sua capacidade de unir em si toda a "indignação" do povo alemão diante da vergonha dos episódios da derrota da Primeira Guerra mundial, e porque era do mesmo *Führer* que emanavam todas as advertências a respeito da história da "infelicidade" do povo alemão. Tais elementos atribuiriam ao *Führer* o direito e a força de "fundamentar um novo Estado e uma nova ordem" (... *einen neuen Staat und eine neue Ordnung zu begründen*).[325] Diante de tal cenário, a manifestação de Hitler de que "nesta hora sou responsável pelo destino da nação alemã e por isso também sou o *supremo senhor do tribunal do povo alemão*"[326] traduzia-se, para Schmitt, no fato de que "o verdadeiro *Führer* sempre será também

---

[325] SCHMITT, Carl. "Der Führer schützt das Recht". *In*: _____. *Gesammelte Schriften 1933-1936*: mit ergänzenden Beiträgen aus der Zeit des Zweiten Weltkriegs. Berlim: Duncker & Humblot, 2021, p. 201.

[326] *In dieser Stunde war ich verantwortlich für das Schicksal der deutschen Nation und damit des Deutschen Volkes oberster Gerichtsherr.* (SCHMITT, Carl. "Der Führer schützt das Recht". *In*: _____. *Gesammelte Schriften 1933-1936*: mit ergänzenden Beiträgen aus der Zeit des Zweiten Weltkriegs. Berlim: Duncker & Humblot, 2021, p. 201). V. extrato (*Auszug*) de Der Führer schützt das Recht em: PAUER-STUDER, Herlinde; FINK, Julian (Coord.). *Rechtfertigungen des Unrechts*: das Rechtsdenken im Nationalsozialismus. Frankfurt am Main: Suhrkamp, 2019, pp. 326-331.

o juiz".[327] Aqui estava articulada a criação dos novos Direito e Estado pelo *Führer*, explicada na seguinte forma:[328]

> Em forte contraste, o *Führer* enfatizou a diferença entre seu governo e seu Estado do Estado e do governo do sistema de Weimar: "Não desejo entregar ao jovem *Reich* o mesmo destino do antigo". "Em 30 de janeiro de 1933 não foi formado um novo governo pela enésima vez. Deu-se um novo regime que pôs fim a um tempo já velho e doente". Quando o *Führer* exige a liquidação de um período obscuro da história Alemã com tais palavras, isto também tem significado jurídico para nosso pensamento jurídico, para a prática e para a interpretação da lei.

A "noite dos punhais" e seus desdobramentos jurídicos que seguiram, especialmente a participação de juristas como Schmitt na busca da legitimação intelectual e política para o episódio e a "imunidade" concedida a si próprio por Adolf Hitler, não passaram desapercebidos de Karl Loewenstein:[329]

> Taking the responsibility for the action, Herr Hitler later on justified it as "an act of self-defense of the state". As a

---

[327] SCHMITT, Carl. "Der Führer schützt das Recht". *In*: _____. *Gesammelte Schriften 1933-1936*: mit ergänzenden Beiträgen aus der Zeit des Zweiten Weltkriegs. Berlim: Duncker & Humblot, 2021.

[328] *In scharfer Entgegensetzung hat der Führer den Unterschied seiner Regierung und seines Staates gegen den Staat und die Regierung des Weimarer Systems betont: "Ich wollte nicht das junge Reich dem Schicksal des altes ausliefern". "Am 30, Januar 1933 ist nicht zum soundsovielten Male eine neue Regierung gebildet worden, sondern ein neues Regiment hat ein altes und krankes Zeitalter beseitigt". Wenn der Führer mit solchen Worten die Liquidierung eines trüben Abschnitts der deutschen Geschichte fordert, so ist das auch für unser Rechtsdenken, für Rechtspraxis und Gesetzauslegung, von juristischer Tragweite.* (SCHMITT, Carl. "Der Führer schützt das Recht". *In*: _____. *Gesammelte Schriften 1933-1936*: mit ergänzenden Beiträgen aus der Zeit des Zweiten Weltkriegs. Berlim: Duncker & Humblot, 2021, p. 202).

[329] LOEWENSTEIN, Karl. "Law in the Third Reich". *Yale Law Journal*, vol. 45, nº 5, mar. 1936, p. 811.

# CAPÍTULO II – O JULGAMENTO E AS POSIÇÕES INTELECTUAIS

revolutionary incident, the "liquidation" of political enemies would transcend juridical explanation. The government, however, went so far as to create a legal justification for its purely political action. The law of July 3, 1934, concerning measures of self-defence of the state, states in its single article. "The measures taken on June 30, July 1 and 2, in order to suppress treasonable attacks, are declared legal". The statute is a unique example of an indemnity act emanating from the same person who sought indemnification. Herr Hitler himself, in the Reichstag speech of July 13, declared: "In this hour, I was responsible for the fate of the German nation and thereby the Supreme Law-Lord (Hoechster Gerichtsherr) of the German people". This retroactive legislation and justification is more interesting for the lawyer than the executions themselves. It means that the "Führer" and his group are beyond the rule of law, *legibus solutus* in the proper sense of the term. One of the leading jurists of the regime, Dr. Freisler, admitted that the action had no basis in written law, and the crown jurist of the Third Reich, Herr Carl Schmitt, qualified the act as one of "genuine jurisdiction not subject to justice but supreme justice in itself ... Law is no longer an objective norm but a spontaneous emanation of the 'Führer's' will". Positive law is valid only so far as it corresponds with the political intentions of one man.

Bernd Rüthers destaca o significado de "O *Führer* protege o Direito", agora a desautorizar o conceito de amigo/inimigo formulado pelo mesmo Schmitt desde 1932.[330] A eliminação física pode também alcançar os amigos, aqueles que estão próximos:[331]

---

[330] SCHMITT, Carl. *Der Begriff des Politischen.* 6ª ed. Berlim: Duncker & Humblot, 1996, p. 26. "A distinção política específica, sobre a qual se podem seguir ações e motivos políticos, é a distinção entre amigo e inimigo". (*Die spezifische politische Unterscheidung, auf welche sich die politischen Handlungen und Motive zuruckführen lassen, ist die Unterscheidung von Freund un Feind*).

[331] RÜTHERS, Bernd. *Derecho Degenerado. Teoría Jurídica y Juristas de Cámara em el Tercer Reich.* Madrid: Marcial Pons, 2016, p. 143.

1. Los asesinatos ordenados por Hitler son calificados como manifestación de una nueva función de *"creación* de derecho". La orden criminal del *Führer* es elevada a fuente del derecho. 2. La realidad superó de modo aterrador el concepto schmittian de lo político, que "recibía su auténtico sentido de los conceptos de amig y enemigo y de lucha", sentido que "remite especialmente a la posibilida real de la eliminación física" 79. La posibilidad de eliminació física no afecta solamente a los *enemigos*. Cuando parece adecuado, deb aplicarse también a los cercanos, incluso a *amigos* y aliados políticos, siempre que sean tildados de "enemigos".

David Dyzenhaus igualmente detectou no *"Führer* protege o Direito" a compreensão de Schmitt da dualidade de amigo/inimigo e o caráter meramente "retórico das ficções liberais e parlamentaristas":[332]

Take for example one of his most notorious essays from the time of his involvement, "Der Fuhrer schützt das Recht" ("The Fuhrer Guards the Law'V In this essay, Schmitt sang praise for Hitler's retrospective validation of the political murders of 1933-where the victims included not only Hitler's rivals within the Nazi leadership but also some of the German conservatives with whom Schmitt was intimate. His praise was based on the fact that Hitler had done everything that Schmitt positively required of a leader. Hitler had made the distinction between friend and enemy, as proved in the murders, had established himself decisively as the supreme source and judge of all right and law, and had done away with the liberal and parliamentary "fictions" of Weimar.

O que fora anunciado com a posição de Schmitt durante o julgamento ganhara em materialidade após 1934: a proximidade

---

[332] DYZENHAUS, David. "Introduction: why Carl Schmitt?" *In*: _____. *Law as Politics*: Carl Schmitt's Critique of Liberalism. Durham e Londres: Durham University Press, 1998, p. 3.

CAPÍTULO II – O JULGAMENTO E AS POSIÇÕES INTELECTUAIS

do intelectual ao nazismo, o que lhe custou mais tarde períodos na prisão e interrogatório em Nürnberg.[333]

Se com o *"Führer* protege o Direito" Schmitt encerrava importante episódio na aproximação do nazismo, a qual ele negou, a distância da legalidade e do positivismo já havia sido anunciada em 25 de maio de 1934, com a publicação do seu "Pensamento Jurídico Nacional Socialista" (*Nationalsozialistisches Rechtsdenken*):[334]

> Assim, no âmbito do "positivismo", no âmbito da ciência do Direito, os atos puníveis são declarados livres de penas, porque no pensamento normativista a pena não é declarada pelo crime, mas o crime é que deriva da pena normatizada prevista.

O debate em torno da vinculação do Direito à constitucionalidade e à legalidade, ao qual Schmitt reage em desfavor da legalidade e em favor da decisão política, explica a razão de conceber Schmitt no Presidente do *Reich* a responsabilidade pela guarda da Constituição. E tal pensamento acha-se exposto tanto no seu escrito "O Guardião da Constituição" (anterior ao julgamento), quanto na defesa no julgamento *Preußen contra Reich*. Na verdade, essa formulação avança durante o regime nazista, quando se constata,

---

333 A primeira prisão de Schmitt se deu em 26 de setembro de 1945, na qual permaneceu até 10 de outubro de 1946 sob custódia dos Estados Unidos da América em Berlim. Depois disso, Schmitt foi ouvido em Nürnberg a partir de abril de 1947. (QUARITISCH, Helmut. *Carl Schmitt*: Antworten in Nürnberg. Herausgegeben und kommentier von Helmut Quaritisch. Berlim: Duncker & Humblot, 2000, p. 11).

334 *So ist es dazu gekommen, daß man in Rahmen des "Positivismus", in Rahmen der juristischen Wissenschaft, strafbare Handlungen für straffrei erklärt, weil man in normativistischer Denkweise die Strafe nicht aus dem Verbrechen, sondern das Vebrechen aus der normierten Strafdrohung erklärte.* (SCHMITT, Carl. "Nationalsozialistisches Rechtsdenken". *Deutsches Recht: Zentralorgan des Bundes Nationalsozialistischer Deutscher Juristen*, Berlim, n° 10, Jahrgang 4, 23 mai. 1934, p. 227).

por exemplo, a ideia do jurista Roland Freisler, ao também escrever sobre o "Direito Nacional Socialista e Pensamento Jurídico":

> Esta revolução [do nacional-socialismo alemão] é – e, deste ponto de vista, apostamos nela estas observações – é também uma revolução do Direito, para que possamos superar a justiça formal, a inimiga da verdadeira justiça.[335]

Schmitt aproximou-se do nazismo alemão, embora tenha reiterado que jamais trocou uma palavra ou aperto de mão com Hitler, ou com algum dos mais expressivos líderes do regime. Em diferentes passagens de seus depoimentos em Nürnberg,[336] Schmitt insiste apenas no lado acadêmico e científico de seus escritos e de suas reflexões. Porém, a partir de seus escritos, de suas conexões acadêmicas dentro e fora da Alemanha e da posição já anunciada quando do julgamento *Preußen contra Reich*, não remanesce dúvida de que a tese defendida na pesquisa de Gabriel Seiberth – de que Schmitt desejava uma garantia contra os extremos do comunismo e do nazismo – não procede.

A manutenção de prevalência do decisionismo político sobre a legalidade que se deixa comprovar nas palavras proferidas perante

---

[335] *Diese Revolution ist – und von diesem Blickpunkt aus wollen wir sie in den folgendenAusführungen betrachten – auch eine solche des Rechts; damit wir sie zur Überwinderin der Formalgerechtigkeit, die der Feind der wahren Gerechtigkeit ist.* (FREISLER, Roland. *Nationalsozialistisches Recht und Rechtsdenken*. Berlim: Industrieverlag Spaeth & Linde, 1938, p. 8). Cf. ainda Rodrigo Borges Valadão, para quem "[n]o nível teórico, o Estado Nazista se definia como o resultado da transição de um Estado de Direito para um Estado de Justiça, o que deveria conduzir a uma superposição entre Direito e Ética" (VALADÃO, Rodrigo Borges. "A Luta contra a Teoria Pura do Direito na República de Weimar e o caminho para o Nacional-Socialismo". *Revista Eletrônica da Procuradoria Geral do Estado do Rio de Janeiro – PGE-RJ*, Rio de Janeiro, vol. 3, nº 3, set./dez. 2020, p. 6).

[336] QUARITISCH, Helmut. *Carl Schmitt*: Antworten in Nürnberg. Herausgegeben und kommentier von Helmut Quaritisch. Berlim: Duncker & Humblot, 2000, p. 69.

CAPÍTULO II – O JULGAMENTO E AS POSIÇÕES INTELECTUAIS

o Tribunal do Estado foi apenas o começo: "é nesse período de 1933 a 1939 que o antissemitismo e a ideologia nazista fazem-se presentes na obra de Schmitt".[337]

Será o próprio Schmitt quem cuidará de renegar a proximidade que teve com Heinrich Triepel, outro importante jurista conservador.[338]

---

[337] ALVES, Adamo Dias; CATTONI, Marcelo Andrade de Oliveira. "Carl Schmitt: um teórico da exceção sob o estado de exceção". *Revista Brasileira de Estudos Políticos*, Belo Horizonte, nº 105, jul./dez. 2012, p. 255.

[338] Triepel era, segundo Perry Anderson, *(...) a conservative nationalist, not a Nazi* (ANDERSON, Perry. *The H-Word*: the Peripeteia of Hegemony. Londres/Nova York: Verso, 2017, p. 30). Rudolf Mehring classifica as posições de Triepel como "ambivalentes": "Sua [Triepel] atitude ambivalente ou mesmo dúbia em relação à República de Weimar tornou-se então claramente evidente em 1933/34, quando da afirmação nacionalista inicial da 'revolução jurídica' do nacional socialismo, que logo deu lugar a uma resoluta rejeição". No original: *Seine ambivalente oder auch zwiespältige Haltung zur Weimarer Republik zeigte sich 1933/34 dann deutlich in der anfänglichen nationalistischen Bejahung der "legalen Revolution" des Nationalsozialismus, die bald jedoch dezidierter Ablehnung wich.* (MEHRING, Reinhard; BOGDANDY, Armin von (Coord.). *Einleitung zu Heinrich Triepel – Parteienstaat und Staatsgerichtshof*: Gesammelte verfassungspolitische Schriften zur Weimarer Republik. (Beiträge zum ausländischen öffentlichen Recht und Völkerrecht). vol. 300. Baden-Baden: Nomos Verlagsgesellschaft, 2021, p. 13). Por outro lado, com seu prestígio de fundador, em 1922, da conceituada *Vereinigung der Deutschen Staatsrechtslehrer* (Associação Alemã dos Professores de Direito do Estado), as posições de Triepel a favor da ascensão do nazistas "era representativa para a atitude de uma maioria predominante dos professores das faculdades em relação à tomada do poder nacional socialista" na Alemanha (*Seine Stellughnahme kann als repräsentativ für die Haltung einer ganz überwiegenden Mehrheit der Hochschullehrer zur nationalsozialistischen Machtergeiffung gelten*). (HIRSCH, Martin; MAJER, Diemut; MEINCK, Jürgen. *Recht, Verwaltung und Justiz im Nationalsozialismus*: Ausgewählte Schrifte, Gesetze und Gerichtsentscheidungen von 1933 bis 1945 mit ausfürhlichen Erläuterungen und Kommentierung. Baden-Baden: Nomos Verlagsgesellschaft, 1997, p. 116). Pauer-Studer situa Triepel na mesma direção (PAUER-STUDER, Herlinde. *Justifying Injustice*: Legal Theory in Nazi German. Cambridge: Cambridge University Press, 2020, p. 42): *Triepel's speech is not only a striking document of authoritarian tendencies in academic political and legal theory in the late Weimar period; it also shows how close conservative thinkers were to conceptions of the state and leadership that entered into NS ideology.* Por fim, Triepel não escondeu seu lado "guilhermino-monárquico" e de defensor de uma

Ao mencionar, perante seu depoimento em Nürnberg, sua atividade de editor no periódico *Revista de Direito Público Estrangeiro e Direito Internacional* (*Zeitschrift für ausländisches öffentliches Recht und Völkerrecht*), Schmitt afirmou que trabalhava "com a cooperação" (*unter Mitwirkung*) de Heinrich Triepel, enquanto no mesmo periódico constava "em conjunto com" (*in Gemeinschaft mit*) Heinrich Triepel.[339] Schmitt assessorou a legislação nazista

---

unidade da nação alemã (MEHRING, Reinhard; BOGDANDY, Armin von (Coord.). *Einleitung zu Heinrich Triepel – Parteienstaat und Staatsgerichtshof: Gesammelte verfassungspolitische Schriften zur Weimarer Republik*. (Beiträge zum ausländischen öffentlichen Recht und Völkerrecht). vol. 300. Baden-Baden: Nomos Verlagsgesellschaft, 2021, pp. 17 e ss.). Suas palavras finais em uma de duas mais significativas obras – Die Hegemonie – atestam sua proximidade ao nacional-socialismo: "O resultado miserável do conflito de 1932 pela decisão insatisfatória do Tribunal do Estado é conhecido. Foi o trágico capítulo final da triste história da República de Weimar. (...) Mas logo depois Adolf Hitler estabeleceu o Estado totalmente unificado na Alemanha, e assim tornou realidade o sonho da unidade alemã, que nunca havia sido completamente realizado antes. A hegemonia prussiana é agora uma coisa do passado. Entretanto, como declarou o Governador Prussiano, Hermann Göring, em seu discurso ao Conselho de Estado Prussiano, em 18 de junho de 1934, um discurso de despedida à velha Prússia: 'a eterna ética do prussianismo' permaneceu. E assim, esperemos com confiança, a hegemonia prussiana continuará a abençoar o povo alemão além de sua morte, como uma fonte de força e unidade alemã". No original: *Der klägliche Ausgang des Konflikts von 1932 durch die unbefriedigende Entscheidung des Staatsgerichtshofs ist bekannt. Er bildet das tragische Schlußkapitel der traurigen Geschichte der Weimarer Republik. (...) Aber bald danach hat Adolf Hitler in Deutschland den vollen Einheitsstaat begründet und damit den bisher noch nie vollkommen erfüllten Traum der deutschen Einheit zur Wirklichkeit werden lassen. Die preußische Hegemonie gehört nunmehr der Vergangenheit an. Indes, wie der preußische Ministerpräsident Hermann Göring in seiner Rede im preußischen Staatsrat am 18. Juni 1934, einer Abschiedsrede an das alte Preußen festgestellt hat: 'die ewige Ethik des Preußentums' ist geblieben. Und so wird, so wollen wir zuversichtlich hoffen, die preußische Hegemonie auch über ihren Tod hinaus als Quelle deutscher Kraft und Einheit dem deutschen Volk in Zukunft ihren Segen spenden.* (TRIEPEL, Heirich. *Die Hegemonie*: Ein Buch von führenden Staaten. Stuttgart: Verlag von W. Kohlhammer, 1943, p. 578).

[339] QUARITISCH, Helmut. *Carl Schmitt*: Antworten in Nürnberg. Herausgegeben und kommentier von Helmut Quaritisch. Berlim: Duncker & Humblot, 2000, p. 74.

## CAPÍTULO II – O JULGAMENTO E AS POSIÇÕES INTELECTUAIS

municipal de Berlim de dezembro de 1933, integrou o Conselho de Estado Prussiano (*Preußischer Staatsrat*), câmara baixa do Parlamento Prussiano (*Preußischer Landtag*), até a extinção com Conselho em 1933, além de ter organizado artigos antissemitas, bem como contra seus colegas professores de origem judia, a quem dizia serem responsáveis por elaborações intelectuais jurídicas "não germânicas" (*non-germanics*).[340] Michael Stolleis parece igualmente não permitir dúvidas quanto ao assunto:[341]

> Schmitt and Koellreutter were the most prominent among the renowned scholars who professed themselves followers of National Socialism. At first the new rulers noted Schmitt's National Socialist conversion 29 with considerable gratitude: after all, he was a "leading figure", a sharp critic of parliamentarianism, an advocate of the dictatorship of the Reich President, of the sovereign "order-creating decision", and of the existential distinction between friend and foe. Hermann Göring rewarded him with the title of a Prussian councilor of state (*Staatsrat*). There followed membership in the Academy for German Law, appointment as director of the University Teachers' Group of the League of National Socialist German Jurists, and the job of editor of the leading law journal, the *Deutsche Juristen-Zeitung*. Schmitt in turn expressed his thanks with the infamous article *"Der Führer schützt das Recht"* (The Führer protects the law), 30 which gave constitutional absolution to the Röhm murders. Later, when he was in trouble, he also engaged in anti-Semitic propaganda, which will forever cast a dark shadow on his name.

---

340 SALTER, Michael. "Neo-Fascist Legal Theory on Trial: An Interpretation of Carl Schmitt Defence at Nuremberg from the Perspective of Franz Neumann's Critical Theory of Law". *Res Publica*, 5, 1999, p. 169.

341 STOLLEIS, Michael. *The Law under the Swastika*: Studies on Legal History in Nazi Germany. Chicago & Londres: The University of Chicago Press, 1998, p. 95.

Todos as ações e muito da produção intelectual de Schmitt do período atestam sua disposição em juntar-se ao então novo governo nazista. Não surpreende sua posição em favor do governo do *Reich* no julgamento da Prússia. Tais elementos objetivos autorizam a conclusão de inexistência de uma suposta imparcialidade de Schmitt, bem como questionam a sinceridade de sua intenção quanto à manutenção da ordem constitucional, que ele tinha por ameaçada por excessos comunistas ou nazistas.

A completa descrença no pluralismo político, incapaz de permitir a ação do Estado na identificação do amigo-inimigo, igualmente afasta a possibilidade de compreender na posição de Schmitt durante o julgamento alguma defesa favorável à subsistência da República de Weimar e de sua Constituição.

No que diz respeito à discussão da teoria do Estado da primeira metade do século XX, operou-se diálogo intelectual entre as experiências fascista e nazista. Schmitt permanece atento ao que ocorria na Itália – e era na Itália recepcionado[342] –, além de manter proximidade com Mussolini, a quem visitou em distintas ocasiões. Embora os dois momentos – fascismo e nazismo – tenham conduzido ao "resultado correspondente da submissão total do indivíduo à disposição estatal",[343] e embora uma das principais construções teóricas italianas do período do fascismo – *La constituizione in senso materiale*, de Constantino Mortati – tenha incorporado

---

[342] Cf.: STAFF, Ilse. *Staatsdenken im Italien des 20. Jahrhunderts*: ein Beitrag zur Carl Schmitt-Rezeption. Baden-Baden: Nomos Verlagsgesellschaft, 1991; SCHIEDER, Wolfgang. "Carl Schmitt und Italien". *In*: _____. *Vierteljahrshefte für Zeitgeschichte*. 37. Jahrg., 1. Heft. München: Oldenbourg, 1989, pp. 1-21; SCHIEDER, Wolfgang. "Das italienische Experiment der Faschismus als Vorbild in der Krise der Weimarer Republik". *Historische Zeitschrift*, vol. 262, 1996, pp. 73-125.

[343] *Beide Richtungen münden in das übereinstimmende Ergebnis, de Individuen staatlicher Verfügung total zu unterstellen.* (STAFF, Ilse. "Constantino Mortati: Verfassung im Materiellen Sinn". *Quaderni Fiorentine per la Storia del Pensiero Giuridico Moderno*, vol. 23. Milano: Giuffrè, 1994, p. 360).

CAPÍTULO II – O JULGAMENTO E AS POSIÇÕES INTELECTUAIS

todos os elementos da teoria do Estado tradicional, essa teoria de Mortati sustenta que

> um papel jurídico relevante, e não somente sociológico, deve ser atribuído à substância social de um Estado; e a necessidade de compreensão do governo como uma atenta instância de mando global às necessidades sociais de uma sociedade de massas deve ser destacado.[344]

No âmbito da disputa intelectual da teoria do Estado na Alemanha e na Itália, a única diferença a se considerar entre uma e outra é que no caso do nacional-socialismo a teoria do Estado:[345]

---

[344] *(...) dem sozialen Substrat eines Staates ("il polo sociale") werde von Mortati eine neu, nicht nur soziologisch, sondern juristich relevant Rolle zugemessen; die Notwendigkeit eines Verständnis der Regierung als einer im Hinblick auf die sozialne Bedürfnis einer Massengesellschaft globalsteuernden Instaz werde unterstrichen.* (STAFF, Ilse. "Constantino Mortati: Verfassung im Materiellen Sinn". *Quaderni Fiorentine per la Storia del Pensiero Giuridico Moderno*, vol. 23. Milano: Giuffrè, 1994, pp. 266/267). Há vasta literatura que se dedicou à investigação sobre as distinções, bem como eventuais aproximações entre nazismo e fascismo: STAFF, Ilse. "Italien und der Faschismus. Ein Beitrag zu Hermann Hellers Faschismus-Interpretation". *In*: STAFF, Ilse; MÜLLER, Christoph (Coord.). *Der sozialer Rechtsstaat*: Gedächtnisschriften fü Hermann Heller. Baden-Baden: Nomos, 1984 (com ampla indicação de literatura); COLLOTTI, Enzo. *Fascismo, fascimi*. Firenze: Sansoni, 1989; GRIFFIN, Roger. *Modernism and Fascism*: the Sense of a Beginning under Mussolini and Hitler. Nova York: Palgrave Macmillan, 2007; GRIFFIN, Roger. *A Facist Century*: essays by Roger Griffin. Nova York: Palgrave Macmillan, 2008. Além da obra de Renzo De Felice sobre Benito Mussolini e o fascismo, v.: FELICE, Renzo de. *Mussolini e Hitler*: I rapporti segreti 1922-1933 con documenti inediti. Roma-Bari: Laterza, 2013; e ainda: FELICE, Renzo de. *Mussolini l'alleato*: L'Italia in Guerra 1940-1943. Torino: Einaudi, 1996.

[345] *(...) für Mortati is ein staatliches Organ, die politische Partei, autonome Rechtsquelle, die durch ihr im jeweiligen historischen Moment adäquate erscheinende Zwecksetzungen und durch die sie beherreschen-de Ideologie verbindliches Rechts schafft.* (STAFF, Ilse. "Constantino Mortati: Verfassung im Materiellen Sinn". *Quaderni Fiorentine per la Storia del Pensiero Giuridico Moderno*, vol. 23. Milano: Giuffrè, 1994, pp. 359/360).

recorre à substância existencial racista- nacionalista como a razão fundante do Direito, o qual está disponível para a perseguição dos objetivos estatais; para Mortati é um organismo estatal, o partido político, uma fonte autônoma de direito, que cria direito vinculante através dos seus objetivos, que parecem adequados no respectivo momento histórico, e através da ideologia que o domina.

É possível que também esta diferença tenha atraído a atenção de Schmitt para o fascismo italiano, como Bercovici resume:[346]

> A saída, para Carl Schmitt, é a de um Estado Total distinto, contraposto ao Estado Total Quantitativo de Weimar: o Estado Total Qualitativo. Este Estado Total Qualitativo é um Estado forte, total no sentido da qualidade e da energia (*im Sinne der Qualität um der Energie*), além de autoritário no domínio do político, para poder decidir sobre a distinção entre amigo e inimigo, e fiador da liberdade individual no âmbito da economia. Ele também deve dominar a tecnologia e os meios de comunicação de massa. O principal exemplo deste tipo de Estado Total para Schmitt é o Estado Fascista, com sua superioridade sobre os interesses econômicos, dos patrões ou dos trabalhadores, conseguindo, assim, preservar e impor a dignidade do Estado frente ao pluralismo dos interesses econômicos.

Schmitt simpatizou com a formação política do Estado total que já estava no horizonte da Alemanha, e liderou, logo após o julgamento da Prússia contra o *Reich*, entre 1933 e 1934, "*a chorus of German juristst who enthusiastically endorsed the new Nazi regime*".[347]

---

[346] BERCOVICI, Gilberto. "Carl Schmitt e Estado de Emergência Econômico". *Revista de Direito*, Viçosa, vol. 11, nº 2, 2019, p. 28.

[347] SCHEUERMAN, William E. *Between the norm and the exception*: the Frankfurt school and the rule of law. Cambridge: The MIT Press, 1997, p. 34.

## CAPÍTULO II – O JULGAMENTO E AS POSIÇÕES INTELECTUAIS

Uma decisão da mais elevada instância do Poder Judiciário, imobilizadora administrativa e politicamente da oposição social--democrata e a abrir as portas do mais importante membro da Federação ao governo do *Reich* a seus aliados nazistas seria bem recebida e assimilada como a energia total de que necessitaria, num breve futuro, o Estado na Alemanha.

Para Schmitt, por fim, no seu mais importante escrito logo após o julgamento, a decisão do Tribunal do Estado não havia alcançado um resultado positivo: "esta decisão se recusou também a reconhecer o inimigo do Estado como inimigo do Estado" (*... lehnte es auch ab, den Staatsfeind als Staatsfeind zu erkennen...*).[348]

Desta forma, é ainda Schmitt quem afirma: somente com a nomeação de Adolf Hitler como Chanceler do *Reich* é que "o Estado alemão encontrou sua força para exterminar o marxismo inimigo do Estado" (*... der deutsche Staat fand die Kraft, den staatsfeindlichen Marxismus zu vernichten*).[349] É o próprio Schmitt, então, quem confirmará, menos de um ano após o julgamento da Prússia contra o *Reich*, o contrário de suas afirmações durante o julgamento. A repetida alegação de Schmitt sobre a necessidade da contenção dos dois extremos a que estava entregue a política na Alemanha, isto é, comunismo e nazismo, aliada à necessidade de que ao Tribunal do Estado deveria conferir poderes ao Presidente do *Reich* ante estas ameaças extremas, termina por restar desautorizada, uma vez que o assalto do Partido nazista, com sua ideologia de energia total, destruiu o próprio Estado.

Arnold Brecht, Hermann Heller e outros que integraram a defesa do Estado da Prússia e de Estados do *Reich* chamaram a atenção do mesmo Tribunal sobre o que estava em jogo: não era a

---

348 SCHMITT, Carl. *Staat, Bewegung und Volk*: die Dreigliederung der politischen Einheit. Hamburg: Hanseatische Verlagsanstalt, 1933, p. 31.

349 SCHMITT, Carl. *Staat, Bewegung und Volk*: die Dreigliederung der politischen Einheit. Hamburg: Hanseatische Verlagsanstalt, 1933.

questão da constitucionalidade do Decreto de Emergência. O que deveria enxergar objetivamente o Tribunal era a ameaça completa à estrutura constitucional e democrática: era a ameaça da iminente destruição de Weimar.

## 2.2 Hermann Heller

Hermann Heller simboliza um dos mais importantes teóricos em defesa de Weimar e de sua Constituição. Sua concepção de Direito parte de considerações históricas concretas, para definir a propriedade e o direito de propriedade como as mais relevantes das forças sociais a organizarem o Direito.[350] Não surpreende que Heller seja o oposto do que defendiam juristas conservadores, como Erich Kaufmann e Heinrich Triepel, quando das discussões sobre propriedade, a partir do significado do art. 153 da Constituição, especialmente durante a disputa em torno das Leis de 8 e 10 de dezembro de 1923 que, respectivamente, concederam mais direitos a acionistas alemães do que estrangeiros quanto ao voto, e mais poder ao governo na luta contra a hiperinflação. Na discussão judicial sobre o conteúdo do direito de propriedade, está um dos marcantes momentos de rejeição pelo Poder Judiciário do art. 153 da Constituição de Weimar, que é repetido pelo art. 14 da atual Lei Fundamental alemã. O art. 153, no último parágrafo, previa que a "propriedade obriga. Seu uso deve também estar a serviço do bem comum".[351] Para Otto Kichheimer, exatamente na prática

---

[350] HENKEL, Michael. *Hermann Hellers Theorie der Politik und des Staates.* Tübingen: Mohr Siebeck, 2011, p. 201.

[351] SCHUSTER, Rudolf (Coord.). *Deutsche Verfassungen. Die Verfassung des Deutschen Reiches (Weimarer Verfassung) von 11. August 1919.* München: Goldmann Verlag, 1992, p. 202. *Art. 153 (...) Eigentum verpflichtet. Sein Gebrauch soll zugleich Dienst sein für das Gemeine Beste.* A redação do art. 14 (2) da vigente Lei Fundamental alemã é a seguinte: "Propriedade obriga. Seu uso deve servir também ao bem geral". No original: *Eigentum verpflichtet. Sei Gebrauch soll zugleich dem Wohle der Allgemeinheit diene* (SCHUSTER, Rudolf (Coord.). *Deutsche Verfassungen. Die Verfassung des*

CAPÍTULO II – O JULGAMENTO E AS POSIÇÕES INTELECTUAIS

administrativa e na jurisprudência do Tribunal do *Reich* contra o art. 153 da Constituição de Weimar estava a grande proteção da propriedade privada:

> Como o artigo 153 adquiriu uma função exclusivamente de proteção da propriedade privada na prática administrativa e constitucional bem mostra a jurisprudência do Tribunal do Reich.[352]

Nascido em Olsa, na República Tcheca, em 1891, de origem judia, Heller tornou-se um dos principais teóricos do Estado Social de Direito (*sozialer Rechtsstaat*), com sua obra de 1930. Em 1932 tornou-se professor da Universidade de Frankfurt e foi um dos principais adversários de ideias políticas de Carl Schmitt. Para Heller, Weimar e sua Constituição não somente traduziam a oportunidade histórica de modernização da Alemanha: era a refundação de uma sociedade com base no Estado de Direito democrático e social. Logo em 1933 foi demitido de suas funções na Universidade de Frankfurt devido à ascensão do nazismo, partindo para a Inglaterra e depois para a Espanha, onde trabalhou ativamente na sua mais importante obra, *Teoria do Estado* (*Staatslehre*). Após sua precoce morte, na Espanha em 1933, e com o fim do nazismo, Hermann Heller foi reconhecido como o fundador da Ciência Política na Alemanha.

"Hermann Heller é socialista",[353] afirma Wolfgang Schluchter. A atividade intelectual de Heller sempre esteve vinculada à sua

---

*Deutschen Reiches (Weimarer Verfassung) von 11. August 1919.* München: Goldmann Verlag, 1992, p. 219).

[352] *Wie sehr der Artikel 153 in der Verfassungs- und Verwaltungspraxis ausschließlich privateigen-tumsschützende Funktion bekommen hat, zeigt die Rechtsprechung des Reichsgerichts.* (KIRCHHEIMER, Otto. "Weimar – und was dann? Analyse einer Verfassung". *Politik und Verfassung.* Frankfurt am Main: Suhrkamp, 1964, p. 36).

[353] *Hermann Heller ist Sozialist.* (SCHLUCHTER, Wolfgang. "Hermann Heller: ein wissenschaftliches und politische" Portrait. *In*: MÜLLER, Christoph;

participação política no âmbito do Partido Social-Democrata da Alemanha, o SPD, e de suas disputas internas, o que se deixa verificar pela formulação de sua teoria constitucional e política.

Seu pensamento sobre a teoria do Estado não se desvincula da realidade política e social e da necessidade de um compromisso mínimo que Weimar com sua Constituição teriam introduzido na Alemanha.[354] Para Heller, não faria sentido a compreensão do Direito sem história e a teoria política. O compromisso de Weimar para Heller fundamentava-se no fato de que a disparidade econômica da sociedade impossibilitaria que a sociedade alemã resolvesse seus problemas elementares.[355] Desta forma, a ação constitucional deveria resolver o conflito entre burguesia e trabalhadores, mas não no sentido marxista, porém, na perspectiva de melhor distribuição de bens na sociedade, com ampla participação das massas nos processos decisórios,[356] o que denunciaria o apreço de Heller pela vontade geral de Rousseau.[357]

A estrutura constitucional de Heller teria sua base não "na interpretação dos direitos fundamentais pelo sistema de valores, na tópica, no institucionalismo ou na argumentação da natureza

---

STAFF, Ilse (Coord.). *Staastlehre in der Weimarer Republik*: Hermann Heller zu ehren. Frankfurt am Main: Suhrkamp, 1984, p. 28).

[354] SCHLUCHTER, Wolfgang. "Hermann Heller: ein wissenschaftliches und politische" Portrait. *In*: MÜLLER, Christoph; STAFF, Ilse (Coord.). *Staatslehre in der Weimarer Republik*: Hermann Heller zu ehren. Frankfurt am Main: Suhrkamp, 1984.

[355] STAFF, Ilse; MÜLLER, Christoph (Coord.). *Staatslehre in der Weimarer Republik*: Hermann Heller zu ehren. Frankfurt am Main: Suhrkamp, 1984, p. 10.

[356] STAFF, Ilse; MÜLLER, Christoph (Coord.). *Staatslehre in der Weimarer Republik*: Hermann Heller zu ehren. Frankfurt am Main: Suhrkamp, 1984, p. 11.

[357] SCHLUCHTER, Wolfgang. "Hermann Heller: ein wissenschaftliches und politische" Portrait. *In*: MÜLLER, Christoph; STAFF, Ilse (Coord.). *Staastlehre in der Weimarer Republik*: Hermann Heller zu ehren. Frankfurt am Main: Suhrkamp, 1984, p. 38.

## CAPÍTULO II – O JULGAMENTO E AS POSIÇÕES INTELECTUAIS

da coisa",[358] mas sim a partir da "dominância juridicamente fundamentada do legislador democrático".[359] Neste ponto, Friedrich Müller atualiza e reforça a teoria constitucional de Heller até os dias atuais do constitucionalismo alemão.[360]

No que diz respeito à Metódica Jurídica de F. Müller (*Juristische Mehodik*), esta não se deixa confundir com metodologia, com método, porém se identifica com interpretação, com hermenêutica numa perspectiva estruturante do Direito, com linguagem e com âmbitos de validade da norma jurídica.[361] Por esta razão, "o discurso geral da sociedade, o qual acompanha as manifestações do poder do Estado, não será por sua vez violentamente oprimido".[362] É que aqui a norma somente ganha corpo quando vier ao mundo do Direito, por organismos do Estado com esta responsabilidade. A vinculação ao Direito democrático em Müller é o espaço fundamental em que as autoridades haverão de dar significado concreto, vale dizer estruturante, às previsões normativas. Tal esforço não faz sentido no subjetivismo liberal ou interpretativo, o qual pouco ou nada pode oferecer à estabilidade democrática. É neste sentido

---

[358] (...) *wie wertsystematische Grundrechtsinterpretation, Topik, Institutionalismus oder Argumentation aus der "Natur der Sache" (...).* (MAUS, Ingeborg. "Hermann Heller und die Staatslehre der Bundesrepublik". *In*: STAFF, Ilse; MÜLLER, Christoph (Coord.). *Staastlehre in der Weimarer Republik*: Hermann Heller zu ehren. Frankfurt am Main: Suhrkamp, 1984, pp. 212/213).

[359] (...) *rechtsstaatlich bregründeten Dominaz des demokratischen Gesetzgebers (...).*

[360] MAUS, Ingeborg. "Hermann Heller und die Staatslehre der Bundesrepublik". *In*: STAFF, Ilse; MÜLLER, Christoph (Coord.). *Staastlehre in der Weimarer Republik*: Hermann Heller zu ehren. Frankfurt am Main: Suhrkamp, 1984, p. 213.

[361] MÜLLER, Friedrich; CHRISTENSEN, Ralph. *Juristische Methodik*: Grundlagen des Öffentlichen Rechts. vol. 1. Berlin: Duncker & Humblot, 2002, p. 31.

[362] *Der allgemeine Diskurs der Gesellschaft, der die Äußerungen von Staatsgewalt begleitet, wird nich seinerseits gewaltsam unterdrückt.* (MÜLLER, Friedrich; CHRISTENSEN, Ralph. *Juristische Methodik*: Grundlagen des Öffentlichen Rechts. vol. 1. Berlim: Duncker & Humblot, 2002, p. 421).

que Friedrich Müller relê e atualiza a forma do conceito plural e democrático da aplicação e da decisão judicial.

Na burocracia alemã de Weimar, herdeira da reacionária tradição guilhermina, enxergava Heller um obstáculo à democracia concreta da distribuição de poder e de bens, em que o Poder Judiciário tinha lugar especial em desfavor desta tentativa democrática.[363] Para Heller, em concordância com Schmitt, a teoria parlamentar do século XIX era "antidemocrática". Porém, a inclusão da participação ampla de massas poderia solucionar este problema, perspectiva inteiramente rejeitada por Schmitt. Adotando uma visão realista, Heller sabia que tal escolha poderia levar a classe média alemã a optar antes pela destruição de sistema parlamentar renovado do que renunciar à sua riqueza e privilégios.[364] Heller aproximava-se e distanciava-se do marxismo e dos marxistas. Por um lado, a influência marxiana em Heller é presente: a filosofia teria que descer dos céus e integrar a solução dos desafios materiais. Embora tenha Heller divergido em muitos pontos, como aquele da estatização da economia, a teoria materialista de história de Marx está presente na estruturação da compreensão de Hermann Heller: o instante mais significativo desta recepção talvez seja aquele do reconhecimento do antagonismo de classes da conturbada Europa entre 1919 e 1939.

Ao propor um "compromisso constitucional mínimo entre capital e trabalho", Hermann Heller desejava um pacto capaz de construir uma sociedade noutra alternativa que não o bolchevismo. A derrota sofrida para Max Adler, no Colóquio dos Jovens Socialistas de Jena (*Jenaer Jungsozialistentagung*), fez com que Heller permanecesse próximo à ala menos radical do Partido Social-Democrata

---

[363] STAFF, Ilse; MÜLLER, Christoph (Coord.). *Staatslehre in der Weimarer Republik*: Hermann Heller zu ehren. Frankfurt am Main: Suhrkamp, 1984, p. 18.

[364] BOOKBINDER, Paul. "Hermann Heller Versus Carl Schmitt". *International Social Science Review*, Summer, vol. 62, n° 2, 1987, p. 122.

CAPÍTULO II – O JULGAMENTO E AS POSIÇÕES INTELECTUAIS

da Alemanha[365] e representou, portanto, sua distância de pontos do marxismo, como a necessidade da revolução.

Para Heller, o referido compromisso mínimo de duas classes antagônicas era a tentativa de Weimar que deveria subsistir contra o fascismo.[366] Por esta razão, a economia haveria de ser organizada para servir à sociedade, e nada mais legítimo às forças políticas antagônicas do que a plena participação na elaboração desta legislação.[367] Uma teoria constitucional somente faria sentido se incorporasse à sua natureza explicativa as formas de admissão da legitimidade do conflito entre classes sociais. Sem tal pressuposto, não somente qualquer teoria constitucional estaria destinada ao fracasso como

---

365 ABENDROTH, Wolfgang. "Die Funktion des Politikwissenschaftlers und Staatslehrers Hermann Heller in der Weimarer Republik und in der Bundesrepublik Deutschland". *In*: MÜLLER, Christoph; STAFF, Ilse (Coord.). *Staastlehre in der Weimarer Republik*: Hermann Heller zu ehren. Frankfurt am Main: Suhrkamp, 1984, pp. 50/51.

366 ABENDROTH, Wolfgang. "Die Funktion des Politikwissenschaftlers und Staatslehrers Hermann Heller in der Weimarer Republik und in der Bundesrepublik Deutschland". *In*: MÜLLER, Christoph; STAFF, Ilse (Coord.). *Staastlehre in der Weimarer Republik*: Hermann Heller zu ehren. Frankfurt am Main: Suhrkamp, 1984, p. 53.

367 A República de Weimar efetivou a intervenção do Estado na economia, como a aquisição estatização de empresas. Esta política econômica confirma o pensamento mais geral de Heller. No sentido contrário a esta política econômica, e em oposição à análise dominante, Germà Bel chama a atenção de que as privatizações durante o nacional-socialismo superaram àquelas dos outros países da Europa, na busca de apoio político: *Discussion of the influence of ideological and political motivations on Nazi privatization also sheds light on an interesting issue in Nazi economic policy; namely, why the Nazis refrained from implementing a policy of wide-scale nationalization of private firms, even though the Nazi's official economic programme and their electoral manifestos regularly included this proposal. On the one hand, the Nazi dilemma between public and private property was not of primary order, since the regime could rely on control of property owners. On the other hand, a large-scale policy of nationalization of private firms would have deprived the Nazi government of support from industrialists and business sectors. The desire to increase support from those groups was a key motivating factor in Nazi privatization.* (BEL, Germà. "Against the mainstream: Nazi privatization in 1930s Germany". *Economic History Review*, vol. 63, n° 1, 2010, p. 52).

não se resolveriam os desafios sociais. Ao propor um "compromisso constitucional", Hermann Heller abandona a perspectiva revolucionária armada de 1917. Não se trata de uma idealista transformação revolucionária sem revolução, já que Heller incorporava a luta de classes como elemento motor também para o constitucionalismo.

Em Hermann Heller, trata-se mesmo de uma mudança radical, a preservar a autonomia de forças produtivas na construção do interesse geral, mas que poderia ser efetivada pela administração do conflito e a preponderância do Estado como um ator político capaz de enfrentar o poder privado econômico e político, abandonando-se a tradicional instrumentalização privada que se realizava com o Estado. Por isso que para Heller a questão da legalidade não poderia ser concebida sem seus nexos com a legitimidade, com a ação concreta da política. Se Weimar, com sua Constituição, pelejava por uma modificação nas relações econômicas e políticas, por óbvio que apenas o texto normativo não bastava: estar-se-ia diante de uma "predestinação metafísica". Para Heller, a legalidade do Estado que se baseia apenas no Estado de Direito – *rule of law* – não está em posição de substituir a legitimidade.[368] Decorrem daí também os motivos que levaram Heller a mostrar objetivamente porque o Estado da Prússia cumpria com sua obrigação constitucional e mantinha sua capacidade de manter a ordem e a segurança no território estadual, o que materializava o sentido do cumprimento das tarefas federativas do Estado prussiano.

Não sem razão, viu Heller com clareza que o significado do caso da Prússia com seu julgamento traria: não se estaria enfraquecendo somente o federalismo, mas seria o fim da Constituição de Weimar e seu radical compromisso democrático numa sociedade que jamais havia experimentado a democracia. Uma derrota de

---

368 HELLER, Hermann. "The Essence and Structure of the State". *In*: JACOBSON, Arthur J.; SCHLINK, Bernhard. *Weimar*: a Jurisprudence of Crisis. Berkeley/ Los Angeles/Londres: University of California Press, 2000, p. 266.

CAPÍTULO II – O JULGAMENTO E AS POSIÇÕES INTELECTUAIS

Weimar seria uma "tomada do poder fascista",[369] mas que também eliminaria o liberalismo do século XIX, substituindo-o pela versão autocrática de Estado. Heller entendia que a tomada do poder pelo governo central de Papen liquidaria com sua ideia sobre legitimidade, a qual advém do pluralismo:[370]

> political power is a relational resource which cannot be monopolized by any group. (...) the most autocratic kind of ruler, the most absolutist of modern dictators, will find that, whatever his ambitions, not all power can be united in his person. He will have to exercise that power through the state, which means sharing it with his bureaucracy and all his other organ of rule.

No julgamento da Prússia contra o *Reich*, Heller foi um dos principais defensores do governo prussiano. No início de suas palavras sobre o assunto, adverte Heller de que a competência do Presidente do *Reich* para nomeação de um Comissário noutro Estado não é questionável. Tudo o mais no Decreto de Emergência é questionável, do ponto de vista da recepção deste Decreto pela Constituição de Weimar. Heller, referindo-se a outro texto de Schmitt e von Dryander, afirma que estes autores enfrentaram somente o ponto inquestionável: "claro que o questionável não foi por eles enfrentado".[371]

---

369 (...) *faschistische Machtergreifung (...)*. (SCHLUCHTER, Wolfgang. "Hermann Heller: ein wissenschaftliches und politische" Portrait. *In*: MÜLLER, Christoph; STAFF, Ilse (Coord.). *Staastlehre in der Weimarer Republik*: Hermann Heller zu ehren. Frankfurt am Main: Suhrkamp, 1984, p. 39).

370 DYZENHAUS, David. "Hermann Heller and the Legitimacy of Legality". *Oxford Journal of Legal Studies*, Winter, vol. 16, nº 4, 1996, p. 654.

371 (...) *doch wurde das, was bestritten ist, dort von ihnen nicht ausgeführt.* (HELLER, Hermann. "Ist das Reich verfassungsmässig vorgegangen?" *In*: _____. *Gesammelte Schriften*. In Verbindung mit Martin Draht, Otto Stammer, Gerhard Niemeyer, Fritz Borinski. Hrsg. von Christoph Müller. Zweiter Band. Tübingen: Mohr Siebeck, 1992, p. 407).

Não estava em discussão se o Presidente do *Reich* pode ou não decretar intervenção, uma vez que esta competência é clara no texto constitucional. O que se discute é se os pressupostos constitucionais da intervenção estão presentes e se os meios constitucionais do devido processo legal foram observados.[372] Neste sentido é a presunção de que decisões do Presidente do *Reich* valem desde que não tenham sido questionadas por ninguém perante os órgãos competentes do Estado. Havendo questionamento, é claro que cessa a presunção de validade, obrigando-se ao exame. Como o pressuposto da intervenção seria a incapacidade do Estado da Prússia de manter a ordem e a segurança em seu território, é evidente que tal questionamento consiste numa questão de Direito (*Rechtsfrage*), o que determina sua análise pelo Tribunal.[373]

Como o governo central nada trouxe que comprovasse esta incapacidade, durante a audiência de 23 de julho de 1932, restaria a questão da mudança do Regimento Interno, cuja natureza jurídica foi confirmada, por nova votação do Parlamento Prussiano, o qual recusou a alteração sobre a mudança já realizada. Em outras palavras, o próprio Parlamento ratificou a primeira mudança de seu Regimento Interno.

Heller sustenta a desproporção dos meios usados. Inexistindo prova de grave comprometimento da ordem pública na Prússia, o governo do *Reich* poderia recorrer ao art. 15 da Constituição[374]

---

372 HELLER, Hermann. "Ist das Reich verfassungsmässig vorgegangen?" *In*: _____. *Gesammelte Schriften*. In Verbindung mit Martin Draht, Otto Stammer, Gerhard Niemeyer, Fritz Borinski. Hrsg. von Christoph Müller. Zweiter Band. Tübingen: Mohr Siebeck, 1992.

373 HELLER, Hermann. "Ist das Reich verfassungsmässig vorgegangen?" *In*: _____. *Gesammelte Schriften*. In Verbindung mit Martin Draht, Otto Stammer, Gerhard Niemeyer, Fritz Borinski. Hrsg. von Christoph Müller. Zweiter Band. Tübingen: Mohr Siebeck, 1992, p. 408.

374 *Art. 15 [Aufsicht, Anweisungen] Die Reichsregierung übt die Aufsicht in den Angelegenheiten aus, in denen dem Reich das Recht der Gesetzgebung zusteht. (...) Die Landesregierungen sind verpflichtet, auf Ersuchen der Reichsregierung*

## CAPÍTULO II – O JULGAMENTO E AS POSIÇÕES INTELECTUAIS

para restauração da ordem, não lançando mão de radical mecanismo que já sabia ser traumático na frágil situação de Weimar:

> Art. 15 [Supervisão, Instruções] O Governo do *Reich* exerce a supervisão em assuntos de sua legal competência, assim estabelecidos pela Legislação. (...) Os Governos Estaduais (*Landesregierungen*) são obrigados, a pedido do Governo do *Reich*, a resolver deficiências que surgirem na execução das Leis do *Reich*. Em caso de divergência, tanto o Governo do *Reich* como os Governos Estaduais podem requerer decisão do Tribunal do Estado (*Staatsgerichtshof*) sobre a matéria, a menos que outro Tribunal seja determinado competente para tal assunto, por Lei do *Reich* (*Reichsgesetz*).

Aqui, Heller demonstra, a exemplo de Schmitt, domínio sobre a situação da Constituição de Weimar e da política constitucional daqueles conturbados tempos, porém, diferentemente de Schmitt, luta Heller pela construção da força política da Constituição, enquanto Schmitt, ao lutar por decisão do Tribunal fora da Constituição, assina a certidão do enfraquecimento da mesma Constituição.

Inexistindo comprovação explícita da incapacidade de fazer valer a autoridade do governo prussiano – já que não se deu a audiência de ouvida deste governo – o Tribunal pratica, de acordo com Heller recorrendo a Rudolf Smend, o "abuso formal" (ou abuso das formas: *Formenmißbrauch*.[375]

---

*Mängel, die bei der Ausführung der Reichsgesetze hervorgetreten sind, zu beseitigen. Bei Meinungsverschiedenheiten kann sowohl die Reichsregierung als de Landesregierung die Entscheidung des Staatsgerichtshofs anrufen, falls nicht durch Reichsgesetz ein anderes Gericht bestimmt ist.*

[375] HELLER, Hermann. "Ist das Reich verfassungsmässig vorgegangen?" *In*: _____. *Gesammelte Schriften*. In Verbindung mit Martin Draht, Otto Stammer, Gerhard Niemeyer, Fritz Borinski. Hrsg. von Christoph Müller. Zweiter Band. Tübingen: Mohr Siebeck, 1992, p. 409.

Assim é que o governo do *Reich* não poderia intervir, tampouco afastar os Ministros que atuam no Poder Executivo estadual. Desta maneira, para que se concretize a intervenção, deveria o Tribunal analisar outra questão de fato: se as perturbações são graves ou mais graves do que em outros Estados, considerando que a Prússia é o Estado com maior nível de industrialização, era a Prússia o espaço territorial, portanto, onde se esperava conflitos normais num ambiente pluralista.

Para além deste pressuposto factual que deveria ter sido comprovado e enfrentado, Heller insiste no aspecto de que o Tribunal deve analisar se o governo prussiano deu provas efetivas de que não pudera, ou não quisera, enfrentar as perturbações, sem esquecer de que a contribuição do governo do *Reich* para os tumultos foi decisiva.

Ao suspender a proibição do governo prussiano do uso aberto nas ruas de uniforme nazistas pelos simpatizantes deste Partido, o governo do *Reich* tinha conhecimento de que os partidários do NSDAP não se quedariam silentes e passariam à ofensiva política. Heller, desde o início de suas manifestações, enfatizou que a proteção da intervenção pelas normas constitucionais não passava de mera aparência de constitucionalidade e de legalidade, desde que confrontadas com vasta documentação a comprovar acertos políticos de Papen com os nazistas, objetivando a eliminação do governo estadual social-democrata.[376] A este argumento, a última manifestação de Arnold Brecht ressalta o caráter político da intervenção, aparentemente protegido pela constitucionalidade.[377]

---

[376] PcR, 1976, pp. 36/37 e 252.

[377] Para Brecht, o enquadramento do comportamento do governo prussiano no par. 1° do art. 48 não se sustenta. Tais obrigações do Estado da Prússia constituem-se em obrigações políticas; não em obrigações jurídicas; não se trata de nenhuma violação de obrigações perante o governo do *Reich*; e por fim, inexiste uma violação praticada pelo Estado, como pressupõe o art. 48, par. 1°. Uma acusação de violação eventualmente praticada por funcionários que não respondem por seus cargos não se prestaria a tal fim (PcR, 1976, p. 393).

CAPÍTULO II – O JULGAMENTO E AS POSIÇÕES INTELECTUAIS

Ainda que se tratasse de estado de exceção, Heller recorre à doutrina constitucional suíça, neste sentido corroborada por Schmitt, para ratificar a inconstitucionalidade do Decreto de Emergência:[378]

> [Carl] Hilty tem estudado historicamente de muito perto a história do estado de exceção. Refiro-me de novo ao seu escrito: "A Intervenção Federal", publicado no Anuário Político da Confederação Suíça de 1891, onde se afirma expressamente que, durante séculos, a Suíça nunca teve um governo cantonal afastado, nem sequer durante o estado de exceção. E uma vez que o colega Schmitt acaba de dizer que a Suíça seria para nós um exemplo, e que a democracia, com as suas lutas partidárias, pode muito frequentemente conduzir a um estado de exceção e à eliminação de um governo cantonal, considero que a Suíça é o mais belo exemplo do oposto.

Por fim, sustentou Heller que em casos como este: "1. apenas as medidas 'necessárias' devem ser aplicadas; 2. o chamado mínimo organizacional da Constituição não deve ser violado".[379] Em tal passagem, parece ser nítida a compreensão de Heller sobre a jurisdição constitucional e seu tribunal guardião: mínima

---

[378] *Hilty hat die Geschichte des Ausnahmezustandes historisch sehr genau untersucht. Ich verweise nochmals auf seine Schrift: "Die eidgenössische Intervention", im Politischen Jahrbuch der Schweizer Eidgenossenschaft, von 1891, wo ausdrücklich gesagt wird, daß seit Jahrhunderten in der Schweiz eine kantonale Regierung nie beseitigt worden ist, auch nicht im Ausnahmezustand. Und da gerade Herr Kollege Schmitt gesagt hat, die Schweiz sei uns ein Vorbild dafür, daß die Demokratie mit ihren Parteikämpfen sehr oft zum Ausnahmezustand führen könne und zu Beseitigung einer Kantonregierung, so stelle ich fest, daß die Schweiz gerade das schönste Beispiel für das Gegenteil ist.* (PcR, 1976, p. 346).

[379] *1. nur die "nötingen" Maßnahmen angewandt werden dürfen; 2. das sogeannante organisatorische Minimum der Verfassung nicht verletzt werden darf.* (HELLER, Hermann. "Ist das Reich verfassungsmässig vorgegangen?" *In:* _____. *Gesammelte Schriften.* In Verbindung mit Martin Draht, Otto Stammer, Gerhard Niemeyer, Fritz Borinski. Hrsg. von Christoph Müller. Zweiter Band. Tübingen: Mohr Siebeck, 1992, p. 410).

intervenção, atenção aos aspectos concretos fáticos desencadeados pelos atores, para um julgamento a fortalecer uma Constituição; jamais para enfraquecer seus institutos.

Por esta razão, Heller concluiu a defesa do governo prussiano, afirmando: "seja qual for o objetivo que tenha pretendido politicamente o governo do *Reich* com suas ações, juridicamente não será possível definir tais ações de outra maneira que não aquela do 'abuso das formas'".[380] Heller é então incisivo:[381] "o que estamos a afirmar aqui é que os motivos políticos foram decisivos para a ação do governo do *Reich*, os quais não são autorizados pela Constituição".

Há elementos mais contundentes na visão de Heller que responderiam não somente ao desfecho do julgamento da Prússia contra o *Reich*. Tais elementos seriam mesmo ameaçadores do sentido normativo concreto da constituição social que se tinha com Weimar:[382]

> Por enquanto, a burguesia criou nos juízes, cuja esmagadora maioria dos quais provém das classes dirigentes, uma eficaz

---

[380] *Was immer die Reichsregierung mit ihrem Vorgehen politisch bezweckt haben mag, juristisch wird es sich kaum anders denn als "Formenmißbrauch kennzeichnen lassen.* (HELLER, Hermann. "Ist das Reich verfassungsmässig vorgegangen?" *In:* _____. *Gesammelte Schriften.* In Verbindung mit Martin Draht, Otto Stammer, Gerhard Niemeyer, Fritz Borinski. Hrsg. von Christoph Müller. Zweiter Band. Tübingen: Mohr Siebeck, 1992).

[381] *Was wir hier behaupten, das ist die Tatsache, daß politische Motive für das Vorgehen der Reichsregierung maßgebend gewesen sind, die durch die Verfassung nicht gebligt werden.* (PcR, 1976, p. 406).

[382] *Vorläufig hat sich das Bürgertum damit, daß Richter, die in ihrer erdrückenden Mehrheit den herrschenden Schichten entstammen, die Gesetze auf ihre Übereinstimmung mit dem Gleichheitssatz prüfen, eine wirksame Sicherung dagegen geschaffen, daß die Volkslegislative den liberalen in einen sozialen Rechtsstaat überführt.* (HELLER, Hermann. "Rechtsstaat oder Diktatur". *In:* _____. *Gesammelte Schriften.* In Verbindung mit Martin Draht, Otto Stammer, Gerhard Niemeyer, Fritz Borinski. Hrsg. von Christoph Müller. Zweiter Band. Tübingen: Mohr Siebeck, 1992, p. 450).

# CAPÍTULO II – O JULGAMENTO E AS POSIÇÕES INTELECTUAIS

> salvaguarda contra o legislador popular de transformar o Estado constitucional liberal num Estado constitucional social, ao fazer com que os juízes examinem as leis em conformidade com o princípio da igualdade.

Estas palavras são de 1929, quando o texto de Heller "Estado de Direito ou Ditadura" (*Rechtsstaat oder Diktatur*) foi publicado pela primeira vez. O perigo do Poder Judiciário sobre o Legislativo, igualmente quando da composição de tribunais,[383] modificada por emenda constitucional, faz o juiz contra o legislador. Para Heller,[384] "[e]m nenhum caso, essa mudança politicamente questionável de poder do legislativo para o juiz pode ser vista como renascimento do conceito substantivo de Estado de Direito". A tal fenômeno, que Heller qualifica de "degeneração do pensamento do Estado de Direito" (*diese Denegeration des Rechtsstaats-gedanken*),[385] corresponde o desvio da preponderância do legislativo numa república como a de Weimar, em que todo o esforço econômico, político e social da normatividade constitucional restaria esvaziado como resultado da interpretação fixada por tribunais. Em outras palavras, o papel do Poder Judiciário e as refinadas operações de esvaziamento político do real sentido da normatividade do legislador já se faziam perceber três anos do julgamento.

---

[383] HELLER, Hermann. "Rechtsstaat oder Diktatur". *In*: _____. *Gesammelte Schriften*. In Verbindung mit Martin Draht, Otto Stammer, Gerhard Niemeyer, Fritz Borinski. Hrsg. von Christoph Müller. Zweiter Band. Tübingen: Mohr Siebeck, 1992.

[384] *Auf keinen Fall kann in dieser politisch auch sonst bedenklichen Verlagerung der Macht vom Gesetzgeber auf den Richter einer Renaissance des materiellen Rechtsstaatsgedanken erblickt werden.* (HELLER, Hermann. "Rechtsstaat oder Diktatur". *In*: _____. *Gesammelte Schriften*. In Verbindung mit Martin Draht, Otto Stammer, Gerhard Niemeyer, Fritz Borinski. Hrsg. von Christoph Müller. Zweiter Band. Tübingen: Mohr Siebeck, 1992).

[385] HELLER, Hermann. "Rechtsstaat oder Diktatur". *In*: _____. *Gesammelte Schriften*. In Verbindung mit Martin Draht, Otto Stammer, Gerhard Niemeyer, Fritz Borinski. Hrsg. von Christoph Müller. Zweiter Band. Tübingen: Mohr Siebeck, 1992.

A preponderância da soberania popular remanesce coerente ao longo da construção teórica do mesmo Heller. No seu conhecido estudo sobre soberania, Heller deixa evidente que inexiste a possibilidade de *majestas personalis* ou *majestas reali* residir em algum dos representantes do povo: tal representação é do povo, como titular da soberania. Por esta razão, a Constituição de Weimar:[386]

> (...) no permaneció em los trámites descritos: cuando el estado de emergencia se prolonga, el Pueblo tiene la possibilidad, mediante uma petición o una decisión, de resolver, como última instancia, se subiste ou se es levantado el estado de emergencia. De ahí que en la República de Weimar, la fórmula de Carlos Schmitt: "Soberano es aquél que decide definitivamente se rige el estado de normalidade" deba aplicarse, no al Presidente del Reich, sino al Pueblo.

Um dos mais significativos pontos da reflexão de Hermann Heller foi a busca pela resposta à indagação sobre a importância do parlamento na superação da democracia liberal pela democracia social. O ideal do Estado de Direito liberal tinha por base a "formação e propriedade" (*Bildung und Besitz*) da sociedade. Isto é, o ideal liberal limitava-se ao formalismo, mantendo amplos setores sociais fora da possibilidade de obterem formação científica e intelectual, ou de se tornarem proprietários. Com a organização de trabalhadores em partidos políticos e sindicatos, suas reivindicações chegaram ao parlamento e se transformavam em leis, das quais se buscava efetividade para que também os trabalhadores dispusessem de "formação e propriedade". Não surpreende que as investidas contra este novo modelo de parlamento venham de longe, como registra Domenico Losurdo, quando da insistência dos *founding fathers* em destacar a gente "rica e bem nascida, em

---

[386] HELLER, Hermann. *La soberanía*: contribuición a la teoria del derecho estatal y del derecho internacional. México: Fondo de Cultura Económica, 1995, p. 207.

## CAPÍTULO II – O JULGAMENTO E AS POSIÇÕES INTELECTUAIS

contraposição à massa do povo, composta de mecânicos e gente privada de cultura e educação liberal".[387]

Assim, em virtude de se ter ampla representação social, o parlamento traduzir-se-ia no principal teatro de disputas verdadeiramente democráticas. Seria principalmente ao parlamento que corresponderia o fortalecimento do conteúdo social da normatividade constitucional de Weimar. Como não havia mais como controlar o parlamento, "a burguesia começa a duvidar de seu próprio ideal de Estado de Direito, bem como a negar seu 'mundo espiritual'".[388]

É nesta representação permanente e plural do parlamento que Heller enxergava a capacidade da organização da vontade geral, em vinculação ao pensamento de Rousseau e sua *volonté générale*. A decisão da maioria, composta na heterogeneidade da representação política, isto é, o parlamento, é autorizada a realizar uma "consciência de nós" (*Wir-Bewußtsein*), em vez de simplesmente uma "consciência do eu" (*Ich- Bewußtsein).*[389]

Em Heller, a centralidade do parlamento na democracia social explicaria a intervenção contra o mesmo parlamento, advinda do Executivo, porém auxiliado pelo Judiciário. É por isso que em Heller

---

[387] LOSURDO, Domenico. *Democracia e bonapartismo*. Rio de Janeiro: UFRJ; São Paulo: UNESP, 2004, p. 103.

[388] *Das Bürgertum beginnt am Rechtsstaatsideal zu verzweifeln und seine eigene geistige Welt zu verleugnen.* (HELLER, Hermann. "Rechtsstaat oder Diktatur". *In:* _____. *Gesammelte Schriften*. In Verbindung mit Martin Draht, Otto Stammer, Gerhard Niemeyer, Fritz Borinski. Hrsg. von Christoph Müller. Zweiter Band. Tübingen: Mohr Siebeck, 1992, p. 449).

[389] "Isto significa que mesmo a democracia parlamentar, para a qual, aos olhos de Heller, os partidos políticos são absolutamente indispensáveis, deriva a sua legitimidade como um todo, bem como a legitimidade da sua decisão maioritária, da *volonté générale* em que se baseia". No original: *Dies bedeutet, daß auch die parlamentarische Demokratie, für die in Hellers Augen politische Parteien ganz und gar unverzichtbar sind, ihre Legitimität als ganze wie auch die Legitimität Ihrer Mehrheitsentscheidung von der ihr zugrundliegenden* volonté générale *bezieht*. (HENKEL, Michael. *Hermann Hellers Theorie der Politik und des Staates*. Tübingen: Mohr Siebeck, 2011, p. 326).

a "livre e legítima decisão" (*freie und legitime Entscheidung*) do parlamento nada mais é do que a expressão da vontade geral.[390]

Diante desse cenário, o julgamento da Prússia contra o *Reich* não surpreendeu aos mais atentos: ao se perceber a hostilidade dominante em relação à posição do parlamento da parte da teoria da Constituição tradicional, principalmente àquela altura de 1932, poucas vozes concluiriam que o Tribunal do Estado escolhesse outro caminho que não aquele que realmente foi tomado pela decisão final.

O Tribunal do Estado, como se viu, atendeu em parte o argumento de Heller, ao decidir que a remoção dos Ministros era incompatível com a Constituição. Quando permitiu a convivência de dois lados não somente opostos, mas estruturalmente contrários um ao outro, tinha mais que simples conhecimento da impossibilidade desta convivência; chamou também para si a responsabilidade histórica de que hoje afirma Stolleis:

> O julgamento ambíguo e aparentemente mediador, que no final rendeu-se aos fatos criados, é um marco para a história constitucional do desaparecimento da República. Os comentaristas daquele tempo já compartilhavam este sentimento; e com a razão da distância do tempo é ainda assim visto.[391]

Stolleis ainda relembra a inteira aplicação e validade da frase de Erich Kaufmann: "só quem pode; deve agir" (*nur wer kann,*

---

390 HENKEL, Michael. *Hermann Hellers Theorie der Politik und des Staates.* Tübingen: Mohr Siebeck, 2011, p. 505. V. ainda HENKEL, Michael. *Hermann Hellers Theorie der Politik und des Staates.* Tübingen: Mohr Siebeck, 2011, p. 323.

391 *Das zwiespältige und scheinbar vermittelnde Urteil, das am Ende doch vor den geschaffenen Fakten kapitulierte, ist ein Markstein, der den Untergang der Republik beschribenden Verfassungsgeschichte. Das haben schon die Kommentatoren jener Zeit gespürt, und erst recht hat man es aus der Distanz so gesehen.* (STOLLEIS, Michael. *Geschichte des öffentlichen Rechts in Deutschland.* vol. 3. München: Verlag C. H. Beck, 1999, p. 121).

## CAPÍTULO II – O JULGAMENTO E AS POSIÇÕES INTELECTUAIS

*darf*).[392] Prevaleceu a construção de fatos por um ator político, o Partido Nazista – e seus aliados nos governos do *Reich* e da Prússia – perante um Tribunal que se recusou a ver que tais fatos foram criados como cortina de fumaça, exatamente com a intenção de boicote à Constituição, cuja guarda repousava nas mãos do mesmo Tribunal. Esta constatação é igualmente assimilada por Abendroth:

> É conhecido como o desenvolvimento da situação aumentava mês a mês, e como, desde a eliminação do governo prussiano Braun-Severing e a paralisada capitulação do Tribunal do Estado Estadual – sob o escrutínio da consciência legal – ante baionetas do Exército do *Reich* (*Reichswehr*) de Papen e Hindenburg, o Legislativo desceu à condição de mera aparência, até que Hitler incendiou o Parlamento (*Reichtag*), e o Poder Judiciário também recolheu suas velas.[393]

Franz Neumann elabora reflexão na mesma direção. Para ele, a Constituição de Weimar dependeu mais da tolerância dos inimigos do que da força de seus apoiadores.[394] O fim da tolerância dos inimigos coincide o fim da mesma Constituição. Sem a tolerância dos inimigos e sem a força de atores institucionais favoráveis

---

[392] STOLLEIS, Michael. *Geschichte des öffentlichen Rechts in Deutschland.* vol. 3. München: Verlag C. H. Beck, 1999, p. 124.

[393] *Es ist bekannt, wie sich diese Entwicklung von Monat zu Monat steigerte und wie seit der Beseitigung der Preußenregierung Braun-Severings und der lendenlahmen Kapitulation des Staatsgerichtshofes – unter immehin juristischen Gewissensskrupeln – vor den Reichswehrbajonetten von Papens und Hindenburgs die Legislative zum bloßen Schein herabsank, bis nach Hitler Reichtagsbrand auch die richterliche Gewalt für immer die Segel strich.* (ABENDROTH, Wolfgang. "Bürgerliche Jurisprudenz – Zur Rückbildung des juristischen Raumes". *In*: ABENDROTH, Wolfgang; BUCKMILLER, Michael; PERELS, Joachim; SCHÖLER, Uli (Coord.). *Gesammelte Schriften*: 1926-1948. vol. 1. Hannover: Offizin Verlag, 2006, p. 175).

[394] NEUMANN, Franz. *Behemoth*: the Structure and Practice of Nacional Socialism, 1933-1944. Chicago: Ivan R. Dee, ass. with The US Holocaust Memorial Museum, 2009, p. 45.

a Weimar, não haveria como sobreviver um dos mais preciosos experimentos democráticos e pluralistas que a primeira metade do século XX conheceu. A social-democracia alemã, que poderia ter feito outras escolhas a fim de domesticar a burguesia alemã, amargou a conclusão de L. Trotsky:[395] *"As Social Democracy saved the bourgeoisie from the proletarian revolution, fascism came in its turn to liberate the bourgeoisie from Social Democracy"*. Será ainda o mesmo Neumann que ressaltará que a democracia alemã, ao mesmo tempo, cometeu suicídio e foi assassinada.[396]

As palavras dos intelectuais sobre este ponto não são as mesmas, mas são reveladoras da ausência de disposição mais firme de enfrentamento pelo Poder Judiciário que correspondessem ao avanço do conteúdo democrático e social que a Constituição de Weimar trazia. Ainda que possuidores de inegável compromisso com a Constituição e a República, os fundadores e defensores de Weimar permitiram que *"[t]he Weimar democracy spent 14 years finding interminable excuses for its own existence"*.[397] Há que se dizer, por outro lado, que era uma tarefa quase impossível, aquela dos defensores da democracia, quando procuraram convencer a burocracia judiciária da importância da Constituição de Weimar.

Na análise de Ingeborg Maus, a posição do Poder Judiciário alemão de proximidade ao nazismo, após a tomada do poder em 1933, não deve ser concebida como "inesperada". Registra a autora a manifestação da Associação de Juízes (*Deutscher Richterbund*), ainda em 1920, de que os juízes não

---

[395] TROTSKY, Leon. "What is National Socialism?" *Writings in Exile*. Edited by Kunal Chattopadhyay and Paul Le Blanc. Londres: Pluto Press, 2012, p. 120.

[396] *German democracy committed suicide and was murdered at one and the same time.* (NEUMANN, Franz. "The Decay of German Democracy". *The Political Quartely*, vol. 4, Issue 4, 1933, p. 540).

[397] TROTSKY, Leon. "What is National Socialism?" *Writings in Exile*. Edited by Kunal Chattopadhyay and Paul Le Blanc. Londres: Pluto Press, 2012, p. 117.

## CAPÍTULO II – O JULGAMENTO E AS POSIÇÕES INTELECTUAIS

estavam vinculados a nenhum desnecessário cumprimento da lei. O desenvolvimento da estrutura do Direito durante o regime nazista não representa novidade, porém o ponto culminante de um processo de longo prazo e de desenvolvimento contínuo.[398]

Durante o nacional-socialismo, um dos alvos desta caminhada já em curso do Poder Judiciário foi igualmente o federalismo, como destaca Neumann:[399]

> The judiciary was raised to a supreme political function and, for all the attack on the pluralistic, polycratic, and federative causes of disunion, any criticism of the independent political status enjoyed by the army was scrupulously avoided. Fundamental rights were denounced as incompatible with democratic philosophy, while the fundamental rights of property and equality were given an extent and depth they never had before.

A desvinculação da lei defendida pela Associação de Juízes, apontada por Ingeborg Maus, é fortalecida pela renúncia à generalidade como característica da lei e por sua aplicação seletiva, a depender dos casos concretos:[400] *"Absolute denial of the generality of law is the central point in National Socialist legal theory.*

---

[398] *(...) nämlich schon im Gesetz selbst den Richtern "keine unnötige Bindung" aufzuerlegen. Auch die Entwicklung der Rechtsstruktur im NS-System ist nicht etwa eine Novität, sondern lediglich ein extremer Kulminationspunkteinerlangfirstigen kontinuierlichen Entwicklung.* (MAUS, Ingeborg. "'Gesetzbindung' der Justiz und die Struktur der nationalsozialistischen Rechtsnormen". *In*: DREIER, Ralf; SELLERT, Wolfgang (Coord.). *Recht und Justiz im "Dritten Reich".* Frankfurt am Main: Suhrkamp, 1989, p. 93).

[399] NEUMANN, Franz. *Behemoth*: the Structure and Practice of Nacional Socialism, 1933-1944. Chicago: Ivan R. Dee, ass. with The US Holocaust Memorial Museum, 2009, p. 44.

[400] SCHMITT, Carl. *Legalität und Legitimität*. 5ª ed. Berlim: Duncker & Humblot, 1993, p. 452.

*Consequently, there can be no separation of powers".* Eis um dos pontos onde Franz Neumann e Ernst Fraenkel se comunicam para oferecer uma explicação sobre o uso do Direito e a disfunção do Poder Judiciário durante a Alemanha nazista.

## 2.3 Schmitt, Heller, Teoria Constitucional e Tribunais

Não se pode dizer que Carl Schmitt defendeu posição distinta daquela já enfrentada nos seus escritos no julgamento da Prússia contra o *Reich*. Pouco antes do julgamento, em 10 de julho de 1932, Schmitt concluiu a sua *Legalidade e Legitimidade* (*Legalität und Legitimität*), publicada no mesmo ano. No ano de 1932, a crise já estava nas ruas e instituições e na eleição para o *Reichstag*, em 5 de março, e para o cargo de Presidente do *Reich* (*Reichspräsident*), com primeiro turno em 13 de março, e segundo em 10 de abril.

Neste ambiente é que para Schmitt a situação interna da Alemanha é de "colapso do Estado parlamentar da legislação" (*"Zusammenbruch des parlamentarischen Gesetzgebungsstaates"*).[401] A definição de "Estado parlamentar" ou "Estado legislador", ou ainda "Estado legiferante"[402] (*Gesetzgebungsstaat*) é central neste escrito schmittiano. O seu sentido para Schmitt é definido como:[403]

---

[401] SCHMITT, Carl. *Legalität und Legitimität.* 5ª ed. Berlim: Duncker & Humblot, 1993, p. 7.

[402] Esta é a expressão da tradução brasileira de Tito Lívio Cruz Romão. Cf.: *Legalidade e Legitimidade.* Belo Horizonte: Del Rey Editora, 2007.

[403] *Ein von persönlichen, daher generellen, und vorbestimmten, daher auf die Dauer gedachten Normierungen meß- und bestimmbaren Inhalt beherrschtes Staastwesen, in welchem Gesetz und Gesetzesanwendung, Gesetzgeber und Gesetzanwendungsbehörden voreinander getrennt sid. Es "herrschen Gesetze" nicht Menschen, Autorität oder Obrigkeiten. Noch genauer: die Gesetze herrschen nicht, sie gelten nur als Normen.* (SCHMITT, Carl. *Legalität und Legitimität.* 5ª ed. Berlin: Duncker & Humblot, 1993, p. 8).

## CAPÍTULO II – O JULGAMENTO E AS POSIÇÕES INTELECTUAIS

(...) um sistema regido por normas pessoais, portanto gerais e pré-determinadas, portanto, permanentes, mensuráveis e determináveis, em que a lei e a aplicação da lei, o legislador e as autoridades responsáveis pela aplicação da lei são separados um do outro. As "leis" não "governam" pessoas, autoridade ou autoridades. Mais precisamente ainda: as leis não governam, valem apenas como normas.

A crítica principal de Schmitt recai sobre o esvaziamento de qualquer conteúdo da política e redução do funcionamento do Estado à legalidade escrita, como se tal fosse possível para o mesmo Schmitt. A crença ancorada na legalidade convidaria à perda do sentido político da realidade, uma vez que se estabelece que "o *Ethos* do Estado da jurisdição consiste no fato de que o juiz julga diretamente em nome do Direito e da justiça, sem que outro poder político, não judicial, lhe faça mediação e lhe imponha normas dessa justiça".[404]

Uma vez que qualquer relação de conteúdo com a razão ou com a justiça é retirada pelo conceito de lei (*Gezetzbegriff*), quando o Estado legislador mantém a concentração do conceito de legalidade,[405] chama Schmitt atenção no que resulta essas referidas operações de subsunções interpretativas:[406]

---

[404] *Das Ethos der Jurisdiktionstaates liegt darin, daß der Richter unmittelbar im namen des Rechts und der Gerechtigkeit urteilt, ohne daß ihm von anderen, nciht-richterlichen, politischen Gewalt Normierungen dieser gerchtigkeit vermittelt und auferlegt würden.* (SCHMITT, Carl. *Legalität und Legitimität.* 5ª ed. Berlim: Duncker & Humblot, 1993, p. 12).

[405] SCHMITT, Carl. *Legalität und Legitimität.* 5ª ed. Berlim: Duncker & Humblot, 1993, p. 23.

[406] *(...) kann jede Anordnung beliebiger Art, jeder Befehl und jede Maßnahme, jedes Kommando an irgendeinen Offizier oder Soldaten und jede Einzelanweisung an einen Richter, krafat der "Herrschaft des Gesetzes" legal und rechtmäßig durch Parlamentsbeschluß oder die sonstigen an Gesetzgebungs-verfahren beteiligten Instanz vorgenommen werden. Das "rein Formale" reduziert sich dann auf das leere Wort ind die Etikette "Gezetz"*

(...) qualquer determinação de qualquer tipo, toda ordem e medida, qualquer comando a qualquer oficial ou soldado, qualquer instrução direcionada a um juiz, por força do "domínio da lei", fará recepcionada como legal e legítima qualquer decisão do parlamento ou de qualquer instância integrante do processo legislativo. (...) O "puramente formal" reduz-se ao vazio da palavra e da etiqueta "lei" e revela a dependência com o Estado de Direito.

O caráter abstrato desta legalidade, que insiste em permanecer, deposita toda a proteção contra abusos na pessoa do todo poderoso legislador,[407] como se legislador e processo legislativo não fossem eivados de pressupostos e interesses: "Tal sistema de legalidade não é de nenhuma maneira sem pressupostos" (*"Auf keinen Fall ist dieses Legalitätssystem voraussetzungslos"*).[408]

A crítica de Schmitt não perdoa o prejuízo que a defesa da pura formalidade perante a lei desencadeia no constitucionalismo de Weimar e na sua conformação do funcionamento dos poderes. Para ele, permanecem fora de qualquer tratamento pela teoria constitucional eventuais abusos do legislador ou do processo legislativo,[409] como se a plausibilidade de referidos acontecimentos não merecesse maior atenção da teoria constitucional, a fim de compreensão do fenômeno constitucional e político. Este funcionamento constitucional com base nesta legalidade seria, para Schmitt, uma "ficção nas circunstâncias contemporâneas de uma 'virada

---

*und gibt den Zusammenhang mit einem Rechtsstaat preis.* (SCHMITT, Carl. *Legalität und Legitimität. 5ª* ed. Berlin: Duncker & Humblot, 1993, p. 23).

[407] SCHMITT, Carl. *Legalität und Legitimität. 5ª* ed. Berlin: Duncker & Humblot, 1993, p. 23.

[408] SCHMITT, Carl. *Legalität und Legitimität. 5ª* ed. Berlin: Duncker & Humblot, 1993, p. 23.

[409] SCHMITT, Carl. *Legalität und Legitimität. 5ª* ed. Berlin: Duncker & Humblot, 1993, p. 21.

## CAPÍTULO II – O JULGAMENTO E AS POSIÇÕES INTELECTUAIS

em direção ao Estado total'" (*"is a fiction in the contemporary circumstances of 'a turn toward the total state'"*).[410]

Mas é o mesmo Schmitt quem procura fazer uso desta ficção. Na mesma *Legalidade e Legitimidade*, Schmitt discute, ao final da obra, o significado ao art. 48 da Constituição de Weimar, após sustentar que há um terceiro legislador extraordinário (*"Wir hätten damit den dritten außerordentlichen Gesetzgeber"*), de acordo com o par. 1º do art. 48 da Constituição.[411] Este é o legislador responsável pelas medidas de emergência garantidoras da ordem e segurança, ou mesmo da existência do Estado. Assim é que as medidas tomadas por este legislador extraordinário ingressam no sistema da legalidade constitucional de Weimar. Schmitt surpreende ao não dizer que seu legislador extraordinário, "em nenhuma hipótese" também não é "sem pressupostos", ou desinteressado. Se o legislador constitucional de Weimar tem seus interesses, produz a legalidade motivado também por tais interesses e partidarismos, por que o legislador extraordinário seria diferente, uma vez que estaria no mesmo jogo político institucional e não viveria fora dele?

Ademais, para Schmitt a intervenção do *Reich* na Prússia encontraria respaldo no mesmo sistema defeituoso de legalidade por ele definido como vazio, sem conteúdo e destituído de força política constitucional. Se o Presidente do *Reich* é autorizado para decretar a intervenção, este decreto é lei, e sob esta condição, protegido pela Constituição, ou seja, pelo Estado Legislador a que tanto critica Schmitt.

Para fundamentar sua articulação, Schmitt traz ao debate decretos com base no art. 48, par. 2º que versam sobre competências

---

[410] McCORMICK, John P. "Identifying or exploiting the paradoxes of constitucional democracy? An introduction to Carl Schmitt's Legality and Legitimacy". *In*: SCHMITT, Carl. *Legality and Legitimacy*. Durhan e Londres: Duke University Press, 2004, p. 26.

[411] SCHMITT, Carl. *Legalität und Legitimität*. 5ª ed. Berlim: Duncker & Humblot, 1993, p. 66.

dos Estados, exercidas agora pelo governo central do *Reich*, com reconhecimento do Tribunal do Estado,[412] cujos exemplos mais significativos seriam sobre caixas econômicas (*Verordnung vom 5. August 1931*), e capacidade de endividamento externo pelos Municípios.[413]

O reconhecimento pelo Tribunal do Estado da competência do *Reich* sobre aquela dos Estados foi novamente confirmado. Esta dinâmica constitucional ressaltada por Schmitt atualizaria o sentido da Constituição de Weimar como um documento constitucional capaz de oferecer estatalidade (*Staatlichkeit*) aos momentos de crise de uma sociedade convulsionada e fortemente dividida entre suas forças políticas. A capacidade da Constituição de Weimar em resolver os desafios que se impunham era presente. Fossem eles de ordem econômica e política, como as diversas intervenções em ambas as matérias, fossem no âmbito federal ou estadual.

O que se percebe é que Schmitt recorre à mesma legalidade, a que condena reduzir-se a Constituição de Weimar, assim como ao sentido do conteúdo político da mesma Constituição da figura moderadora do Presidente do *Reich* para justificar sua posição relativamente ao papel constitucional dessa autoridade. Se o Estado legislador de Weimar esvaziaria o poder do Estado, não era o caso quando do art. 48 desta Constituição, o qual não parecia a Schmitt ser destituído da força da decisão política, conforme se extrai de suas manifestações sobre os casos acima retratados.

O reconhecimento da capacidade constitucional e política de Weimar já estava em Hermann Heller, ao contrário de Schmitt, quando de suas palavras perante o Tribunal do Estado. São de Heller

---

412 SCHMITT, Carl. "Positionen und Begriffe im Kampf mit Weimar – Genf – Versailles". *In*: _____. *Schlußrede vor dem Staatsgerichtshof in Leipzig (1932)*. Berlim: Duncker & Humblot, 1994, p. 71.

413 SCHMITT, Carl. "Positionen und Begriffe im Kampf mit Weimar – Genf – Versailles". *In*: _____. *Schlußrede vor dem Staatsgerichtshof in Leipzig (1932)*. Berlim: Duncker & Humblot, 1994, p. 72.

## CAPÍTULO II – O JULGAMENTO E AS POSIÇÕES INTELECTUAIS

as palavras e provas a desautorizarem a suposta proteção especial que a Prússia oferecia ao Partido Comunista da Alemanha, o que a tornariam incapaz da manutenção da ordem e segurança internas no território prussiano. Sobre a aberta incitação nazista em seus meios de comunicação, sobre as "tratativas secretas" de deputados comunistas com o governo estadual, e ainda sobre conversações de Papen com Hitler, Heller respondeu com documentos, com a objetividade dos fatos amplamente conhecidos, comprovadores do contrário.[414] Além destes elementos fáticos objetivos, Hermann Heller não desconhece o teor da previsão constitucional da intervenção e do art. 48, levantada por Schmitt.

No conhecido texto "Procedeu o *Reich* conforme a Constituição?" (*Ist das Reich verfassungsmäßig vorgegangen?*), resta devidamente pontuada por Heller a compreensão do dispositivo constitucional da intervenção, agora pensado com o conjunto da Constituição, com o que Heller entende ser o "mínimo organizatório" (*das organisatorische Minimum*) da Constituição,[415] mas que foi violado pelo governo central. A diferença é que Hermann Heller, ao contrário de Schmitt, não deixou de destacar sua concepção a respeito da Constituição de Weimar como um organismo político vivo por inteiro, que incluía os contrários da disputa política civilizada no seu conteúdo.

Carl Schmitt era conhecedor do risco do nacional-socialismo, já que ouviu – dentre tantos, e em seguida à sua manifestação – a exposição de Arnold Brecht, logo na primeira audiência de 10 de outubro de 1932: "o objectivo do NSDAP é a derrubada violenta da forma de Estado existente".[416] Ainda assim, Schmitt não hesitou

---

[414] PcR, 1976, p. 37.

[415] HELLER, Hermann. "Ist das Reich verfassungsmässig vorgegangen?" *In*: _____. *Gesammelte Schriften*. In Verbindung mit Martin Draht, Otto Stammer, Gerhard Niemeyer, Fritz Borinski. Hrsg. von Christoph Müller. Zweiter Band. Tübingen: Mohr Siebeck, 1992, p. 410.

[416] *Das Ziel der NSDAP ist der gewaltsame Umsturzt der betehende Staatsform.* (PcR, 1976, p. 43).

sobre suas ideias expostas em *Legalidade e Legitimidade* – e, na verdade, já comprometidas desde o teor da própria obra – de que o mesmo Estado legislador era agora capaz de conferir um sentido racional de política constitucional, nem que fosse às custas somente do momento do art. 48.

Em outras palavras, Carl Schmitt tinha conhecimento do que realmente estava em jogo. Escreveu sobre o assunto pouco antes do julgamento. Sua erudita retórica dirigiu-se contra qualquer possibilidade de assimilação da Constituição de Weimar que não atribuísse e não reconhecesse no Presidente do *Reich* a figura do soberano, como defendeu desde 1922 na sua Teologia Política (*Politische Theologie*).[417] As consequências da intervenção eram de conhecimento de Schmitt, assim como eram de Heller. A dubiedade que se constata quando da leitura de *Legalidade e Legitimidade* (que destaca a incapacidade de ação política do Estado Legislador) e quando se observa a defesa de Schmitt para atribuir força ao art. 48 da Constituição de Weimar, revela que Schmitt enxergava naquela Constituição "partes" de sua força constitucional. Está-se diante da astuta operação de fazer vigorar apenas partes de atos normativos constitucionais, a fim de manter uma aparência de legalidade e normalidade. Na verdade, o braço de tal operação não alcança somente partes do texto constitucional: atinge todo o corpo normativo de qualquer Constituição, com sua destruição, o que transforma qualquer Constituição numa quimera... ou em pesadelo.

A Constituição, os fatos e as consequências do julgamento eram do conhecimento de todos. Hans Nawiasky registrou, entre outros, que o julgamento era o mais importante já enfrentado pelo Tribunal do Estado – "ou melhor, por qualquer Tribunal do mundo": o que nele seria decidido, nada mais seria que o "destino

---

[417] SCHMITT, Carl. *Der Begriff des Politischen*. 6ª ed. Berlim: Duncker & Humblot, 1996, p. 13.

## CAPÍTULO II – O JULGAMENTO E AS POSIÇÕES INTELECTUAIS

do *Reich* alemão".[418] Diante de tal cenário, não há como absolver o Tribunal do Estado quando se negou à compreensão do mínimo organizatório da Constituição, desprezando o que lhe saltava aos olhos: o fim da Constituição e da primeira tentativa democrática da Alemanha. O esforço que deveria ser realizado era aquele da compreensão política e de que nestas decisões poderia estar selado o destino da Alemanha antes do nacional-socialismo. A este apelo não atendeu o Poder Judiciário.

Um panorama conturbado não é estranho a intelectuais e juristas brasileiros, tampouco à percepção da ausência de compromisso do Poder Judiciário com a objetividade normativa de uma Constituição dirigente e social como pretendeu ser a Brasileira de 1988. Intelectuais brasileiros, como Lenio Streck, registram a compreensão sobre a força constitucional de Heller[419] e a necessidade de sua recepção no sistema constitucional brasileiro:

> Em outras palavras, é Heller quem defende, de modo correto em face do caráter normativo da Constituição, *que é preciso analisar juridicamente se uma intervenção federal e suas ações se justificam, inclusive se não haveria medida menos gravosa que proteja os princípios da democracia e do federalismo, estruturantes da Constituição.* (...) Com base na Constituição brasileira, penso que cabe ainda mais seguir a posição de Heller, se quisermos levar a Constituição a sério como norma.

---

[418] *(...) der größte und wichtigste Prozeß ist, der je vor dem Staatsgerichtshofe des Deutschen Reiches, je vor einem Staatgerichtshof der Welt geführt worden ist (...), daß hier konkret über das nächste Schicksal des Deutschen Reiches entscheiden ist.* (PcR, 1976, p. 232).

[419] STRECK, Lenio Luiz. "Intervenção federal ou militar? Ato discricionário? Qual é o limite?" *Consultor Jurídico*, 22 fev. 2018. Disponível em: https://www.conjur.com.br/2018-fev-22/senso-incomum-intervencao-federal-ou--militar-ato-discricionario-qual-limite. Acessado em: 29.08.2022.

Qualquer um pode afirmar que não se sabia ao certo o que viria, ou mesmo que o nacional-socialismo e Adolf Hitler poderiam vir a ser domesticados pela Constituição, leis e instituições. Embora a distância do tempo favoreça aos pesquisadores da atualidade para alcançarem uma resposta contrária a tal expectativa, mesmo nos anos 1930 não era razoável que se esboçasse a esperança a respeito de subordinação do nazismo à legalidade civilizatória que Weimar procurou consolidar.

A fundação já em 1928 da SS (*Schutz-Staffel*), ou tropa de proteção, com seu crescimento de 250 homens iniciais para dez mil em 1930, é apenas um dos exemplos da disposição do nacional-socialismo sobre a compreensão de raça, e de Estado de Direito, como a manifestação de Heinrich Himmler de 1934: "não tenho que praticar justiça, mas tenho que exterminar e extinguir".[420] O "mortal cotidiano", mesmo antes do nazismo, se estendeu até seus últimos dias.[421]

Em meio ao conturbado ambiente econômico e político, não havia como o Tribunal do Estado ignorar que este grupo se tornava politicamente forte e o que entendia por "restabelecimento da ordem". O nacional-socialismo jamais escondeu as ideias centrais de seu discurso, além de oferecer provas concretas de sua disposição quanto às suas ideias. O comportamento do Partido Nacional Socialista, nos episódios que conduziram aos distúrbios

---

[420] *Ich habe nicht Gerechtigkeit zu üben, sondern zu vernichten und auszurotten.* (KOGON, Eugen. *Der SS-Staat*: Das System der deutschen Konzentrationslager. Frankfurt am Main: Europäische Verlagsanstalt, 1946, p. 24).

[421] A descrição de processos judiciais normais de um advogado em Berlim foi reportada na obra: GÜSTROW, Dietrich. *Tödlicher Alltag*: Strafverteidiger im Dritten Reich: Berlim: Wolf Jobst Siedler Verlga GmbH., 1981. O livro *Mein Kampf* obteve mais 1122 edições, com um total de 12.450.00 exemplares vendidos e distribuídos desde 1925 até 1945, em traduções para, no mínimo, 17 idiomas. Cf. HATMANN, Christian; VORDERMAYER, Thomas; PLÖCKINGER, Othmar; TÖPPEL, Roman. *Hitler, Mein Kampf*: Eine kritische Edition. Berlim: Instituts für Zeitgeschichte München, 2016, p. 9.

## CAPÍTULO II – O JULGAMENTO E AS POSIÇÕES INTELECTUAIS

em Hamburg, não se constituíram em excepcionais: eram parte de uma estratégia no território alemão, sobretudo, de evidente não aceitação da ordem normativa vigente. Assim, cobrar a responsabilidade histórica do Tribunal do Estado e de intelectuais que estiveram presentes no julgamento nada mais corresponde do que a tentativa de trabalhar o passado, como advertência universal, e não somente à sociedade alemã.

# CAPÍTULO III

## CONSTITUIÇÃO, GOVERNO E INSTABILIDADE

Decifrar a esfinge do Poder Judiciário continua a ser um desafio permanente, sem novelo de Teseu que ofereça saída para que se enxergue além da névoa. Se é que não seria o próprio Judiciário a se deixar pôr o mesmo elmo de névoa para que seus olhos e ouvidos neguem a existência que tem diante de si.[422] Se se pode constatar desde a Revolução Francesa que a questão do Poder Judiciário está presente nos debates constitucionais e políticos, ainda não se alcançou modelos a permitir que se encontre, na organização desse Poder, conteúdo democrático e de radical defesa da democracia a que deveria defender e se submeter. Eleições de juízes, cargos vitalícios ou renováveis, garantias constitucionais como aquela da inamovibilidade, quase tudo que se tentou tem se mostrado frágil diante da tentação de sucumbir ao poder político que se impõe, de sua natureza democrática ou não.

---

[422] *Perseus brauchte eine Nebelkappe zur Verfolgung von Ungeheurn. Wir ziehen die Nebelkappe tief über Aug' und Ohr, um die Existenz der Ungeheuer wegleugnen zu können.* (MARX, Karl. "Das Kapital". Erster Band. *In*: MARX, Karl; ENGELS, Friedrich. *Marx-Engels-Werke*. vol. 23. Berlim: Dietz Verlag, 1969).

Como o desafio continua, é na busca da compreensão do Poder Judiciário que se tem dedicado a literatura científica mais recentemente. Em 2008 o Professor da Universidade de Toronto Ran Hirschl advertiu de uma nova forma de judicialização da política que se mostrava no universo da atividade das cortes constitucionais, a ocorrer nas sociedades que viveram episódios mais significativos de alterações político-institucionais como aquelas do Leste Europeu ou dos processos de redemocratização da América Latina. Esta nova modalidade é qualificada por Hirschl como atuação do Poder Judiciário na "megapolítica", com capacidade de provocar mudanças de regimes, o que difere da conhecida judicialização sobre assuntos pontuais das sociedades:[423]

> (...) the judicialization of politics has expanded beyond rights issues or transnational cooperation to encompass what we may term "mega-politics" – matters of outright and utmost political significance that often define and divide whole polities. These range from electoral outcomes and corroboration of regime change to matters of war and peace, foundational collective identity questions, and nation-building processes pertaining to the very nature and definition of the body politic.

Em outros termos, Hirschl lembra que se o novo fenômeno era mais perceptível nas sociedades egressas de experiências autoritárias, isso não quer dizer que a atuação do Poder Judiciário na "megapolítica" não tenha se dado também em países como Estados Unidos ou da União Europeia. Para ele, nascia uma nova forma de atuação do Poder Judiciário. Esta nova perspectiva consolida-se com o que Hirschl qualifica de uma "fórmula explosiva":[424]

---

[423] HIRSCHL, Ran. "The Judicialization of Mega-Politics and the Rise of Political Courts". *The Annual Review of Political Science*, vol. 11, 2008, p. 94.

[424] HIRSCHL, Ran. "The Judicialization of Mega-Politics and the Rise of Political Courts". *The Annual Review of Political Science*, vol. 11, 2008, p. 97.

## CAPÍTULO III – CONSTITUIÇÃO, GOVERNO E INSTABILIDADE

Accordingly, a more strategic or realist approach to the judicialization of politics has emerged, emphasizing "judicialization from above" and the political conditions that are likely to promote it. Concrete political power struggles, the interests of elites and other influential stakeholders, and clashes of worldviews and policy preferences are considered the main catalysts of the judicialization of mega-politics. Strategic political deference to the judiciary alongside politically astute judicial behavior is the explosive formula here.

A disposição de juízes de influir no jogo político, ou a conhecida judicialização cotidiana em torno de direitos fundamentais, liberdades civis etc. não é suficiente para oferecer natureza explicativa à atuação do Poder Judiciário na "megapolítica": aqui se trata do decisivo apoio à esfera da grande política de parte do Poder Judiciário para que a intervenção puramente política, ou a "megapolítica", ocorra,[425] no sentido de alteração de resultado de eleições, mudanças de regime.[426] E serão exatamente estas instâncias da judicialização no "coração da política" que fazem questionáveis as credenciais democráticas do Poder judiciário.[427]

---

[425] HIRSCHL, Ran. "The Judicialization of Mega-Politics and the Rise of Political Courts". *The Annual Review of Political Science*, vol. 11, 2008, p. 98.

[426] Conceito semelhante foi mencionado por Mark Tushnet como "jogo duro constitucional": "A ideia de jogo duro constitucional é a seguinte: toda nação tem suas regras constitucionais, mas além dessas regras existem práticas estabelecidas associadas com o discurso político e com as práticas políticas que são aceitas mesmo não estando expressamente previstas na Constituição. Jogo duro constitucional é o fenômeno que ocorre quando agentes políticos – políticos eleitos, membros do Congresso e semelhantes – adotam determinadas práticas que são, para eles, compatíveis com o que a Constituição permite, mas que estão em conflito com os entendimentos pressupostos sobre o comportamento político adequado". ESTADÃO. "Jogo duro constitucional: uma conversa com Mark Tushnet". *Estado da Arte*, 18 dez. 2020. Disponível em: https://estadodaarte.estadao.com.br/tushnet-hardball-entrevista/. Acessado em: 02.09.2022.

[427] HIRSCHL, Ran. "The Judicialization of Mega-Politics and the Rise of Political Courts". *The Annual Review of Political Science*, vol. 11, 2008, p. 99.

Não parece residir maior dúvida de que no caso do julgamento da Prússia contra o *Reich* estava-se diante de um caso de consequências com profundo impacto na política nacional da Alemanha de Weimar. Não há maior questionamento sobre os acontecimentos no Brasil após o resultado das eleições presidenciais de 2014: os principais partidos de oposição, a mídia de maior alcance e a oposição parlamentar passaram a atuar na esfera da burocracia judiciária a fim de conduzir ao palco do Poder Judiciário o espaço da disputa da "megapolítica".

Para além da natureza explicativa da ação do Poder Judiciário na política de maior impacto, Hirschl adiciona elementos materiais dos quais não se pode abrir mão à compreensão do comportamento do Poder Judiciário: trata-se da identificação da origem e do compromisso de classe dos juízes, na defesa de seus interesses econômicos e políticos, seja na qualidade da representação política de seus interesses imediatos e privilégios funcionais, seja no âmbito de esvaziar o constitucionalismo dirigente que não se classifica inteiramente como neoliberal, e tem como um dos pressupostos fundantes a submissão dos juízes ao poder constituinte, à Constituição e às leis. Para Hirschl, o Poder "Judiciário não cai dos céus, e é politicamente construído":

> I believe that constitutionalization of rights and the fortification of judicial review result from a strategic pact led by hegemonic yet increasing threatened political elites, who seek to insulate their policy preferences against changing fortunes of democratic politics, in association with economic and judicial elites who have compatible interests.[428]

---

[428] HIRSCHL, Ran. *Towards Juristocracy*: the origins and consequences of the new constitutionalism. Cambridge: Harvard University Press, 2004, p. 49.

## CAPÍTULO III – CONSTITUIÇÃO, GOVERNO E INSTABILIDADE

No Brasil, visão semelhante – de fôlego materialista – tem sido compartilhada por Alysson Mascaro, para quem "golpes não aceitam ser narrados como tais". Assim é que:[429]

> (...) o ambiente da convivência de juristas e de agentes do poder judiciário é o da classe média que partilha dos espaços do capital. Por isso, o interesse imediato da burguesia passa a ser o horizonte prático da ideologia dos juristas. No caso da América Latina, o recente alinhamento ao capital gera também uma classe de juristas e de agentes dos poderes judiciários que capitaneia uma injunção jurídica regressiva.

A mesma descrição de interesses da magistratura brasileira, como estrato social, é compartilhada por Marcelo Maciel Ramos e Felipe Araújo Castro:[430]

> É evidente que existem homens e mulheres corruptos em instituições honestas, assim como há homens e mulheres honestos em instituições corrompidas. Porém, quando as instituições corrompem muitos dos que nela se inserem, então ocorre o que Mills identifica como institucionalização da alta imoralidade (MILLS, 1981, p. 399). Não é uma imoralidade consciente ou desejada, mas uma imoralidade estrutural, visto que o exercício de poderes – no caso da magistratura, o exercício do poder jurisdicional –, está inserido em uma estrutura que contradiz seus próprios princípios (ou seus discursos legitimadores). (...) As contradições que promovem e perpetuam a imoralidade estrutural da magistratura brasileira decorrem da própria posição de elite que ostentam seus membros, o que implica o gozo de privilégios claramente aristocráticos,

---

[429] MASCARO, Alysson Leandro. *Crise e Golpe*. São Paulo: Boitempo, 2018, p. 150.

[430] RAMOS, Marcelo Maciel; CASTRO, Felipe Araújo. "Aristocracia judicial brasileira: privilégios, *habitus* e cumplicidade estrutural". *Revista Direito GV*, vol. 15, nº 2, 2019, p. 29.

embora justificados, de modo paradoxal, por um discurso de mérito, lastreado em uma afirmação formalista e abstrata de igualdade que não se confirma na realidade concreta das relações e das disputas sociais.

Constata-se aqui o que Friedrich Engels detectou em 1895: a legalidade que é criada pelos próprios partidos da ordem se transforma, para a mesma ordem, numa verdadeira sentença de morte. Obedecer a uma Constituição democrática, dirigente e intervencionista converte-se numa revolução, uma vez tão incisivos são os obstáculos do próprio sistema estruturado e organizados sob esta mesma Constituição.

O centro do debate aqui é que não se está a exigir, numa realidade econômica e jurídica ordenada para a economia de mercado, que este mesmo sistema político e jurídico funcione de outra forma ou da maneira socialista. Mesmo numa realidade de economia de mercado, assim pactuada constitucionalmente, os atores políticos não aceitam o que fora acertado por eles mesmos, como explicita Engels:[431]

> A ironia da história mundial tudo revolve. Nós, os "revolucionários", os "agitadores" temos muito mais a ganhar através dos métodos legais, do que pela ilegalidade e agitação. Os partidos da ordem, como eles se denominam, perecem diante da legalidade por eles próprios estabelecida e clamam desesperados com Odilon Barrot: la légalité nos tue, a legalidade é a nossa morte (...).

---

[431] *Die Ironie der Weltgeschichte stellt alles auf den Kopf. Wir, die "Revolutionäre" die "Umstürzler", wir gedeihen weit besser bei den gesetzlichen Mitteln als bei den ungesetzlichen und dem Umsturz. Die Ordnungsparteien, wie sie sich nennen, gehen zugrunde an dem von ihnen selbst geschaffenen gesetzlichen Zustand. Sie rufen verzweifelt mit Odilon Barrot: la légalité nos tue, die Gesetzlichkeit ist unser Tod (...).* (ENGELS, Friedrich. "Einleitung zu Marx' 'Klassenkämpfe in Frankreich 1848 bis 1850' (1895)". *In*: MARX, Karl; ENGELS, Friedrich. *Marx-Engels-Werke*. vol. 22. Berlim: Dietz Verlag, 1963, p. 525).

## CAPÍTULO III – CONSTITUIÇÃO, GOVERNO E INSTABILIDADE

A contemporaneidade de acontecimentos da "megapolítica" entre episódios semelhantes na América Latina despertou a atenção de olhares mais atentos. Embora não recorrendo ao termo "megapolítica" de Hirschl, Barry Cannon classificou os episódios que se deram em Honduras (2009), no Paraguai (2012) e no Brasil (2016) como *smart coups*, os quais tiveram por objetivo a remoção da centro-esquerda do poder nestes países governados pela "maré rosa", ou *pink tide.*[432]

Cannon sustenta que não se trata somente de assegurar o poder político em favor dos setores da direita na América Latina, *but rather to secure neoliberalism across the power structure.*[433] Para tanto, a remoção de governos mais distantes da versão neoliberal constituiu-se em elemento central da agenda política de uma *Right-oriented state/society complexes.*[434] Grandes mobilizações populares, greves, desestabilização econômica e o apoio de algumas das instituições governamentais[435] passam a compor o cenário favorável à remoção destes governos eleitos.

O destaque de Cannon fica com o registro do caso brasileiro, em que a *mainstream media playing a central role in promoting mass demonstrations aimed ultimately at removing a Left-government from power, despite its "extraordinary moderation".*[436] Com

---

432 CANNON, Barry. *The Right in Latin America*: Elite Power, Hegemony and Struggle for the State. Nova York e Londres: Routledge, 2016, pp. 1 e 116.

433 CANNON, Barry. *The Right in Latin America*: Elite Power, Hegemony and Struggle for the State. Nova York e Londres: Routledge, 2016, p. 118.

434 CANNON, Barry. *The Right in Latin America*: Elite Power, Hegemony and Struggle for the State. Nova York e Londres: Routledge, 2016, p. 118.

435 CANNON, Barry. *The Right in Latin America*: Elite Power, Hegemony and Struggle for the State. Nova York e Londres: Routledge, 2016, p. 119.

436 CANNON, Barry. *The Right in Latin America*: Elite Power, Hegemony and Struggle for the State. Nova York e Londres: Routledge, 2016, p. 126. O que se deixa confirmar também por outros autores: MARQUES, Francisco Paulo Jamil; MONT'ALVERNE, Camila; MITOZO, Isabele. "Editorial journalism and political interests: Comparing the coverage of Dilma Rousseff's

o uso da força jurídico-midiática, como adverte Mascaro, revela-se a incapacidade da reação popular contra "golpes e compreensões do espaço político".[437]

Ao lado do destacado papel da imprensa, Cannon mantém sua concordância com outras análises a incorporarem o contínuo controle, pela direita da América Latina, de algumas instituições do Estado, *such as parts of the judiciary*,[438] mesmo após os sucessos eleitorais da *pink tide*. Esta poderosa presença no interior da burocracia do Estado, aliada à construção diária de uma cultura favorável ao neoliberalismo, à competitividade, à necessidade de alternância de poder e supostamente contrária a qualquer forma de corrupção mostraram-se como elementos essenciais a permitirem o ambiente de troca de governos; troca na qual a qualificação por golpe de Estado exigiria especiais esforços discursivos e intelectuais para a maior parte da população.

---

impeachment in Brazilian newspapers". *Sage Journals*, vol. 1, 2019, pp. 1-20; MARQUES, Francisco Paulo Jamil; MONT'ALVERNE, Camila; MITOZ, Isabele Batista. "A empresa jornalística como ator político: Um estudo quantiqualitativo sobre o impeachment de Dilma Rousseff nos editoriais de Folha e Estadão". *Observatório (OBS\*) Journal*, 2018, pp. 224-245; LIMA, Venício A. "A direita e os meios de comunicação". *In*: CRUZ, Sebastião Velasco e; KAYSEL, André; CODAS, Gustavo (Coord.). *Direita, volver! O Retorno da direita e o ciclo político brasileiro*. São Paulo: Fundação Perseu Abramo, 2015, pp. 91-113; ROCHA, Camila. "Direitas em rede: think tanks da direita na América Latina". *In*: CRUZ, Sebastião Velasco e; KAYSEL, André; CODAS, Gustavo (Coord.). *Direita, volver! O Retorno da direita e o ciclo político brasileiro*. São Paulo: Fundação Perseu Abramo, 2015, pp. 178-261; NAVA, Mariane; MARQUES, Francisco Paulo Jamil. "From 'Leftist' To 'President': Journalism and Editorial Coverage of Brazil's Lula in Five Elections". *Journalism Practice*, Routledge, 8 mar. 2019. DOI: 10.1080/17512786.2019.1587640.

[437] MASCARO, Alysson Leandro. *Crise e Golpe*. São Paulo: Boitempo, 2018, p. 150.

[438] CANNON, Barry. *The Right in Latin America*: Elite Power, Hegemony and Struggle for the State. Nova York e Londres: Routledge, 2016, p. 18.

## CAPÍTULO III – CONSTITUIÇÃO, GOVERNO E INSTABILIDADE

Gaspard Estrada confirma, pelo menos para o caso brasileiro, o lado negativo para a consolidação democrática da utilização da burocracia judiciária como arma política:[439]

> Se vendía como la mayor operación anticorrupción del mundo, pero se volvió el mayor escándalo judicial de la historia brasilera. Su desairado fin nos dice mucho sobre el descredito en el que cayó después de la victoria de Jair Bolsonaro, impulsada en buena medida por la indignación social provocada por el "lavajatismo". También permite esbozar una reevaluación del legado de la operación y de la manera en la que entrará en los libros de historia, en particular tras la publicación reciente de nuevos diálogos vía Telegram entre Moro y los procuradores, que confirmaron su carácter eminentemente político.

Na mesma linha de Cannon e Estrada, observa-se o pensamento da intelectualidade nacional, cuja produção científica nos últimos cinco anos despertou intensos debates. É o caso de Pedro Serrano e seus estudos sobre o estado de exceção no democrático contexto constitucional normativo. Serrano reconhece algumas das razões, entre as quais se pode pontuar:[440]

> a) a presença de um Estado de exceção permanente que convive faticamente com uma democracia formal – a qual se realiza plenamente apenas na Constituição; b) a necessidade de produção de atos formais advindos de um poder parcialmente dominado pela expressão do conservadorismo,

---

[439] ESTRADA, Gaspard. "El Desairado fin de Lava Jato". *The New York Times*, 09 fev. 2021, p. 1. Disponível em: https://www.nytimes.com/es/2021/02/09/espanol/opinion/lava-jato-brasil.html. Acessado em: 29.08.2022.

[440] SERRANO, Pedro Estevam Alves Pinto. *Autoritarismo e golpes na América Latina*: breve ensaio sobre jurisdição e exceção. São Paulo: Alameda Casa Editorial, 2016, p. 96.

a fim de combater a ascensão ao executivo dos governos da esquerda democrática ou dos interesses que ela representa (...).

O "agir soberano" da jurisdição nada mais representa do que a desvinculação da lei escrita, com o posterior esvaziamento do conteúdo desta legalidade, sem que se operem as alterações nos textos constitucional e legais, pela via instituída do devido processo de produção normativa. Textos normativos restam intocados em sua formalidade, porém destituídos de possibilidade de aplicação do seu conteúdo.

É neste sentido que semelhante tese encontra acolhida por Rafael Valim, que enxerga no fenômeno a "superação da normatividade" pelo Poder Judiciário:[441]

> Por fim, associe-se a um fenômeno de maciça *superação da normatividade*, especialmente por parte do Poder Judiciário, o que, sem sombra de dúvida, confere maior gravidade ao estado de exceção brasileiro, porquanto se origina, fundamentalmente, do órgão que, em tese, seria a última fronteira da defesa da ordem constitucional.

Há mais vozes na intelectualidade brasileira a detectar o fenômeno ocorrido com o STF durante a chamada crise política iniciada desde as eleições de outubro de 2014 e que terminou por demonstrar a fraqueza do Tribunal na radicalidade da defesa da Constituição. Emilio Meyer é uma dessas vozes:[442]

> This landscape authorizes us to draw conclusions about how the Brazilian Supreme Court has been treating its relationship with the National Congress, which has given more attention

---

[441] VALIM, Rafael. *Estado de Exceção*: a Forma Jurídica do Neoliberalismo. São Paulo: Contracorrente, 2017, p. 51.

[442] MEYER, Emilio Peluso Neder. "Judges and Courts Destabilizing Constitutionalism: the Brazilian Judiciary Branch's Political and Authoritarian Character". *German Journal of Law*, vol. 19 n° 4, 2018, p. 742.

## CAPÍTULO III – CONSTITUIÇÃO, GOVERNO E INSTABILIDADE

to how the media and a fraction of popular opinion see the facts, than to what the constitutional norms establish.

O risco do desvio para a preponderância do "clamor das ruas" sobre a Constituição e as leis, já compreendido por Ernst Fraenkel, parece ter sido presente no Brasil durante o processo de *impeachment*. E por aqui mereceu a devida atenção também de Lenio Streck:[443]

> Sustento que um argumento moral não pode corrigir a Constituição (por exemplo, o clamor das ruas não pode ter o condão de fragilizar a presunção da inocência). Por isso, meu receio de que se concordarmos com a moralização do Direito nas boas causas, fatalmente chegará o momento em que a correção moral virá para afetar direitos fundamentais (seriam as causas ruins).

O caso brasileiro desencadeou atenção de mais intelectuais estrangeiros. Perry Anderson produziu dois conhecidos ensaios publicados na *London Review of Books*: *Lula's Brazil*, publicado em março de 2011; e *Bolsonaro's Brazil*, agora em fevereiro de 2019.[444] No primeiro, a visão sobre o Brasil durante os dois governos do Presidente Lula e sua tarefa desde o início de seus governos, qual seja, a redução da miséria: *Accomodation of the rich and powerful would be necessary, but misery had do be tackled more serisouly than in the past.*[445]

O resultado desta determinação governamental possibilitou um dado histórico para o Brasil: *the greatest reduction in poverty*

---

[443] STRECK, Lenio. *30 Anos da CF em Julgamentos*: uma radiografia do STF. Rio de Janeiro: Forense, 2018, p. 126.

[444] Posteriormente, em 2019, estes ensaios e outros foram organizados e publicados em: Brazil Apart 1964-2019. Londres: Verso.

[445] ANDERSON, Perry. "Lula's Brazil". *London Review of Books*, vol. 33, n° 7, 31 mar. 2011, p. 6. Disponível em: https://www.lrb.co.uk/v33/n07/perry-anderson/lulas-brazil. Acessado em: 02.02.2019.

*in Brazilian history.*[446] Conduzido ao poder por eleições e com forte base sindical, *Lula's exercise of power has involved none of all this. His rise was based on a tradeunion movement and political party far more modern and democratic than anything Vargas or Peron ever envisaged.*[447] Logo em 2005 o governo se viu envolvido em escândalos de corrupção conhecido por "mensalão", fortemente explorado pela mídia nacional, com a transmissão ao vivo do julgamento no Supremo Tribunal Federal pela primeira vez na televisão brasileira em 2012. Referido aspecto, de ampla publicidade, "teatralizou as tomadas de posição e o enfrentamento entre ministros configurando uma arena polarizada antes mesmo do início da apreciação substantiva do caso".[448]

Os fatos narrados amplamente a partir de 2005 não foram capazes de impedir o segundo mandato presidencial do Presidente Lula, nem a reeleição de Dilma Rousseff para seu segundo mandato – inconcluso – na eleição de 2014. Definido como compra de votos no parlamento para a aprovação de projetos de interesse do governo o "mensalão de 2005 foi o ensaio geral para o que aconteceria anos depois na Lava Jato e no processo de impedimento da presidente Dilma".[449] Quanto à eleição presidencial de 2018:[450]

---

[446] ANDERSON, Perry. "Lula's Brazil". *London Review of Books*, vol. 33, nº 7, 31 mar. 2011, p. 7. Disponível em: https://www.lrb.co.uk/v33/n07/perry-anderson/lulas-brazil. Acessado em: 02.02.2019. Cf. a pesquisa de campo publicada na obra: REGO, Walquíria Leão; PINZANI, Alessandro. *Vozes do Bolsa Família*: autonomia, dinheiro e cidadania. São Paulo: Editora UNESP, 2014.

[447] ANDERSON, Perry. "Lula's Brazil". *London Review of Books*, vol. 33, nº 7, 31 mar. 2011, p. 5. Disponível em: https://www.lrb.co.uk/v33/n07/perry-anderson/lulas-brazil. Acessado em: 02.02.2019.

[448] KOENER, Andrei; SCHILLING, Flávia. "O Direito regenerará a República? Notas sobre a política e racionalidade jurídica na atual ofensiva conservadora". *In*: CRUZ, Sebastião Velasco e; KAYSEL, André; CODAS, Gustavo (Coord.). *Direita, volver! O Retorno da direita e o ciclo político brasileiro*. São Paulo: Fundação Perseu Abramo, 2015, p. 83.

[449] SOUZA, Jessé. *A Radiografia do Golpe*. Rio de Janeiro: Casa da Palavra/LeYa, 2016, p. 49.

[450] KOERNER, Andrei. "O STF no processo político brasileiro 2: do Golpe à eleição de 2018". *Cadernos do CEDEC*, São Paulo, nº 126, dez. 2018, p. 12.

## CAPÍTULO III – CONSTITUIÇÃO, GOVERNO E INSTABILIDADE

> o Supremo Tribunal Federal (STF) negou um *habeas corpus* ao ex-presidente Lula, autorizando sua prisão sem provas. Isto foi possibilitado pela manipulação da agenda do tribunal, realizada por uma manobra conduzida pela sua presidenta. O discurso da moralização da política por parte do Direito e dos tribunais foi instrumental para destruir uma coalizão popular. Porém, os tribunais estão divididos, as regras foram manipuladas e os direitos, violados.

Andrei Koerner apenas complementou, nas palavras acima, a visão sobre a deficiência histórica do Supremo Tribunal Federal em momentos de crise política: "a incapacidade de os ministros 'confessarem o direito, garantirem a liberdade, defenderem a Constituição'".[451] A reiterada recusa da Presidente do STF – por colegas da mesma Presidente qualificada como manipulação – em incluir na pauta as ações de controle concentrado conduziram à prisão do ex-Presidente Lula, a qual foi ordenada pelo juiz Sérgio Moro, tão logo o mesmo STF negou um pedido de *habeas corpus* do ex-Presidente. Tal quadro só confirma a frase de Paulo Arantes de que "Francisco Campos costumava dizer que governar é mandar prender".[452]

---

[451] KOERNER, Andrei. "O STF no processo político brasileiro 2: da moralização da política ao golpe parlamentar". *Cadernos do CEDEC*, São Paulo, nº 125, out. 2018, p. 63.

[452] ARANTES, Paulo. "1964, o ano que não terminou". *In*: TELES, Edson; SAFLATE, Vladimir (Coord.). *O que resta da ditadura*: a exceção brasileira. São Paulo: Boitempo, 2010, p. 206. A crítica sobre manipulação da pauta de julgamentos do STF pela então Presidenta, Min. Cármen Lúcia, foi abertamente manifestada por outro integrante do mesmo STF: o Min. Marco Aurélio. A primeira notícia é do jornal *Folha de S.Paulo*, de 20.03.2018, conforme a jornalista Monica Bergamo: "Marco Aurélio deve levar segunda instância ao plenário do STF. Ministro do STF deve apresentar a questão de ordem na sessão de quarta. O ministro Marco Aurélio Mello, do STF (Supremo Tribunal Federal), deve apresentar uma questão de ordem na sessão de quarta (21) do tribunal para que a questão sobre prisão depois de condenação em segunda instância seja pautada imediatamente por Cármen Lúcia, presidente da corte. A saída passou a ser considerada depois que a

Foi nesse ambiente de eleições e de disputas judiciais que Anderson, no seu segundo texto, detectou o papel do Supremo Tribunal Federal diante das ações que se desenrolaram desde a Operação Lava Jato, quando a Justiça Federal de Curitiba começou

---

magistrada se mostrou inflexível em não pautar o tema, evitando inclusive discutir com os colegas uma saída para o impasse – pelo menos cinco ministros defendem abertamente a revisão da regra, proibindo a execução provisória da pena, e cinco se declaram contrários (...) Em conversa com o decano do tribunal, Celso de Mello, no entanto, chegou-se à conclusão de que a iniciativa emparedaria a ministra Cármen Lúcia: seria a primeira vez, em décadas, segundo declarou o próprio decano na terça (20) aos jornalistas, que tal situação ocorreria. Diante do impasse, o embate pode mesmo ocorrer no plenário, caso Mello leve a ideia adiante". (BERGAMO, Mônica. "Marco Aurélio deve levar segunda instância ao plenário do STF". *Folha de S. Paulo*, 20 mar. 2018. Disponível em: https://www1.folha.uol.com.br/colunas/monicabergamo/2018/03/marco-aurelio-deve-levar-segunda-instancia-ao-plenario-do-stf.shtml. Acessado em: 02.09.2022). Outra notícia é mais enfática: "Marco Aurélio critica 'manipulação da pauta' no STF: 'tempos estranhos'. Ministro reclamou de Cármen Lúcia por não pautar prisão em 2ª instância. O ministro Marco Aurélio Mello, do Supremo Tribunal Federal (STF), criticou, nesta quarta-feira, o que considerou manipulação da pauta da Corte por parte da presidente, a ministra Cármen Lúcia. Ele é o relator de duas ações que tratam da possibilidade de condenados por tribunais de segunda instância serem presos, mesmo que ainda tenham o direito de recorrer a outras instâncias do Judiciário". (O GLOBO. "Marco Aurélio critica 'manipulação da pauta' no STF: 'tempos estranhos'". *O Globo - Política*, 27 jun. 2018. Disponível em: https://oglobo.globo.com/politica/marco-aurelio--critica-manipulacao-da-pauta-no-stf-tempos-estranhos-22827300. Acessado em: 02.09.2022). A crítica do Min. Marco Aurélio ainda é confirmada por Felipe Recondo e Luiz Weber: "Que isso fique claro nos anais do tribunal: vence a estratégia, o fato de vossa excelência não ter colocado em pauta as declaratórias de constitucionalidade", protestou o ministro Marco Aurélio diante do resultado – numa Corte em que tudo e todos são estratégicos. A decisão impactou fortemente a eleição de 2018. Celso de Mello já antevia isso. "Ela [Cármen Lúcia] realmente politizou a agenda do Supremo", protestou em silêncio (RECONDO, Felipe; WEBER, Luiz. *Os onze*: o STF, seus bastidores e suas crises. São Paulo: Companhia das Letras, 2019, p. 326). Emílio Peluso registrou o mesmo acontecimento: *Federal Supreme Court Chief Justice Cármen Lúcia, who held the position between 2016 and 2018, used her discretion to avoid bringing the proceedings to judgment* (MEYER, Emilio Peluso Neder. *Constitutional Erosion in Brazil*. Oxford: Hart Publishing, 2021, p. 112).

## CAPÍTULO III – CONSTITUIÇÃO, GOVERNO E INSTABILIDADE

a recorrer à divulgação maciça na imprensa da corrupção na Petrobras, maior empresa brasileira:[453]

> the pool in Curitiba used leaks and planted stories in the press to short-circuit due process, convicting targets before trial in public opinions, in accord with Brazilian wisdom – valid across the world – that "public opinion is what gets published". Such a leaks are juridically forbidden.

Tais vazamentos, "empregados gratuita e sistematicamente"[454] pelo juiz de Curitiba, Sérgio Moro, conduziram o Supremo Tribunal Federal a permitir a subversão da ordem constitucional, a qual prevê a possibilidade de revisão de decisões judiciais pela última instância da organização do Poder Judiciário, como é igualmente óbvio mundo afora. Para Anderson, o juiz Sérgio Moro poderia assim fazer, *because the media which he used as his megaphone intimidated the Supreme Courts judges, who feared denunciation if they demurred.*[455] Já em maio de 1966, no décimo encontro das

---

[453] ANDERSON, Perry. "Bolsonaro's Brazil". *London Review of Books*, vol. 41, nº 3, 07 fev. 2019, p. 12. Disponível em: https://www.lrb.co.uk/v41/n03/perry-anderson/bolsonaros-brazil. Acessado em: 02.02.2019.

[454] *Moro employed them scott-free, systematically.* (ANDERSON, Perry. "Bolsonaro's Brazil". *London Review of Books*, vol. 41, nº 3, 07 fev. 2019, p. 12. Disponível em: https://www.lrb.co.uk/v41/n03/perry-anderson/bolsonaros-brazil. Acessado em: 02.02.2019).

[455] ANDERSON, Perry. "Bolsonaro's Brazil". *London Review of Books*, vol. 41, nº 3, 07 fev. 2019, p. 12. Disponível em: https://www.lrb.co.uk/v41/n03/perry-anderson/bolsonaros-brazil. Acessado em: 02.02.2019. Em dezembro de 2020, o Min. Ricardo Lewandowski garantiu à defesa judicial do ex-Presidente Lula acesso às mensagens obtidas em junho de 2019 pelo *The Intercept Brazil* e amplamente divulgadas. Foi registrado diálogo entre os membros da força-tarefa da Operação Lava Jato para utilização da imprensa a fim de intimidar, por exemplo, a Min. Rosa Weber do Supremo Tribunal Federal: "'A simples publicidade vai colocá-la na parede', arremata Deltan [Deltan Dallagnol, Coordenador da Força-Tarefa da Operação Lava Jato]". (CONJUR. "Curitiba tentou coagir Rosa Weber com imprensa e Sergio Moro". *Consultor Jurídico*, 08 fev. 2021. Disponível em: https://

Associações Alemã e Francesa de Juristas, em Berlim, o tema da relação entre independência do juiz e opinião pública foi discutido como elemento comprometedor da mesma independência do juiz. O registro de Erhard Denninger do quanto pode a opinião pública, nas sociedades de comunicação de massa, ser ameaçadora para os juízes, o que os conduzira a tomar posições em função desta recepção:[456]

> Prof. Geiger enfatizou particularmente uma série de condições sociais gerais em perigo, incluindo a confisco do prestígio social do Poder Judiciário, a perda de uma base material independente, o confronto crescente com as reações da opinião pública, expressas através dos meios de comunicação de massas, e muitas outras. Uma ameaça à independência judicial reside sobretudo na desintegração pluralista do consenso sobre conteúdos e valores jurídicos fundamentais no seio da nossa sociedade.

Observações recentes no Brasil confirmam o poder de todas as formas de mídias que atuaram durante o processo de destituição da Presidenta Dilma Rousseff, prolongado por prisões de lideranças de esquerda e centro-esquerda. Dultra dos Santos registra que com "o mecanismo de substituição do Direito pela narrativa de *mass media*, opera-se a ilusão de que a narrativa criminalizadora é a

---

www.conjur.com.br/2021-fev-08/curitiba-tentou-coagir-rosa-weber-imprensa-sergio-moro. Acessado em: 02.09.2022).

[456] *Prof. Geiger hob besonders eine Reihe von gefährdenden allgemeingesellschaftlichen Bedingungen hervor, darunter die Einbuße des Richterstandes an Sozialprestige, den Verlust einer unabhängigen materiellen Basis, die wachsende Konfrontation mit den Reaktionen der öffentlichen Meinung, wie sie mit den Mitteln der Massen-Kommunikation Ausdruck finde u. a. m. Eine Bedrohung der richterlichen Unabhängigkeit liege nicht zuletzt in der pluralistischen Desintegration des Konsenses über grundlegende Rechtsinhalte und Wertvorstellungen innerhalb unserer Gesellschaft.* (DENNINGER, Erhard. "Deutsch-französisches Juristentreffen vom 19. bis 21. Mai 1966 in Berlin". *JuristenZeitung*, 21. Jahrg., n° 18, 16 set. 1966, p. 620).

## CAPÍTULO III – CONSTITUIÇÃO, GOVERNO E INSTABILIDADE

própria realidade dos fatos".[457] Resta evidente que referida articulação midiática dilui completamente sua vinculação econômica e política, omitindo ainda o acúmulo histórico sobre as reais origens de financiamento e funcionamento do sistema político-partidário brasileiro e mundial.

A sobrevivência da Constituição de 1988 mais se deveu à tolerância de seus inimigos do que à força de atores políticos internos que a apoiaram. Este pensamento de Neumann para Weimar pode alcançar também o Brasil da Constituição Federal de 1988. Quando a expansão de direitos aos mais pobres começou a sair do papel; quando a soberania econômica e política nacional transformaram-se em pautas reais e de ação concreta de governos; quando direitos previdenciários e trabalhistas se mostraram consolidados, parece ter chegado o fim da tolerância dos inimigos. Ou seja, como afirmou Hermann Heller, "a burguesia começa a duvidar de seu próprio ideal de Estado de Direito, bem como a negar seu 'mundo espiritual'".[458]

O jurista brasileiro mais atento percebe o óbvio sem recorrer aos contorcionismos do pueril negacionismo, como Calmon de Passos:[459]

> A chave para entender a nossa história, diz José Honório Rodrigues, é a conciliação. Não, porém, uma conciliação a favor do País ou, nas suas palavras, com o sentido do progresso, mas conciliação sempre com os objetivos das elites, dos donos dos mandos, como ele o denominava e sempre

---

457 SANTOS, Rogério Dultra dos. *Teoria Constitucional, Ditadura e Fascismo no Brasil*. São Paulo: Tirant Lo Blanch, 2021, p. 211.

458 HELLER, Hermann. "Rechtsstaat oder Diktatur". *In*: _____. *Gesammelte Schriften*. In Verbindung mit Martin Draht, Otto Stammer, Gerhard Niemeyer, Fritz Borinski. Hrsg. von Christoph Müller. Zweiter Band. Tübingen: Mohr Siebeck, 1992, p. 449.

459 CALMON DE PASSOS, José Joaquim. "Reflexões, frutos do meu cansaço de viver ou de minha rebeldia?" *Ensaios e Artigos*, vol. I. Salvador: Juspodium, 2014, pp. 516/517.

com vista ao adiamento do debate (...) O que caracteriza nosso itinerário no tempo, acrescenta, é um permanente divórcio entre nação e poder, entre o que a sociedade quer e o governo faz, ou melhor, deixa de fazer. A conciliação pela inércia sempre empurrou para o futuro os grandes problemas nacionais. Não se buscou a concórdia pelo respeito à diversidade das ideias, o que se procurou foi diluir ou, se possível, anular o dissenso. Sempre que a minoria se sentiu ameaçada por opositores ou insatisfeitos, dá-se a conciliação pela cooptação dos insatisfeitos, chamando-se para o círculo interno do poder. O consenso se dá sempre em favor do *status quo*. (...) Nossa elite jamais se conheceu como parte do povo, nem quis ver como ele era e é, sim como queria que fosse: branco europeizado (hoje americanizado), educado. E por desprezá-lo, marginalizou-o; tudo fez para que não acedesse à plenitude da cidadania.

Este final de tolerância encontrou apoio no Poder Judiciário e no Supremo Tribunal Federal, com destaque decorrente de sua posição da última instância. Trágica coincidência histórica: a Constituição que mais concedeu garantias, liberdade de ação e de organização ao Poder Judiciário não encontrou neste mesmo Poder a força democrática que o emprestou: sucumbiu a Constituição em meio a retórica vazia de refundação da República, iluminismo, posição contramajoritária; elementos argumentativos que se mostraram completamente vazios ante a força da pressão do conjunto de *Right-oriented state/society complexes* presentes no Brasil.

Marcelo Cattoni de Oliveira advoga a posição oposta ao comportamento do STF. Para esse Autor, a "Teoria da Constituição busca, portanto, compreender a normatividade constitucional *como parte* de seu próprio contexto político social".[460] Não parece mais complexo alcançar a conclusão de que, ao recusar olhar para

---

[460] OLIVEIRA, Marcelo Andrade Cattoni de. *Contribuições para uma Teoria Crítica da Constituição*. Belo Horizonte: Arraes Editores, 2017, p. 78.

## CAPÍTULO III – CONSTITUIÇÃO, GOVERNO E INSTABILIDADE

o cenário político, com suas aparências e truques, o STF permitiu a antipolítica. Tanto quanto os outros Poderes políticos no Estado democrático, o Judiciário é conhecedor do funcionamento das engrenagens da política, sem a qual a Constituição a que deve a guarda não passaria de um catálogo de intenções, e nesta dubiedade permitiu o fim de qualquer esperança constitucional.[461] O Poder Judiciário manteve seu "habitual curso": "por devoção, por tempo breve; Tento abafar meu gênio leve; Ziguezagueante é nosso habitual curso".[462]

A Operação Lava Jato, por meio de seus "vazamentos seletivos e ilegais (...)",[463] fortaleceu a ideia de que corrupção e ilegalidades foram cometidas somente pelos governos do Partido dos Trabalhadores, ao passo que a mesma Operação Lava Jato era ciente do que atos de corrupção não eram novidade. Souza Neto registra igualmente que "[a] dissolução das condições de governabilidade de Dilma e, consequentemente, o *impeachment* não teriam ocorrido sem o advento da Lava Jato".[464]

Em seu depoimento judicial,[465] um dos mais antigos e expressivos empresários brasileiros, além de principal líder da

---

[461] Cf.: BELLO, Enzo; BERCOVICI, Gilberto; LIMA, Martonio Mont'Alverne Barreto. "O fim das ilusões constitucionais de 1988?" *Revista Direito e Práxis*, Rio de Janeiro, vol. 10, n° 3, 2019, pp. 1769-1811. DOI: 10.1590/2179-8966/2018/37470.

[462] GOETHE, Johann Wolfgang von. *Fausto*: uma Tragédia. Primeira Parte. Trad. Jenny Klabin Segall. São Paulo: Editora 34, 2004, p. 439.

[463] SOUZA, Jessé. *A Elite do Atraso*: da Escravidão à Lava Jato. Rio de Janeiro: Casa da Palavra/LeYa, 2017, p. 220.

[464] SOUZA NETO, Cláudio Pereira de. *Democracia em crise no Brasil*: Valores constitucionais, antagonismo político e dinâmica institucional. São Paulo: Contracorrente, 2020, p. 75.

[465] No âmbito da Ação Penal n. 5021365-32.2017.4.04.7000/PR, processada inicialmente na 13ª Vara Federal de Curitiba.

Construtora Odebrecht, Emílio Odebrecht expressou-se com as seguintes palavras:[466]

> Os partidos então colocavam seus mandatários com a finalidade de arrecadar recursos para o partido, para os políticos. Isso é há 30 anos que se faz isso O que nós temos no Brasil não é um negócio de cinco anos, dez anos atrás. Nós estamos falando de 30 anos atrás. O que me surpreende é quando eu vejo todos esses poderes, a imprensa, tudo realmente como se isso fosse uma surpresa. Me incomoda isso. Não exime em nada a nossa responsabilidade. Não exime em nada a nossa benevolência (...).

A amplificação constante da corrupção durante os governos brasileiros da *pink tide* acabaram por atingir a Constituição Federal de 1988, e abriu a possibilidade da remoção da Presidenta eleita em 2014, sem que se esboçasse reação da parte do Supremo Tribunal Federal. A produção normativa dos governos dos Presidentes Lula e Dilma deram objetiva demonstração quanto à elaboração de atos que se dirigiam ao combate à corrupção. Souza Neto registra lista de ações levadas a cabo pelos dois governos.[467]

---

[466] ROSSI, Marina. "O vídeo em que Emílio Odebrecht diz que esquema tem 30 anos e culpa a imprensa e os Poderes". *El país*, 16 abr. 2017. Disponível em: https://brasil.elpais.com/brasil/2017/04/14/politica/1492192630_931956. html. Acessado em: 29.08.2019.

[467] SOUZA NETO, Cláudio Pereira de. *Democracia em crise no Brasil*: Valores constitucionais, antagonismo político e dinâmica institucional. São Paulo: Contracorrente, 2020, pp. 81/82. Criação da Controladoria Geral da União pela Lei n. 10.683, de 28 de maio de 2003; criação da Estratégia Nacional de Combate à Lavagem de Dinheiro em 2003; promulgação da Convenção das Nações Unidas contra o Crime Organizado Transnacional, pelo Decreto n. 5.015, de 12 de março de 2004; promulgação da Convenção das Nações Unidas contra a Corrupção, pelo Decreto n. 5.687, de 31 de janeiro de 2006; promulgação da Lei Complementar n. 135, de 4 de junho de 2010, conhecida por "lei da ficha limpa"; promulgação da Lei n. 12.527, de 18 de novembro de 2011, conhecida como "lei da transparência" ou "lei de acesso à informação"; promulgação da Lei n. 12.846, de 1º de agosto de

## CAPÍTULO III – CONSTITUIÇÃO, GOVERNO E INSTABILIDADE

O mesmo STF parece ter virado as costas ao que já se registra na história brasileira: todas as vezes que se recorreu à destituição de legais e legítimos governos, a corrupção, potencializada na opinião pública pelo discurso moralista, foi a arma utilizada para pavimentar o caminho dos rompimentos da legalidade, sendo a mesma corrupção tolerada amplamente quando os governos não representaram maior ameaça à manutenção das estruturas econômicas e sociais da desigualdade no Brasil: Getúlio Vargas suicidou-se; Juscelino Kubitschek quase não é empossado no cargo de Presidente da República e João Goulart foi abertamente golpeado. Todos estes episódios deram-se rapidamente. O pensar sucumbiu diante da velocidade da ação. Se para o Fausto "Era no início a Ação" antes do Verbo,[468] na realidade brasileira consumou-se o fato de que "Agiram antes mesmo de pensar".[469]

Assim como no caso da Prússia contra o *Reich*, as posições do Supremo Tribunal Federal foram assimiladas pelos atores políticos da oposição ao governo de Dilma Rousseff, no sentido de que o Tribunal não representaria maior obstáculo aos objetivos de destituição da Presidenta. O julgamento da ADPF n. 378 foi somente um "suave prelúdio" do que viria em seguida.[470]

---

2013, chamada de "lei anticorrupção"; e a Lei n. 12.859, de 2 de agosto de 2013, a "lei de organizações criminosas", que introduziu a colaboração premiada, ou "delação premiada".

[468] GOETHE, Johann Wolfgang von. *Fausto*: uma Tragédia. Primeira Parte. Trad. Jenny Klabin Segall. São Paulo: Editora 34, 2004, p. 131.

[469] MARX, Karl. "Das Kapital". Erster Band. *In*: MARX, Karl; ENGELS, Friedrich. *Marx-Engels-Werke*. vol. 23. Berlim: Dietz Verlag, 1969, p. 101. A conhecida passagem de Marx sobre os proprietários de mercadorias, recorrendo ao Fausto: "Na sua perplexidade, nossos proprietários de mercadoria pensam como Fausto. No início era Ação. Agiram antes mesmo de pensar" (*In ihrer Verlegenheit denken unsere Warenbesitzer wie Faust. Im Anfang war die Tat. Sie haben daher schon gehandelt, bevor sie gedachte haben*).

[470] "30 de janeiro: Hitler Chanceler. O que eu chamei de terror até o domingo das eleições de 5 de março, foi apenas um suave prelúdio" (*30. Januar: Hitler Kanzler. Was ich bis zum Wahlsonntag, 5.3, Terror, nannte, war mildes*

## 3.1 O Supremo Tribunal Federal, crise política e os julgamentos – a arguição de descumprimento de preceito fundamental n. 378

No dia 17 de dezembro de 2015 o Supremo Tribunal Federal julgou a Arguição de Descumprimento de Preceito Fundamental n. 378 – ADPF n. 378 – ajuizada pelo Partido Comunista do Brasil, e teve "por objeto central analisar a compatibilidade do rito de *impeachment* de Presidente da República previsto na Lei n. 1.079/1950 com a Constituição de 1988".[471] O pedido cautelar foi convertido em julgamento definitivo. O Relator foi o Min. Edson Fachin, que restou vencido; a relatoria para o acórdão recaiu sobre o Min. Luís Roberto Barroso. O Presidente da Câmara dos Deputados, Eduardo Cunha, havia recebido a denúncia contra à Presidenta em 2 de dezembro de 2015.[472]

Com esta decisão, deu-se seguimento ao processo de *impeachment* da Presidenta Dilma Rousseff. Em 17 de abril de 2016 a Câmara dos Deputados recebeu a denúncia contra a Presidenta; no dia 12 de maio o Senado Federal decidiu pelo recebimento da denúncia enviada pela Câmara dos Deputados, o que levou ao afastamento da Presidenta por 180 dias. O então Vice-Presidente, Michel Temer, tornou-se Presidente em exercício. Em 10 de agosto, o Senado Federal acatou a denúncia, agora nos termos do voto do relator, Senador Antônio Anastasia (PDSB de Minas Gerais), o que fez ré a Presidenta Dilma Rousseff. Em 31 de agosto de 2016 a Presidenta Dilma Rousseff foi

---

*Prélude*) (KLEMPERER, Victor. *Ich will Zeugnis ablege bis zum letzten*: Tagebücher 1933-1941. Berlim: Aufbau Verlag, 2015, p. 7).

[471] SUPREMO TRIBUNAL FEDERAL. *Arguição de Descumprimento de Preceito Fundamental n. 378*, Rel. Min. Edson Fachin. Rel. para acórdão Min. Luís Roberto Barroso. 2017, p. 2. Disponível em: https://portal.stf.jus. br/processos/detalhe.asp?incidente=4899156. Acessado em: 05.09.2022.

[472] CÂMARA DOS DEPUTADOS. *Denúncia por Crime de Responsabilidade n. 1/2015.* 02 dez. 2015, pp. 3696 e ss. Disponível em: https://www.camara. leg.br/proposicoesWeb/fichadetramitacao?idProposicao=2057823. Acessado em: 29.08.2022.

## CAPÍTULO III – CONSTITUIÇÃO, GOVERNO E INSTABILIDADE

definitivamente afastada do cargo. Michel Temer tornou-se Presidente do Brasil até 31 de dezembro de 2018.

A base do pedido de *impeachment* contra a Presidenta enfrentou profundos questionamento e não faltaram vozes a não enxergar a existência de crime de responsabilidades nas chamadas "pedaladas fiscais" alegadas na petição inicial do pedido.[473]

---

[473] Diversos pareceres foram produzidos por intelectuais brasileiros sobre a improcedência do pedido de *impeachment*, dentre os quais se destacam aqueles dos Profs. André Ramos Tavares, Titular da Faculdade de Direito da Universidade de São Paulo; Gilberto Bercovici, Titular de Direito Econômico da Faculdade de Direito da Universidade de São Paulo; Marcelo Neves, Titular da Universidade de Brasília; Ricardo Lodi Ribeiro, Adjunto de Direito Financeiro da Universidade do Estado do Rio de Janeiro (GALLI, Marcelo. "Impeachment sem prova é 'escárnio à Constituição', diz parecer de jurista". *Consultor Jurídico*, 20 out. 2015. Disponível em: https://www.conjur.com.br/ 2015-out-20/impeachment-prova-escarnio-constituicao-jurista. Acessado em: 02.09.2022; BERCOVICI, Gilberto. Disponível em: https://www.conjur.com. br/dl/parecer-dilma-bercovici.pdf. *Consultor Jurídico*, 20 out. 2015. Acessado em: 02.09.2022; NEVES, Marcelo. "Denúncia contra Dilma é inconsistente e partidária". *Vermelho*, 07 dez. 2015. Disponível em: https://vermelho.org. br/2015/12/07/marcelo-neves-denuncia-contra-dilma-e-inconsistente-e-partidaria/. Acessado em: 02.09.2022; RIBEIRO, Ricardo Lodi. Disponível em: https://www.conjur.com.br/dl/parecer-ricardo-lodi-impeachment-dilma.pdf. *Consultor Jurídico*, 07 dez. 2015. Acessado em: 02.09.2022). Igualmente, artigos sobre o processo de *impeachment* e os desdobramentos no impacto da revisão do dirigismo constitucional de 1988, podem ser enumerados as reflexões de Francisco Mata Machado Tavares, as quais mantêm a natureza explicativa das alterações econômicas e financeiras com seus nexos diretos com o processo de *impeachment*: TAVARES, Francisco Mata; BENEDITO, Sérgio Mendonça. "Pós-democracia no Sul Global: Uma Leitura Sociofiscal dos Confrontos Políticos e da Ruptura Institucional no Crepúsculo da Nova República Brasileira (2003-2017)". *Revista Sul-Americana de Ciência Política*, vol. 4, nº 2, 2018, pp. 179-196; TAVARES, Francisco Mata; RAMOS, Pedro Victor Garcia. "O novo regime fiscal brasileiro e a democracia: interpretações sobre uma incompatibilidade". *Boletim Goiano de Geografia*, Goiânia, vol. 38, nº 3, set./dez. 2018, pp. 450-472; TAVARES, Francisco Mata; SILVA, Gustavo. "A ciência política brasileira diante do novo regime fiscal: para uma Agenda de pesquisas sobre democracia e Austeridade". *Dados*, Rio de Janeiro, vol.63, nº 2, set./dez. 2018, pp. 450-472.

O clima de forte tensão política e social no Brasil veio desde a eleição presidencial de 2014, com a vitória de Dilma Rousseff (PT) sobre Aécio Neves (PSDB), por pequena margem: 51,6% contra 48.3% dos votos, respectivamente. Com o início da Operação Lava Jato ainda em março de 2014, foi descoberto um significativo esquema de corrupção no âmbito da Petrobras, a maior empresa brasileira. Por meio de indicações políticas dos principais executivos da Petrobras entre os partidos que formavam a aliança que elegeu Luiz Inácio Lula da Silva e Dilma Rousseff, revelou-se uma grande cadeia de propinas para financiamento de campanhas políticas.

Tal fato nunca representou a menor novidade nas campanhas políticas brasileiras, antes e depois da redemocratização dos anos 1980. O ímpeto na ampla divulgação contrária ao Partido dos Trabalhadores e a seus aliados registrou-se da burocracia judiciária: Poder Judiciário, Ministério Público e Polícia Federal. A forte publicidade contra o governo da Presidenta Dilma Rousseff seduziu atores institucionais como juízes, promotores e delegados, de forma nunca vista no Brasil: fotografias de juízes com lideranças políticas abertamente contra o então governo; demoradas e especiais entrevistas de juízes, membros do Ministério Público e de ministros do STF; prêmios concedidos por veículos de comunicação claramente adversários do PT e da Presidenta Dilma; manifestações de rua de largo alcance, em todo o País, estimuladas pela maior parte da imprensa; mensagens em todas as redes sociais etc.; este conjunto de fatos foi determinante para a radicalização do clima político do País. O ápice deu-se com manifestações de rua organizadas por movimentos sociais patrocinados pelos partidos de oposição, especialmente PSDB e PMDB.

A contar com irrestrito apoio de grandes conglomerados de mídia, as manifestações de rua contra Dilma Rousseff e seus aliados cresceram a tal ponto que governo e seus partidos de apoio também foram às ruas nos anos de 2015 e 2016. Este fato criou um inusitado precedente com o único processo de *impeachment* havido no Brasil após a Constituição de 1988 contra o então

## CAPÍTULO III – CONSTITUIÇÃO, GOVERNO E INSTABILIDADE

Presidente Collor de Mello em 1992: diferentemente deste, a Presidenta Dilma Rousseff e aliados contaram com apoio de parte significativa da população. No caso de Collor de Mello, inexistiu o mínimo de movimentos sociais que o defendessem nas ruas com a intensidade da mobilização social daqueles que pediram sua saída da Presidência da República.

O ano de 2015 foi acirrado e culminou com a decisão da ADPF n. 378, que permitiu ao Congresso Nacional prosseguir com o processo de *impeachment*. A denúncia contra a Presidenta Dilma necessitava de manifestação de Comissão Especial da Câmara dos Deputados para ir ao Plenário.

A inação do STF é corroborada por outro fato. Desde 16 de dezembro de 2015 o Procurador Geral da República requereu a suspensão do mandato do Presidente da Câmara dos Deputados Eduardo Cunha[474] e, consequentemente, a perda de seu cargo de Presidente da Câmara. A Ação Cautelar n. 4.070 somente teve sua decisão de deferimento do pedido de suspensão do mandato de deputado federal em 4 de maio de 2016, pelo Min. Teori Zavascki, quando o mesmo Presidente da Câmara dos Deputados, Eduardo Cunha, já havia liderado a votação no Plenário da Câmara dos Deputados de 17 de abril de 2016, que confirmou o recebimento da denúncia contra a Presidenta Dilma. Não faltaram pedidos judiciais da parte do governo da Presidenta Dilma Rousseff para que Eduardo Cunha fosse contido,[475] decisão que não veio do STF.

---

[474] Disponível em: http://portal.stf.jus.br/processos/detalhe.asp?incidente=4907738. Acessado em: 02.09.2022.

[475] A percepção de que os atores políticos favoráveis ao *impeachment* da Presidenta não foram neutralizados pelo Supremo Tribunal, ao contrário daqueles que se posicionaram na defesa do governo e de sua Presidenta que foram neutralizados politicamente pelo mesmo STF, é compartilhada por Eloisa de Almeida (ALMEIDA, Eloísa Machado de. "O papel do Supremo Tribunal Federal no Impeachment da Presidenta Dilma Rousseff". *DESC – Direito, Economia e Sociedade Contemporânea*, Campinas, vol. 2, n° 1, jan./jun. 2019, pp. 71 e ss.).

Quanto aos partidos de oposição que defendiam a permanência de Eduardo Cunha como Presidente da Câmara, na forma de mera estratégia política até a remoção da Presidenta Dilma, referendada pelo STF, estes Partidos não tardaram a dar provas dessa estratégia: em 12 de setembro de 2016 deram seu voto pela cassação do mandato de deputado federal de Eduardo Cunha, que terminou preso em 19 de outubro do mesmo ano. A esta altura, já havia sido removida definitivamente a Presidenta Dilma Rousseff. A luta contra a corrupção, como confirmou a história novamente, nada mais era do que retórica para destruição da Constituição e das leis.

Não foi somente o STF que permaneceu inerte à ação política contra a Constituição levada a cabo por Eduardo Cunha. Após a prisão de Cunha pelo juiz Sérgio Moro, da Justiça Federal, o mesmo Cunha esteve disposto a fazer a colaboração premiada, nos termos da Lei n. 12.850, de 2 de agosto de 2013.[476] Parece óbvio que Eduardo Cunha poderia atingir o governo do então Presidente

---

[476] Em recente estudo crítico, Mauricio Stegemann Dieter e Mariana Diniz de Argollo Feerão oferecem visão mais realista do que significa a colaboração premiada no Direito e seus riscos, em ambientes democráticos. Nos estudos, esses Autores relacionam 36 teses, das quais se destacam: "1. Naquilo que importa, o significado subsome o significante. 2 Chamar *delação* de *colaboração premiada* é fraude de etiqueta (...). 3. Do ponto de vista subjetivo, arrependimento *honesto é má consciência*. Arrependimento *calculado é hipocrisia*. Arrependimento *negociado é cinismo. (...)* 6. Nem *Civil Law*, nem *Common Law*: a delação premiada pertence à tradição do *lawfare*. (...) 10. A lei exige que as delações sejam voluntárias, mas isso raramente tem sido levado a sério. Em regra, aceitam-se delações feitas por pessoas presas, com parentes presos ou com todo o patrimônio bloqueado. (...) 12. As artimanhas utilizadas para forçar um acusado a delatar incluem a eliminação dos advogados resilientes. (...) no momento de aplicação da pena. (...) 33. O único fundamento democrático do processo penal é a garantia dos direitos do acusado. A delação degenera essa racionalidade e, em consonância com esse modelo perverso, a lei prevê mais direitos ao delator que ao delatado. (...) XXXV, da Constituição da República. 35. Delação premiada é privilégio dos muito ricos". DIETER, Mauricio Stegemann; FERRÃO, Mariana Diniz de Argollo. "36 Teses ou a controvérsia sobre o poder e a eficácia das delações". *In*: ARRUDA, Desdêmona T. B Toledo; MACHADO FILHO, Roberto Dalledone; SILVA, Christine Oliveira Peter da (Coord.). *Ministro*

# CAPÍTULO III – CONSTITUIÇÃO, GOVERNO E INSTABILIDADE

Michel Temer, sucessor de Dilma Rousseff e apoiador das ações de Eduardo Cunha. A força-tarefa da Operação Lava Jato no estado do Paraná recusou-se a receber a colaboração de Cunha.[477] Quando da prisão do ex-Presidente da Câmara dos Deputados, o juiz Sérgio Moro aconselhou aos membros do Min. Público Federal a não apreensão dos telefones celulares de Eduardo Cunha.[478]

Estes e outros episódios somente vieram a público quando o jornal eletrônico *The Intercept Brasil* – TIB – começou a expor, desde 9 de junho de 2019, conversas eletrônicas entre o juiz Sérgio Moro e os Procuradores da República do Min. Público Federal no Paraná, revelando a parcialidade do juiz e dos membros do Min. Público Federal, em especial em relação ao ex-Presidente Luiz Inácio Lula da Silva: "enquanto isso, o juiz de instrução e o promotor conferenciavam diligentemente a meia voz".[479]

As conversas foram interceptadas por *hackers*, posteriormente presos e processados. A autenticidade das conversas foi confirmada pela perícia da Polícia Federal, e assim registrada em algumas

---

*Luiz Edson Fachin*: cinco anos de Supremo Tribunal Federal. Belo Horizonte: Fórum, 2021, pp. 115-125.

[477] CONJUR. "'Lava jato' deixou denúncia de Cunha de lado e não fechou acordo de delação". *Consultor Jurídico*, 10 set. 2019. Disponível em: https://www.conjur.com.br/2019-set-10/lava-jato-deixou-denuncia-cunha-lado-nao--fechou-acordo-delacao. Acessado em: 02.09.2022.

[478] MOTTA, Severino; DEMORI, Leandro. "Diálogos indicam que Moro instruiu força-tarefa a não apreender celulares de Eduardo Cunha". *BuzzFeed. News*, 12 ago. 2019. Disponível em: https://www.buzzfeed.com/br/severinomotta/dialogos-indicam-que-moro-instruiu-forca-tarefa-a-nao. Acessado em: 02.09.2022.

[479] DOSTOIÉVSKI, Fiódor. *Os Irmãos Karamázov*. vol. 2. São Paulo: Editora 34, 2008, p. 633. As revelações do TIB desencadearam intensa publicação jornalística em quase todos os meios de comunicação brasileiros. Cf. DUARTE, Letícia. *Vaza Jato*: os bastidores das reportagens que sacudiram o Brasil. Rio de Janeiro: Mórula, 2020.

decisões do Poder Judiciário.[480] Neste ponto, os integrantes da força-tarefa da Operação Lava Jato, em janeiro de 2021, ajuizaram pedido ao Supremo Tribunal Federal, em que afirmam não existir perícia realizada que confirme a autenticidade dos diálogos revelados. O pedido está consubstanciado na Reclamação n. 43.007-DF.[481]

---

[480] GREENWALD, Glenn; REED, Betsy; DEMORI, Leandro. "Como e por que o Intercept está publicando chats privados sobre a lava jato e Sérgio Moro". *The Intercept Brasil*, 09 jun. 2019. Disponível em: https://theintercept.com/2019/06/09/editorial-chats-telegram-lava-jato-moro/. Acessado em: 02.09.2022. O Relator da Reclamação n. 43.007, Min. Ricardo Lewandowski, registrou a "integridade material" dos arquivos periciados pela Polícia Federal (p. 2; disponível em: http://www.stf.jus.br/portal/au-tenticacao/autenticarDocumento.asp sob o código 1835-F3CB-1E67-4DD7). Igualmente no processo n. 1015706-59.2019.4.01.3400 com trâmite na 10ª Vara Federal Criminal no Distrito Federal. Os documentos judiciais da 10ª Vara Federal Criminal foram publicados em 29.12.2020: Perícia atesta integridade de mensagens hackeadas de procuradores (CONJUR. "Perícia atesta integridade de mensagens hackeadas de procuradores". *Consultor Jurídico*, 29 dez. 2020. Disponível em: https://www.conjur.com.br/2020-dez-29/pericia-atesta-integridade-mensagens-hackeadas-vaza-jato? im-primir=1. Acessado em: 02.09.2022).

[481] Disponível em: http://portal.stf.jus.br/processos/detalhe.asp?incidente=5990778. Acessado em: 02.09.2022. "É imperioso destacar que o Laudo Pericial 1458/2019/DITEC/INC/PF, mencionado na r. decisão acima, prestou-se tão somente relatar o conteúdo dos dados apreendidos naquele momento, tratando-se, em sua essência, de um auto de apreensão, por meio do qual se especifica o que efetivamente foi apreendido e permanecerá em poder da Autoridade Policial. Logo, constatou-se que, a partir de então, ou seja, a partir do momento da apreensão, "qualquer alteração do conteúdo em anexo aos Laudos (remoção, acréscimo, alteração de arquivos ou parte de arquivos), bem como sua substituição por outro com teor diferente" poderia ser detectada. (...) O Laudo atestou a integridade desde o momento de sua elaboração para ao futuro. Contudo, não atestou de modo algum – nem poderia – a integridade do material em relação ao passado. Não atestou que o material examinado foi obtido, e preservado, sem edições, inserções ou adulterações, a partir de uma ou outra conta de aplicativo de troca de mensagens". Pedido inicial da Reclamação n. 43.007-DF, ANGELO, Tiago. "Procuradores pedem que acesso de Lula a mensagens hackeadas seja revogado". *Consultor Jurídico*, 28 jan. 2021. Disponível em: https://www.conjur.com.br/2021-jan-28/procuradores-pedem-lula-nao-tenha-acesso-mensagens--hackeadas. Acessado em: 02.09.2022.

CAPÍTULO III – CONSTITUIÇÃO, GOVERNO E INSTABILIDADE

Na verdade, as revelações do TIB não trouxeram novidades. Advogados, intelectuais de distintas áreas do pensamento e muitos jornalistas sempre se manifestaram contra as violações a direitos e garantias dos acusados pela Força-Tarefa do Min. Público Federal e da Justiça Federal do Estado do Paraná. Não foram poucas as vozes que desconfiaram do que ocorria: um típico caso de *lawfare* contra governos da *pink tide*. Muitas destas reflexões foram organizadas e publicadas em obras coletivas antes das revelações do TIB.[482] O que o TIB trouxe fora apenas a comprovação do que há muito se tinha sob fundadas suspeitas para observadores mais atentos.

Durante o julgamento da Arguição de Descumprimento de Preceito Fundamental n. 378 – ADPF n. 378 – o Supremo Tribunal Federal foi provocado para se manifestar sobre ponto importante do enfrentamento das forças políticas. O Presidente da Câmara dos Deputados, Eduardo Cunha (do então Partido do Movimento Democrático Brasileiro do Rio de Janeiro, PMDB – RJ) era forte opositor do governo e da Presidenta Dilma Rousseff. Sobre Cunha pairavam graves denúncias de corrupção: lavagem de dinheiro, contas não declaradas na Suíça, negócios escusos desde os anos 1990, além de bens não declarados. Era, pois, esse mesmo Presidente da Câmara dos Deputados que "(...) interpreta mais que sutilmente/Os textos; este faz e desfaz leis;/Este causa os perjúrios entre a gente/E mil vezes tiranos torna os reis".[483]

---

[482] Cf.: PRONER, Carol; CITADINO, Gisele; RICOBOM, Gisele; DORNELLES, João Ricardo (Coord.). *Comentários a uma sentença anunciada*. São Paulo: Canal 6 Editora, 2017; PRONER, Carol; CITADINO, Gisele; RICOBOM, Gisele; DORNELLES, João Ricardo (Coord.). *Comentários a um acórdão anunciado*. São Paulo: Outras Expressões, 2018; MARTINS, Cristiano Zanin; MARTINS, Valeska Teixeira Zanin; VALIM, Rafael (Coord.). *O Caso Lula*: a luta pela afirmação dos direitos fundamentais no Brasil. São Paulo: Contracorrente, 2017. V. ainda: ALMEIDA, Ana Lia Vandelei de. "A prisão de Lula e a crença na 'justiça verdadeira': reflexões sobre o lugar do Direito na reprodução da sociedade de classes". *Revista Direito e Práxis*, Rio de Janeiro, vol. 9, nº 3, 2018, pp. 1598-1620.

[483] CAMÕES, Luís de. *Os Lusíadas*. Porto: Porto Editora, 2014, p. 221.

Por tais denúncias, havia pedido de cassação do mandato de Eduardo Cunha formalizado perante o Conselho de Ética da Câmara dos Deputados, requerido pelo Partido Socialismo e Liberdade – PSOL – e pela Rede Sustentabilidade, a REDE, desde outubro de 2015. No mesmo dia, 2 de dezembro de 2015, em que o Partido dos Trabalhadores – PT, o Partido da Presidenta Dilma Rousseff – anunciou que votaria a favor do prosseguimento desta acusação, Eduardo Cunha, recorrendo à sua prerrogativa de Presidente da Câmara dos Deputados, recebeu a denúncia contra a Presidenta Dilma em clara retaliação à Presidenta e ao seu Partido.[484]

O PT e seus aliados advertiam de que Cunha usaria sua prerrogativa constitucional de Presidente da Câmara para acatar a denúncia contra a Presidenta e subornar deputados para votarem a favor de sua destituição. É evidente que, na estatalidade democrática de Direito, imputações necessitam de prova concreta e robusta para condenação de pena privativa de liberdade ou perda de cargo eletivo. Porém, o fato é que várias declarações de réus presos afirmaram que Eduardo Cunha pediu e recebeu dinheiro para distribuir entre deputados para acatarem a denúncia na

---

[484] BRAGON, Gustavo Uribe Ranier. "Em retaliação ao PT, Cunha ameaça deflagrar impeachment de Dilma". *Folha de S. Paulo*, 02 dez. 2015. Disponível em: http://www1.folha.uol.com.br/poder/2015/12/1714020-em-retaliacao-a-pt-cunha-ameaca-deflagrar-impeachment-de-dilma.shtml. Acessado em: 02.09.2022; AMORIM, Felipe; MOTOMURA, Marina. "Eduardo Cunha aceita pedido de impeachment da oposição contra Dilma". *UOL*, Brasília, 02 dez. 2015. Disponível em: https://noticias.uol.com.br/politica/ultimas-noticias/2015/12/02/eduardo-cunha-impeachment.htm. Acessado em: 02.09.2022; PASSARINHO, Nathalia. "Eduardo Cunha autoriza abrir processo de impeachment de Dilma". *G1*, Brasília, 02 dez. 2015. Disponível em: http://g1.globo.com/politica/noticia/2015/12/eduardo-cunha-informa-que-autorizou-processo-de-impeachment-de-dilma.html. Acessado em: 02.09.2022; BRAGON, Gustavo Uribe Ranier. "Eduardo Cunha acata pedido de impeachment contra Dilma Rousseff". *Folha de S. Paulo*, 02 dez. 2015. Disponível em: http://www1.folha.uol.com.br/poder/2015/12/1714133-cunha-deflara-processo-de-impeachment-contra-dlma.shtml. Acessado em: 02.09.2022.

## CAPÍTULO III – CONSTITUIÇÃO, GOVERNO E INSTABILIDADE

Comissão Especial e votarem também no Plenário pela mesma procedência da denúncia conta a Presidenta Dilma Rousseff. Se por um lado havia apenas as declarações dos réus, tanto Ministério Público quanto STF tinham conhecimento de tais declarações, dada sua intensa publicidade.[485]

Eis um dos pontos que fragiliza a ação do STF durante todo o processo de *impeachment* e sua relutância em agir a favor da Constituição Federal. No pedido da ADPF n. 378, o último de seus itens consistia em pedir que

> p) seja realizada interpretação conforme do art. 19 da Lei n. 1.079/50, com efeitos *ex tunc* – alcançando processos em andamento –, para fixar a interpretação segundo a qual o Presidente da Câmara dos Deputados apenas pode praticar o ato de recebimento da acusação contra a Presidente da República se não incidir em qualquer das hipóteses de impedimento ou suspeição, esta última objetivamente aferível pela presença de conflito concreto de interesses (STF, ADPF nº 378, Peça Inicial, 2017, p. 73-74).

Em claras palavras, a ADPF n. 378 ofereceu ao STF a possibilidade de analisar eventual impedimento ou suspeição daquele que tomaria a posição de julgador, nos termos dos arts. 85 e 86 da Constituição Federal, ou seja, o Presidente da Câmara dos Deputados. Tanto o voto do Relator quanto do Redator para o acórdão final convergiram neste ponto e, contra todas as evidências fáticas

---

[485] FOLHA DE S.PAULO. "Cunha recebeu R$ 1 mi para 'comprar' votos do impeachment de Dilma, diz Funaro". *Folha de S.Paulo, Poder*, 14 out. 2017. Disponível em: https://www1.folha.uol.com.br/poder/2017/10/1927138-cunha-recebeu-r-1-mi-para-comprar-votos-do-impeachment-de-dilma-diz-funaro.shtml. Acessado em: 02.09.2022; GLOBO NOTÍCIAS (G1). "VÍDEO: Funaro diz que Cunha pediu R$ 1 milhão para 'comprar' votos a fim de aprovar impeachment de Dilma". *G1*, 14 out. 2017. Disponível em: https://g1.globo.com/politica/noticia/funaro-diz-que-cunha-pediu-r-1-milhao-para-comprar-votos-pro-impeachment.ghtml. Acessado em: 02.09.2022.

de parcialidade do Presidente da Câmara dos Deputados, nenhuma providência judicial foi tomada.

Relativamente a este ponto, eis o entendimento de Relator e Redator, acompanhados pela unanimidade dos integrantes do STF:[486]

> **III. MÉRITO: DELIBERAÇÕES UNÂNIMES 1. IMPOSSIBILIDADE DE APLICAÇÃO SUBSIDIÁRIA DAS HIPÓTESES DE IMPEDIMENTO E SUSPEIÇÃO AO PRESIDENTE DA CÂMARA (ITEM K DO PEDIDO CAUTELAR):** Embora o art. 38 da Lei n. 1.079/1950 preveja a aplicação subsidiária do Código de Processo Penal no processo e julgamento do Presidente da República por crime de responsabilidade, o art. 36 dessa Lei já cuida da matéria, conferindo tratamento especial, ainda que de maneira distinta do CPP. Portanto, não há lacuna legal acerca das hipóteses de impedimento e suspeição dos julgadores, que pudesse justificar a incidência subsidiária do Código. A diferença de disciplina se justifica, de todo modo, pela distinção entre magistrados, dos quais se deve exigir plena imparcialidade, e parlamentares, que podem exercer suas funções, inclusive de fiscalização e julgamento, com base em suas convicções político-partidárias, devendo buscar realizar a vontade dos representados. Improcedência do pedido.

Intelectuais e juristas brasileiros costumam se dedicar atentamente aos desdobramentos do complexo processo constitucional e político brasileiro, e suas atenções se dirigem às atividades julgadoras do Supremo Tribunal Federal. Mas também há intelectuais e juristas que silenciam, e neste silêncio encontram-se explicações para generosidades que poderiam ser mais severas em relação às

---

[486] SUPREMO TRIBUNAL FEDERAL. *Arguição de Descumprimento de Preceito Fundamental n. 378*, Rel. Min. Edson Fachin. Rel. para acórdão Min. Luís Roberto Barroso. p. 6. Disponível em: https://portal.stf.jus.br/processos/detalhe.asp?incidente=4899156. Acessado em: 05.09.2022.

## CAPÍTULO III – CONSTITUIÇÃO, GOVERNO E INSTABILIDADE

fraquezas fundamentais do Supremo Tribunal Federal: tal severidade poderia exercer função pedagógica perante a história.

Em discussão sobre o papel do STF no julgamento da ADPF n. 378, Aline Osorio destaca o voto proferido e o papel do Min. Luís Roberto Barroso, que venceu o relator original da Ação, o Min. Luiz Edson Fachin:[487]

> O Ministro Barroso proferiu um voto equidistante da acirrada disputa que marcava o contexto. (...) Mais do que independência e coragem, Barroso demostrou equilíbrio. (...) Em um momento tão conturbado da vida nacional, o Supremo, sob a liderança do Ministro Luís Roberto Barroso, conferiu previsibilidade, segurança e estabilidade ao processo de *impeachment* que se iniciava.

A autora silencia sua visão sobre o fato de que o STF permitiu que um dos principais pontos do pedido contido na ADPF n. 378, a resumir a intenção do enfraquecimento da Constituição Federal e de seus sistemas de Poderes pelo uso de uma prerrogativa constitucional como arma política em troca da satisfação de interesse estritamente pessoal do detentor dessa prerrogativa. E esse silêncio alcança ainda as posições de Redator e Relator sobre esta parte da decisão. Equidistância, independência, coragem e equilíbrio não impediram a posição do STF relativamente ao elemento desencadeador de todo o processo: a admissibilidade da denúncia oferecida contra a Presidenta Dilma Rousseff.

---

[487] OSORIO, Aline. "Impeachment e Jurisdição Constitucional: O Julgamento da ADPF n. 378". *In*: SARAIVA, Renata; OSORIO, Aline; GOMES, Estevão; PEPE, Rafael Gaia Edais (Coord.). *Ministro Luís Roberto Barroso: 5 Anos de Supremo Tribunal Federal*. Belo Horizonte: Fórum, 2018, pp. 39 e 67.

Por essa razão, Rodriguez[488] entende que "os juristas brasileiros agem de maneira personalista ao decidir casos concretos e têm a tendência de naturalizar seus conceitos ao refletir sobre o Direito em abstrato". Isso faz com que o sistema judicial brasileiro não disponha de padronização das decisões dos tribunais pautadas em precedentes que possam ser reconstruídos de forma argumentativa, o que permite que cada um adote a interpretação que lhe melhor convém.

O mesmo silêncio registra-se também no texto de Miguel Godoy em obra igualmente a homenagear os cinco anos do Min. Luiz Edson Fachin no Supremo Tribunal Federal. Sobre os votos do Min. Luiz Edson Fachin, limitou-se o autor a mencionar o seguinte sobre a ADPF n. 378:[489]

> Há outros ainda, que merecem a mesma atenção, mas que não cabem neste espaço, como o voto vencido na ADPF n. 378 sobre o rito do *impeachment* (um voto à época incompreendido, e hoje, passado à história, já bastante entendido) (...).

Do elogio fácil não se faz, tampouco se consolida democracia, assim como "de cem coelhos nunca se faz um cavalo, de cem suspeitas nunca se constrói uma prova".[490] Não se trata de exigir heroísmo dos integrantes do Supremo Tribunal Federal, de

---

[488] RODRIGUEZ, José Rodrigo. *Como decidem as cortes?* – Para uma crítica do Direito (brasileiro). 1ª ed. 4ª reimp. Rio de Janeiro: Editora FGV, 2013, p. 14.

[489] GODOY, Miguel Gualano de. "O fio condutor do Ministro Luiz Edson Fachin". *In*: ARRUDA, Desdêmona T. B Toledo; MACHADO FILHO, Roberto Dalledone; SILVA, Christine Oliveira Peter da (Coord.). *Ministro Luiz Edson Fachin*: cinco anos de Supremo Tribunal Federal. Belo Horizonte: Fórum, 2021, p. 128.

[490] DOSTOIÉVSKI, Fiódor. *Crime e Castigo*. São Paulo: Editora 34, 2001, p. 461.

## CAPÍTULO III – CONSTITUIÇÃO, GOVERNO E INSTABILIDADE

deputados ou de senadores da República. Como afirmou Douglas Morris em seu livro sobre Ernst Fraenkel, *The theme of this book is not heroism but resistance.*[491] Tratava-se de resistir em favor da Constituição, resistência que não veio de onde deveria vir.

Em julho de 2021 e transcorridos cinco anos após o golpe que destituiu Dilma Rousseff, o mesmo Min. Luís Roberto Barroso afirmou publicamente o contrário das dúvidas e ponderações que teve:

> Creio que não deve haver dúvida razoável de que ela não foi afastada por crimes de responsabilidade ou corrupção, mas sim foi afastada por perda de sustentação política. Até porque afastá-la por corrupção depois do que se seguiu seria uma ironia da história.[492]

Mais tarde, em 2022, o mesmo Luís Roberto Barroso, agora em palavras escritas, manifestou-se sobre o que entendeu ser o real motivo do *impeachment* da presidenta Dilma Rousseff:[493]

> A presidente Dilma Rousseff foi temporariamente afastada do cargo em 12 de maio de 2016, após autorizada a instauração do procedimento de *impeachment*, sendo definitivamente destituída pelo Senado Federal em 31 de agosto de 2016. A justificativa formal foram as denominadas "pedaladas fiscais" – violação de normas orçamentárias –, embora o motivo real tenha sido a perda de sustentação política.

---

[491] MORRIS, Douglas. *Legal Sabotage*: Ernst Fraenkel in Hitler's Germany. Cambridge: Cambridge University Press, 2020, p. 19.

[492] CARTA CAPITAL. "Barroso: 'Não há dúvida de que Dilma não foi afastada por crime de responsabilidade ou corrupção'". *Carta Capital*, 05 jul. 2021. Disponível em: https://www.cartacapital.com.br/cartaexpressa/barroso-nao--ha-duvida-de-que-dilma-nao-foi-afastada-por-crime-de-responsabilidade--ou-corrupcao/. Acessado em: 02.09.2022.

[493] BARROSO, Luís Roberto. "A Democracia sob pressão: o que está acontecendo no mundo e no Brasil". *CEBRI Revista*, Rio de Janeiro, ano 1, nº 1, jan.-mar. 2022, p. 43.

A peculiar leitura do Min. Barroso, ancorada em sua longa e conhecida atuação acadêmica, não passou desapercebida da intelectualidade nacional. Por reconhecerem a presença do Min. Barroso no debate constitucional na América Latina e Estados Unidos da América, Thomas Bustamante *et al* souberam enxergar, por outro lado, a crítica às compreensões do Ministro:

> Barroso's theory of adjudication encourages judges to decide in accordance with their idiosyncratic political preferences. It is a risky theoretical account, since it assumes that the constitution offers little resistance to a judge's untheorized moral intuitions, and makes room for the court itself to become a threat to the rule of law.[494]

Uma vez que não se discute crime de responsabilidade, porém perda de apoio político, não há que discutir em remoção da Chefia do Executivo no presidencialismo constitucional brasileiro. A hipótese hoje assimilada pelo Min. Luís Roberto Barroso – a inexistência de crime de responsabilidade – constituiu-se num dos argumentos centrais da defesa da então Presidenta Dilma Rousseff, argumento a que nem o Ministro, tampouco o Supremo Tribunal Federal, deram ouvidos.

Em outras palavras, o STF permitiu que o cargo de Presidente da Câmara dos Deputados suportasse aberta utilização do Direito Constitucional como arma política contra inimigos. Nem sequer o óbvio argumento da dogmática jurídica do Direito administrativo sobre o desvio de finalidade dos atos administrativos veio à discussão, o que significa que, mesmo no âmbito restrito da normatividade, a discussão foi evitada.

---

[494] BUSTAMANTE, Thomas; MEYER, Emílio Peluso Neder; BUSTAMANTE, Evanilda de Godoi. "Luís Roberto Barroso's Theory of Constitutional Adjudication: A Philosophical Reply". *The American Journal of Comparative Law*, vol. XX, 2022, p. 36.

## CAPÍTULO III – CONSTITUIÇÃO, GOVERNO E INSTABILIDADE

Professor da Universidade Federal Fluminense, Cláudio Pereira de Souza Neto foi também advogado na ADPF n. 378, havendo acompanhado o desenrolar dos acontecimentos, seja na condição de atencioso observador intelectual, seja como advogado. Suas palavras sobre o episódio são trazidas em sua mais recente obra:[495]

> Os votos de dois deputados do PT foram decisivos para a abertura de processo disciplinar na Comissão de Ética da Câmara dos Deputados, o que ocorreu no dia 02 de dezembro de 2015. No mesmo dia, Cunha decidiu determinar o processamento da representação de *impeachment* formulada por Miguel Reale Jr., Hélio Bicudo e Janaina Paschoal, (...) O processo de *impeachment* nasceu, assim, maculado por eloquente desvio de finalidade: a abertura do processo fora ato de retaliação.[496]

---

[495] SOUZA NETO, Cláudio Pereira de. *Democracia em crise no Brasil*: Valores constitucionais, antagonismo político e dinâmica institucional. São Paulo: Contracorrente, 2020, p. 96.

[496] O mesmo autor ainda registra que "Como apontou o advogado-geral da União, José Eduardo Cardozo, o desvio de poder é inequívoco: "Ele usou o *impeachment* com desvio de poder. Ele usou o *impeachment* em benefício próprio quando ele ameaçou a presidente da República de que abriria o processo de *impeachment* se o PT não desse os votos [no Conselho de Ética]". (*O Globo*, 05 mai. 2016). A decisão de Cunha foi impugnada perante o STF por meio de Mandado de Segurança (MS n. 34.193) impetrado pela presidente Dilma Rousseff, sustentando a sua nulidade em decorrência de desvio de finalidade. Porém, nem a liminar foi concedida pelo relator, ministro Teori Zavascki, por ocasião da impetração, em 2016, nem a ação, julgada procedente pelo novo relator, min. Alexandre de Moraes, em dezembro de 2018, já nos estertores do governo Temer. O Plenário do STF nunca chegou a se manifestar sobre a matéria. Ao julgar a ação, o ministro Alexandre de Moraes sustentou a ausência de direito líquido e certo, em razão da inexistência de prova pré-constituída de que teria tido lugar desvio de finalidade por parte do presidente da Câmara dos Deputados. (MS n. 34193, rel. min. Alexandre de Moraes, J. 07.12.2018, *DJe-266* 12.12.2018)". Não parece mais substituir dúvidas relativamente à omissão do STF que conduziu ao afastamento definitivo de Dilma Rousseff.

É o mesmo que escrevem Bernardo Bianchi, Patricia Rangel e Jorge Chaloub:[497]

> The dramatic shift took place in 2016, when Rousseff was impeached by an illegal parliamentary maneuver. The episode represented a clear break from the political nature of the regime as it denatured the Brazilian presidential system into a de facto parliamentarism. This marked the difference between Rousseff's impeachment process and Fernando Collor's in 1992. The lack of legal elements demanded by law, together with clear purposes of undermining popular participation in major political decisions, produced a rupture in Brazil's democratic trajectory.

Contra o mesmo Presidente da Câmara dos Deputados, Eduardo Cunha, havia requerimento da Procuradoria Geral da República desde 16 de maio de 2015. O pedido era aquele de "afastamento de Eduardo Cosentino Cunha do cargo de Deputado Federal e, ainda, da função de Presidente da Câmara dos Deputados", uma vez que o Presidente "transformou a Câmara dos Deputados em um balcão de negócios e o seu cargo de deputado em mercancia".[498] O que o Relator, Min. Teori Zavascki, poderia ter feito logo, dado o teor da decisão e a força de seus argumentos, não o fez. Tal fato trará sempre a suspeita de que o STF não se moveu, ainda que tivesse conhecimento de que o Presidente da Câmara dos Deputados enfrentava graves acusações que pairavam sobre sua figura. Assim, Eduardo Cunha organizou e liderou a votação

---

[497] BIANCHI, Bernardo; RANGEL, Patricia; CHALOUB, Jorge. "Dedemocratization in Contemporary Brazil From 2015 to 2020". *In*: BIANCHI, Bernardo; RANGEL, Patricia; CHALOUB, Jorge; WOLF, Frieder Otto (Coord.). *Democracy and Brazil*: Collapse and Regression. Nova York/Londres: Routledge, 2021, p. 3.

[498] Ação Cautelar n. 4.070 – Distrito Federal. Decisão do Relator (p. 1/5). Disponível em: https://www.conjur.com.br/2016-mai-05/teori-zavascki-afasta-cunha-mandato-deputado-federal. Acessado em: 02.09.2022.

## CAPÍTULO III – CONSTITUIÇÃO, GOVERNO E INSTABILIDADE

de 17 de abril de 2016, que terminou por manter a procedência da denúncia contra a então Presidenta Dilma Rousseff. Só após esta votação é que este Presidente foi afastado de seu cargo e de suas atribuições.

Em sentido contrário ao entendimento do STF, Thomas Bustamante enfrentou tal aspecto: trata-se da hipótese de quando a prerrogativa do Presidente da Câmara é produto da "extorsão e a ameaça",[499] o que ensejaria o controle judicial, uma vez que, caso assim não se proceda, aberta está a possibilidade da perversão do ordenamento jurídico em benefício da própria torpeza.

Se o STF reconheceu que não haveria como controlar a decisão do Presidente da Câmara dos Deputados, a qual recebeu a denúncia contra a então Presidenta, permitiu que se operasse o abuso de poder, decorrente de um desvio de finalidade. Bustamante repara no caso precedente do Mandado de Segurança n. 20.941, quando o mesmo STF decidiu que em situações excepcionais poder-se-ia rever decisão do Parlamento.[500]

Mesmo a doutrina nacional de Paulo Brossard já reconhecia esta possibilidade: o *impeachment* "é instaurado sobre considerações de ordem política e julgado segundo critérios políticos – julgamento que não exclui, antes supõe, é óbvio, a adoção de critérios jurídicos".[501] É conhecida a posição de Paulo Brossard contrário ao conhecimento e julgamento, pelo Supremo Tribunal Federal, dos mandados de segurança durante os pedidos de *impeachment* que enfrentaram os Presidentes José Sarney e Collor

---

[499] BUSTAMANTE, Thomas. *Em defesa da legalidade*: temas de Direito Constitucional e Filosofia Política. Belo Horizonte: Arraes Editores, 2018, p. 78.

[500] BUSTAMANTE, Thomas. *Em defesa da legalidade*: temas de Direito Constitucional e Filosofia Política. Belo Horizonte: Arraes Editores, 2018, p. 77.

[501] BROSSARD, Paulo. *O Impeachment*. 2ª ed. ampl. e atual. São Paulo: Saraiva, 1992, p. 75.

de Mello.[502] Para Brossard, se a lei não excluirá da apreciação do Poder Judiciário lesão ou ameaça a direito, conforme o artigo 5°, XXV da Constituição Federal, a mesma Constituição exclui esta atribuição do Poder Judiciário quando transforma o Poder Legislativo em instância julgadora única do Presidente da República nos crimes de responsabilidade. Portanto, ao determinar que processo e julgamento de Presidente da República se operam nas Casas do Congresso Nacional, o sentido imposto pela Constituição seria aquele de a estas Casas caberia também apreciar e julgar eventual violações ao devido processo legal, à ampla defesa ou a qualquer dos direitos fundamentais. Aqui, não haveria que se falar em antinomia ou contradição, uma vez que é o mesmo texto constitucional quem estatuiu tanto a regra geral quanto sua exceção.

Esta posição de Brossard foi inicialmente acompanhada por Sepúlveda Pertence no julgamento do Mandado de Segurança n. 20. 941, que tratou do processamento de pedido de *impeachment* do Presidente José Sarney.[503] Ambos restaram vencidos. No Mandado de Segurança n. 21.564 (medida liminar e questão de ordem), Sepúlveda Pertence abandona sua posição, para juntar-se à maioria do Tribunal,[504] uma vez que Paulo Brossard se manteve sozinho em seu entendimento em todos os julgamentos.

---

[502] Mandados de Segurança n. 20.941; 21.564 (medida liminar e questão e ordem); 21.564; 21.623; 21.628; 21.633 e 21.689 (SUPREMO TRIBUNAL FEDERAL. *Impeachment*. Brasília, DF: Imprensa Nacional, 1995).

[503] SUPREMO TRIBUNAL FEDERAL. *Impeachment*. Brasília, DF: Imprensa Nacional, 1995, p. 4.

[504] "Seria cômodo, Senhor Presidente, ou apenas manter-me na opinião, então expressa, ou simplesmente me afirmar rendido à orientação contrária, que então se afirmou no Tribunal, por ampla maioria. Reflexões posteriores sobre o tema, contudo, fizeram-me alterar, ao menos parcialmente, a convicção radical então manifestada. E me sinto na necessidade de explicações a respeito. (...) Senhor Presidente, como antecipei, reflexões posteriores a esse voto fazem-me pedir vênias ao eminente Ministro Paulo Brossard, mestre de todos nós no tema, para recuar, em termos, da adesão radical que então me prestei à sua posição" (SUPREMO TRIBUNAL FEDERAL. *Impeachment*. Brasília, DF: Imprensa Nacional, 1995, pp. 77-82).

## CAPÍTULO III – CONSTITUIÇÃO, GOVERNO E INSTABILIDADE

Porém, mesmo com a substanciosa divergência de Brossard, a tese fixada pelo Supremo Tribunal Federal à época foi aquela da competência do Tribunal para exercer o controle judicial sobre Câmara dos Deputados e Senado Federal, ainda que se trate de questões relativas ao processo e julgamento de crime de responsabilidade do Presidente da República. Foi esta a orientação jurisprudencial que o Supremo Tribunal Federal não manteve em 2015 e 2016, sem que, de 1992 até 2016, houvesse qualquer modificação dos artigos 85 e 86 da Constituição Federal, que tratam do *impeachment* do Chefe do Executivo.

Cláudio Souza Neto registra importante momento histórico de formação do entendimento sobre controle judicial de atos praticados em processo de crime de responsabilidade. Trata-se percepção de que o deslocamento do espaço do julgamento da Suprema Corte estadunidense para o Senado dava-se em razão do fato de ser mais complexa a pressão sobre quase uma centena de senadores do que sobre nove *justices*. Ou seja, não se renunciaria ao aspecto formal jurídico para a apuração do crime de responsabilidade do Presidente da República. Em termos claros: no que pese a forte dosagem política presente em qualquer processo para apuração e julgamento de crime de responsabilidade de mandatários eleitos, o elemento jurídico deverá dirigir o processo, no sentido de que o devido processo legal e a ampla defesa sejam observados e garantidos:[505]

> Quando da promulgação da Constituição dos EUA, a escolha do Senado para julgar o *impeachment* atendeu à preocupação dos *founding fathers* com a independência que seria requerida para se promover a cassação do mandato presidencial. O Senado possuiria maior aptidão que a Suprema Corte para exercer a atribuição com imparcialidade em razão de ser composto por um número maior de membros. O que se

---

[505] SOUZA NETO, Cláudio Pereira de. *Democracia em crise no Brasil*: Valores constitucionais, antagonismo político e dinâmica institucional. São Paulo: Contracorrente, 2020, p. 108.

buscava não era priorizar o juízo de conveniência política, mas garantir a integridade do julgamento. Tais razões são apresentadas por Hamilton em o Federalista, n. 65.

Quando se trata de analisar a atuação geral do STF no caso do *impeachment* da Presidenta Dilma Rousseff, o mesmo entendimento sobre a oscilação jurisprudencial do STF é compartilhado pelo pensamento de Almir Megali Neto, quando de sua exaustiva e bem documentada reflexão sobre o assunto. Para Megali Neto:[506]

> Houve, inclusive, quem dissesse que o processo transcorreu na mais absoluta normalidade, posto que o Tribunal teria chancelado a regularidade das suas etapas procedimentais nas oportunidades nas quais fora instado a se manifestar sobre o feito. No entanto, um olhar mais atento sobre a atuação do STF no exercício do controle jurisdicional do processo de *impeachment* da presidenta Dilma Rousseff revela exatamente o contrário. Tomando como parâmetro para o estudo aqui desenvolvido os pressupostos teóricos assumidos pelo próprio Tribunal em relação à matéria ao longo da sua história institucional, foi possível vislumbrar que uma série de violações ao devido processo legal do processo de *impeachment* e aos direitos, não apenas da acusada, mas, também, dos parlamentares responsáveis pela condução deste processo político de responsabilização foram toleradas, contradizendo, portanto, as premissas assumidas pelo próprio Tribunal, bem como aqueles que depositaram na atuação do STF a garantia da higidez da tramitação do feito. Dessa maneira, constatou-se que as decisões proferidas pelo STF e por seus membros nos casos decorrentes do processo de *impeachment* instaurado em face da presidenta Dilma Rousseff indicam uma alteração da postura do Tribunal ao longo de toda cadeia de decisões envolta a este caso.

---

[506] MEGALI NETO, Almir. *O Impeachment de Dilma Rousseff perante o Supremo Tribunal Federal*. Belo Horizonte: Expert, 2021, pp. 520/521.

# CAPÍTULO III – CONSTITUIÇÃO, GOVERNO E INSTABILIDADE

Se por um lado havia a compreensão de que um processo de destituição por crime de responsabilidade do mais elevado mandatário de uma nação, devidamente eleito, consistia num processo político, não menos importante era a percepção de que a política haveria de se enquadrar às previsões normativas de qualquer Constituição e de suas leis. Não parece restar a menor dúvida que o processo de *impeachment* não é somente um processo no qual tudo é possível. Sobretudo, haveria que corresponder à civilidade mínima do *due process of law*. Assim, compartilhar a possibilidade de recurso ao Poder Judiciário para impedir abusos, desvios de finalidade e de poder, extorsão etc. nada mais seria que salvaguardar o conteúdo da própria separação de poderes, onde ninguém poderá ser seu próprio juiz.

No ponto em que se cruzam decisões das mais altas cortes judiciais em momentos de crise e da necessidade de afirmação de constituições democráticas e inovadoras, parece inexorável a remessa à atualidade do pensamento de Hermann Heller na sua obra "Sobre o Direito Constitucional da República de Weimar". Discorrendo sobre "a questão método jurídico", Heller comenta decisão do Tribunal do Estado de 29 de março de 1929. Nesse julgamento, ao discutir eleições e os dilemas da representação entre partidos políticos e sociedade, o Tribunal afirmou que "[t]odas essas considerações são políticas, não legais, e devem, portanto, ser descartadas pelo Tribunal de Estado, que deve julgar as disputas com base nos princípios legais".[507]

Heller responde que

---

[507] *Alle diese Erwägungen sind aber politischer, nicht rechtlicher Art und müssen deshalb für den Staatsgerichtshof, der Rechtsstreitigkeiten nach Rechtsgrundsätzen zu beurteilen hat., ausscheiden.*(HELLER, Hermann. "Zum Verfassungsrecht der Weimarer Republik". *In:* _____. *Gesammelte Schriften.* In Verbindung mit Martin Draht, Otto Stammer, Gerhard Niemeyer, Fritz Borinski. Hrsg. von Christoph Müller. Zweiter Band. Tübingen: Mohr Siebeck, 1992, p. 336).

MARTONIO MONT'ALVERNE BARRETO LIMA

[u]ma distinção deste tipo entre considerações jurídicas e políticas é completamente equivocada. (...) Somente a confusão de considerações políticas parciais com considerações objetivas de política estatal pode fazer com que tais frases sejam compreensíveis.[508]

Letícia Vita compartilha idêntico registro a respeito dessa compreensão de Heller sobre Direito e política:[509]

Recordemos que para Heller el orden legal no está desconectado de la política, no es una fórmula vacía, sino que su contenido está dado por principios construidos socialmente (...) En ese sentido, su solución a la pregunta sobre la defensa de la constitución tal vez no era la más efectiva, pero sí la más realista. El Tribunal Estatal había tenido la oportunidad de ponerle un límite jurídico a la acción del Reich. La verdad era que no había querido hacerlo.

Aqui estava a chave da compreensão necessária que também o Poder Judiciário deveria ter, acaso dispusesse de firme compromisso de reconhecer o conteúdo da Constituição de Weimar, e não "dar as boas-vindas" a qualquer adversário da Constituição que recorresse à jurisdição constitucional. Para Heller, mesmo sob o ponto de

---

508 *Eine derartige Unterscheidung von juristischen und politischen Erwägungen ist völlig verfehlt. (...) Nur die Verwechselung von einseitigen politischen mit sachlichen staatspolitischen Erwägungen kann diese Sätze verständliche machen.* (HELLER, Hermann. "Zum Verfassungsrecht der Weimarer Republik". *In*: _____. *Gesammelte Schriften*. In Verbindung mit Martin Draht, Otto Stammer, Gerhard Niemeyer, Fritz Borinski. Hrsg. von Christoph Müller. Zweiter Band. Tübingen: Mohr Siebeck, 1992).

509 VITA, Letícia. "El conflito de Prusia contra em el Reich". *In*: CASQUETE, Jesús; TAJADURA, Javier (Coord.). *La Constitución dde Weimar*: Historia, Política e Derecho. Madrid: Centro de Estudios Políticos y Constitucionales, 2020, p. 271.

## CAPÍTULO III – CONSTITUIÇÃO, GOVERNO E INSTABILIDADE

vista da teoria jurídica (*juristischen Theorie*), uma contraposição entre Direito do Estado e política "é impossível" (*unmöglich*):[510]

> De resto, deveria ser suficiente considerar que a parte da organização da Constituição do *Reich* tem a tarefa de organizar a coexistência política do povo alemão em todas as circunstâncias. **Um Direito que não é adequado ao propósito de regular as condições de vida às quais ele se aplica, é tudo menos Direito positivo.**

Seja ao Tribunal do Estado no crepúsculo de Weimar, seja ao Supremo Tribunal Federal no claudicar da democracia brasileira em 2016, faltou ao Poder Judiciário assimilar noções já presentes na Teoria do Direito e do Estado, das quais suas respectivas constituições eram "parte organizatória" da política democrática escolhidas pelo poder constituinte nos dois casos. Como o pressuposto da intervenção seria a incapacidade do Estado da Prússia de manter a ordem e a segurança em seu território, é evidente que tal questionamento consiste numa questão de Direito (*Rechtsfrage*), o que autorizava a análise pelo Tribunal do Estado. Eis que o STF deveria também ter feito, e, ao recusar-se a assim agir, facilitou a tragédia que abalou a democracia brasileira em 2016.

A consequência de tal omissão (que é, na verdade, ação política "unilateral") foi também detectada por Hermann Heller: permitiu aos adversários da Constituição a destruição de seu conteúdo democrático, ante o fácil argumento de que tribunais devem

---

[510] O original está devidamente destacado: *Im übrigen dürfte die Überlegung genügen, daß der organisatorische Teil der Reichsverfassung doch wohl unter allen Umständen die Aufgabe hat, das politischen Zusammenleben des deutschen Volkes zu ordnen.* Ein Recht aber, das nicht geeignet ist, das Lebensverhältnis, für das es gilt, zu ordnen, ist alles, nur kein positives Recht. (HELLER, Hermann. "Zum Verfassungsrecht der Weimarer Republik". *In*: _____. *Gesammelte Schriften*. In Verbindung mit Martin Draht, Otto Stammer, Gerhard Niemeyer, Fritz Borinski. Hrsg. von Christoph Müller. Zweiter Band. Tübingen: Mohr Siebeck, 1992, p. 337).

se separar das questões políticas que as constituições regularam em suas partes organizatórias.

Se se observa a perspectiva de precedentes do STF em casos de *impeachment*, sob a Constituição de 1988, o único caso a permitir eventuais comparações é aquele do ex-Presidente Collor de Mello em 1992. Deve ser reconhecido aqui que o mesmo STF, àquela altura, realizou a guarda da Constituição e da democracia, no que diz respeito às suas prerrogativas constitucionais. O STF decidiu que as mesmas acusações, as quais tornaram possível o afastamento do ex-Presidente Collor, não se prestaram a condenar o mesmo ex-Presidente criminalmente, absolvendo-o por falta de provas. Ou seja, o STF exerceu ali a competência que lhe reservou a Constituição, sem receio de eventualmente conflitar com a decisão anteriormente tomada pelo Poder Legislativo.[511]

A compreensão sobre o STF no processo de *impeachment* de Dilma Rousseff também não passou desapercebida no tocante a este ponto. Se o STF decidiu, sob a repetida alegação de inexistência de previsão constitucional neste sentido, que não poderia interferir na esfera do Poder Legislativo, por outro lado esta interferência não deixou de ocorrer em episódios que tiveram contribuição inequívoca para o sucesso do processo de *impeachment*. Não é difícil se concluir que o STF teve o papel de dois pesos, duas medidas, como afirma Eloisa de Almeida:[512]

> Para além disso, essa jurisprudência de autocontenção poderia dar a impressão de que o Supremo Tribunal Federal não interferiu nos rumos do *impeachment*. Entretanto, a

---

[511] Ação Penal n. 307, julgada em 9 de dezembro de 1994. Disponível em: http://portal.stf.jus.br/processos/ deta-lhe.asp?incidente=1565721. Acessado em: 15.05.2019.

[512] ALMEIDA, Eloísa Machado de. "O papel do Supremo Tribunal Federal no Impeachment da Presidenta Dilma Rousseff". *DESC – Direito, Economia e Sociedade Contemporânea*, Campinas, vol. 2, nº 1, jan./jun. 2019, p. 73.

## CAPÍTULO III – CONSTITUIÇÃO, GOVERNO E INSTABILIDADE

> análise das principais decisões relativas à Operação Lava Jato, proferidas concomitantemente ao *impeachment*, mostra que o tribunal operou com alto grau de excepcionalidade, interferindo abruptamente no Legislativo e no Executivo, dando o tom de gravidade dos casos. Além disso, o tribunal atuou o ora neutralizando atores relevantes – como Lula e Delcídio do Amaral – ora deixando que outros atores, comprometidos, seguissem atuando, como Eduardo Cunha. Tudo isso foi feito, também, de forma bastante articulada com as principais etapas do processo de *impeachment*.

O julgamento da ADPF n. 378 deixou outros elementos que merecem ser analisados a oferecerem pistas para que se compreenda a atuação do Supremo Tribunal Federal. Estes outros elementos seguem-se na forma de mais processos judiciais, nos quais o STF teve participação.

## 3.2 Mandatos de Senadores: afastamento e prisão

A crise contra a Constituição Federal de 1988 não se limitou ao espaço da decisão judicial. No âmbito da crise política desencadeada desde a eleição de 2014, um dos mais emblemáticos episódios envolve contraditórias decisões do STF nos casos dos Senadores Delcídio do Amaral (PT-MS) e Aécio Neves (PSD-MG). O primeiro, líder do governo da Presidenta Dilma Rousseff no Senado Federal; o segundo, Presidente Nacional do PSDB, candidato derrotado por Dilma Rousseff na eleição de 2014, e principal liderança política da oposição desde o primeiro dia após o resultado das eleições.

Delcídio do Amaral protagonizou o inédito caso de afastamento do mandato e prisão de um Senador da República no regular exercício de seu mandato. No dia 25 de novembro de 2015, o Min. Relator Teori Zavascki atendeu pedido da Procuradoria Geral da República e mandou prender o Senador da República no regular exercício de seu mandato parlamentar. A decisão foi ratificada por unanimidade pela 2ª Turma do Supremo Tribunal Federal.[513]

São do Min. Relator o reconhecimento "(...) de modo ainda suposto, da participação do Senador Delcídio do Amaral, na prática, em tese, dos delitos apontados pelo Procurador Geral da República, entre eles o de organização criminosa (...)".[514] Da mesma maneira, o registro da condição do Senador: "Há, porém, questão importante: trata-se aqui de prisão de parlamentar federal, Senador da República, como tal protegido por imunidade do art. 53, § 2º da Constituição".[515]

A decisão teve apoio na gravação de conversas do Senador com o filho de um dos delatores da Operação Lava Jato. No teor de tais conversas, o Senador ofereceria sua influência e pagamento em dinheiro em favor do delator e de sua família em troca do silêncio do delator perante o Poder Judiciário e autoridades de investigação. As conversas foram gravadas no começo do mês de novembro de 2015.[516]

---

[513] Supremo Tribunal Federal: Ação Cautelar n. 4.039: "A Turma, por votação unânime, referendou a decisão proferida pelo Relator, por seus próprios fundamentos, e determinou que, juntado o comprovante do cumprimento da ordem, sejam os autos imediatamente remetidos ao Senado Federal, para que, pelo voto da maioria de seus membros, resolva sobre a prisão, como prevê o art. 53, § 2º, da Constituição da República, nos termos do voto do Relator. Presidência do Senhor Ministro Dias Toffoli. 2ª Turma, 25.11.2015". A íntegra da decisão do Min. https://portal.stf.jus.br/processos/detalhe.asp?incidente=4892330. Acessado em: 20.01.2018.

[514] SUPREMO TRIBUNAL FEDERAL – STF. *Ação Cautelar n. 4.039*. Rel. Min. Teori Zavaski. p. 199. Disponível em: https://portal.stf.jus.br/processos/detalhe.asp?incidente=4892330. Acessado em: 05.09.2022.

[515] SUPREMO TRIBUNAL FEDERAL – STF. *Ação Cautelar n. 4.039*. Rel. Min. Teori Zavaski. Disponível em: https://portal.stf.jus.br/processos/detalhe.asp?incidente=4892330. Acessado em: 05.09.2022.

[516] SUPREMO TRIBUNAL FEDERAL – STF. *Ação Cautelar n. 4.039*. Rel. Min. Teori Zavaski. fl. 172. Disponível em: https://portal.stf.jus.br/processos/detalhe.asp?incidente=4892330. Acessado em: 05.09.2022.

## CAPÍTULO III – CONSTITUIÇÃO, GOVERNO E INSTABILIDADE

Na parte final de sua decisão, o Min. Relator decretou a prisão uma vez que "presentes situação de flagrância e os requisitos do art. 312 do Código de Processo Penal".[517] Em seguida, após efetuada a prisão do Senador, o processo foi remetido ao Senado Federal para deliberação sobre a prisão do Senador Delcídio do Amaral, na forma do art. 53, § 2º da Constituição Federal.[518]

A prisão de um Senador da República gerou discussões em razão de seu ineditismo, bem como do flagrante. Se os casos desencadeadores do pedido da Procuradoria Geral da República ocorreram no início de novembro, não haveria como contornar a exigência de prisão em flagrante de parlamentar sem autorização da Casa Legislativa no final do mesmo mês. A discussão sobre o "flagrante perpétuo" não esteve de fora dos comentários de juristas penalistas que se surpreenderam com a decisão. Lenio Streck[519] levantou questões sobre a interpretação que o STF emprestou ao sentido do flagrante da decisão:

> Com isso em mente, e deixando de lado o debate sobre se *inafiançáveis* seriam apenas aqueles crimes referidos no próprio texto constitucional, temos que discutir o "nome" dado à prisão em flagrante nesse caso e suas repercussões para o futuro. Qual é a relação entre flagrante e permanência? Mas, mais do que o "nome" dado à flagrância, temos que discutir se o STF fez uma interpretação relativizando

---

[517] SUPREMO TRIBUNAL FEDERAL – STF. *Ação Cautelar n. 4.039*. Rel. Min. Teori Zavaski. p. 203. Disponível em: https://portal.stf.jus.br/processos/detalhe.asp?incidente=4892330. Acessado em: 05.09.2022.

[518] SUPREMO TRIBUNAL FEDERAL – STF. *Ação Cautelar n. 4.039*. Rel. Min. Teori Zavaski. Disponível em: https://portal.stf.jus.br/processos/detalhe.asp?incidente=4892330. Acessado em: 05.09.2022.

[519] STRECK, Lenio Luiz. "O nome que o STF dá é o nome que fica? Eis o busílis do caso Delcídio!" *Consultor Jurídico*, 03 dez. 2015, p. 5. Disponível em: https://www.conjur.com.br/2015-dez-03/senso-incomum-nome-stf-fica-eis--busilis-delcidio? Acessado em: 29.08.2022.

a imunidade ou se fez uma interpretação devidamente justificada pelas circunstâncias.

Roberto Batochio manifestou-se por meio da imprensa para afirmar o questionamento sobre a decisão do Relator e ratificada pelos integrantes da 2ª Turma do STF:[520]

> "Inventou-se a expedição de mandado de prisão em flagrante. Se a prisão foi decretada, não houve flagrante. Não existe flagrante perpétuo", afirmou Batochio. Batochio (...) discorda do entendimento de Teori e de seus colegas de STF sobre o flagrante permanente: "Trata-se de um conceito tão abstrato, tão fluido, tão aberto, que bastaria dizer então que numa determinada situação operada por duas ou quatro pessoas existe situação de flagrante permanente e perpétua a todos (...)".

Pela decisão do Supremo Tribunal Federal, o Senador Delcídio foi afastado do exercício de seu mandato e preso preventivamente. O Senado Federal, de acordo com o art. 53, § 2º da Constituição Federal, manteve a decisão do Supremo Tribunal Federal.

Apesar de o Procurador Geral da República haver requerido a prisão do Senador Aécio Neves, a exemplo do caso do Senador Delcídio do Amaral, ante a acusação de pedido de Aécio Neves a empresário de empréstimo de dois milhões de reais para arcar com suas despesas para pagamento de seus advogados, o Supremo Tribunal Federal não decretou a prisão do Senador Aécio Neves, abandonando a situação de "flagrância" levantada anteriormente. No caso de Delcídio do Amaral, o Relator da Operação Lava Jato no Supremo Tribunal Federal, Min. Teori Zavaski, autorizou o

---

[520] BATOCHIO, Roberto. "SEM FLAGRANTE – Constituição não permite prisão processual para parlamentar, afirma Roberto Batochio". *Consultor Jurídico*, 25 nov. 2015, p. 2. Disponível em: https://www.conjur.com.br/2015-nov-25/autor-regra-tema-batochio-ataca-prisao-delcidio. Acessado em: 20.01.2019.

## CAPÍTULO III – CONSTITUIÇÃO, GOVERNO E INSTABILIDADE

pedido de prisão feito pela Procuradoria Geral da República. Depois, a decisão foi mantida pela Segunda Turma do STF. Em relação a Aécio Neves, a relatoria do Ministro Edson Fachin determinou que o mandato de Aécio Neves no Senado fosse suspenso, mas negou sua prisão. A decisão foi confirmada pela Primeira Turma do STF.

A discussão esteve presente em distintos processos no Supremo Tribunal Federal. Somente na Ação Cautelar n. 4.327 foram interpostos seis agravos regimentais. Finalmente, com o julgamento da Ação Direita de Inconstitucionalidade n. 5.526, decidida em 11 de julho de 2017, o Supremo Tribunal Federal entendeu de forma definitiva sua orientação jurisprudencial sobre o tema:[521]

> Prosseguindo no julgamento, o Tribunal, também por votação majoritária, deliberou que se encaminhará à Casa Legislativa a que pertencer o parlamentar, para os fins a que se refere o art. 53, § 2º, da Constituição Federal, a decisão pela qual se aplique a medida cautelar, sempre que a execução desta impossibilitar, direta ou indiretamente, o exercício regular de mandato parlamentar, vencidos no ponto os Ministros Edson Fachin (Relator), Roberto Barroso, Rosa Weber, Luiz Fux e Celso de Mello. Redator para o acórdão o Ministro Alexandre de Moraes.

Delcídio do Amaral teve sua prisão decretada; Aécio Neves não. Se Delcídio do Amaral foi acusado de "flagrante contínuo", em razão de procurar obstruir a justiça com o oferecimento de vantagens pecuniárias a parentes de encarcerado, sob Aécio Neves, em gravações divulgadas, pesava a acusação de ameaça de morte àquele que realizasse colaboração premiada e colaborasse com a justiça.

---

[521] SUPREMO TRIBUNAL FEDERAL. *Ação Direta de Inconstitucionalidade n. 5.526*. Rel. Min. Edson Fachin. Redator do Acórdão: Min. Alexandre de Moares. Julgamento em 11/10/2017. p. 3. Disponível em: http://portal.stf. jus.br/processos/downloadPeca.asp?id= 314935383&ext=.pdf. Acessado em: 05.09.2022.

Menos parcial não deixou de ser o Senado Federal: Delcídio do Amaral foi afastado de seu mandato; em 10 de maio de 2016, por 74 votos (nenhum voto contrário, nenhuma abstenção), teve seu mandato definitivamente cassado. Aécio Neves, por votação em 17 de outubro de 2017, permaneceu no Senado Federal, por 44 votos contra 26, até 31 de janeiro de 2019. Nas eleições de outubro de 2018 foi eleito Deputado Federal pelo PSDB de Minas Gerais, exercendo até os dias atuais seu mandato parlamentar federal.

A situação de parcialidade institucional do STF e do Senado Federal, nesses dois casos, parece não ter tido significativa repercussão na opinião pública em geral. Isso não quer dizer que tenha permanecido sem importância no âmbito do debate intelectual e político, a perceberem muito bem a precariedade de instituições responsáveis pela guarda da democracia, do Estado de Direito e do devido processo legal. A advertência sobre os déficits do mal funcionamento institucional é antiga na história da teoria política. Karl Marx renova e registra seus antecedentes na crítica à democracia liberal do século XIX: "há duas espécies de corrupções, diz Montesquieu, uma quando os povos não observam as leis; a outra quando são corrompidos pelas leis; que é um mal incurável, porque contido no próprio remédio".[522]

Por perceberem como não funcionam as instituições da guarda da Constituição de tentativa democrática, atores políticos não hesitam em continuar com sua atuação, apostando astutamente na leniência já demonstrada. Conrado Hübner Mendes provoca a discussão sobre o assunto em suas publicações semanais, geralmente a envolverem a atuação do Supremo Tribunal Federal. Numa de suas reflexões, discorre sobre o que qualifica de "negacionismo"

---

[522] Do original de Marx: *Il y a deux genres de corrpution, sagt Montesquieu, l'un lorsque le peuple n'observe point les lois; l'autre lorsqu'il est corrompu par le lois: mal incurable parce qu'il est dan le remède même.* (MARX, Karl. "Debatten über das Holzdiebstahlgesetz". *In*: MARX, Karl; ENGELS, Friedrich. *Marx-Engels-Werke*. vol. 1. Berlim: Dietz Verlag, 1977, p. 112).

## CAPÍTULO III – CONSTITUIÇÃO, GOVERNO E INSTABILIDADE

do Min. Luís Roberto Barroso do STF diante das violações constitucionais cometidas pelo Presidente Jair Bolsonaro:[523]

> E continuou [Min. Luís Roberto Barroso]: "O Congresso combateu medidas provisórias. Não me sinto ameaçado na capacidade de fazer cumprir as minhas decisões. Quando o STF decidiu, as decisões foram cumpridas". Sim, decisões do STF foram cumpridas. Exceto aquelas que não foram cumpridas. Ou exceto quando o STF, preventivamente, engavetou. Ou nem tirou da gaveta para não acirrar os ânimos.

Mendes já havia percebido as deficiências do Supremo Tribunal Federal quando de julgamento que se relacionam diretamente com a crise política desde 2016:[524]

> O Supremo Tribunal Federal é protagonista de uma democracia em desencanto. Os lances mais sintomáticos da recente degeneração da política brasileira passam por ali. A corte está em dívida com muitas perguntas, novas e velhas, e vale lembrar algumas delas antes que os tribunais voltem do descanso anual nos próximos dias. Se Delcídio do Amaral (PT-MS), Eduardo Cunha (MDB-RJ), Renan Calheiros (MDB-AL) e Aécio Neves (PSDB-MG) detinham as mesmas prerrogativas parlamentares, por que, diante das evidências de crime, receberam tratamento diverso? Se houve desvio de finalidade no ato da presidente Dilma Rousseff (PT) em nomear Lula (PT) como ministro, por que não teria havido o

---

[523] MENDES, Conrado Hübner. "Vivendo como se não houvesse Bolsonaro". *Folha de S.Paulo*, 12 jan. 2021. Disponível em: https://www1.folha.uol.com. br/colunas/conrado-hubner-mendes/2021/01/vivendo-como-se-nao-houves-se-bolsonaro.shtml. Acessado em: 29.08.2022.

[524] MENDES, Conrado Hübner. "Na prática, ministros do STF agridem a democracia, escreve professor da USP". *Folha de S.Paulo*, 28 jan. 2018. Disponível em: http://www1.folha.uol.com.br/ilustrissima/2018/01/1953534-em-espiral-de-autodegradacao-stf-virou-poder-tensionador-diz-professor.shtml. Acessado em: 29.08.2022.

mesmo na conversão, pelo presidente Michel Temer (MDB), de Moreira Franco (MDB) em ministro? Se o STF autorizou a prisão após condenação em segunda instância, por que ministros continuam a conceder habeas corpus contra a orientação do plenário, como se o precedente não existisse?

Para além de suas rápidas formulações nos meios de comunicação, Conrado Mendes tem exposto suas ideias sobre tribunais, decisões e participação do Poder Judiciário no jogo da política numa perspectiva mais elaborada.[525]

A dubiedade da ação do STF tem poder destrutivo para o sistema constitucional e político porque, antes de tudo, enfraquece a própria Constituição e sua democracia. Depois, porque favorece a consolidação da cultura de que se pode manejar a Constituição e as leis de acordo com a força da retórica. Convive-se, então, com a normalidade, mas não a normalidade no mesmo ambiente institucional. Outro não foi o sentido da incisiva manifestação de Lenio Streck:

> De forma bastante didática, direta, adianto o seguinte: o Supremo Tribunal Federal não tem competência para afastar senador. Nem Delcídio, nem Aécio. Não há um Direito *fora* da Constituição. Não interessa se não gostamos do parlamentar – seja Delcídio, seja Aécio, seja qualquer outro.[526]

---

[525] Cf.: MENDES, Conrado; MANN, Roni. "Worüber Richter schweigen Strategie und Theorie in der Verfassungsgerichtsbarkeit". *WZB Mitteilungen*, Heft 146, dez. 2014, pp. 40-43. Aqui os autores enfrentam o tema da decisão de tribunais, como o Tribunal Federal da Alemanha e a Suprema Corte dos Estados Unidos. O primeiro teve que decidir sobre a compatibilidade da compra de empréstimos públicos pelos Banco Central Europeu com a Lei Fundamental alemã. A segunda debateu a constitucionalidade da proibição da união homoafetiva em alguns Estados dos Estados Unidos da América.

[526] STRECK, Lenio. "O nome que o STF dá é o nome que fica? Eis o busílis do caso Delcídio!" *Consultor Jurídico*, 03 dez. 2015, p. 309. Disponível em: https://www.conjur.com.br/2015-dez-03/senso-incomum-nome-stf-fica-eis--busilis-delcidio? Acessado em: 29.08.2022.

CAPÍTULO III – CONSTITUIÇÃO, GOVERNO E INSTABILIDADE

Nesse momento, a recuperação do pensamento de Michael Stolleis [527] sobre Ernst Fraenkel ganha em força para fundamentar a natureza explicativa do caso do Supremo Tribunal Federal brasileiro, que permite a convivência paralela da normalidade com ilegalidade e parcialidade do Poder Judiciário, facilitando que se desenvolva um sistema de desconfiança da qualidade da democracia, além de incentivadora da ação autônoma, em relação à Constituição e às leis, de qualquer membro do mesmo Poder Judiciário. Não se pode argumentar que eventual correção de julgamentos por instâncias superiores seja suficiente para reafirmar e recuperar a coesão do sistema normativo constitucional e infraconstitucional.

Primeiro, em razão de ocorrerem com frequência ilegalidades cometidas por juízes singulares e por instâncias inferiores. Agrava tal quadro quando a instabilidade política em que essa frequência se opera. Àqueles que viram obstáculos judiciais ao adequado gozo de seus direitos e garantias fundamentais foram maciçamente expostos pelo jogo de informação e contrainformação, que compromete o resultado das eventuais reformas efetivadas pelas instâncias superiores. Igualmente, a demora na entrega da prestação jurisdicional corretiva enfraquece o ânimo de acusados, como, por exemplo, foi bem retratado pelo juiz Sérgio Moro sob a eficácia de medidas coercitivas durante a Operação Lava Jato.[528]

---

[527] STOLLEIS, Michael. *Recht im Unrecht*: Studien zur Rechtsgeschichte des Nationalsozialismus. Frankfurt am Main: Suhrkamp, 2016, p. 11.

[528] "A estratégia de investigação adotada desde o início do inquérito submetia os suspeitos à pressão de tomar decisão quanto a confessar, espalhando a suspeita de que outros já teriam confessado e levantando a perspectiva de permanência na prisão pelo menos pelo período de custódia preventiva no caso de manutenção do silêncio ou, vice-versa, de soltura imediata no caso de uma confissão (uma situação análoga do arquétipo do famoso 'dilema do prisioneiro'). Além do mais, havia a disseminação de informações sobre uma corrente de confissões ocorrendo atrás das portas fechadas dos gabinetes dos magistrados. Para um prisioneiro, a confissão pode aparentar ser a decisão mais conveniente quando outros acusados em potencial já confessaram ou quando ele desconhece o que os outros fizeram e for do seu interesse precedê-los. Isolamento na prisão era necessário para prevenir que suspeitos

Assim, o eventual sucesso da prisão como instrumento de extrair confissões de réus ou ganho processual se transforma numa sistemática que compromete a qualidade democrática de qualquer sistema constitucional.

Mas não é só. No âmbito das conversas reveladas pelo *The Intercept Brasil*, há diálogos sobre o uso da prisão preventiva como instrumento de pressão também estendido a familiares de réus, a fim de encorajar o réu à colaboração premiada.[529] Não é difícil ter por razoável que alguém preso ou sob ameaça de medidas coercitivas, e ainda sob ameaça de prisão de seus familiares, possa revelar o que sabe e o que também não sabe, a fim de satisfazer os objetivos dos acusadores e livrar sua família de consequências punitivas penais. A tardia correção judicial por instâncias superiores do Poder Judiciário, mesmo que chegue, não se mostra capaz de intimidar a prática pelas instâncias inferiores, tampouco tem a capacidade de restaurar os danos decorrentes da violação física dos que já sofreram abusos nos seus direitos e garantias fundamentais.

Em segundo lugar, está-se diante de um inusitado fenômeno do constitucionalismo brasileiro após 1988. É que no ambiente constitucional brasileiro vigoram apenas partes da Constituição Federal.[530] A depender da força política dos envolvidos – e especialmente quando do apoio da *media mainstream*, como é o caso

---

soubessem da confissão de outros: dessa forma, acordos da espécie 'eu não vou falar se você também não' não eram mais uma possibilidade". (MORO, Sérgio Fernando. "Considerações sobre a Operação Mani Pulite". *Revista do Centro de Estudos Judiciários do Conselho da Justiça Federal*, nº 26, jul./set. 2004, p. 58).

[529] NEVES, Rafael; DEMORI, Leandro. "'Intercepta ela': Moro autorizou devassa na vida de filha de investigado da Lava Jato para tentar prendê-lo". *The Intercept Brasil*, 11 set. 2019.

[530] BELLO, Enzo; BERCOVICI, Gilberto; LIMA, Martonio Mont'Alverne Barreto. "O fim das ilusões constitucionais de 1988?" *Revista Direito e Práxis*, Rio de Janeiro, vol. 10, nº 3, 2019, pp. 1769-1811. DOI: 10.1590/2179-8966/2018/37470.

## CAPÍTULO III – CONSTITUIÇÃO, GOVERNO E INSTABILIDADE

de Aécio Neves e seu partido, o PSDB – a vigência parcial da Constituição alcança as instâncias superiores do Poder Judiciário, que resta imobilizado diante dos apelos que se lhe dirigem.

Esta é mais uma forma de constitucionalização simbólica, da qual adverte Marcelo Neves, onde a "ineficácia normativa" é o elemento a distinguir a "legislação simbólica".[531] Por mais que se disponha da normatividade constitucional e infraconstitucional no sentido de ajustes democráticos e republicanos, as instituições judiciais que deveriam se submeter, em primeira linha, a tais pressupostos normativos, terminam por esvaziá-los, auxiliados por construções da teoria constitucional que bem mais explicam o bloqueio "desingênuo" das exigências constitucionais, do que fortalecem o texto constitucional, como o discurso fácil do retórico caráter programático das normas da Constituição Federal, ao invés da compreensão óbvia sobre o conteúdo vinculantes das mesmas normas.[532]

Como resultado, opera-se a sequência de comportamentos judiciais defeituosos, além de comprometedores da vigência da Constituição, o que encoraja sua contínua violação, aplaudida por grande parte da sociedade. Parece óbvio que o Poder Judiciário nada mais poderia sentir do que o orgulho de estar no caminho adequado, ao passo que ele mesmo tem ciência da direção ao abismo.

A permanência da inação do Poder Judiciário ainda recupera a tese da dualidade de Ernst Fraenkel: "Quando a Suprema Corte se rende ao terror das ruas, não surpreende que as instâncias inferiores não resistam às tendências antijudaicas do estado

---

531 NEVES, Marcelo. *Symbolische Konstitutionalisierung*. Berlim: Duncker & Humblot, 1998, p. 49. Original da edição alemã: *Kennzeichnend für die symbolische Gesetzgebung ist in erster Linie ihre normative Unwirksamkeit.*

532 NEVES, Marcelo. *Symbolische Konstitutionalisierung*. Berlim: Duncker & Humblot, 1998, pp. 229 e ss.; BERCOVICI, Gilberto. "A problemática da Constituição dirigente: algumas considerações sobre o caso brasileiro". *Revista de Informação Legislativa*, Brasília, vol. 36, nº 142, abr./jun. 1999, p. 43.

de prerrogativa".[533] Esse fenômeno não escapou da atenção de observadores da cena política brasileira:

> A partir do julgamento do mensalão, em 2012, as decisões do STF passaram a ser mais sensíveis à voz das ruas (...) Nesse cenário, os ministros são mais atraídos ou repelidos pela opinião pública ao sabor dos campos de força que se formam em torno do assunto em debate.[534]

Quando se atualiza o sentido da expressão "tendências antijudaicas" por "tendências conservadoras", parece ser suficiente à compreensão do mesmo fenômeno: a influência da opinião pública predisposta termina por corroer um sistema constitucional moderno, onde um de seus elementos principais consistia exatamente na busca pela racionalidade da política constitucional com base na normatividade civilizatória do pacto celebrado. Os casos posteriores apreciados pelo Supremo Tribunal Federal com o desencadear da crise política desde 2014 confirmam o padrão anterior. O que se traduziu na confirmação do mesmo padrão de enfraquecimento da Constituição Federal de 1988.

### 3.3 Nomeação e exercício do cargo de Ministro de Estado

Um dos mais graves episódios contra o Estado de Direito da Constituição Federal se operou a partir do juiz Sérgio Moro, e permanece até hoje sem correção das instâncias superiores do Poder Judiciário. Em 17 de março de 2016, com o clima político

---

[533] *Wenn das höchste Gericht vor dem Terror der Straßen kapituliert, ist es nicht verwunderlich, daß die unteren Instanzen den judenfeindlichen Tendenzen des Maßnahmenstaates keinen Widerstand entgegensetzen.* (FRAENKEL, Ernst. *Der Doppelstaat*. Hamburg: CEP Europäische Verlagsanstalt, 2012, p. 144).

[534] RECONDO, Felipe; WEBER, Luiz. *Os onze*: o STF, seus bastidores e suas crises. São Paulo: Companhia das Letras, 2019, p. 83.

## CAPÍTULO III – CONSTITUIÇÃO, GOVERNO E INSTABILIDADE

contrário ao governo da Presidenta Dilma Rousseff, Sérgio Moro divulgou gravação de interceptação telefônica entre a Presidenta e o ex-Presidente Lula. Tratava-se da nomeação do ex-Presidente para o cargo de Ministro da Casa Civil. Há um mês da votação na Câmara dos Deputados da admissibilidade da denúncia de crime de responsabilidade contra a Presidenta, a capacidade de articulação política do ex-Presidente Lula significaria o fortalecimento da chance do governo de permanecer em exercício.

Em inédita ação, Sérgio Moro deu ampla divulgação à conversa telefônica interceptada onde um dos ouvidos era a Presidenta da República. Estava-se diante de autoridade dotada do foro especial por prerrogativa de função, o que escapava completamente da competência jurisdicional daquele juiz, na forma da clara previsão do art. 86 da Constituição Federal: nas infrações penais comuns o Presidente da República é julgado pelo Supremo Tribunal Federal, após admissão da denúncia pela Câmara dos Deputados.

Sérgio Moro e os membros da força-tarefa da Operação Lava Jato tinham conhecimento amplo da ilegalidade que cometeram, conforme mostraram as revelações do TIB.[535] Mais tarde, ficou revelado, ainda, que o ex-Presidente Lula duvidava da eficácia

---

[535] GREENWALD, Glenn; MARTINS, Rafael Moro; SANTI, Alexandre de. "Não é muito tempo sem operação?" *The Intercept Brasil*, 09 jun. 2019. Disponível em: https://theintercept.com/2019/06/09/chat-moro-deltan-telegram-lava-jato/. Acessado em: 02.09.2022. Nos diálogos entre Sérgio Moro e o Chefe da força-tarefa da Operação Lava Jato de Curitiba, o Procurador da República Deltan Dallagnol, foi registrado que "[t]rês dias depois, Dilma tentaria nomear Lula para a Casa Civil, e Moro divulgaria a famosa conversa gravada entre a então presidente e o ex-presidente. Dallagnol – 12:44:28. – A decisão de abrir está mantida mesmo com a nomeação, confirma? Moro – 12:58:07. – Qual é a posição do mpf? Dallagnol – 15:27:33. – Abrir. As críticas à divulgação dos áudios foram fortes e, seis dias depois, o procurador e o juiz ainda discutiam o assunto: Dallagnol – 21:45:29. – A liberação dos grampos foi um ato de defesa. Analisar coisas com é fácil, mas ainda assim não entendo que tivéssemos outra opção, sob pena de abrir margem para ataques que estavam sendo tentados de todo jeito... (...) Moro – 22:10:55. – não me arrependo do levantamento do sigilo. Era melhor decisão. Mas a reação está ruim".

política relativamente à sua nomeação para o cargo de Ministro da Casa Civil. Novamente, esse detalhe das conversas telefônicas interceptadas foi omitido da divulgação pelo juiz e pelos membros da força-tarefa da Operação Lava Jato. Tal fato somente se tornou público quando das revelações do TIB.[536] Para o Procurador Deltan Dallagnol, a questão da legalidade da divulgação por Sérgio Moro

---

[536] "Conversas de Lula mantidas sob sigilo pela Lava Jato enfraquecem tese de Moro. Em 16 de março de 2016, cinco horas depois de mandar interromper a escuta telefônica que autorizara no início do cerco da operação ao líder petista, Moro tornou público um diálogo em que a então presidente Dilma Rousseff tratou com Lula de sua posse como ministro da Casa Civil". (FOLHA DE SÃO PAULO. "Dilma agiu para tentar evitar a prisão de Lula, sugere gravação; ouça". *Folha de S.Paulo*, 16 mar. 2016. Disponível em: https://www1.folha.uol.com.br/poder/2016/03/1750752-dilma-agiu-pa-ra-tentar-evitar-a-prisao-de-lula-diz-pf.shtml. Acessado em: 02.09.2022). (...) A divulgação do áudio de 1min35s incendiou o país e levou o Supremo Tribunal Federal a anular a posse de Lula (FALCÃO, Márcio. "Gilmar Mendes suspende posse de Lula e deixa investigação com Moro". *Folha de S. Paulo*, 18 mar. 2016. Disponível em: https://www1.folha.uol.com.br/poder/2016/03/1751759-stf-suspende-posse-de-lula-e-deixa-investigacao-com--moro.shtml. Acessado em: 02 09.2022), às vésperas da abertura do processo de *impeachment* e da deposição de Dilma (https://www1.folha.uol.com. br/especial/2015/brasil-em-crise/o-impeachment-de-dilma/).(...) O material examinado pela Folha e pelo Intercept mostra que o grampo permitiu que a Lava Jato soubesse do convite de Dilma a Lula com uma semana de antece-dência e usasse o tempo para preparar junto com Moro o levantamento do sigilo da investigação (https://www1.folha.uol.com.br/poder/2019/06/veja--o-quemoro-ja-disse-sobre-dialogos-vazados-com-procuradores-da-lava-jato. shtml) e das escutas telefônicas. A reportagem teve acesso a anotações dos agentes que monitoraram Lula, com resumos de 22 conversas grampeadas após a interrupção da escuta em março de 2016. (https://www1.folha.uol. com.br /poder/2019/09/confira-resumos-de-conversas-grampeadas-de-lula-com-temer-e-aliados.shtml). "Elas foram gravadas porque as operadoras de telefonia demoraram a cumprir a ordem de Moro e o sistema usado pela PF continuou captando as ligações. Os diálogos, que incluem conversas de Lula com políticos, sindicalistas e o então vice-presidente Michel Temer (MDB), revelam que o petista disse a diferentes interlocutores naquele dia que relutou em aceitar o convite de Dilma para ser ministro e só o aceitou após sofrer pressões de aliados". Disponível em: https://www1.folha.uol.com. br/poder/2019/09/conversas-de-lula-mantidas-sob-sigilo-pela-lava-jato-enfra quecem-tese-de-moro.sht. 08.09.2020. Acessado em: 08.09.2020.

## CAPÍTULO III – CONSTITUIÇÃO, GOVERNO E INSTABILIDADE

não seria mais que "filigrana jurídica".[537] Lenio Streck, nas suas palavras semanais, escreveu sobre o significado destrutivo sobre a ordem constitucional para quem a concebe como mero detalhe:[538]

> Um agente político do Estado, detentor das garantias máximas da magistratura, comporta-se como um militante político. Um militante político apaixonado pela causa. Disposto a tudo. Para ele, a Constituição, que jurou defender quando assumiu o nobre cargo de Procurador da República, é filigrana. (...) Pois é. E hoje descobrimos que o MP agiu como militante político. Confessadamente conspirador. Quem diz que o Direito não importa conspira contra a democracia e contra o *rule of law*. E não venham dizer que não reconhecem os diálogos. Uma Procuradora, envergonhada, já pediu desculpas por ter ofendido a honra dos familiares mortos do ex-Presidente.

Em razão da divulgação das conversas com a presença da Presidenta da República, foi instaurado processo administrativo disciplinar no Tribuna Regional Federal da 4ª Região, órgão imediatamente superior ao então juiz.[539] As palavras do Relator do

---

[537] "Mensagens obtidas pelo Intercept e publicadas pela Folha em setembro (https://www1.folha.uol.com. br/poder/2019/09/conversas-de-lula-mantidas-sob-sigilo-pela-lava-jato-enfraquecem-tese-demoro.shtml) mostram que integrantes da força-tarefa tinham dúvidas sobre a legalidade das decisões de Moro, mas prevaleceu o entendimento de que o apoio da opinião pública à Lava Jato deixaria os críticos falando sozinhos. 'A questão jurídica é filigrana dentro do contexto maior que é político', disse Deltan aos colegas no Telegram, ao final de um debate sobre a situação". Disponível em: https://www1.folha.uol.com.br/poder/2019/11/moro-contrariou-padrao--da-lava-jato-ao-divulgar-grampo-de-lula-indicammensagens.shtml?utm _s%E2%80%A6. 24.11.2019. Acessado em: 24.11.2019.

[538] STRECK, Lenio Luiz. "Tá lá um corpo estendido no chão! É a filigrana! É a Constituição!" *Consultor Jurídico*, 09 set. 2019, p. 2. Disponível em: https://www.conjur.com.br/2019-set-09/ta-la-corpo-estendido-chao-filigrana-constituicao. Acessado em: 29.08.2022.

[539] P.A. Corte Especial n. 0003021-32.2016.4.04.8000/RS. Relator: Des. Federal Rômulo Pizzolatti. Interessada: Corregedoria Regional da Justiça Federal

MARTONIO MONT'ALVERNE BARRETO LIMA

referido processo administrativo disciplinar não deixam dúvidas quanto à sua particular visão sobre o estado de exceção e da competência do Poder Judiciário em decidir e aplicar a exceção:[540]

> Ora, é sabido que os processos e investigações criminais decorrentes da chamada "Operação Lava-Jato", sob a direção do magistrado representado, constituem *caso inédito* (*único, excepcional*) no Direito brasileiro. Em tais condições, neles haverá *situações inéditas*, que escaparão ao *regramento genérico*, destinado aos *casos comuns*. Assim, tendo o levantamento do sigilo das comunicações telefônicas de investigados na referida operação servido para preservá-la das sucessivas e notórias tentativas de obstrução, por parte daqueles, garantindo-se assim a futura aplicação da lei penal, é correto entender que o sigilo das comunicações telefônicas (Constituição, art. 5°, XII) pode, em casos excepcionais, ser suplantado pelo interesse geral na administração da justiça e na aplicação da lei penal. A ameaça permanente à continuidade das investigações da Operação Lava-Jato, inclusive mediante sugestões de alterações na legislação, constitui, sem dúvida, uma situação inédita, a merecer um

---

da 4ª Região. "(...) Por meio da referida representação, os ora requerentes questionam, em síntese, *...a adequação às disposições do Estatuto da Magistratura e do Código de Ética dos Magistrados das decisões proferidas nos autos do expediente judicial [pedido de interceptação telefônica no âmbito da chamada 'Operação Lava-Jato'] pelo Juiz Federal Sérgio Moro, especialmente i) a manutenção nos autos de áudio de comunicação telefônica interceptada sem ordem judicial – porque ocorrida posteriormente à determinação de interrupção da medida investigatória; ii) a manutenção nos autos de áudios cujos conteúdos mostram-se totalmente desvinculados do objeto da investigação, não havendo qualquer ligação, sequer reflexa, com as supostas práticas criminosas investigadas; iii) o levantamento do sigilo judicial dos expedientes, o que resultou na ampla e imediata divulgação dos áudios – inclusive daquele gravado sem ordem judicial e assim esmo mantido nos autos – nos veículos de comunicação social, os quais, como se pode perceber da escuta dos diálogos, em nada se relacionam com o objeto da investigação (representação, páginas 9, final e 10, início)"*. P. 1/5 do mencionado P.A.
[540] P.A. Corte Especial n. 0003021-32.2016.4.04.8000/RS, p. 4-5, 8.

262

# CAPÍTULO III – CONSTITUIÇÃO, GOVERNO E INSTABILIDADE

tratamento excepcional. Parece-me, pois, incensurável a visão do magistrado representado – anterior à decisão do STF na Rcl n° 23.457 –, no sentido de que a publicidade das investigações tem sido o mais eficaz meio de garantir que não seja obstruído um conjunto, inédito na administração da justiça brasileira, de investigações e processos criminais – "Operação Lava-Jato" –, voltados contra altos agentes públicos e poderes privados até hoje intocados.

Essa decisão desencadeou surpresa no meio intelectual e profissional. As palavras de Souza Neto[541] exemplificam a reação dos intelectuais:

> A exceção não se apresenta como o contrário da democracia; cria apenas espaços imunes à eficácia do ordenamento jurídico, em meio a um sistema que, no geral, preserva características democráticas. Não fosse o contexto do *impeachment*, não fossem Lula e Dilma as vítimas do ato arbitrário, o episódio provavelmente receberia reação contundente daquele colegiado.

Em outras palavras, a exceção permanente[542] se deixa confirmar para enfraquecer o conteúdo democrático normativo da Constituição. Se esta exceção já era protagonizada pela cúpula do Poder Judiciário, não é sem precedentes que as outras instâncias do Poder Judiciário brasileiro ajam com desenvoltura para seguir o exemplo. É óbvio que uma referida flexibilidade, arranjada de ocasião, e a conter todos os elementos de que se tem proteção corporativa entre julgadores, possui capacidade destrutiva em relação à Constituição e às leis. É a legalidade – constitucional ou infraconstitucional – utilizada

---

[541] SOUZA NETO, Cláudio Pereira de. *Democracia em crise no Brasil*: Valores constitucionais, antagonismo político e dinâmica institucional. São Paulo: Contracorrente, 2020, p. 93.

[542] BERCOVICI, Gilberto. *Constituição e Estado de Exceção Permanente*: Atualidade de Weimar. Rio de Janeiro: Azougue Editorial, 2004.

contra a mesma legalidade. Esta tragédia do passado ainda serve de advertência para o presente e o futuro:[543]

> A experiência da normatividade nacional-socialista, e o putativo modelo jurídico inerente a esse modelo histórico, são circunstâncias empíricas que comprovam os perigos da utilização de critérios de flexibilidade jurídica.

O episódio marca a Operação Lava Jato até hoje. Exibe ainda a incapacidade do sistema judiciário brasileiro em enfrentar a si mesmo exatamente quando é mais necessário, ou seja, no instante da instabilidade.[544] Assim, ao também abandonar a defesa da Constituição sob sua guarda, permite que se materializem os

---

[543] SALERT, Ingo Wolfgang; GODOY, Arnaldo Sampaio de Morais. *História Constitucional da Alemanha – Da Constituição da Igreja de São Paulo à Lei Fundamental*. Porto Alegre: Editora Fundação Fênix, 2021, p. 247.

[544] Somente mais de quatro anos após o episódio das conversas entre juiz e Procuradores da República e os efeitos na crise política de 2016, e ainda com a divulgação do *The Intercept Brasil* em junho de 2019, é que, em 27 de dezembro de 2020, o Supremo Tribunal Federal publicou o reconhecimento da parcialidade do juiz Sérgio Moro, conforme o acórdão do Agravo Regimental no Recurso Ordinário em Habeas Corpus n. 144.615-Paraná: "Postura ativa e abusiva do julgador no momento de interrogatório de réus colaboradores. Atuação em reforço da tese acusatória, e não limitada ao controle de homologação do acordo. As circunstâncias particulares do presente caso demonstram que o juiz se investiu na função persecutória ainda na fase pré-processual, violando o sistema acusatório. Imparcialidade judicial como base fundamental do processo. Sistema acusatório e separação das funções de investigar, acusar e julgar. Pressuposto para imparcialidade e contraditório efetivos. Precedente: ADI 4.414, Plenário, Rel. Min. Luiz Fux, j. 31.5.2012. Agravo regimental parcialmente provido para declarar a nulidade da sentença condenatória proferida por violação à imparcialidade do julgador. Brasília, 25 de agosto de 2020. Ministro GILMAR MENDES Redator para Acórdão (RISTF, art. 38, II)". A Relatoria era do Min. Edson Fachin. Como houve empate na decisão entre os integrantes da Segunda Turma do STF, o resultado beneficia o réu. A decisão é de 25 de agosto de 2020, mas somente publicada em 27 de dezembro de 2020. Disponível em: https://www.conjur.com.br/2020-dez-29/stf-publica-acordao-julgamento-anulou-sentenca-moro. Acessado em: 27.12.2020.

CAPÍTULO III – CONSTITUIÇÃO, GOVERNO E INSTABILIDADE

mais perversos efeitos de destruição do *halo that surrounds the concepts of right and justice halo that surrounds the concepts of right and justice.*[545]

Para além dessa incapacidade, o Conselho Nacional de Justiça – CNJ – foi chamado a agir contra esta ação de Sérgio Moro. De 2016 até 2019, nenhuma penalidade foi imposta ao juiz em razão do caso. Finalmente, em 11 de junho de 2019, o Conselho Nacional de Justiça arquivou pedido de providência formulado pelo Partido Democrático Trabalhista. Como Sérgio Moro havia renunciado ao cargo de juiz em 19 de novembro de 2018, a fim de assumir o posto de Ministro da Justiça do Presidente eleito Jair Bolsonaro, não estaria o juiz sujeito à jurisdição do CNJ.[546]

No STF, o Min. Teori Zavascki era o relator designado para todos os pedidos de recursos referentes à Operação Lava Jato. Nesta condição, foi relator da Reclamação n. 23.457 Paraná, de autoria da Presidenta Dilma Rousseff, a qual objetivou a suspensão imediata dos efeitos da decisão do juiz. A reprovação da conduta do juiz foi explícita pelo Min. Teori Zavascki:[547]

---

[545] NEUMANN, Franz. *Behemoth*: the Structure and Practice of Nacional Socialism, 1933-1944. Chicago: Ivan R. Dee, ass. with The US Holocaust Memorial Museum, 2009, p. 20.

[546] "Em março de 2016, quando Moro divulgou ilegalmente conversa telefônica entre a então presidente Dilma Rousseff e Lula, houve uma reprimenda de Teori Zavascki, à época ministro do STF. Mas Moro nunca respondeu por seu abuso de poder. O corporativismo do CNJ (Conselho Nacional de Justiça) o protegeu até o momento em que aceitou convite para ser Ministro da Justiça do governo Bolsonaro". ALENCAR, Kennedy. "Moro sofre maior derrota no STF; Lula eleva chance de anular condenações". *Uol*, 09 fev. 2021. Disponível em: https://noticias.uol.com.br/colunas/kennedy-alencar/2021/02/09/moro--sofre-maior-derrota-no-stf-lula-eleva-chance-de-anular-condenacoes.htm. Acessado em: 02.09.2022.

[547] SUPREMO TRIBUNAL FEDERAL. *Reclamação n. 23.457*. Rel. Min. Teori Zavascki. pp. 3/4. Disponível em: https://portal.stf.jus.br/processos/detalhe. asp?incidente=4951535. Acessado em: 05.09.2022. Os autos eletrônicos da Reclamação n. 23.457 acham-se sob segredo de justiça no STF, inobstante a decisão cautelar tenha sido publicada na imprensa. Mais tarde, em 23 de

Embora a interceptação telefônica tenha sido aparentemente voltada a pessoas que não ostentavam prerrogativa de foro por função, o conteúdo das conversas – cujo sigilo, ao que consta, foi levantado incontinenti, sem nenhuma das cautelas exigidas em lei – passou por análise que evidentemente não competia ao juízo reclamado (...) Enfatiza-se que, segundo reiterada jurisprudência desta Corte, cabe apenas ao Supremo Tribunal Federal, e não a qualquer outro juízo, decidir sobre a cisão de investigações envolvendo autoridade com prerrogativa de foro na Corte, promovendo, ele próprio, deliberação a respeito do cabimento e dos contornos do referido desmembramento.

Inexistiria a necessidade de relato deste conjunto fático não tivesse a divulgação das conversas telefônicas efeitos sobre a decisão dos Mandados de Segurança n. 34.070 e n. 34.071, sob a relatoria

---

junho de 2019, o TIB revelou que os Procuradores da República de Curitiba agiram no sentido de proteger o juiz Sérgio Moro de conflitos com o STF: "Após Moro ser repreendido pelo ministro Teori Zavascki por ter divulgado conversas telefônicas do ex-presidente Lula, a Polícia Federal, em abril de 2016, anexou documentos sigilosos da Odebrecht a um processo da 'lava jato' sem preservar seu sigilo". Com receio de que o processo fosse desmembrado, Moro, no dia seguinte, enviou mensagem ao procurador Deltan Dallagnol reclamando do fato. "Tremenda bola nas costas da Pf", disse. "E vai parecer afronta", apontou, referindo-se à reação que esperava do Supremo. O então juiz disse que teria que enviar ao STF pelo menos um dos inquéritos que investigava o marqueteiro João Santana. Dallagnol respondeu que tinha falado com a Procuradoria-Geral da República e sugeriu que o juiz enviasse outro inquérito à corte, com foco na Odebrecht. Mais tarde, o integrante do Ministério Público Federal retomou o assunto com Moro e disse que a PF não tinha agido de má-fé. "Continua sendo lambança", respondeu o juiz, no Telegram. "Não pode cometer esse tipo de erro agora". Dallagnol então buscou encorajar Moro e prometeu que o MPF o defenderia. "Saiba não só que a imensa maioria da sociedade está com Vc, mas que nós faremos tudo o que for necessário para defender Vc de injustas acusações", escreveu. CONJUR. "Procuradores da 'lava jato' agiram para proteger Moro e evitar conflitos com STF". *Consultor Jurídico*, 23 jun. 2019. Disponível em: https://www.conjur.com.br/2019-jun-23/procuradores-agiram-proteger-moro-evitar-conflitos-stf. Acessado em: 02.09.2022.

## CAPÍTULO III – CONSTITUIÇÃO, GOVERNO E INSTABILIDADE

do Min. Gilmar Mendes, e que trataram da nomeação do ex-Presidente Lula para o cargo de Ministro da Casa Civil. Estes dois processos foram apensados e julgados em conjunto. O primeiro foi impetrado pelo Partido da Social Democracia Brasileira – PSDB –; o segundo pelo Partido Popular Socialista – PPS –, mas que desde março de 2019 se denomina Cidadania.

Mesmo com a reprovação da divulgação pelo juiz Sérgio Moro da interceptação telefônica dos diálogos entre a Presidenta Dilma Rousseff e o ex-Presidente Lula, pelo Min. Teori Zavaski no STF, o resultado das decisões nos mandados de segurança foi desfavorável ao governo da Presidenta Dilma Rousseff.

Quando da análise do pedido de expedição de medida cautelar, em 18 de março de 2016, dois dias após a divulgação do telefonema entre Presidenta e ex-Presidente, o Relator dos dois mandados de segurança enfrentou a preliminar sobre a possibilidade de um partido político impetrar mandado de segurança em defesa de direitos difusos:[548]

> Há dois pontos nada triviais, intimamente conectados, a serem apreciados quanto à adequação da via eleita. Primeiro, se o mandado de segurança coletivo pode ser usado para a tutela de direitos difusos. Segundo, se os partidos políticos são legitimados para usar a ação com tal finalidade.

Após esta consideração, o Relator registra a alteração em seu entendimento anterior:[549]

---

[548] SUPREMO TRIBUNAL FEDERAL. *Mandado de Segurança n. 34.071*. Rel. Min. Gilmar Mendes. p. 4. Disponível em: https://portal.stf.jus.br/processos/detalhe.asp?incidente=4948919. Acessado em: 05.09.2022.

[549] SUPREMO TRIBUNAL FEDERAL. *Mandado de Segurança n. 34.071*. Rel. Min. Gilmar Mendes. p. 14. Disponível em: https://portal.stf.jus.br/processos/detalhe.asp?incidente=4948919. Acessado em: 05.09.2022.

> Daquele feita, eu mesmo registrei discordância quanto à possibilidade do partido político impetrar segurança em favor de "interesses outros que não os de seus eventuais filiados". Percebo que a análise que fiz daquela feita foi excessivamente restritiva. Os partidos políticos têm finalidades institucionais bem diferentes das associações e sindicatos. Representam interesses da sociedade, não apenas dos seus membros. Representam até mesmo aqueles que não lhes destinam voto. (...) No presente caso, estão em apreciação vários mandados de segurança em caráter coletivo impetrados por partidos políticos com representação no Congresso Nacional, não integrantes da base aliada, contra ato da Presidente da República. Logo, trata-se de uma via de defesa da ordem institucional que pode ser validamente desenvolvida e aceita. Feitas essas considerações, tenho por cabíveis as ações de mandado de segurança.

Com tal entendimento modificado, o Relator seguiu na tese arguida pelos impetrantes: a do desvio de finalidade do ato da Presidenta da República.[550] Ao discorrer sobre suas razões de decidir, o Relator escreveu que:[551]

> (...) [se] tem que a Presidente da República praticou conduta que, *a priori*, estaria em conformidade com a atribuição que lhe confere o art. 84, inciso I, da Constituição – nomear Ministros de Estado. (...) No caso concreto, a alegação é de que o ex-Presidente Luiz Inácio Lula da Silva teria sido empossado justamente para deslocar o foro para o STF e salvaguardar contra eventual ação penal sem a autorização parlamentar prevista no art. 51, I, da CF. (...) É muito claro

---

[550] SUPREMO TRIBUNAL FEDERAL. *Mandado de Segurança n. 34.071*. Rel. Min. Gilmar Mendes. p. 15. Disponível em: https://portal.stf.jus.br/processos/detalhe.asp?incidente=4948919. Acessado em: 05.09.2022.

[551] SUPREMO TRIBUNAL FEDERAL. *Mandado de Segurança n. 34.071*. Rel. Min. Gilmar Mendes. pp. 19/20. Disponível em: https://portal.stf.jus.br/processos/detalhe.asp?incidente=4948919. Acessado em: 05.09.2022.

# CAPÍTULO III – CONSTITUIÇÃO, GOVERNO E INSTABILIDADE

o tumulto causado ao progresso das investigações, pela mudança de foro. É "autoevidente" que o deslocamento da competência é forma de obstrução ao progresso das medidas judiciais.

Foi aqui que as conversas ilegalmente divulgadas pelo juiz Sérgio Moro integraram o entendimento da decisão favorável à concessão da medida cautelar, a qual culminou com a invalidação do ato de nomeação do ex-Presidente Lula:[552]

> Mas, neste caso, o elemento subjetivo é revelado por riqueza probatória que não merece passar despercebida. As impetrações são amparadas em provas produzidas no Processo 50062059820164047000, da 13ª Vara Federal de Curitiba, no qual foi determinada a interceptação de vários telefones, entre eles terminais utilizados por Luiz Inácio Lula da Silva. Em decisão datada de 16.3, o juiz da causa levantou o sigilo das gravações, pelo que não há óbice em utilização como prova neste procedimento – e. 135.

De modo a não deixar dúvida, o Relator concluiu que, "no momento, não é necessário emitir juízo sobre a licitude da gravação em tela. Há confissão sobre a existência e conteúdo da conversa, suficiente para comprovar o fato".[553]

Em outras palavras, decisão judicial de instância inferior ao STF, manifestamente ilegal e que teve aspecto central no desenrolar dos acontecimentos políticos, foi ignorada pelo mesmo STF. Há outro aspecto relevante. No âmbito do Direito Administrativo,

---

[552] SUPREMO TRIBUNAL FEDERAL. *Mandado de Segurança n. 34.071*. Rel. Min. Gilmar Mendes. p. 21. Disponível em: https://portal.stf.jus.br/processos/detalhe.asp?incidente=4948919. Acessado em: 05.09.2022.

[553] SUPREMO TRIBUNAL FEDERAL. *Mandado de Segurança n. 34.071*. Rel. Min. Gilmar Mendes. p. 21. Disponível em: https://portal.stf.jus.br/processos/detalhe.asp?incidente=4948919. Acessado em: 05.09.2022.

o tema a envolver o desvio de finalidade possui ampla base de estudos: são acórdãos, decisões judiciais, dissertações, pareceres, publicações, teses, toda sorte de elaborações científicas que praticamente pouco restaria a dizer sobre o fenômeno. O desvio de finalidade, como o voto do Relator aponta, se caracteriza pela distorção do ato administrativo: de aparência legal, o ato esconde, porém, a real intenção da autoridade com sua expedição, cuja finalidade é diversa daquela prevista pela normatização. Necessário que se prove, portanto, essa real intenção, ou que se a demonstre de forma inequívoca, se se trata de mandado de segurança. Como se sabe, tal rito processual de mandado de segurança não admite instrução processual. Com outras palavras: alegando-se o desvio de finalidade, o Relator sequer deu oportunidade de ouvida prévia à autoridade apontada como coatora, a então Presidenta da República, e decidiu preliminarmente pela concessão da segurança.

O que se viu nos Mandados de Segurança n. 30.740 e n. 30.741 foi exatamente esta ausência. O Relator reconheceu que não partiu do ex-Presidente Lula "a hipótese de assunção de cargo público", e, ainda que o fosse, haveria a necessidade de concurso do agente público responsável, ou seja, da Presidenta Dilma.[554] Porém, ainda para o Relator, "(...) duas conversas entre Luiz Inácio Lula da Silva e a Presidente da República parecem demonstrar que esta assumiu o propósito como seu".[555] O Relator reconhece ainda que:[556]

---

[554] SUPREMO TRIBUNAL FEDERAL. *Mandado de Segurança n. 34.071*. Rel. Min. Gilmar Mendes. p. 28. Disponível em: https://portal.stf.jus.br/processos/detalhe.asp?incidente=4948919. Acessado em: 05.09.2022.

[555] SUPREMO TRIBUNAL FEDERAL. *Mandado de Segurança n. 34.071*. Rel. Min. Gilmar Mendes. p. 30. Disponível em: https://portal.stf.jus.br/processos/detalhe.asp?incidente=4948919. Acessado em: 05.09.2022.

[556] SUPREMO TRIBUNAL FEDERAL. *Mandado de Segurança n. 34.071*. Rel. Min. Gilmar Mendes. Disponível em: https://portal.stf.jus.br/processos/detalhe.asp?incidente=4948919. Acessado em: 05.09.2022.

## CAPÍTULO III – CONSTITUIÇÃO, GOVERNO E INSTABILIDADE

Não há aqui pedido de nomeação para o cargo, mas há uma clara indicação da crença de que seria conveniente retirar a acusação da 13ª Vara Federal de Curitiba – a "República de Curitiba" –, transferindo o caso para uma "Suprema Corte acovardada".[557]

Em momento posterior de sua decisão, o Relator conclui que o "objetivo da Presidente da República de nomear Luiz Inácio Lula da Silva para impedir sua prisão é revelado pela conversa seguinte, em 16.3, 13h32",[558] para, então concluir[559]

o objetivo da falsidade é claro: impedir o cumprimento de ordem de prisão de juiz de primeira instância. Uma espécie de salvo conduto emitido pela Presidente da República. Ou seja, a conduta demonstra não apenas os elementos objetivos do desvio de finalidade, mas também a intenção de fraudar. Assim, é relevante o fundamento da impetração. É urgente

---

[557] A mesma percepção registrada por intelectual estrangeiro já registrada: Para Anderson, o juiz Sérgio Moro poderia assim fazer *because the media which he used as his megaphone intimidated the Supreme Courts judges, who feared denunciation if they demurred* (ANDERSON, Perry. "Bolsonaro's Brazil". *London Review of Books*, vol. 41, nº 3, 07 fev. 2019, p. 12. Disponível em: https://www.lrb.co.uk/v41/ n03/perry-anderson/bolsonaros-brazil. Acessado em: 02.02.2019). Tal afirmação se deixa confirmar ainda pelas revelações do The Intercept Brazil: 'VAZAMENTO SELETIVO ...' Dallagnol mentiu: Lava Jato vazou sim informações das investigações para a imprensa – às vezes para intimidar suspeitos e manipular delações. GREENWALD, Glenn; NEVES, Rafael. "'Vazamento seletivo...' Dallagnol mentiu: Lava Jato vazou sim informações das investigações para a imprensa – às vezes para intimidar suspeitos e manipular delações". *The Intercept Brasil*, 29 ago. 2019. Disponível em: https://theintercept.com/2019/08/29/lava-jato-vazamentos--imprensa. Acessado em: 02.09.2022.

[558] SUPREMO TRIBUNAL FEDERAL. *Mandado de Segurança n. 34.071.* Rel. Min. Gilmar Mendes. p. 31. Disponível em: https://portal.stf.jus.br/processos/ detalhe.asp?incidente=4948919. Acessado em: 05.09.2022.

[559] SUPREMO TRIBUNAL FEDERAL. *Mandado de Segurança n. 34.071.* Rel. Min. Gilmar Mendes. p. 33. Disponível em: https://portal.stf.jus.br/processos/ detalhe.asp?incidente=4948919. Acessado em: 05.09.2022.

tutelar o interesse defendido. (...) Ante o exposto, **defiro a medida liminar**, para suspender a eficácia da nomeação de Luiz Inácio Lula da Silva para o cargo de Ministro Chefe da Casa Civil, determinando a manutenção da competência da justiça em Primeira Instância dos procedimentos criminais em seu desfavor.

Sem que a autoridade impetrada fosse ouvida, o STF teve por base decisão judicial ilegal de instância inferior como válida. Sem que fosse discutido o tema do desvio de finalidade com imposição de produção de provas, ouvida de testemunhas, manifestação posterior para sua comprovação, o STF permitiu que prevalecessem decisões de instâncias inferiores contra a Constituição Federal: tanto contra sua normatividade quanto contra seu conteúdo democrático. Em 16 de maio de 2016, o Relator entendeu que se dera a perda do objeto do Mandado de Segurança n. 34.070.[560]

> Tendo em vista a publicação, no Diário Oficial da União de 12.5.2016 (Seção 2, p. 1), da exoneração do Ministro de Estado Chefe da Casa Civil da Presidência da República, está prejudicada a presente ação mandamental, em razão da perda superveniente de seu objeto (art. 21, IX, do RISTF). Revogada a medida liminar anteriormente deferida (eDOC 20).

Os recursos apenas com efeitos de esclarecimento requeridos pela defesa do Ex-Presidente Lula não foram acolhidos, e a baixa ao arquivo do STF foi realizada em 20 de junho de 2020.[561]

Após as revelações do *The Intercept Brasil*, o Min. Gilmar Mendes manifestou-se publicamente sobre sua decisão de 2016

---

[560] SUPREMO TRIBUNAL FEDERAL. *Mandado de Segurança n. 34.070*. Rel. Min. Gilmar Mendes. p. 1. Disponível em: https://portal.stf.jus.br/processos/detalhe.asp?incidente=4948822. Acessado em: 05.09.2022.

[561] Disponível em: http://portal.stf.jus.br/processos/detalhe.asp?incidente=4948822. Acessado em: 02.09.2022.

## CAPÍTULO III – CONSTITUIÇÃO, GOVERNO E INSTABILIDADE

em relação ao ex-Presidente Lula. Apesar de reafirmar a certeza da decisão, não deixou de reconhecer que é necessária, depois de tudo que foi revelado, "uma fuga para a frente", já que "todas essas revelações estão expondo falhas no nosso sistema judicial, que permitiram abusos e mostram a necessidade de maior controle. Todos temos de fazer uma revisão".[562] Igualmente, o Ministro não deixou de registrar sua desaprovação com a Operação Lava Jato e as pressões decretadas, as quais qualificou como "instrumento de tortura".[563] É óbvio que estas palavras externadas por um dos mais antigos integrantes do STF, respeitado constitucionalista e atento observador da política nacional sinalizam que o Tribunal entende seu contexto constitucional e político, e anuncia a capacidade de retomar a normalidade que conviveu paralelamente aos desmandos judiciais.

Em 3 de fevereiro de 2017 o Partido Rede Sustentabilidade impetrou o Mandado de Segurança n. 34.609. Michel Temer era o Presidente da República, e a impetração se deu contra o decreto presidencial que nomeou Wellington Moreira Franco para o cargo de Ministro Chefe da Secretaria Geral da Presidência da República. A relatoria foi do Min. Celso de Mello, e o pedido levantou tanto o tema sobre o desvio de finalidade como aquele do deslocamento da competência processual penal decorrente da nomeação. Os mesmos argumentos e a mesma classe de impetrante – partido

---

[562] BALTHAZAR, Ricardo. "Gilmar Mendes defende decisão que barrou posse de Lula em 2016 e critica Lava Jato". *Folha de S.Paulo*, 09 set. 2019. Disponível em: https://www1.folha.uol.com.br/poder/2019/09/gilmar-mendes-defende-decisao-que-barrou-posse-de-lula-em-2016-e-critica-lava-jato.shtml. Acessado em: 02.09.2022.

[563] PRAZERES, Leandro. "Gilmar diz que prisões temporárias na Lava-Jato foram 'instrumento de tortura' e ataca Moro e procuradores". *O Globo*, 02 out. 2019. Disponível em: https://oglobo.globo.com/brasil/gilmar-diz-que-prisoes-temporarias-na-lava-jato-foram-instrumento-de-tortura-ataca-moro-procuradores-23990890. Acessado em: 02.09.2022.

político – consistiram também na base do mandado de segurança contra a posse do ex-Presidente Lula:[564]

> Sustenta-se, *nesta sede mandamental,* que referido ato de nomeação **mostrar-se-ia inválido,** porque **afetado** *por desvio de finalidade,* **eis que a razão subjacente** a tal deliberação presidencial **consistiria,** *alegadamente,* **em virtude** da outorga de prerrogativa de foro ao litisconsorte passivo necessário, em *"evitar o regular andamento das investigações em sede da operação Lava Jato",* **para,** desse modo, *"impedir sua prisão e os regulares desdobramentos perante o juízo monocrático",* o que *"coloca em risco a celeridade do julgamento".* (...) **Após enfatizar** que o *"ato ilegal de criação de Ministério para concessão de prerrogativa de função cumpre todos os requisitos clássicos das hipóteses sempre narradas como exemplificativas do desvio de finalidade",* **o autor** desta ação mandamental **adverte que a permanência** do Senhor Wellington Moreira Franco **no cargo** de Ministro de Estado, **por implicar deslocamento** da competência penal, *para esta Suprema Corte,* do órgão judiciário **de primeira** instância, **repercutirá,** *"ilegalmente, na sequência das investigações e em eventual apreciação de pedido de prisão formulado contra ele",* **dando causa** *– segundo alega o impetrante –* a um contexto claramente *revelador de fraude à Constituição.*

A medida cautelar não foi deferida, uma vez que na decisão de 9 de fevereiro de 2017, o Relator mandou ouvir a autoridade impetrada, isto é, o Presidente da República. Em 14 de fevereiro de 2017, após a impetração do Mandado de Segurança n. 34615 pelo Partido Socialismo e Liberdade, o mesmo Min. Celso de Mello

---

[564] SUPREMO TRIBUNAL FEDERAL. *Mandado de Segurança n. 34.609.* Rel. Min. Celso de Mello. Disponível em: https://portal.stf.jus.br/processos/detalhe.asp?incidente=5126193. Acessado em: 05.09.2022.

## CAPÍTULO III – CONSTITUIÇÃO, GOVERNO E INSTABILIDADE

indeferiu o pedido cautelar nos seguintes termos:[565] **"Indefiro o pedido de medida liminar, fazendo-o** com apoio **nas mesmas razões** *por mim expostas* **na denegação** de pleito cautelar **formulado nos autos do MS 34.609-MC/DF,** *de que também sou Relator".*

Na decisão do Relator a respeito da expedição da medida cautelar no Mandado de Segurança n. 34.609, foi discutida a legitimidade de partidos políticos para ajuizamento da ação mandamental, tema que já havia sido tratado no Mandado de Segurança n. 34.071, contra a nomeação do Ex-Presidente Lula.

Agora, o Relator reconhece que é:[566]

> **certo,** ainda, *por extremamente relevante,* **que o próprio Plenário** do Supremo Tribunal Federal, *em julgamentos colegiados,* **já se pronunciou no sentido** *de negar legitimação universal ao partido político* **para impetrar** *mandado de segurança coletivo* **destinado** à proteção jurisdicional *de direitos* **ou** *de interesses difusos* da sociedade civil, **notadamente** quando a pretendida tutela **objetivar** *a defesa da ordem constitucional* **(MS 22.764- -QO/DF,** Rel. Min. NÉRI DA SILVEIRA – **RE 196.184/AM,** Rel. Min. ELLEN GRACIE).

O Relator também registrou o caso antecedente relativo ao caso do ex-Presidente Lula no mesmo STF, quando se debateu a legitimidade ativa de partido político para mandado de segurança em defesa de direitos difusos:[567]

---

[565] SUPREMO TRIBUNAL FEDERAL. *Mandado de Segurança n. 34.615.* Rel. Min. Celso de Mello. Disponível em: https://portal.stf.jus.br/processos/ detalhe.asp?incidente=5127429. Acessado em: 05.09.2022.

[566] SUPREMO TRIBUNAL FEDERAL. *Mandado de Segurança n. 34.609.* Rel. Min. Celso de Mello. Disponível em: https://portal.stf.jus.br/processos/ detalhe.asp?incidente=5126193. Acessado em: 05.09.2022.

[567] SUPREMO TRIBUNAL FEDERAL. *Mandado de Segurança n. 34.609.* Rel. Min. Celso de Mello. Disponível em: https://portal.stf.jus.br/processos/ detalhe.asp?incidente=5126193. Acessado em: 05.09.2022.

> Essa questão prévia, *que será apreciada em momento oportuno*, **constitui fator** que, *ao menos em juízo de estrita deliberação*, **fragiliza a configuração**, *no caso*, **da plausibilidade jurídica** do pedido formulado pela agremiação partidária impetrante, **pois**, *como se extrai dos precedentes acima referidos*, **falecer-lhe-ia**, *até mesmo*, **legitimidade ativa** *"ad causam"* **para impetrar** este mandado de segurança **coletivo**, *não obstante a invocação*, pelo partido político **autor** desta ação mandamental, **da decisão monocrática** do eminente Ministro GILMAR MENDES **proferida nos autos do MS 34.070-MC/DF, decisão essa** cujo conteúdo **mostra-se impregnado** *do brilho* e *da profundidade de análise* que **são peculiares** aos pronunciamentos de Sua Excelência **nesta** Suprema Corte.

Com outras palavras, o Relator reconhece que a posição do STF é contrária ao reconhecimento da legitimidade ativa de partido político em mandado de segurança quando de direitos difusos, porém *"sem prejuízo da análise ulterior de mencionada questão prévia* **procederei,** *mesmo assim*, **ao exame** do pedido de medida liminar".[568]

Ao examinar o pedido de cautelar o Relator afirmou ser necessária prova do desvio de finalidade pela Rede Sustentabilidade para que estivesse autorizada concessão da liminar:[569]

> **A jurisprudência** desta Suprema Corte, *por sua vez*, **tem enfatizado**, *em sucessivas decisões*, que, **em decorrência** do atributo *da presunção de legitimidade e de veracidade* **que qualifica** os atos da Administração Pública, **impõe-se** *a*

---

[568] SUPREMO TRIBUNAL FEDERAL. *Mandado de Segurança n. 34.609.* Rel. Min. Celso de Mello. Disponível em: https://portal.stf.jus.br/processos/detalhe.asp?incidente=5126193. Acessado em: 05.09.2022.

[569] SUPREMO TRIBUNAL FEDERAL. *Mandado de Segurança n. 34.609.* Rel. Min. Celso de Mello. Disponível em: https://portal.stf.jus.br/processos/detalhe.asp?incidente=5126193. Acessado em: 05.09.2022.

# CAPÍTULO III – CONSTITUIÇÃO, GOVERNO E INSTABILIDADE

> *quem os questiona em juízo* o ônus processual *de infirmar a veracidade* dos fatos **que motivaram** sua edição, **não lhes sendo oponíveis**, por insuficientes, *meras alegações* **ou** *juízos conjecturais* deduzidos em sentido contrário (...).

Para o Relator, a simples alegação de que uma nomeação para cargo de Ministro de Estado se constitui em forma de prova de desvio de finalidade não enseja a concessão de segurança requerida, e que a Rede Sustentabilidade nada provou relativamente a esse ponto decisivo do pedido:[570]

> **Observo,** *no entanto,* que a demonstração **exigível** ao impetrante, **embora** necessária e imprescindível, **não se fez produzir,** *aparentemente,* na espécie, **o que torna pertinente,** *no caso,* **em face da alegação** deduzida pelo autor deste *"writ",* **a asserção** *de que faleceria a indispensável liquidez* aos fatos subjacentes a esta impetração mandamental, **que não se pode apoiar** *em meras afirmações* **ou** *em simples conjecturas,* **eis que –** *não constitui demasia relembrar –* o mandado de segurança **qualifica-se** *como processo de caráter essencialmente documental,* **que supõe a produção liminar,** *pelo impetrante,* das provas literais **pré-constituídas** *destinadas a evidenciar a incontestabilidade* do Direito Público subjetivo por ele invocado, *tal como adverte o magistério da doutrina. (...)*
>
> **Posta a questão** nos termos que venho de expor, e **reconhecendo que a mera investidura** no cargo de Ministro de Estado, *por si só,* **não constitui** motivo ensejador **da alegada** obstrução da justiça **nem traduz** anômala manifestação da vontade político-administrativa do Presidente da República, **a caracterizar** *a alegada ocorrência,* no caso, **do vício nulificador** *do desvio de finalidade* (defeito jurídico que **nunca** se presume), **entendo oportuno rememorar,** *no ponto,* a

---

[570] SUPREMO TRIBUNAL FEDERAL. *Mandado de Segurança n. 34.609.* Rel. Min. Celso de Mello. Disponível em: https://portal.stf.jus.br/processos/detalhe.asp?incidente=5126193. Acessado em: 05.09.2022.

grave observação feita por ANDRÉ RAMOS TAVARES, *em obra doutrinária (...).*

Diante de tal quadro, "**As razões expostas** na presente decisão, *notadamente* os **fundamentos** que constam do seu item 7, *levam-me a indeferir* o pedido de medida cautelar formulado pela agremiação partidária ora impetrante".[571]

Nem a questão deixada para "análise ulterior" – legitimidade ativa de partido político em mandado de segurança na defesa de direito difuso – foi decidida ulteriormente, tampouco sobreveio decisão definitiva, uma vez que, em 15 de abril de 2020, foi julgada a perda superveniente do objeto, em razão do fato de que, em 31 de dezembro de 2018, com o fim do governo de Michel Temer, o Ministro Wellington Moreira Franco foi exonerado do cargo de Ministro de Estado das Minas e Energia. No Brasil, tal qual no reino de Barataria, todos *"quedaron admirados"* e tiveram seu juiz *"por un nuevo Salomón"*.[572]

Dito de outra maneira, o que foi aplicado pelo STF à então Presidenta Dilma Rousseff e ao ex-Presidente Lula, não o foi com o então Presidente Michel Temer e seu nomeado, Wellington Moreira Franco: "um Estado, porém, não pode subsistir sem leis a que todos estejam sujeitos"[573] é uma antiga advertência a que não se deu ouvidos. O Mandado de Segurança n. 34.609 foi baixado ao arquivo em 15 de maio de 2020.[574] Esta aplicação,

---

[571] SUPREMO TRIBUNAL FEDERAL. *Mandado de Segurança n. 34.609.* Rel. Min. Celso de Mello. Disponível em: https://portal.stf.jus.br/processos/detalhe.asp?incidente=5126193. Acessado em: 05.09.2022.

[572] CERVANTES, Miguel de. *Don Quijote de la Mancha.* Edición del IV Centenario. Madrid: Real Academia Española/Asociación de Academias de la Lengua Española, 2004, p. 891.

[573] ESPINOZA, Baruch de. *Tratado Teológico-Político.* São Paulo: Martins Fontes, 2003, p. 55.

[574] Disponível em: http://portal.stf.jus.br/processos/detalhe.asp?incidente=5126193. Acessado em: 25.06.2020.

## CAPÍTULO III – CONSTITUIÇÃO, GOVERNO E INSTABILIDADE

reivindicada desde Espinoza, é um dos elementos centrais da distância com Carl Schmitt, para quem o decisionismo político do poder do soberano a nada se submete. Marilena Chauí apontou esta distinção, quando afirma que:[575]

> In fact, for Schmitt, absolutism, by making explicit the essence of sovereignty and the State as an absolute decision, gives visibility to politics as an autonomous sphere, neither determined by knowledge nor by morality and religion nor even by law and economy.

Para Espinoza, reforça Chaui, opera-se o contrário:[576]

> (...) since the origin of political power is immanent to social actions, then the political subject is a collective subject (the multitudo), the civil law is the potency of the multitudo and the constituents of the collective subject decide to act in common, but not to think in common.

A utilização de parâmetros distintos para os mesos casos, quando a legalidade posta aponta numa só direção, ou mesmo quando as decisões judiciais anteriores assim também se dirigem, revela a fraqueza de constituições e leis, além de expor a impossibilidade de uma racionalidade jurídica às previsões normativas que se deveriam aplicar a todos, à *multitudo*.

O Supremo Tribunal Federal deixaria ainda escapar sua chance de restabelecimento colegiado de suas decisões, característica essencial de órgãos superiores de jurisdição. Duas Arguições de Descumprimento de Preceito Fundamental – ADPFs n. 390 e 391,

---

575 CHAUI, Marilena. "Theologico-political power: Spinoza against Schmitt". *Crisis and Critique*, vol. 8, nº 1, 2021, p. 79.

576 CHAUI, Marilena. "Theologico-political power: Spinoza against Schmitt". *Crisis and Critique*, vol. 8, nº 1, 2021, p. 88.

ambas sob a relatoria do Min. Teori Zavascki – posteriormente redistribuídas do Min. Alexandre de Moraes – versavam sobre o tema da ocupação de cargos. Nas palavras do primeiro Relator da ADPF n. 390, o Partido Socialista Brasileiro assim se manifesta:[577]

> (...) o propósito primeiro da arguição estaria em obter pronunciamento da Suprema Corte que afirmasse a *"tese de impossibilidade constitucional da modificação do juiz natural através de nomeação para cargos com prerrogativa de foro"*, com a nulidade do ato de nomeação ou, subsidiariamente, a manutenção da competência do juiz natural do caso em questão. Para isso, entende que seria indiferente considerar se houve ou não prejuízo com a modificação da competência, pois o vício hostilizado residiria na escolha *"per se"*.

No que diz respeito à ADPF n. 391, o Partido da Social Democracia Brasileira:[578]

> destaca, inicialmente, o cabimento da medida, na consideração de que ela seria o único meio processual disponível para questionar atos de efeitos concretos na jurisdição constitucional abstrata, inclusive a nomeação de Ministros, quando ocorrente violação direta a preceito fundamental, como na hipótese. Salienta que estaria satisfeito, ainda, o requisito da subsidiariedade.

---

[577] SUPREMO TRIBUNAL FEDERAL. *Arguição de Descumprimento de Preceito Fundamental n. 390 – ADPF n. 390*. Rel. Min. Teori Zavascki. Disponível em: https://portal.stf.jus.br/processos/detalhe.asp?incidente=4948745. Acessado em: 05.09.2022.

[578] SUPREMO TRIBUNAL FEDERAL. *Arguição de Descumprimento de Preceito Fundamental n. 391 – ADPF n. 391*. Rel. Min. Teori Zzavascki. Disponível em: https://portal.stf.jus.br/processos/detalhe.asp?incidente=4948829. Acessado em: 05.09.2022.

CAPÍTULO III – CONSTITUIÇÃO, GOVERNO E INSTABILIDADE

Na mesma data, 4 de abril de 2016, as duas ADPFs foram indeferidas liminarmente, sob o mesmo argumento:[579]

> 8. Verificada, assim, (a) a singularidade do ato atacado, cujo potencial de reprodução é praticamente nulo; (b) a especificidade dos fundamentos da arguição, centrados na invalidade da motivação do ato atacado, que poderia exigir exploração probatória incompatível com a ADPF; (c) a existência, no ordenamento, de outros meios aptos a resolver, com eficácia satisfatória, a controvérsia constitucional em causa, dependa ela, ou não, da realização de fase instrutória mais alargada; (d) a impossibilidade de se converter, apenas pela consideração da relevância do ato atacado, a ADPF em instrumento de avocação universal das ações populares dirigidas contra ato presidencial; e (e) a verificação, em concreto, de que as alternativas à disposição da jurisdição ordinária foram exercidas a contento para neutralizar o alegado estado de conflitividade jurídica gerado pela prática do ato de nomeação aqui atacado, restou desatendida, no caso, a regra da subsidiariedade, estabelecida pelo art. 4º, § 1º, da Lei 9.882/99. 9. Ante o exposto, com fundamento no art. 4º, *caput*, da Lei 9.882/99, indefiro liminarmente a petição inicial da presente ADPF, ficando prejudicados os pedidos de liminar e os demais pedidos, nomeadamente os formulados pela Presidente da República e pela Advocacia-Geral da União.

Mesmo com o oferecimento de recursos contra a decisão, o Min. Alexandre de Moares, novo relator, manteve a decisão anterior

---

[579] SUPREMO TRIBUNAL FEDERAL. *Arguição de Descumprimento de Preceito Fundamental n. 391 – ADPF n. 391*. Rel. Min. Teori Zzavascki. Disponível em: https://portal.stf.jus.br/processos/detalhe.asp?incidente=4948829. Acessado em: 05.09.2022.

nas duas ADPFs, sendo a de n. 390 arquivada em 18 de setembro de 2017[580] e a de n. 391 em 9 de outubro de 2017.[581]

O Supremo Tribunal Federal deixou-lhe fugir a oportunidade que teria para se manifestar sobre tema polêmico. Demais, uma decisão em APDF consistira em efeito vinculante ao entendimento decidido, o que pacificaria o entendimento no Tribunal, que se viu em meio à instabilidade jurídico-constitucional. O arquivamento das decisões sem julgamento deixa aberta a porta para a legítima suspeita perante a história: por qual razão o Supremo Tribunal Federal não seguiu adiante com um julgamento?

Os argumentos esboçados acima pelo então Relator não convencem. O sentido do ato não é potencialmente nulo, como depois se comprovou em decisão polêmica das nomeações para cargos da Deputada Federal Cristiane Brasil,[582] para Ministra de Estado do Trabalho do Brasil, e de Alexandre Ramagem para Diretor-Geral da Polícia Federal.[583]

O caso da Deputada Federal Cristiane Brasil chama mais a atenção por força da existência de decisões conflitantes, no âmbito da mesma Justiça Federal no estado do Rio de Janeiro: pelo entendimento da 4ª Vara Federal de Niterói, a Deputada não poderia

---

[580] Disponível em: http://portal.stf.jus.br/processos/detalhe.asp?incidente=4948745. Acessado em: 23.09.2017.

[581] Disponível em: http://portal.stf.jus.br/processos/detalhe.asp?incidente=4948829. Acessado em: 16.10.2017.

[582] Processo n. 0001786-77.2018.4.02.5102 (2018.51.02.001786-0) na 4ª Vara Federal de Niterói.

[583] "Diante de todo o exposto, nos termos do artigo 7º, inciso III da Lei 12.016/2016, DEFIRO A MEDIDA LIMINAR para suspender a eficácia do Decreto de 27/4/2020 (DOU de 28/4/2020, Seção 2, p. 1) no que se refere à nomeação e posse de Alexandre Ramagem Rodrigues para o cargo de Diretor-Geral da Polícia Federal" (SUPREMO TRIBUNAL FEDERAL. *Mandado de Segurança n. 37.097*. Rel. Min. Alexandre de Moraes. Disponível em: https://portal.stf.jus. br/processos/detalhe.asp?incidente=5899275. Acessado em: 05.09.2022).

## CAPÍTULO III – CONSTITUIÇÃO, GOVERNO E INSTABILIDADE

assumir o cargo; já pela 14ª Vara Federal no Rio de Janeiro,[584] inexistia obstáculo à nomeação, assim como entendeu também a Vara Federal de Magé, no estado do Rio de Janeiro.[585]

Não bastassem tais conflitos, o Superior Tribunal de Justiça (no pedido de Suspensão de Liminar e de Sentença n. 2.340/RJ) suspendeu a decisão da 4ª Vara de Niterói. O Supremo Tribunal Federal entendeu que o Superior Tribunal de Justiça não era competente para decidir nesse caso, em razão de se tratar de autoridade com prerrogativa de foro no STF, e suspendeu a decisão do Superior Tribunal de Justiça:[586]

> Pelo exposto, julgo procedente a presente reclamação (§ 4º do art. 70 do Regimento Interno do Supremo Tribunal Federal, c/c art. 25 da Lei n. 8.038/1990), determinando o imediato encaminhamento dos autos da Suspensão de Liminar e de Segurança n. 2.340/RJ, em tramitação no Superior Tribunal de Justiça, para autuação e julgamento neste Supremo Tribunal Federal, cassando-se a decisão proferida pela autoridade reclamada por manifesta incompetência (§ 4º do art. 64 do Código de Processo Civil).

Igualmente, inexistiria impedimento ao exame em tese do que se tinha no pedido da ADPFs: o que o STF analisaria seria o sentido em tese do poder de nomeação do Chefe do Executivo. E sobre o tema o STF poderia lançar entendimento a evitar o desencontro de decisões que se viu nos casos apontados.

---

[584] Processo n. 0001900-19.2018.4.02.5101 na 14ª Vara Federal do Rio de Janeiro.

[585] Processo n. 0502878-70.2017.4.02.5101 (2017.51.01.502878-0) na Vara Federal de Magé.

[586] SUPREMO TRIBUNAL FEDERAL. *Reclamação n. 29.508*. Rel. Min. Cármen Lúcia. Disponível em: https://portal.stf.jus.br/processos/detalhe. asp?incidente=5341589. Acessado em: 05.09.2022.

Os outros meios existentes no ordenamento não são dotados de efeito vinculante, como é a ação de arguição de descumprimento de preceito fundamental. Tampouco se trata de "relevância do atacado", mas, como se comprovou, de arma usada na disputa política democrática entre governo e oposição, o que apenas caracteriza o conflito, inerente a qualidade de qualquer democracia. A este conflito, o STF foi chamado para dirimir, com o papel de guarda da Constituição, o que nada tem de excepcional no sistema que admite o controle judicial da constitucionalidade. Distanciar-se de sua tarefa constitucional mais relevante equivale a abandonar a Constituição e as leis. Por fim, o "alegado estado de conflitividade" não foi resolvido pelas alternativas "à disposição da jurisdição ordinária". Como se viu, o tema se estendeu até o ano de 2020, e ainda não foi pacificado. Ao contrário, o Presidente Jair Bolsonaro reagiu de forma violenta à decisão que lhe tornou sem efeito a nomeação do Diretor-Geral da Polícia Federal, o que se traduziu em ameaças físicas contra o próprio STF e seus integrantes, da parte de apoiadores do Presidente.

A compreensão das razões que conduziram o STF a tais posições dúbias, ou de recusa a agir quando deveria na garantia da democracia, permanecerá sempre aberta. Com tantos encontros e desencontros, idas e vindas, mais uma vez é inevitável a lembrança de que a vida imita também a arte literária. Diante dos solavancos sob a responsabilidade da "Suprema Nave", e com tanta diferença de tratamento para casos semelhantes, estabelece-se uma confusão que não permite que se identifique quem é quem na "Barca de Caronte": *"Carretero, cochero o diablo (...) quién es la gente que llevas em tu carricoche, que más parece la barca de Carón (...)?"*[587]

O Supremo Tribunal Federal recusou-se à análise de um preceito fundamental: o conteúdo da separação de poderes numa forma

---

[587] CERVANTES, Miguel de. *Don Quijote de la Mancha*. Edición del IV Centenario. Madrid: Real Academia Española/Asociación de Academias de la Lengua Española, 2004, p. 626.

## CAPÍTULO III – CONSTITUIÇÃO, GOVERNO E INSTABILIDADE

constitucional presidencialista. Com uma decisão nas ADPFs n. 390 e n. 391 poderiam ter sido discutidas as prerrogativas relativas às nomeações dos auxiliares diretos do Presidente da República, bem como eventuais limites que se possam extrair diretamente da Constituição Federal de 1988.

Os partidos políticos que provocaram o STF cumpriam apenas seu papel numa democracia: manter o conflito, exercer seu direito de oposição e lançar mãos dos recursos institucionais para vencer na disputa política que caracteriza o jogo democrático. Em que medida os partidos autores das ADPFs querem "(...) apenas chamar a razão em seu auxílio para depois a rejeitarem, e procuram tornar incerto o que nela há de certo",[588] consistia na pergunta que o STF deveria ter enfrentado, a fim de deixar claro o conteúdo de uma prerrogativa do Chefe do Poder Executivo. Não foi o que se viveu; o mesmo tema voltou em 2020, e remanesce sem posição emanada do Supremo Tribunal Federal, o que tem desencadeado insegurança jurídica, contra a Constituição e as leis.

---

[588] ESPINOZA, Baruch de. *Tratado Teológico-Político*. São Paulo: Martins Fontes, 2003, p. 232.

# CAPÍTULO IV

## PODER JUDICIÁRIO E AS FORMAS
## JURÍDICAS NO DIREITO

A tentativa da análise dos julgamentos decididos pelo Tribunal do Estado da Alemanha, às vésperas da ascensão do nacional-socialismo, e pelo Supremo Tribunal Federal brasileiro não se constitui numa busca de comparação. O que se tem é a compreensão das causas e resultados do comportamento das escolhas do Poder Judiciário para a democracia e para constituições democráticas em tempos de crises.

Um dos mais frequente dos temas para o Direito Constitucional é aquele relativo à necessidade da domesticação da política pela normatização democrática. O sugestivo título da obra de Erhard Denninger – *O Leviatã Domesticado*[589] – revela-se ape-

---

[589] O amplo debate desencadeado por Denninger a respeito da compreensão dos limites entre Direito e política, com vistas às tentativas de ir além dos direitos fundamentais do liberalismo, com destaque de formações coletivas e do papel do Estado, especialmente nas relações econômicas, mostram-se em outras de suas reflexões: DENNINGER, Erhard. "'Security, Diversity, Solidarity' Instead of 'Freedom, Equality, Fraternity'". *Constellations*, vol. 7, n° 4, 2000, pp. 507-521; DENNINGER, Erhard. "Menschenrechte und Staatsaufgaben - ein 'europäisches' Thema". *JuristenZeitung*, 51. Jahrg.,

nas num significativo exemplo sobre este assunto. A procura pelo redimensionamento do poder do Estado moderno vem desde a Revolução Francesa, como *"turning-point* da história cultural do sistema mundial moderno",[590] exatamente em razão dessa Revolução ter procurado deliminar o poder dos monarcas absolutistas, que assim se tornaram tão logo conseguiram o domínio sobre *"tax collection, the courts, legislation and enforcement agencies (police and army)".*[591]

Erhard Denninger oferece premissas ao desafio desta domesticação, nas quais a normatividade constitucional e sua efetiva aplicação por aquele encarregado de dizer e manter o Direto no seu leito democrático e aberto representa um problema permanente, que se materializa, por exemplo, na necessidade de uma "proteção constitucional", uma vez que a Constituição, "como habitat normativo, como estrutura central do processo político se torna instrumento de luta contra o adversário que se localiza fora da Constituição" (*"als normagives Gehäuse, als Grundstruktur des politischen Prozesses wird zum Kampfinstrument gegen den Gegner, der man außerhalb der Verfassung stellt"*).[592] O reconhecimento da permanência da tensão política constitucional nos órgãos aplicadores do Direito parecer ser evidente, o que autoriza análises, ainda que em distintos momentos de distintas experiências.

Ran Hirschl percebeu o crescimento da participação do Poder Judiciário em sociedades tão distantes quanto distintas entre si,

---

Nr. 12, 21 jun. 1996, pp. 585-590; DENNINGER, Erhard. "Gewalt, innere Sicherheit und demokratischer Rechtsstaat". *Zeitschrift für Rechtspolitik*, 6. Jahrg., H. 11, nov. 1973, pp. 268-273.

[590] WALLERSTEIN, Immanuel. *World-Systems Analysis.* Duke e Londres: Duke University Press, 2007, p. 60.

[591] WALLERSTEIN, Immanuel. *World-Systems Analysis.* Duke e Londres: Duke University Press, 2007, p. 43.

[592] DENNINGER. Erhard. *Der gebändigte Leviathan.* Baden-Baden: Nomos Verlagsgesellschaft, 1990, p. 267.

CAPÍTULO IV – PODER JUDICIÁRIO E AS FORMAS JURÍDICAS...

como África do Sul, Canadá, Israel e Nova Zelândia. Mas o ponto do crescimento da ação do Poder Judiciário nestas experiências apresenta elementos em comum. Quando se manifestaram as "revoluções constitucionais" de que o mesmo Hirschl chama a atenção? Responde o autor: quando cresceram as reivindicações por participação política mais ampla, com suas complexidades dos dias atuais; quando se dilataram as reivindicações contra segregacionismo racial ao crescimento do nível de educação em geral; quando emergiu a forte onda de imigração e às questões vinculadas ao ambientalismo, multiculturalismo, desarmamento, diversidade sexual.[593] Para o caso brasileiro, além das reivindicações por participação política mais ampla, deve ser acrescida a decisão de governos da *pink tide* de defesa de sua soberania econômica, cumprindo apenas uma determinação constitucional do art. 170. I da Constituição brasileira, que se materializou na exploração de sua recente descoberta de reservas de petróleo.

A decisão de interferir nestas políticas governamentais que indicavam a ampliação dos espaços da política para favorecer largos contingentes de populações, desencadeou a resposta:

> political elites seeking to insulate their policy preferences from the vicissitudes of democratic politics; economics elites who share a commitment to free markets and concomitant antipathy to government; and supreme courts seeking to enhance their symbolic power as institutional positions.[594]

O que Hirschl nos confirma é o que se operou durante a República de Weimar, que procurou garantir a "democracia econômica", foi o que também se percebeu no Brasil, após 2002 e

---

593 HIRSCHL, Ran. *Towards Juristocracy*: the origins and consequences of the new constitutionalism. Cambridge: Harvard University Press, 2004, p. 216.

594 HIRSCHL, Ran. *Towards Juristocracy*: the origins and consequences of the new constitutionalism. Cambridge: Harvard University Press, 2004, p. 214.

seus governos da "maré rosa". À dilatação dos direitos econômicos e políticos foi desencadeada uma resposta contrária, da qual o Poder Judiciário fez parte, a fim de garantir nova modalidade de bloqueio contra avanços que, apesar de previstos na normatividade constitucional, estavam garantidos por sua inefetividade até então. Desta vez, o bloqueio que se procurou não mais seria fora da ordem jurídica: seria interno a esta ordem, na forma de esvaziamento ou desvirtuamento de seu conteúdo de maior ampliação.

No caso brasileiro, merece ser destacada não somente a descoberta de novas reservas de petróleo, que ficaram conhecidas como conhecido pré-sal. A cobiça de potências econômicas e militares sobre tal riqueza natural conflita diretamente com a nítida direção desenvolvimentista e nacionalista que os governos da *pink tide* no Brasil impuseram à exploração deste recurso natural. A opção de desmobilizar o apoio e a força popular destes governos, com ajuda da sedutora retórica do enfrentamento à corrupção, não soa estranha como arma política de enfraquecimento dos mesmos governos.

Detalhar o que este fenômeno representa sempre teve contornos mais tensos, sobre os quais paira, entre grande parte dos juristas, o silêncio. Neste silêncio, a recusa em assimilar que o limite das constituições de inspiração liberal com suas premissas de direitos e garantias fundamentais, cujo destaque repousa na conta do Estado democrático de Direito, esbarra na efetividade deste mesmo discurso.

Num de seus escritos sobre o fascismo, Evguiéni Pachukanis recupera a dinâmica do verdadeiro conteúdo do que qualifica como "leis suprafascistas", mas que na verdade nada de "original" trazem, além do já se tinha no campo liberal do século XIX, especialmente na França. A diferença, argumenta Pachukanis, consiste na percepção de que agora "ao lado da repressão legalizada, continua a repressão mediante a arbitrariedade".[595]

---

[595] PACHUKANIS, Evguiéni B. *Fascismo*. São Paulo: Boitempo, 2020, p. 48.

## CAPÍTULO IV – PODER JUDICIÁRIO E AS FORMAS JURÍDICAS...

A leitura de Pachukanis sobre o Direito no século XX despertou novo interesse a partir da tomada do poder por fascistas e nazistas na Europa, não somente por sua visão a respeito dos nexos com a produção econômica do capitalismo, interesse primeiro sobre a obra nos anos quarenta do século XX. Agora, aparece a versão sobre a "forma do Direito" perante as condições sociais

> que ela encarna e exprime. Não se trata de simples forma técnica ou mera projeção de conteúdos normativos, mas da instituição do valor social do trabalho e dos equilíbrios/ desequilíbrios que se desenvolvem nos processos de determinação institucional.[596]

O olhar novo, além de oferecer potencial para que se compreenda o passado, pode também iluminar o presente sobre a manifestação das formas jurídicas e seu desenvolvimento em processos institucionais. Dois elementos passam a ser enfrentados por Pachukanis na crítica elaborada por sua Teoria do Direito. O primeiro deles diz respeito à advertência sobre os limites de uma Teoria do Direito. Para ele, uma Teoria do Direito que "recusa a realidade factual, ou seja, a vida social, e lida com as normas, não se interessando por sua origem (uma questão metajurídica!) (...) só pode evidentemente perder o título de teoria".[597]

Não será demais lembrar que um dos pontos mais relevantes da Escola de Frankfurt foi a atualização do materialismo histórico por meio da introdução da psicanálise e teria da cultura.[598] Para um dos expoentes da Escola de Frankfurt, Franz Neumann, é

---

[596] NEGRI, Antonio. "Pachukanis, 44 anos depois". *In*: PACHUKANIS, Evguiéni B. *Teoria Geral do Direito*. São Paulo: Boitempo, 2017, p. 51.

[597] NEGRI, Antonio. "Pachukanis, 44 anos depois". *In*: PACHUKANIS, Evguiéni B. *Teoria Geral do Direito*. São Paulo: Boitempo, 2017, p. 71.

[598] LUDWIG, Berndt. "Die politische Theorie der Frankfurter Schule". *In*: BRODOCZ, André; SCHALL, Gary S. (Coord.). *Politische Theorien der Gegenwart I*. Opladen: Leske + Budrich, 2002, p. 44.

MARTONIO MONT'ALVERNE BARRETO LIMA

inteiramente "contraprodutiva" uma teoria que "desvia seus atores em dada situação história de suas tarefas concretas". Assim, seria igualmente falsa uma doutrina que "sugere uma interpretação da estrutura de poder dada que é contrária aos verdadeiros interesses dos distintos atores".[599] Quem não é capaz de perceber e identificar os interesses históricos para a construção teórica, amargará a impossibilidade teórica de uma base de fundamentos racional: "não se aprende, Senhor, na fantasia/Sonhando, imaginando ou estudando/Senão vendo, tratando e pelejando".[600]

Pachukanis abre outra vertente quando avisa que o Direito pode ser concebido em sua inteireza política e social, o que certamente exigirá bem mais dos intelectuais do que o mero refinamento da "lógica escolástica".[601]

Mas se faz necessário ir mais profundamente na viagem à "riqueza de conteúdo histórico". Aqui o segundo elemento que há de se exigir de uma Teoria do Direito: sua análise como "forma" de manifestação social, para que não se percam "as fronteiras que separam a esfera jurídicas das esferas adjacentes", como a economia, a história e o movimento de todas as forças políticas e sociais.[602] Wolf Paul registra esta compreensão de Pachukanis e sua contribuição reflexiva para a teoria geral do Direito, a qual exibia resistência para

---

[599] *Eine Theorie kann sich als kontraproduktiv erweisen, wenn sie die Akteure in einer geschichtlichen Situation von ihren eigentlichen Aufgaben ablenkt (...) Falsch ist demnach eine Doktrin, wenn sie eine den wahren Interessen der ausgezeichneten Akteure widersprechend Deutung der gegebenen Machtstruktur nahelegt.* (LUDWIG, Berndt. "Die politische Theorie der Frankfurter Schule". *In*: BRODOCZ, André; SCHALL, Gary S. (Coord.). *Politische Theorien der Gegenwart I*. Opladen: Leske + Budrich, 2002, p. 45).

[600] CAMÕES, Luís de. *Os Lusíadas*. Porto: Porto Editora, 2014, p. 284.

[601] PACHUKANIS, Evguiéni B. *Teoria Geral do Direito e Marxismo*. São Paulo: Boitempo, 2017, p. 73.

[602] PACHUKANIS, Evguiéni B. *Teoria Geral do Direito e Marxismo*. São Paulo: Boitempo, 2017, p. 73.

## CAPÍTULO IV – PODER JUDICIÁRIO E AS FORMAS JURÍDICAS...

o ingressar no campo do concreto, além da articulação normativa interna e de sistemáticas idealistas de interpretação:[603]

> Paschukanis faz a sua tentativa de tornar a forma jurídica transparente como uma realidade social explicitamente *análoga* à análise de Marx sobre a forma de mercadoria. (...) As categorias básicas "normas jurídicas" e "relação jurídica", "sujeito jurídico", "Direito objetivo" e "subjetivo", que são os "resultados de um tratamento lógico das normas de Direito positivo" por parte dos "juristas burgueses, procedentes das necessidades do seu tempo e da sua classe", são historicamente analisadas geneticamente, ou seja, analisadas em relação às condições histórico-sociais da sua existência e demonstradas neste contexto.

É semelhante a posição de Avelãs Nunes, quando enxerga que o

> conhecimento da realidade económica em que o Direito opera facilita a compreensão do Direito, assim como a compreensão desta realidade económica (objeto da ciência económica) só se consegue inteiramente se se conhecer o quadro institucional (moldado pelo Direito) no seio da qual decorre a vida económica.[604]

---

603 *Seinen Versuch, die Rechtsform als gesellschaftliche Wirklichkeit transparent zu machen, unternimmt Paschukanis ausdrücklich analog zu Marxschen Analyse der Warenform. (...) Die Grundkategorien "Rechtsnormen" und "Rechtsverhältnis", "Rechtssubjekt", "subjektives" und "objektives Recht", die die "Resultate einer logischen Bearbeitung der Normen des positiven Rechts" von Seiten der "bürgerlichen, von den Bedürfnissen ihrer Zeit und ihrer Klasse ausgehend Juristen" sind, werden historisch genetisch analysiert, d. h. auf die geschichtlich-gesellschaftlich Bedingungen ihrer Existenz hin hinterfragt und in diesem Zusammenhang dargestellt.* (PAUL, Wolf. *Marxistische Rechtstheorie als Kritik des Rechts*: Intention, Aporien und Folgen des Rechtsdenken von Karl Marx – eine kritische Rekonstruktion. Frankfurt am Main: Athenäum, 1974, p. 143).

604 NUNES, António José Avelãs. *Compreender o mundo para o transformar*: Homenagem a Celso Furtado o Centenário de seu Nascimento. São Paulo:

Não se trata de um simples diálogo entre Direito e aspectos econômicos: trata-se de uma complexa e intrínseca relação de poder, de esferas distintas do funcionamento político e social, que se estenderá além de tribunais, com os tribunais.

Felipe Araújo Castro também enxerga a necessidade de retorno ao real exigida pela reflexão marxiana, agora sob a ótica de Pierre Bourdieu:[605]

> Por sua vez, na França da década de 1960, Bourdieu destacava que o distanciamento dos intelectuais em relação à realidade objetiva tinha por consequência tentativas "frequentemente patéticas" de reconciliação com o real. Esse afastamento era promovido pelo método escolástico de fazer filosofia, hegemônico no período, assim como pela existência de um campo intelectual cercado de privilégios e compartilhado por indivíduos de *habitus* muito homogêneos.

A trilha seguida por Pachukanis corresponde ainda à crítica marxiana sobre a filosofia do Estado em Hegel, quando aquela recai sobre o aspecto ideal e ilusório da forma do Direito:[606]

---

Quartier Latin, 2021, p. 162.

[605] CASTRO, Felipe Araújo. "Bourdieu Encontra Pachukanis". *Revista Direito e Práxis*, Rio de Janeiro, vol. 11, n° 1, 2020, p. 123.

[606] *Das ständische Element der gesetzgebenden Gewalt hat in Hegels Staatsrecht die Bestimmung, daß in ihm die allgemeine Angelegenheit zur Existenz komme als "empirische Allgemeinheit der Ansichten und Gedanken der Vielen". Sie werde dadurch wirklich allgemeine Angelegenheit, "öffentliches Bewußtsein", "empirische Allgemeinheit", ihr Ansichsein könne nun auch zum Fürsichsein werden. Aber das letztere, wendet Marx ein, sei nur ein formelles Moment. Das ständische Element sei nur die Illusion, daß die Sache des Volkes allgemeine Angelegenheit sei. Es sei "die illusorische Existenz der Staatsangelegenheiten als einer Volkssache". Die allgemeine Angelegenheit existiere ja schon an sich, ohne wirkliche Angelegenheit des Volkes zu sein. Für Marx ist der konstitutionelle Staat der Staat, in dem das Staatsinteresse als wirkliches Interesse des Volkes nur formell vorhanden ist. "Das ständische Element ist die sanktionierte gesetzliche Lüge der konstitutionellen Staaten,*

# CAPÍTULO IV – PODER JUDICIÁRIO E AS FORMAS JURÍDICAS...

O elemento permanente do poder legislativo tem em Hegel a determinação de que nele a matéria geral passa a existir como a "generalidade empírica dos pontos de vista e pensamentos de muitos". Torna-se assim uma questão *verdadeiramente* geral, "consciência pública", "generalidade empírica"; seu ser-em-si que agora se tornar também ser-em-si-por-próprio. Mas para este último, vira-se Marx, é apenas um momento *formal*. O elemento permanente é apenas a *ilusão* de que a causa do povo é uma questão geral. É "a *ilusória existência* dos assuntos de Estado como uma questão do povo". A questão geral existe em si mesma, sem ser um assunto real do povo. Para Marx, o Estado constitucional é o Estado no qual o interesse do Estado como o interesse real do povo existe apenas formalmente. "O elemento permanente é a mentira legal sancionada dos Estados constitucionais de que o Estado é o interesse do povo ou o povo é o interesse do Estado".

Esta dificuldade do liberalismo em apresentar a proposta de suas instituições pelas formas não escapou da atenção de Chantal Mouffe, quando critica que o pluralismo para os liberais não se limita a um "mero processo de negociação entre interesses, cuja articulação é anterior à ação política" (*mere processe of negotiation among interests whose articulation is anterior to political action*).[607] O pluralismo requer dissipação e explicitação dos conflitos em seu conteúdo, e não somente em suas formalidades.

Hans Kelsen reconhece a relevância da questão da definição teórica da "forma jurídica". Porém, no que consistiria essa "forma jurídica", seria uma questão não respondida por Pachukanis:

---

*daß der Staat das Interesse des Volkes oder das Volk das Staatsinteresse ist"*. (BARION, Jakob. *Hegel und die Marxistische Staatslehre*. Bonn: H. Bouvier u. CO. Verlag, 1963, p. 126).

607 No original: "*mere processe of negotiation among interests whose articulation is anterior to political action*". (MOUFFE, Chantal. "Carl Schmitt and the Paradox of Liberal Democracy". *In*: _____. *Law as Politics*: Carl Schmitt's Critique of Liberalism. Durham e Londres: Durham University Press, 1998, p. 169).

Mas a essa questão, que é a questão essencial de uma Teoria do Direito que se diferencie de uma teoria econômica, Pachukanis não responde e não pode responder, pois a interpretação econômica da sociedade o força a identificar as relações jurídicas com relações especificamente econômicas.[608]

Óscar Correas, apesar de sua defesa em favor de Kelsen contra Pachukanis, detecta possível diálogo entre os dois:[609]

> Curiosamente, en esto coinciden Kelsen y Pashukanis. Kelsen ha dicho que el derecho subjetivo – que incluye todo el *Derecho Procesal Civil*, puesto que éste se basa em el derecho subjetivo a demandar "su" derecho –, es una *técnica* jurídica propia del capitalismo. La diferencia está en que que donde Kelsen ve una *técnica* especial de la sociedad burguesa, Pashukanis ve el derecho, o como él dice, la *forma* "jurídica".

É necessário, porém, que se articule Kelsen com o mesmo Kelsen. A publicação de sua *Teoria Comunista do Direito* é do ano de 1955. Em 1920, Kelsen já havia publicado o seu *Socialismo e Estado: Uma pesquisa sobre a Teoria Política do Marxismo*.[610] Tem-se o Kelsen da transição entre sua fase "construtivista e o prenúncio da fase 'clássica'",[611] ainda com vínculos filosóficos e teóricos com

---

[608] KELSEN, Hans. *A Teoria Comunista do Direito*. São Paulo: Contracorrente, 2021, p. 130.

[609] CORREAS, Óscar. *Kelsen y los marxistas*. México: Ediciones Coyoacan, 2004, p. 295.

[610] KELSEN, Hans. *Sozialismus und Staat*: eine Untersuchung der politischen Theorie des Marxismus. Leipzig: C. H. Hirschfeld, 1920. (MÉTALL, Rudolf Aladár. *Hans Kelsen*: Leben und Werke. Wien: Verlag Franz Deuticke, 1969, p. 126).

[611] *Pero, ¿cómo apoya Kelsen estas construcciones sin apoyo del psicologismo o del naturalismo? ¿Cómo llega a lo que él denomina "un punto de vista específicamente normativo"? Su respuesta se encuentra en su esfuerzo por llegar a un apoyo neokantiano para sus construcciones. La primera evidencia*

# CAPÍTULO IV – PODER JUDICIÁRIO E AS FORMAS JURÍDICAS...

a matriz do pensamento kantiano, mesmo que já se apontasse a direção pela busca da normatividade posterior de sua obra.

Assim como para Gerhard Anschütz e Richard Thoma, Kelsen não compreendeu "o estado de exceção como um assunto não jurídico".[612] De modo semelhante, Kelsen, em "Socialismo e Estado"[613] expressa como assimilou o conteúdo político do marxismo com o místico, com a religiosidade:

> Quando o marxismo apresenta seu objetivo político como o resultado natural como de uma lei causal do desenvolvimento, ele usa a mesma ficção da ética religiosa, que reivindica a eventual realização do bem como o resultado necessário

---

*textual que apunta a esta búsqueda de Kelsen se encuentra en el "Prólogo" de El problema de la soberanía, publicado en 1920.14 Aquí Kelsen anuncia su programa, su teoría pura del derecho, refiriéndose a los filósofos neokantianos con miras a fundamentar su programa. Es este desarrollo el que me hace designar al año 1920 como el punto de partida en la fase clásica. Me refiero al periodo 1920-1927, incluidos los principales tratados de 1922 y 1925, para designar los inicios de la fase clásica. (PAULSON, Stanley L. "Una periodización de la Teoria Jurídica de Hans Kelsen". Revista Cubana de Decrecho, La Habana, vol. 01, nº 2, jul.-dez. 2021, p. 57).*

[612] BERCOVICI, Gilberto. *Constituição e Estado de Exceção Permanente*: Atualidade de Weimar. Rio de Janeiro: Azougue Editorial, 2004, p. 140.

[613] KELSEN, Hans. *Sozialismus und Staat*: Eine Untersuchung der politischen Theorie des Marxismus. Wien: Verlag der Wiener Volksbuchhandlung, 1965, p. 23. *Wenn der Marxismus sein politisches Ziel als das naturnotwendige Ergebnis einer kausalgezetlich ablaufenden Entwicklung darstellt, so bediente er sich dabei der gleichen Fiktion wie die religiöse Ethik, die die schließliche Verwirklichung des Guten als das notwendige Ergebnis der Allmacht Gottes behauptet. Hier wie dort soll das Vertrauen auf eine absolut sichere Macht das Zielstreben der Menschen stärken, die Hoffnung und schließlichen Sieg den Kampf um die Verwirklichung des angestrebten Wertes anfeuern. Hier wie dort wird dadurch die paradoxe Situation geschaffen, daß die Gläubigen veranlaßt werden, ihr Wollen und Handeln auf ein Ergebnis zu richten, das ihnen, schon bevor sie sich dafür eingesetzt haben, als gesichert darstellt wird, obgleich es nur unter der Bedingung eintreten kann (nicht muß), daß sie das leisten, was man – nur mit einer gewissen Chance – von ihnen erwartet. Hier wie dort birgt diese Situation aber auch die Gefahr, daß an Stelle höchster Aktivität ein gewisser vertrauensseliger Fatalismus Platz greift!*

da onipotência de Deus. Aqui como ali, a confiança em um poder absolutamente certo é suposto para fortalecer a luta das pessoas por objetivos, para alimentar a esperança e eventual vitória na luta pela realização do valor desejado. Aqui como ali, cria-se a situação paradoxal onde os fiéis são induzidos a dirigir sua vontade e ação para um resultado que, mesmo antes de se comprometerem com ele, lhes é apresentado como certo, embora isso só possa (não deve) ocorrer na condição de que eles alcancem o que se espera deles – apenas com uma certa chance. Aqui como ali, porém, esta situação abriga o perigo de que um certo fatalismo de confiança tome o lugar da mais elevada atividade!

Não se fazem necessários grandes esforços para se reconhecer que a teoria da história marxiana é explicada através da ação concreta da luta de classes, ou que a consciência como um produto social humano, como bem exposto desde a *Ideologia Alemã* por Marx e Engels.[614] À datação da "era capitalista" (*kapitalistische Ära*) com o século XVI[615] corresponde o momento de grandes mudanças ocorridas, especialmente com a "expropriação do produtor rural, do camponês, da terra e do solo [que] é a base de todo o processo",[616] o que, por óbvio, envolve a rediscussão sobre direito de propriedade.

Na *Introdução à Crítica da Filosofia do Direito de Hegel*, é ainda Marx quem deixa claro o lugar da razão, aqui na forma do pensamento oferecido pela possibilidade da filosofia:[617]

---

[614] MARX, Karl; ENGELS, Friedrich. "Die deutsche Ideologie". *In*: _____. *Marx-Engels-Werke*. vol. 3. Berlim: Dietz Verlag, 1969, p. 31.

[615] MARX, Karl. "Das Kapital". Erster Band. *In*: MARX, Karl; ENGELS, Friedrich. *Marx-Engels-Werke*. vol. 23. Berlim: Dietz Verlag, 1969, p. 743.

[616] *Die Expropriation des ländlichen Produzenten, des Bauern, von Grund und Boden bilden die Grundlage des ganzen Prozesses.* (MARX, Karl. "Das Kapital". Erster Band. *In*: MARX, Karl; ENGELS, Friedrich. Marx-Engels-Werke. vol. 23. Berlim: Dietz Verlag, 1969, p. 744).

[617] *Das* gründliche *Deutschland kann nicht revolutionieren, ohne* von Grund aus *zu revolutionieren. (...) Der* Kopf *diese Emanzipation ist die* Philosophie,

CAPÍTULO IV – PODER JUDICIÁRIO E AS FORMAS JURÍDICAS...

A Alemanha profunda não pode revolucionar sem revolucionar seu próprio fundamento. (...) A cabeça desta emancipação é a filosofia; seu coração, o proletariado. A filosofia não pode se realizar sem a suprassunção do proletariado nem o proletariado pode ser abolido sem a realização da filosofia.

Kelsen reage contra Marx porque é a causalidade a que se refere Marx, além de não guardar nenhuma relação ontológica com perspectiva idealista, é aquela causalidade que deriva da ação humana e da presença do peso da história sobre os homens e sobre as ações concretas desempenhadas mesmo no cotidiano. Não somente decisões da vida individual, mas posições dos homens em relação à política não escondem o presento do passado:

Os homens fazem a sua própria história, mas não a fazem de livre vontade, não em circunstâncias escolhidas por eles próprias, mas em circunstâncias diretamente encontradas, dadas e transmitidas. A tradição de todas as gerações mortas é um fardo como um pesadelo sobre os cérebros dos vivos.[618]

---

*ihr* Herz *das* Proletariat. *Die Philosophie kann sich nicht verwirklichen ohne die Aufhebung des Proletariats, das Proletariat kann sich nicht aufheben ohne die Verwirklichung der Philosophie.* (MARX, Karl. "Zur Kritik der Hegelschen Rechtsphilosophie – Einleitung". *In*: MARX, Karl; ENGELS, Friedrich. *Marx-Engels-Werke*. vol. 1. Berlim: Dietz Verlag, 1977, p. 391).

618 *Die Menschen machen ihre eigene Geschichte, aber sie machen sie nicht aus freien Stücken, nicht unter selbstgewählten, sondern unter unmittelbar vorgefundenen, gegebenen und überlieferten umständen. Die Tradition aller toter Geschlechter lastet wie ein Alp auf dem Gehirne der Lebenden.* (MARX, Karl. "Der achtzehnte Brumaire des Louis Napoleon". *In*: MARX, Karl; ENGELS, Friedrich. *Marx-Engels-Werke*. vol. 8. Berlim: Dietz Verlag, 1960, p. 115). A literatura não se distancia de visão semelhante: seja em Liev Tolstói, "se a vontade de cada pessoa fosse livre, ou seja, as cada pessoa pudesse agir como quisesse, a história inteira seria uma série de acasos desconexos" (*Guerra e Paz*, vol. 2. São Paulo: Cosac & Naify, 2017, p. 2463); como em Euclydes da Cunha: "É difícil traçar no fenômeno a linha divisória entre as tendências pessoais e as tendências coletivas: a vida resumida do homem é um capítulo instantâneo da vida de sua sociedade. Acompanhar a primeira é seguir paralelamente e com mais rapidez a segunda; acompanhá-las juntas

Por qualquer época do pensamento marxiano que se olhe, percebe-se com clareza a distância de noções de determinismo natural ou religioso. A filosofia marxiana é antes de tudo filosofia da radicalidade da revolução. Marx soma-se ao fortalecimento da herança racionalista de concepção história desencadeada por Espinoza:[619]

> Quem, pelo contrário, faz da razão e da filosofia servas da teologia, terá de admitir como coisas divinas preconceitos populares de tempos antigos, deixando que estes o ceguem e lhe inundem a mente. Um com a razão, o outro sem ela, vão ambos, por certo, ensandecer.

A crítica a Kelsen neste ponto deriva mais de sua "plena consciência teorética" (*vollem theoretischen Bewußsein*) da eliminação dos fatores de poder para o tratamento do Direito,[620] o que ainda é confirmado por Dyzenhaus, pelo menos quando da análise a respeito da visão de Kelsen sobre o julgamento do golpe contra a Prússia:[621]

> I suggest that there is more than a passing resemblance between this vacillation and Kelsen's refusal to bridge his conceptions of political and legal order by dint of a fully argued commitment to a substantive political theory.

---

é observar a mais completa mutualidade de influxos" (*Os Sertões*. Rio de Janeiro/São Paulo: Livraria Francisco Alves, 1938, p. 150).

[619] ESPINOZA, Baruch de. *Tratado Teológico-Político*. São Paulo: Martins Fontes, 2003, p. 224.

[620] MAIHOFER, Werner. *Ideologie und Recht*. Frankfurt am Main: Vittorio Klostermann, 1969, p. 107.

[621] DYZENHAUS, David. "Legal Theory in the Collapse of Weimar: Contemporary Lessons?" *The American Political Science Review*, vol. 91, nº 1, mar. 1997, p. 132.

CAPÍTULO IV – PODER JUDICIÁRIO E AS FORMAS JURÍDICAS...

Daniel Loick oferece ainda fundamento para que se afaste da percepção marxiana de Direito a facilidade do determinismo pela economia, como tão comumente é encontrado:

> Marx não imagina a relação entre Economia e Direito como uma simples relação de determinação, mas sim como um conjunto de esferas sociais relativamente autônomas, onde cada uma das quais contribui independentemente para a formação de uma subjetividade privada.[622]

Parece que outra não foi mesmo a percepção de Friedrich Engels, expressada em missiva a Joseph Bloch, em 21 de setembro de 1890, que não deixa espaço para questionamento sobre o não determinismo econômico:[623]

---

[622] *Marx stellt sich nicht das Verhältnis von Ökonomie und Recht also nicht als eine einfache Determinationsbeziehung vor, sondern als Ensemble relativ autonomer sozialen Sphären, die jeweils eigenständig an der Formierung einer privaten Subjektivität mitwirken.* (LOICK, Daniel. "Abhängigkeitserklärung. Recht und Subjektivität". *In*: LOICK, Daniel; JAEGGI, Rahel (Coord.). *Nach Marx*: Philosophie, Kritik, Praxis. Frankfurt am Main: Suhrkamp, 2017, p. 300).

[623] *Ad II qualifiziere ich Ihren ersten Hauptsatz so: Nach materialistischer Geschichtsauffassung ist das in letzter Instanz bestimmende Moment in der Geschichte die Produktion und Reproduktion des wirklichen Lebens. Mehr hat weder Marx noch ich je behauptet. Wenn nun jemand das dahin verdreht, das ökonomische Moment sei das einzig bestimmende, so verwandelt er jenen Satz in eine nichtssagende, abstrakte, absurde Phrase. Die ökonomische Lage ist die Basis, aber die verschiedenen Momente des Überbaus - politische Formen des Klassenkampfs und seine Resultate - Verfassungen, nach gewonnener Schlacht durch die siegende Klasse festgestellt usw. - Rechtsformen, und nun gar die Reflexe aller dieser wirklichen Kämpfe im Gehirn der Beteiligten, politische, juristische, philosophische Theorien, religiöse Anschauungen und deren Weiterentwicklung zu Dogmensystemen, üben auch ihre Einwirkung auf den Verlauf der geschichtlichen Kämpfe aus und bestimmen in vielen Fällen vorwiegend deren Form. Es ist eine Wechselwirkung aller dieser Momente, worin schließlich durch alle die unendliche Menge von Zufälligkeiten (d. h. von Dingen und Ereignissen, deren innerer Zusammenhang untereinander so entfernt oder so unnachweisbar ist, daß wir ihn als nicht vorhanden betrachten, vernachlässigen können) als Notwendiges die ökonomische Bewegung sich durchsetzt. Sonst wäre die*

## MARTONIO MONT'ALVERNE BARRETO LIMA

Ad II, qualifico sua primeira frase principal como se segue: de acordo com a concepção materialista da história, o momento determinante na história é a produção e reprodução da vida real. Nem Marx nem eu jamais afirmamos nada mais. Se alguém distorce isto, a fim de significar que o momento econômico é o único fator determinante, transforma esta frase numa frase que nada diz, abstrata e absurda. A situação econômica é a base, mas os vários momentos da superestrutura – formas políticas da luta de classes e seus resultados – constituições, estabelecidas após a batalha ter sido vencida pela classe vitoriosa, etc. – constituem-se na base. As formas jurídicas, e agora até mesmo os reflexos de todas essas lutas reais no cérebro dos participantes, as teorias políticas, jurídicas, filosóficas, as visões religiosas e seu posterior desenvolvimento em sistemas de dogma, também exercem sua influência no curso das lutas históricas e, em muitos casos, determinam predominantemente sua forma. É uma interação de todos esses momentos em que, finalmente, através de toda a infinita quantidade de coincidências (ou seja, de coisas e eventos cuja conexão interna é tão remota ou tão incontrolável que podemos negligenciá-la como inexistente), o movimento econômico se afirma como uma coisa necessária. Caso contrário, a aplicação da teoria a qualquer período da história seria mais fácil do que a solução de uma simples equação de primeiro grau.

As palavras de Engels, agora em carta a H. Starkenburg de 25 de janeiro de 1894, confirmam teor semelhante:[624]

---

*Anwendung der Theorie auf eine beliebige Geschichtsperiode ja leichter als die Lösung einer einfachen Gleichung ersten Grades.* (ENGELS, Friedrich. "Engels an Joseph Bloch in Königsberg". *In*: MARX, Karl; ENGELS, Friedrich. *Marx-Engels-Werke*. vol. 37. Berlim: Dietz Verlag, 1967, p. 463).

[624] *Die politische, rechtliche, philosophische, religiöse, literarische, künstlerische etc. Entwicklung beruht auf der ökonomischen. Aber sie alle reagieren auch aufeinander und auf die ökonomische Basis. Es ist nicht, daß die ökonomische Lage Ursache allein aktiv ist und alles anderes nur passive Wirkung. Sondern es ist die Wechselwirkung auf Grundlage der in letzter*

# CAPÍTULO IV – PODER JUDICIÁRIO E AS FORMAS JURÍDICAS...

O desenvolvimento político, jurídico, filosófico, religioso, literário, artístico etc., toca o econômico. E todos eles reagem no nível econômico e uns sobre os outros. Não se trata de afirmar que a condição econômica é sozinha a causa ativa de tudo e, no mais, o resto possui apenas um efeito passivo. É, precisamente, a alternância dos efeitos sobre o fundamento da contínua necessidade econômica a se realizar, em última instância. (...) Portanto, não é, como se gostaria de imaginar convenientemente aqui e acolá, um efeito automático da situação econômica. Os homens fazem sua história, mas em um determinado meio condicionado e com base nas condições reais pré-existentes, entre as quais as econômicas, que, tanto quanto sejam influenciadas pelas outras políticas e ideológicas, são sozinhas em última instância, tais condições pré-existentes, decisivas e formam o fio contínuo que leva ao entendimento.

Domenico Losurdo ainda lembra que a exploração de uma classe sobre outras não representa a menor novidade no curso da história. Para Losurdo, por exemplo, Montesquieu e o *"grande critico della rivoluzione francese, Taine"* reconheceram, respectivamente, que o luxo das *"classi superiori"* reside no "trabalho do outro", e que há sessenta gerações quem sofre fome é a classe colada à gleba, para *"nutrire le altri classi"*.[625]

---

*Instanz stets sich durchsetzenden ökonomischen Notwendigkeit. (...) Es ist also nicht, wie man sich hier und da bequemerweise vorstellen will, eine automatische Wirkung der ökonomischen Lage, sondern die Menschen machen ihre Geschichte selbst, aber in einem gegebenen, sie bedingenden Milieu, aug Grundlage vorgefundener tatsächlicher Verhältnisse, unter denen die ökonomischen, sosehr sie auch von den übrigen politischen und idelogischen beeinflußt werden mögen, doch in letzter Instanz die entscheidenden sind und den durchgehenden, allein zum Verständnis führenden roten Faden bilden.* (ENGELS, Friedrich. "Brief an Starkenburg. 25. Januar 1894". *In*: ENGELS, Friedrich; MARX, Karl. *Briefe über das Kapital*. Berlim: Dietz Verlag, 1954, p. 366).

625 LOSURDO, Domenico. *La lotta di classe*: uma storia politica e filosofica. Bari: Editori Laterza, 2013, p. 281.

Estes apontamentos consistem, por fim, na centralidade do que Marx escreveu no posfácio à segunda edição de O *Capital*, sobre a consciência e o movimento da dialética a impulsionarem os acontecimentos, os quais se distanciam de qualquer mistificação. Bem ao contrário, é imprescindível livrar-se da mistificação para se alcançar o "núcleo com racionalidade":[626]

> A mistificação que a dialética sofre nas mãos de Hegel não impede, de modo algum, que ele tenha sido o primeiro a expor suas formas gerais de movimento de maneira ampla e consciente. Em Hegel a dialética está assentada de cabeça para baixo. É preciso desvirá-la a fim de descobrir o núcleo racional de seu cerne místico.

Portanto, a "forma jurídica" como apresentada por Pachukanis antes de se vincular estritamente à forma da economia como totalizante da explicação política e social, ao invés de fechar janelas, abre portas para que se lance outras luzes sobre o Direito, uma vez que sua matriz de fundamentos se afasta completamente daquela do determinismo natural ou das "certezas" de recompensas religiosas fatais. Ao invés de limitar, as teses sobre a "forma jurídica" ampliam o horizonte para a Teoria do Direito porque oferece a este Direito o impulso da política pela historicidade concretas das instituições que se denominaram nas constituições e nas leis jurídicas, com suas formas respectivas, como se dá com as formas e noções do direito de propriedade. Mesmo a aparente oposição entre Direito e arbítrio, é compartilhada agora por Kelsen

---

[626] *Die Mystiphikation, welche die Dialetik in Hegels Händen erleidet, verhindert in keine Weise, daß er ihre allgemeinen Bewegungsformen zuerst in umfassender und bewußter Weise dargestellt hat. Sie steht bei ihm auf dem Kopf. Man muß sie umstülpen, um den rationellen Kern in der mystischen Hülle zu entdecken.* (MARX, Karl. "Das Kapital". Erster Band. *In*: MARX, Karl; ENGELS, Friedrich. *Marx-Engels-Werke*. vol. 23. Berlin: Dietz Verlag, 1969, p. 27).

## CAPÍTULO IV – PODER JUDICIÁRIO E AS FORMAS JURÍDICAS...

e Pachukanis, como "conceitos aparentemente opostos, [mas que] na realidade são estreitamente vinculados entre si".[627]

Diante dessa promissora abertura é que se pode também compreender por outros vieses os episódios aqui discorridos: o conjunto factual de produção normativa e jurisprudencial do Direito que tornou possível o abandono do Direito pelo próprio Direito. Nos dois casos – da Prússia contra o *Reich* e no do STF brasileiro – o que se presenciou foi a elaboração do raciocínio jurídico normativo e judicial, como se este tivesse livre (ou mesmo imune) do conjunto factual de que reivindica Pachukanis também inerente ao Direito e às suas formas de manifestações.

### 4.1 Um olhar materialista

Uma relevante reflexão sobre a natureza da Constituição de Weimar veio de Otto Kirchheimer, com seu texto "Weimar...e então?" (*Weimar - und was dann?*),[628] que ocupa lugar de destaque não somente sobre Weimar, mas sobre constituições inovadoras, forças políticas antagônicas em forte disputa e burocracia judiciária, a par dos outros poderes do Estado. O que pode uma Constituição que pretende reconstruir economicamente uma sociedade egressa de uma guerra perdida? O que pode ainda esta mesma Constituição, em termos de construir uma democracia, na mesma sociedade que sempre foi refratária à ideia de democracia? Para Kirchheimer,

---

[627] MOTTA, Luiz Eduardo. "Marxismo e a crítica ao Direito moderno: os limites da judicialização da política". *Revista Direito e Práxis*, Rio de Janeiro, vol. 10, n° 2, 2019, p. 1130.

[628] Uma tradução para o português é de Bianca Tavolari: TAVOLARI, Bianca. "Weimar... e então? Formação e atualidade da Constituição de Weimar". *Revista Direito e Práxis*, Rio de Janeiro, vol. 10, n° 2, 2019, pp. 1512-1553. Da mesma autora: TAVOLARI, Bianca. "Weimar... e então? Uma breve apresentação ao texto de Otto Kirchheimer". *Revista Direito e Práxis*, Rio de Janeiro, vol. 10, n° 2, 2019, pp. 1500-1511.

todo regime democrático burguês traz obrigatoriamente em si mesmo elemento da ditadura, e frequentemente é uma questão de conveniência concreta se este regime será mascarado como democrático ou como ditatorial.[629]

O ponto de partida de Kirchheimer está nas condições materiais em que Constituição e política se movimentam. Kirchheimer analisará o que, em sua reflexão, se deixa traduzir pela principal deficiência de Weimar. Uma vez que o compromisso constitucional fora tomado, Weimar procurou conciliar o que era inconciliável por sua natureza de disputas políticas estruturais, assim denunciadas pela história. Dada a resistência contra a democracia econômica (*Wirtschaftsdemokratie*) de quase todos os lados da sociedade alemã, o fim de Weimar não seria tão difícil de se considerar.

Seja no que diz respeito à ampliação do direito de votar e ser votado (*Wahlrecht*); à definição do parlamento e o governo, até os direitos fundamentais e a busca pela democracia econômica, com a inclusão das relações de poder econômico (*die ökonomischen Machtbeziehungen*)[630] para intervenção do Estado na propriedade e no poder privado econômico, Weimar também significou hesitação que encorajou seus inimigos à ação contrária.

À simples visão das dúvidas dos partidos governantes e suas dificuldades na construção de um campo político autenticamente democrático, com capacidade de responder aos desafios quase cotidianos, tornou possível aos adversários o crescimento da ideia de que o governo sob Weimar não era mais possível. A "estrutura

---

[629] KIRCHHEIMER, Otto. "Weimar – und was dann? Analyse einer Verfassung". *Politik und Verfassung*. Frankfurt am Main: Suhrkamp, 1964, p. 20. *Da jede bürgerliche Demokratie ein Element Diktatur zwangsmäßig in sich trägt, ist es oft nur eine Frage der konkreten Zweckmäßigkeit, ob ein Regime sich äußerlich als ein demokratisches oder diktatorisches maskiert.*

[630] KIRCHHEIMER, Otto. "Weimar – und was dann? Analyse einer Verfassung". *Politik und Verfassung*. Frankfurt am Main: Suhrkamp, 1964, p. 17.

# CAPÍTULO IV – PODER JUDICIÁRIO E AS FORMAS JURÍDICAS...

do Estado e do Direito" durante o Terceiro *Reich* não parece deixar dúvida de que foi no ponto onde Direito e teoria do Estado se cruzam que mais prosperaram as cultura e prática políticas avessas a Weimar.[631]

Não se trata de aqui e ali de alimentar a ilusão de que "as constituições substituem a vida (não substituem a luta de classes)". Mas estas mesmas constituições, como a Weimar ou a Brasileira de 1988, podem ser importantes para "construir um futuro digno para os homens".[632] Não fossem tais documentos dotados de potencial de diminuição de tensões, possibilitando que a balança, nalgumas vezes, incline-se para outro lado, não seriam eles tão combatidos.

A riqueza das revelações produzidas pela pesquisa constitucional, histórica e política após Weimar; os episódios recentes no Brasil, a partir de junho de 2019, que trouxeram à luz do dia uma verdadeira trama jurídica e da burocracia judiciária, mostraram o que realmente estava em disputa: não se procurou somente a superação por meio da destruição de uma dada ordem política, da prevalência política de um grupo político e partidário. O que se objetivou era mais radical: foi a substituição da normatividade democrática liberal, que se mostrou insuportável a partir do instante em que se sinalizou ser possível algo de sua material efetividade, ainda que de forma limitada, porém mais ampla do que se tinha tradicionalmente.

Não estavam em jogo exclusão de grupos radicais comprometedores da estabilidade, corrupção, desordem, força das constituições. O que se operou, nos dois casos, foi a aliança de política

---

[631] Cf. também KICHHEIMER, Otto. "Staatsgefüge und Recht des Dritten Reiches". *In*: _____. *Von der Weimarer Republik zum Faschismus*: Die Auflösung der demokratischen Rechtsordnung. Frankfurt am Main: Suhrkamp, 1976.

[632] NUNES, António José Avelãs. *O Estado Capitalista e as suas Máscaras*. 3ª ed. Rio de Janeiro: Lumen Juris, 2021, p. 243.

antidemocrática, burocracia judiciária e comunicação de massa contra o conteúdo de uma ordem constitucional menos desigual. Se com Getúlio Vargas, Juscelino Kubitschek, João Goulart já era sabida a resistência a seus governos, chega a não provocar surpresa que Lula da Silva e Dilma Rousseff também tenham sucumbido.

Quando a *petty bourgeoisie* percebeu uma possível reconfiguração de acesso à saúde e educação superior, mercado de trabalho, resultados concretos da implantação de políticas redistributivas de renda, ainda que tímidas, e o horizonte de afirmação de Estado do Bem-Estar Social de maiores alcance e consolidação, incorporou o discurso anticorrupção contra este novo quadro político, também pela elite do corporativismo judicial presentes na elevada burocracia do Estado.

Na Alemanha, a posição dos juristas contra Weimar e o sentido econômico e político daquela República, que rompeu o caráter monárquico do Estado até então dominante, representa a visão mais geral do setor médio daquela sociedade. Assim como os juristas, os setores médios da sociedade alemã não foram poupados da crise econômica e política. O "medo de perder, através de decisões democráticas, as posições sociais que detinham, um medo que tinha sua expressão na 'tirania da maioria'" (...)[633] reforçou a desconfiança generalizada contra Weimar.

Na Alemanha, mesmo após a Segunda Guerra e o estabelecimento do Estado do Bem-Estar Social, a *petty bourgeoisie* ainda manteve seus vínculos conservadores na política nacional. O caso no Estado da Baviera é o mais ilustrativo deles desde o

---

[633] *Die Angst, durch demokratische Entscheidungen die bisherige gesellschaftliche Position zu verlieren, eine Angst, die ihren Ausdruck in der Rede von der "Tyrannei der Mehrheit" findet (...).* (DOPATKA, Fridrich-Wilhelm. "Zur Bedeutung des Bundesverfassungsgerichts in der politischen und gesellschaftlichen Entwicklung der Bundesrepublik 1951 bis 1978". *In:* DÄUBLER, Wolfgang; KÜSEL, Grudrun (Coord.). *Verfassungsgericht und Politik.* Hamburg: Rowolth Taschenbuch Verlag, 1979, p. 36).

CAPÍTULO IV – PODER JUDICIÁRIO E AS FORMAS JURÍDICAS...

fim da Segunda Guerra. O espectro político de orientação mais conservadora abrange principalmente os partidos CDU e CSU: União Democrata Cristã (*Christlich Demokratische Union*) e União Democrática Social (*Christlich-Soziale Union*), respectivamente. A CSU existe somente no Estado da Baviera, e é o "partido irmão" (*Schwesterpartei*) da CDU, este com forte atuação nacional.

Com franca orientação de direita, a CSU sempre possuiu nos quadros que exerceram a liderança do Partido egressos da *petty bourgeoisie*, de sua fundação até os dias atuais. Franz Josef Strauß, reverenciado e condenado por seus vínculos com o nacional socialismo, definia-se como católico, monarquista e antiprussiano, e era filho de açougueiro; Theodor Waigel era filho de pedreiro e pequeno agricultor; Edmund Stoiber era filho de um empregado (*Angestellter*); o pai de Horst Seehofer era motorista de caminhão; e o pai do atual Presidente da CSU, Markus Söder, era também pedreiro.

A *petty bourgeoisie* era a *Kleinbürgertum* dos alemães, a mesma que mantinha "adoração aos fortes" e "ódio aos fracos". Era caracterizada pela "estreiteza, mesquinhez, hostilidade, frugalidade até a avareza (tanto com sentimentos como com dinheiro), e especialmente sua austeridade, seu ascetismo". O conceito de mundo deste *Kleinbürger* era

> estreito, suspeitava e odiava estranhos, invejava seus próprios conhecidos, espiava-os e encobria (racionalizava) sua inveja na forma de indignação moral. Toda a sua existência foi baseada na pobreza – mental e econômica.[634]

---

[634] KÜHNL, Reinhard. *Faschismustheorien*: texte zur Faschismustheorien 2 - Ein Leitfaden. Hamburg: Rowohlt Taschenbuch Verlag, 1979, p. 115. *(...) Verehrung des Starkes, sein Hass auf den Schwachen, Engherzigkeit, Kleinlichkeit, Feindseligkeit, Sparsamkeit bis zum Geiz (sowohl mit Gefühlen wie mit Geld), und besonders seine Kargheit, sein Asketismus. Der Kleinbürgers Blicks war eng, er beargwöhnte und hasste den Fremden, beneidete die eigenen Bekannten, spionierte sie aus und den verdeckte*

Ao se deparar com estas palavras, não causa surpresa, que, durante o período mais grave das turbulências políticas brasileira, um dos componentes da burocracia judiciária, o Ministério Público Federal, tenha recorrido à informações que lhe foram transmitidas por vizinhos dos advogados que defenderam o ex-Presidente Lula, a fim de ter conhecimento da movimentação física dos mencionados advogados.[635] Agora, era a *petty bourgeoisie* nacional.

O mesmo estrato social de juristas no Brasil, oriundos da *petty bougerosie*, emprestou seu apoio ao golpe de março de 1964:

> Em 1964, vários integrantes do corpo docente da Faculdade de Direito da USP manifestavam "o seu júbilo" pela derrubada

---

*(rationalisierte) seinen Neid in Gestalt von moralischer Entrüstung. Sein ganzes Dasein beruhte auf Dürftigkeit – seelisch und wirtschaftlich...*

[635] Segundo troca de mensagens privadas entre os integrantes da força-tarefa da Operação Lava Jato, amplamente divulgadas e com acesso à defesa do ex-Presidente Lula garantido por decisão da 2ª Turma do Supremo Tribunal Federal, no âmbito da Reclamação n. 43.007, um dos Procuradores recorreu à informação de vizinhos dos advogados do ex-Presidente: "O procurador Deltan Dallagnol pediu em grupo de mensagens da força-tarefa da Lava Jato, em setembro de 2016, a checagem de viagens de uma advogada de Luiz Inácio Lula da Silva (PT), conforme mostram mensagens apreendidas na Operação Spoofing e protocoladas hoje no STF (Supremo Tribunal Federal) pela defesa do ex-presidente após perícia. O pedido ocorreu depois que o então chefe da Lava Jato foi informado de que a advogada Valeska Zanin Martins viajou a Genebra – a origem da informação era uma vizinha da defensora. Ela é casada com o advogado Cristiano Zanin Martins, que está à frente da equipe que defende o ex-presidente. Em julho daquele ano, a defesa de Lula esteve na cidade suíça". (ADORNO, Luís; BARRETO FILHO, Herculano. "Deltan pediu checagem de viagens da defesa de Lula, indicam mensagens". *Uol*, 12 fev. 2021. Disponível em: https://noticias.uol.com.br/politica/ultimas-noticias/2021/02/12/deltan-pediu-rastreamento-de-viagens--da-defesa-de-lula-indicam-mensagens.htm. Acessado em: 02.09.2022). O episódio foi mencionado ainda na petição de 12.02.2021 dos advogados do ex-Presidente (STF – Reclamação n. 43.007, 2021, p. 12/13). Acessado em: 13.02.2021.

CAPÍTULO IV – PODER JUDICIÁRIO E AS FORMAS JURÍDICAS...

do Governo Goulart. (...) O "júbilo" era compartilhado, também, por alguns dos mais destacados liberais da Casa.[636]

Profissionais jurídicos sabiam dos benefícios econômicos e sociais que poderiam resultar de seu apoio ao novo regime: "ascensão a posições de destaque e mesmo o êxito na advocacia tendem a ser mais fáceis para quem sabe manter canais abertos".[637] Mais que isso, compreenderam também que governos como o de João Goulart, com suas "reformas de base" – agrária, de planejamento econômico e redirecionamento nacionalista de investimento, de educação e saúde – poderiam ampliar de forma inédita a participação de setores populares na distribuição da riqueza nacional. O problema aqui, como registra Bernd Rüthers sobre as palavras de Michael Stolleis, não é ou aquele professor de Direito individualmente, *"sino los profesores de Derecho político 'como corporación'"*.[638]

No Brasil de antes do golpe militar de 1º de abril de 1964 ficou conhecido o estudo de Wanderley Guilherme dos Santos, "Quem dará o golpe no Brasil?", escrito em fevereiro de 1962. Santos analisa a situação política e o papel de uma classe média brasileira. Incapaz de organizar e defender seus interesses, além dividida em

classe média alta, classe média-média e classe média baixa – originaram divergências relativas, de tal magnitude, no

---

[636] SEELAENDER, Airton Cerqueira Leite. "Juristas e Ditadura: uma leitura brasileira". *In*: SEELAENDER, Airton Cerqueira Leite; FONSECA, Ricardo Marcelo. *História do Direito em Perspectiva*: do Antigo Regime à Modernidade. Curitiba: Juruá, 2009, p. 422.

[637] SEELAENDER, Airton Cerqueira Leite. "Juristas e Ditadura: uma leitura brasileira". *In*: SEELAENDER, Airton Cerqueira Leite; FONSECA, Ricardo Marcelo. *História do Direito em Perspectiva*: do Antigo Regime à Modernidade. Curitiba: Juruá, 2009, p. 416.

[638] RÜTHERS, Bernd. *Derecho Degenerado. Teoría Jurídica y Juristas de Cámara em el Tercer Reich*. Madrid: Marcial Pons, 2016, p. 18.

interior da classe, que se converteram no maior entrave à predominância indiscutível da identidade relativa, unificadora dos membros da classe.[639]

A ausência de visão sobre mais largo horizonte fez com que essa classe média externasse suas frustrações contra o governo de João Goulart e suas reformas bases. Como a origem da maior parte dos militares estava na classe média, a discussão sobre os problemas do País estava localizada no âmbito pessoal da família, não nos partidos ou em associações. O universo para a reflexão desta classe média era aquele de suas convivência e experiência familiares, ou de grupos familiares mais próximos. O elemento coordenador de seu pensamento e da formação das "únicas opções técnicas possíveis" é que lhes era externo: políticos, imprensa e conglomerados econômicos.

Difícil negar a coexistência de racionalidade com irracionalidade no comportamento de uma *petty bourgeoisie* que se associa contra seus próprios interesses, e é incapaz de enxergar na radicalidade da defesa da democracia social a chave de manutenção de sua condição econômica e social. Theodor Adorno já havia identificado este novo fenômeno a que qualificou de "o novo radicalismo de direita":

> o que é característico desses movimentos é muito mais sua extraordinária perfeição dos meios, a saber, uma perfeição em primeiro lugar dos meios propagandísticos no sentido

---

[639] SANTOS, Wanderley Guilherme dos. *Quem dará o golpe no Brasil?* Rio de Janeiro: Editora Civilização Brasileira, 1962, p. 28. (Coleção Cadernos do Povo Brasileiro). A polêmica entre as ideias de Wanderley Guilherme dos Santos, neste texto, e Celso Furtado é bem explicitada por Marcelo Sevaybricker Moreira: MOREIRA, Marcelo Sevaybricker. "As Raízes do Golpe: Economia e política na polêmica de Wanderley Guilherme dos Santos com Celso Furtado". *Revista de Ciências Sociais*, n° 34, abr. 2011, pp. 309-322.

# CAPÍTULO IV – PODER JUDICIÁRIO E AS FORMAS JURÍDICAS...

mais amplo, combinada com uma cegueira, com uma abs-trusidade dos fins que aí são perseguidos.[640]

Referida convergência de conformação cultural, política e social, em duas sociedades tão distantes espacial e temporalmente, fortalece os nexos apontados pelo horizonte aberto por Pachukanis: há o componente das formas sobre como o Direito se apresenta, e como esse componente pode ser apresentado à sociedade pelos tribunais, ainda mais quando se considera os momentos de crise, em que estão em jogo o destino de estrutura constitucional e legal de tendências universalizantes.

Quando do julgamento da Prússia contra o *Reich* Hermann Heller procurou, com a exibição de documentos, provar que se tratava de uma motivação política, combinada entre Presidente e Chanceler do *Reich*, além dos aliados dos nacionais socialistas e do próprio Hitler, para destituírem um governo estadual, e que nada ali havia de fundamento normativo constitucional. O Tribunal do Estado se recusou a enxergar o que lhe estava diante dos olhos.

O Supremo Tribunal Federal e seus membros – assim como instâncias inferiores do Poder Judiciário brasileiro – fecharam os olhos para todas as violações da Operação Lava Jato, quando estas eram denunciadas reiteradamente por advogados e intelectuais; nos processos e nos debates da esfera pública. Esta imobilidade respondeu também pela difusão de um ambiente político geral envenenado, que se voltou, cinco anos mais tarde, contra o próprio Tribunal e seus membros, os quais sofreram ofensas institucionais e pessoais. A este cenário deve ser acrescida a histórica ironia de que a política que se dirigiu abertamente contra a ação do Supremo Tribunal Federal teve como protagonista um dos poderes

---

[640] ADORNO, Theodor W. *Aspectos do Novo Radicalismo de Direita*. São Paulo: Editora Unesp, 2019, p. 54.

constituídos: o Presidente da República eleito em 2018, inequívoco resultado eleitoral da maldição da política praticada desde 2014.

Quando do julgamento da ADPF n. 378 mostrou-se ao Supremo Tribunal Federal, com intensa publicidade, que se estava diante da utilização de uma prerrogativa constitucional do Presidente da Câmara dos Deputados, Eduardo Cunha, com finalidade de satisfação de seu mero interesse. A manifestação pela admissibilidade da abertura de processo contra a Presidenta Dilma Rousseff decorreu de uma decisão na qual o detentor de um dever constitucional recorreu a tal disposição normativa para enfraquecer seu conteúdo constitucional, em defesa de mero interesse pessoal, já que condicionou sua decisão de admissibilidade da denúncia contra a Presidenta ao apoio do Partido da mesma Presidenta contra a abertura de processo disciplinar na Câmara dos Deputados que lhe envolvia pessoalmente. O Supremo Tribunal Federal se recusou a enxergar o que lhe estava bem à frente.

O fim de dois modelos de governos, de Weimar e do Brasil, transmitiu inequívoca mensagem: a impossível tolerância da ampliação da legalidade, nem mesmo na forma do constitucionalismo intervencionista e social. Haverá forte resistência à proposta cuja pretensão venha a ser alternativa ao projeto de concentração de poder econômico e político. O discurso da "legalidade que mata" de Odilon Barrot, que não escapou da referência de Engels, confirma sua atualidade para ação política contra a política democrática.

Neste quadro, nos dois momentos, o Poder Judiciário argumentou tratar-se de questão política, contra a qual nada poderia decidir. Não era o caso, e eis um dos pontos que aproxima os dois instantes. O que estava em jogo não eram somente as questões de lutas políticas e partidária, porém o sinal verde para que a utilização da normatividade constitucional como arma política fosse chancelada pelo Poder Judiciário, contra a Constituição respectiva. Estava-se diante da concreta perspectiva do esvaziamento constitucional pela política; política que deveria ser limitada pela mesma ordem

## CAPÍTULO IV – PODER JUDICIÁRIO E AS FORMAS JURÍDICAS...

constitucional, por óbvio, como previsão da mesma normatividade constitucional. Os Tribunais respectivos recusaram-se à ação de garantia constitucional, ainda que sabedores do que se operava nos fatos jurídicos e no âmbito dos processos: foi chamada a atenção dos tribunais de tais pontos. Quais foram as respostas?

O Tribunal do Estado entendeu que, ainda que restassem pressupostos debates (*Verhandlungen*) e acertos (*Vereinbarungen*) em conjunto com o Líder (*Führer*) do Partido Nazista para a expedição do Decreto de Emergência de 20 de julho de 1932, "não se infere daí que as medidas do decreto foram tomadas com outros fins que não o restabelecimento da segurança e da ordem públicas",[641] o que terminou por declarar constitucional a intervenção, com fundamento no par. 2º do art. 48 da Constituição de Weimar.[642]

O Supremo Tribunal Federal entendeu que não há como se exigir imparcialidade do Presidente da Câmara dos Deputados, ainda que esteja este no uso de uma prerrogativa constitucional de juízo de admissibilidade de denúncia, uma vez que parlamentares "(...) podem exercer suas funções, inclusive de fiscalização e julgamento, com base em suas convicções político-partidárias, devendo buscar realizar a vontade dos representados",[643] o que permitiu o prosseguimento e posterior impedimento da então Presidenta.

Para Hermann Heller, a clareza dos comprovados acertos entre Papen e Hitler seria suficiente para provar que a forte disputa política contrária à Constituição de Weimar se escondia nas formas

---

[641] PcR, 1976, p. 514.

[642] *(...) so würde hieraus nicht zu entnehmen sein, daß die Maßnahmen der Verordnung zu anderen Zwecken als dem der Wiederherstellung der öffentlichen Sicherheit und Ordnung getroffen worden sind.*

[643] SUPREMO TRIBUNAL FEDERAL. *Arguição de Descumprimento de Preceito Fundamental n. 378*, Rel. Min. Edson Fachin. Rel. para acórdão Min. Luís Roberto Barroso. 2017, p. 6. Disponível em: https://portal.stf.jus.br/processos/detalhe.asp?incidente=4899156. Acessado em: 05.09.2022.

jurídicas,[644] e que revelar estas formas com o recurso de conhecer a realidade adjacente era tarefa do Poder Judiciário.

Intelectuais como Cláudio Pereira de Souza Neto, que subscreveu a peça inicial da ADPF n. 378, insistiram nas tentativas de acertos políticos do Presidente da Câmara para negociar sua prerrogativa constitucional em seu interesse estritamente pessoal,[645] chamando a atenção para o fato de que o Supremo Tribunal Federal não permitisse que se usasse a Constituição Federal para distorcer seu conteúdo democrático.

Desde o julgamento da Ação Penal n. 470 perante o STF, conhecida como "julgamento do mensalão" –, intelectuais como Lenio Streck já advertiram que o STF, "com o julgamento do Mensalão, derrubou várias bibliotecas" representadas pela legalidade em matéria penal; transcrita pela dogmática jurídica.[646] Assim, a temporada de "desacreditação" da política e dos políticos havia começado seu curso já em 2012, permitindo com que a política atuasse sobre as formas jurídicas, com a permissão de quem deveria garantir a formalidade jurídica por meio de suas adjacências.

Não surpreende que o julgamento do mensalão tenha sido a primeira transmissão ao vivo, pela grande mídia brasileira, de um julgamento no Supremo Tribunal Federal. A amplificação do caso, por óbvio, foi capaz de construir a opinião pública numa dada direção. Hermann Heller permaneceu atento ao fenômeno

---

[644] PcR, 1976, p. 406.

[645] SUPREMO TRIBUNAL FEDERAL. *Arguição de Descumprimento de Preceito Fundamental n. 378*, Rel. Min. Edson Fachin. Rel. para acórdão Min. Luís Roberto Barroso. 2017, pp. 66 e ss. Disponível em: https://portal.stf. jus.br/processos/detalhe.asp?incidente=4899156. Acessado em: 05.09.2022.

[646] STRECK, Lenio. *30 Anos da CF em Julgamentos*: uma radiografia do STF. Rio de Janeiro: Forense, 2018, p. 193.

CAPÍTULO IV – PODER JUDICIÁRIO E AS FORMAS JURÍDICAS...

das democracias do século XX, na medida em que destaca a importância da opinião pública:[647]

> O tremendo significado político da opinião pública consiste no fato de que, através de sua aprovação ou desaprovação, ela assegura aquelas convenções que são os fundamentos da coesão social e da unidade do Estado. (...) Para a unidade do Estado, a opinião pública tem acima de tudo a função de legitimar o governo político e a ordem por ele garantida.

Nas duas situações, estava difundida a maldição da política e dos políticos. A ideia de que a política – com seus partidos e quadros, com seus conflitos internos e contradições – era assunto de corruptos assumiu a dianteira na maior parte da população das sociedades, que passou a desprezar não somente partidos, políticos e conflito: desprezou a *potentia* transformadora de que pode ser dotada a política democrática. A parcialidade do Poder Judiciário difundiu a ideia de que somente pela via judicial é que se operariam as correções necessária à política e aos políticos. Assim, "semelhante combinação foi decisiva para jogar a sociedade

---

[647] *Die gewaltige politische Bedeutung der öffentlichen Meinung besteht darin, daß sie durch ihre Billigung oder Mißbilligung diejenigen Konventionen sichert, welch die Grundlagen des gesellschaftlichen Zusammenhangs und der staatlichen Einheit sind. (...) Für die staatliche Einheit hat die öffentliche Meinung vor allem die Funktion einer Legitimation der politischen Herrschaft und der durch sie garantierte Ordnung.* (HELLER, Hermann. "Rechtsstaat oder Diktatur". In: _____. *Gesammelte Schriften.* In Verbindung mit Martin Draht, Otto Stammer, Gerhard Niemeyer, Fritz Borinski. Hrsg. von Christoph Müller. Zweiter Band. Tübingen: Mohr Siebeck, 1992, pp. 278/279). V. ainda HENKEL, Michael. *Hermann Hellers Theorie der Politik und des Staates.* Tübingen: Mohr Siebeck, 2011, pp. 380/381. Da mesma forma, o considerável debate desencadeado pela ação judicial do governo federal da Alemanha contra a revista *Der Spiegel* (*Die Spiegel-Affäre*), em 1963, desencadeou discussão política e intelectual. Cf. RIDDER, Helmut. "Presse und Justiz". *JuristenZeitung*, 18. Jahrg., nº 13, 05 jul. 1963, pp. 416/417.

uma vez mais na nave da antipolítica. Tal movimento sempre, na história, prepara o terreno para a destruição da democracia".[648]

Assim como o Supremo Tribunal Federal recusou o pedido da defesa da Presidenta Dilma Rousseff, e com isso reconheceu o abuso da política sobre uma prerrogativa constitucional de uma autoridade, o Tribunal do Estado também assim procedeu. A longa manifestação do Presidente do Tribunal Erwin Bumke sobre os incidentes ocorridos a partir de 20 de julho de 1932 na Prússia, os confrontos, o número de mortos e, especialmente, o destaque com base na imprensa de que os sociais democratas e os sindicatos planejavam não somente formar um "fronte de unidade" (*Einheitsfront*) contra os nazistas, mas também contra o governo do *Reich* (*Reichsregierung*) dão prova de que o Tribunal acompanhava atentamente os acontecimentos e os levou em consideração para sua decisão.[649] O que se evidencia como problemática é a percepção dos movimentos políticos apenas contra um dos lados e a recusa em reconhecer o todo da ação política subjacente.

O que autoriza a análise entre as duas experiências é precisamente procurar compreender por que o Poder Judiciário, nos dois casos, optou pela escolha mais distante de constituições democráticas e modernas de que se dispunha: ao não proteger e consolidar as constituições das quais eram guardiões, prepararam o caminho para a desconstrução da normatividade constitucional.

A relevância das formas de manifestação do Direito pelo Poder Judiciário confirma a tese de que estas ainda são presentes, e que delas pode se lançar mão em momentos em que se julga necessário o esvaziamento de seus conteúdos liberais democráticos na luta política. Em outras palavras, os pressupostos liberais, que

---

[648] RÊGO, Walquíria Domingues Leão. "Justiça Social ou Barbárie". *In*: SICSÚ, João; AGUIAR, Renan; BERCOVICI, Gilberto (Coord.). *Utopias para reconstruir o Brasil*. São Paulo: Quartier Latin, 2020, p. 619.

[649] PcR, 1976, pp. 404/405.

# CAPÍTULO IV – PODER JUDICIÁRIO E AS FORMAS JURÍDICAS...

encontram representatividade institucional nas forças econômicas, políticas e socias que organiza em torno de si, não têm conseguido garantir sua própria normatividade apenas pela normatividade. Este quadro não se opera porque seja estranho ao liberalismo: se realiza porque o mesmo liberalismo possui limites quando se trata de expansão em massa das condições econômicas e de direitos.

Se o desvendar do funcionamento articulado da força das formas jurídicas pelo Poder Judiciário consiste num passo importante para a crítica do Direito Constitucional e sua aplicação, a perspectiva da crítica a este Direito Constitucional de Marx – que já se deixa perceber desde fevereiro de 1849 – prenuncia que uma compreensão desse Direito, a qual não integre as formas jurídicas e, posteriormente, não prossiga na análise além destas formas, não está em condições de reformular a constituição política no sentido da igualdade de todos e proteção do interesse comum.

Otto Kichheimer[650] registra que "ninguém enfrentou a oposição entre direitos fundamentais na sua forma tradicional do século XVIII e o princípio democrático constitucional melhor que Karl Marx".[651] É precisamente em sua obra de juventude *A Sagrada Família* (*Die heilige Familie*), ainda em 1845, que Marx e Engels analisam a "tensão" entre uma "consciência estatal e unitária e os direitos fundamentais liberais".[652] Para Marx e Engels, um dos enganos dos revolucionários franceses consistiu em não perceber este duelo de formas jurídicas, a trazerem em si seus conteúdos contraditórios e inconciliáveis, em razão das disputas políticas

---

[650] KIRCHHEIMER, Otto. "Weimar – und was dann? Analyse einer Verfassung". *Politik und Verfassung*. Frankfurt am Main: Suhrkamp, 1964, p. 29.

[651] *Niemand hat den Gegensatz zwischen den Grundrechten in ihrer aus dem 18. Jahrhundert überlieferten Form und dem demokratischen Verfassungsprinzip besser und treffender gewürdigt als Karl Marx.*

[652] MARX, Karl. "Die heilige Familie". *In*: MARX, Karl; ENGELS, Friedrich. *Marx-Engels-Werke*. vol. 2. Berlin: Dietz Verlag, 1972.

acirradas, em que se digladiavam pela efetivação concreta interesses da maioria democrática do povo e, de outro lado, da burguesia:[653]

> Robespierre, Saint-Just e o seu partido pereceram porque confundiram o antigo **conhecimento comum realista-democrático**, que repousava sobre a **verdadeira escravidão**, com o **moderno** Estado representativo espiritualista-democrático, que repousa sobre a **escravidão emancipada** da **sociedade burguesa**. Que decepção colossal ter de reconhecer e sancionar a sociedade burguesa moderna, a sociedade da indústria, da concorrência geral, dos interesses privados que perseguem livremente os seus próprios fins, da anarquia, da individualidade natural e espiritual alienada de si mesma – nos **direitos humanos**, e ao mesmo tempo anular depois, em alguns dos indivíduos, todas as **manifestações de vida** dessa sociedade e formar a **cabeça política** dessa mesma sociedade ao modo **antigo**!

A tensão entre o que se lê na previsão normativa e o verdadeiro abismo para com sua efetivação não deve ser relativizada na compreensão do funcionamento do Direito na sociedade. O que Marx novamente adverte é da constante necessidade de "dissipar a névoa" que se tem diante dos olhos pela simples leitura e comparação dos textos legais. Ir ao elemento subjacente, que

---

653 *Robespierre, Saint-Just und ihre Partei gingen unter, weil sie das antike* realistisch-demokratische Gemeinwissen, *welches auf der Grundlage der* wirklichen Sklaventums *ruhte, mit dem modernen* spiritualistisch-demokratischen Repräsentativstaat, *welcher auf dem* emanzipierten Sklaventum, *der* bürgerlichen Gesellschaft *beruht, verwechselten. Welche kolossale Täuschung die moderne bürgerliche Gesellschaft, die Gesellschaft der Industrie, der allgemeinen Konkurrenz, der frei ihre Zwecke verfolgenden Privatinteressen, der Anarchie, der sich selbst entfremdet natürlichen und geistigen Individualität – in den* Menschenrechte *anerkennen und sanktionieren zu müssen und zugleich die* Lebensäußerungen *dieser Gesellschaft hinterher an einzelnen Individuen annullieren und zugleich den* politischen Kopf *dieser Gesellschaft in* antiker *Weise bilden zu wollen!* (MARX, Karl. "Die heilige Familie". *In*: MARX, Karl; ENGELS, Friedrich. *Marx-Engels-Werke*. vol. 2. Berlim: Dietz Verlag, 1972, p. 129).

## CAPÍTULO IV – PODER JUDICIÁRIO E AS FORMAS JURÍDICAS...

não aparece no primeiro olhar – tampouco a partir dos textos de decisões judiciais, por mais sofisticadas que sejam – consistirá no aberto desafio de se ver a verdadeira forma jurídica das expressões legais e suas consequências práticas em todos os ramos do Direito.

É neste sentido que Marx chama a atenção quando de sua sustentação oral no primeiro processo contra a Nova Gazeta Renana:

> Nós, meus senhores, não somos constitucionais, mas nos colocamos na posição dos cavalheiros que nos acusam, a fim de espancá-los em seu próprio solo com suas próprias armas. Portanto, estamos recorrendo aos usos constitucionais.[654]

Aqui, não ser "constitucional" não se traduz em desprezo pela Constituição. O desprezo é por aquela astuta operação sobre a compreensão da normatividade constitucional, que se reivindicava, no caso, garantidora da liberdade de manifestação de pensamento, porém fornecia os elementos materiais para seu fim. Não ser "constitucional" significa ir além da normatividade liberal e reorganizar a compreensão do Direito pelo mundo material, com a verdadeira tensão que as relações de disputas e interesse se apresentam, o que também não quer dizer o abandono da legalidade como garantia civilizatória. Eis o círculo em que se circunscreve a importância da análise das formas jurídicas, articulada com a inserção do Direito neste espaço de tensão.

---

654 *Wir, meine Herren, sind nicht konstitutionell, wir stellen uns aber auf den Standpunkt der Herren, die uns anklagen, um sie auf ihrem eigenen Terrain mit ihren eigenen Waffen zu schlagen. Wir berufen uns daher auf den konstitutionellen Usus.* (MARX, Karl. "Der erste Prozeß der 'Neuen Rheinischen Zeitung'". Verteidigungsrede von Karl Marx. *In:* MARX, Karl; ENGELS, Friedrich. *Marx-Engels-Werke.* vol. 6. Berlin: Dietz Verlag, 1959, p. 224).

E exatamente este ponto não passou desapercebido de juristas brasileiros, como Hermes Lima e sua observação da procedência da concepção materialista do Direito:[655]

> Ora, esses códigos não surgiram das sociedades que eles iam disciplinar. Era que nessas sociedades os institutos fundamentais da vida civil se assemelhavam e tal acontecia porque semelhante nelas se apresentava a estrutura econômica. Tudo isso ninguém o disse melhor que Marx. N o discurso com que em 1848 se defendeu perante o tribunal de Colônia de processo que lhe moveu a censura alemã, êle dizia: – A sociedade não descansa na lei. Este é u m conceito que os juristas forjaram. E', pelo contrário, a lei que há de encontrar seu fundamento na sociedade, ser expressão dos seus interesses e necessidades comuns, tal como resultem do regime material de produção imperante na época – contra o arbítrio individual. (...) Percorrei a história econômica do mundo: – O Direito não criou nem a escravidão, nem o servilismo, nem o salariado moderno. Seu papel foi o de chancelar essas situações econômicas que não pereceram por obra e graça de seu poder, de sua vontade, sinão porque cumpriram o seu ciclo histórico, dialético. O mesmo se dirá da família, através das diversas formas históricas de sua organização.

A retórica abstrata da explicação sobre a aplicação e funcionamento da normatividade, apenas compreendida internamente aos textos constitucionais e legais, não confere força política ao Direito para enfrentar as contradições que são capazes de emergir do próprio Direito, e que por fim, desautorizam-no e esvaziam-no de seu verdadeiro horizonte de radicalidade civilizatória e democrática. Eis também o que pode ganhar uma Teoria do Direito com Marx e com o marxismo.

---

[655] LIMA, Hermes. "Rumos para a interpretação materialista do Direito". *Revista da Faculdade de Direito de São Paulo*, vol. 28, 1932, pp. 51/52.

# CAPÍTULO IV – PODER JUDICIÁRIO E AS FORMAS JURÍDICAS...

Não se deve esquecer da abertura que a dialeticidade materialista marxiana oferece quando recorre ao conteúdo de "economia política" (*politische Ökonomie*). Não se está diante nem somente de uma economia, nem somente da política: o que se tem diante dos olhos é a necessidade de se enxergar que, além dos números e dos dados que direcionam o movimento do capital, da política, do social (*das Sozial*) movem-se estes também no terreno de todas as relações, nas quais aquelas jurídicas não fogem.

Por outro lado, não se trata da submissão mecânica do Direito ao econômico. É verdade que Marx, logo no prefácio de sua *Sobre a Crítica da Economia Política* (*Zur Kritik der Politischen Ökonomie*), de 1859, afirma o resultado de suas pesquisas:[656]

> A minha investigação levou a que as relações jurídicas, bem como as formas de Estado, não podem ser compreendidas nem por si próprias, tampouco pelo chamado desenvolvimento

---

656 *Meine Untersuchung mündete in dem Ergebnis, daß Rechtsverhältnisse wie Staatsformen weder aus sich selbst zu begreifen sind noch aus der sogenannten allgemeinen Entwicklung des menschlichen Geistes, sondern vielmehr in den materiellen Lebensverhältnissen wurzeln, deren Gesamtheit Hegel, nach dem Vorgang der Engländer und Franzosen des 18. Jahrhunderts, unter dem Namen "bürgerlichen Gesellschaft" zusammenfaßt, daß aber die Anatomie der bürgerlichen Gesellschaft in der politischen Ökonomie zu suchen ist (...) Das allgemeine Resultat, daß sich mir ergab und, einmal gewonnen, meine Studien zum Leitfaden diente, kann kurz so formulierte werden: In der gesellschaftlichen Produktion ihres Lebens gehen die Menschen bestimmte, notwendige, von ihrem Willen unabhängig Verhältnisse ein, Produktionsverhältnisse, die einer bestimmten Entwicklungsstufe ihrer materiellen Produktionskräfte entsprechen. Die Gesamtheit dieser Produktionsverhältnisse bildet die ökonomische Struktur der Gesellschaft, die reale Basis, worauf sich ein juristischer und politischer Überbau erhebt, und welcher bestimmte gesellschaftliche Bewußtseinsformen entsprechen. Die Produktionsweise des materiellen Lebens bedingt den sozialen, politischen und geistigen Lebensprozeß überhaupt. Es ist noch das Bewußtsein der Menschen, das ihr Sein, sondern umgekehrt ihr gesellschaftliches Sein, das ihr Bewußtsein bestimmt.* (MARX, Karl. "Zur Kritik der Politischen Ökonomie". *In*: MARX, Karl; ENGELS, Friedrich. *Marx-Engels-Werke*. vol. 13. Berlim: Dietz Verlag, 1972, pp. 8/9).

geral do espírito humano, porém será nas condições materiais da vida – cuja totalidade Hegel, seguindo o procedimento dos ingleses e franceses do século XVIII, resume sob o nome de "sociedade burguesa" –, da economia política que a anatomia da sociedade burguesa deve ser procurada. (...) O resultado geral que me surgiu e que, uma vez obtido, serviu de guia para os meus estudos, pode ser formulado brevemente assim: na produção social das suas vidas, os homens ingressam em certas relações necessárias que são independentes da sua vontade, relações de produção que correspondem a uma certa fase de desenvolvimento das suas forças materiais de produção. A totalidade destas relações de produção forma a estrutura económica da sociedade, a verdadeira base sobre a qual se eleva uma superestrutura jurídica e política e à qual correspondem certas formas de consciência social. O modo de produção da vida material determina o processo social, político e espiritual da vida em geral. Não é a consciência das pessoas que determina o seu ser, mas inversamente o seu ser social que determina a sua consciência.

A principal constatação que se extrai é aquela de que Marx deixa claro a vinculação das "relações de Direito" (*Rechtsverhält-nisse*) e das "formas do Estado" (*Staatsformen*) a outros elementos objetivos para a conformação da consciência e da ação dos homens. Do mesmo modo que tais relações e formas atuam reciprocamente entre si. Assim é que o "ser social" (*das gesellschaftliche Sein*) determina a consciência de todos que estão na sociedade.

Visto referido conjunto de análise, não surpreende que eventuais afirmações do reducionismo que o pensamento marxiano teria do Direito, do jurídico a mero reflexo do econômico, não têm como subsistir, já a partir deste momento do jovem Marx. É que desde os primórdios da reflexão marxiana a visão de mundo aberta e plural recusava a análise localizada de fenômenos políticos e sociais. A dinâmica das relações jurídicas e de produção apontavam para além da normatividade positivada, além do que

# CAPÍTULO IV – PODER JUDICIÁRIO E AS FORMAS JURÍDICAS...

renda, aluguel e juros poderiam explicar o que se avolumava na consciência desde a industrialização capitalista.

Não há como fugir ainda do desafio que se impõe quando se planeja agregar e formular um olhar materialista à observação sobre Constituição e Direito, que tem muito a oferecer para o século XX, em termos de natureza explicativa. Não se deve excluir a perspectiva marxiana em razão de o olhar de Marx sobre o Direito – que sempre tem desencadeado polêmica – supostamente não se deter sobre a normatividade interna que é uma das características tradicionais do estudo do Direito. Da mesma forma, por não haver em Marx análise da articulação interna de constituições e leis e sua interpretação, não quer dizer que seu materialismo histórico não possa vir a ser também instrumento de análise do mesmo Direito. Quando de sua conhecida e reconhecida pesquisa sobre "O conceito de natureza na teoria de Marx" (*Der Begriff der Natur in der Lehrer von Marx*), Alfred Schmidt chama a atenção de que "Marx muito raramente menciona a natureza 'em si' em seus escritos", uma vez que este conceito restaria dissolvido na produção de bens, que são a transformação da natureza em mercadoria e valor pelos processos de trabalho humano. Todavia, "isto não é nenhum critério para sua menor importância na teoria da sociedade, mas resulta precisamente de sua particular perspectiva para onde dirige seu olhar".[657] Ou seja, o que se pode apreender é que diversos aspectos sociais, como o próprio Marx elenca quando de sua *Sobre a Crítica da Economia Política*, encontram-se vinculados na sua particular teoria social e da história.

Sonja Buckel ofereceu contribuição neste sentido que pode esclarecer o sentido de "relações de produção" (*Produktionsverhältnisse*)

---

[657] (*...*) *Marx kommt in seinen Schriften auf die Natur "an sich" nur äußerst selten zu sprechen. Das ist jedoch kein Kriterium für ihre geringe Bedeutung in der Theorie der Gesellschaft, sondern ergibt sich aus deren besonderer Blickrichtung.* (SCHMIDT, Alfred. *Der Begriff von Natur in der Lehre von Marx*. Hamburg: Europäische Verlagsanstalt, 1993, p. 7).

desta passagem marxiana. O que está em questão é o esclarecimento sobre a satisfação das necessidades para toda a existência humana, onde não se tem somente o econômico. Afinal, o homem, como "ser genérico" (*Gattungswesen*),[658] de que Marx nos lembra nos seus "Manuscritos",[659] não necessita somente de comida e reprodução para sua existência, como o restante dos animais.

Para Sonja Buckel as reflexões de Theodor Adorno e Max Horkheimer oferecem substrato para que se compreenda o ambiente total dos fenômenos destas relações na modernidade:[660]

> A totalidade concreta significa aqui que ela depende de um indivíduo, ou seja, que é uma estrutura para além da adição dos momentos individuais, sem que, no entanto, possa ser logicamente abstraída da mesma.

---

[658] "Alcança-se o resultado de que o homem (o trabalhador) somente será livremente ativo no desempenho de suas funções animais – comer, beber e procriar, e, quando muito, na moradia, adorno etc. – enquanto nas funções humanas se vê reduzido a um animal. O elemento animal torna-se humano, e o humano transforma-se em animal". (MARX, Karl. "Ökonomisch-philosophische Manuskripte aus dem Jahre 1844". *In*: MARX, Karl; ENGELS, Friedrich. *Marx-Engels-Werke*. Ergänzungsband. Berlim: Dietz Verlag, 1968, pp. 514/515): *Es kömmt daher zu dem Resultat, daß der Mensch (der Arbeiter) nur mehr in seinen tierischen Funktionen, Essen. Trinken und Zeugen, höchstens noch Wohnung, Schmuck etc., sich als freitätig fühlt und in seinen menschlichen Funktionen nur noch mehr als Tier. Das Tierische wird als Menschliche und das Menschliche als Tierische*

[659] MARX, Karl. "Ökonomisch-philosophische Manuskripte aus dem Jahre 1844". *In*: MARX, Karl; ENGELS, Friedrich. *Marx-Engels-Werke*. Ergänzungsband. Berlim: Dietz Verlag, 1968, p. 516.

[660] *Konkrete Totalität bedeutet dabei, das von jener Einzelnen abhängt, d.h. dass sie eine Struktur jenseits der Addition der Einzelmoment ist, ohne dass sie sich jedoch logisch davon abstrahieren ließe.* (BUCKEL, Sonja. "Neo-Materialistische Rechtstheorie". *In*: BUCKEL, Sonja; CHRISTENSEN, Ralph; FISCHER-LESCANO, Andreas. *Neue Theorie des Rechts*. Stuttgart: Lucius & Lucius, 2006, p. 131).

CAPÍTULO IV – PODER JUDICIÁRIO E AS FORMAS JURÍDICAS...

Eis a visão que recupera a possibilidade de se compreender uma "complexa totalidade das sociedades capitalista modernas, cuja unidade aparente não é ela mesma garantida por um nenhum princípio unitário".[661]

Com outras palavras: onde se diz que o Direito deve prevalecer, não se observa esta reivindicada unidade, em razão das outras forças políticas e sociais que discursivamente são obscurecidas. O que não quer dizer que não estejam presentes: estão escondidas, disfarçadas em "livres convencimento" já conhecidos, e jamais de forma desinteressada ou ingênua.

Aqui se tem os pontos nos quais dialogam os embates políticos que as sociedades capitalistas modernas trazem em si, mas que insistem em se vestirem de simples embates de formas, de retórica, de ponderação racional da normatividade ou de teoria dos princípios. Martins Filho também adverte dos riscos que aí se encontram, uma vez que a "exigida racionalidade, diante do poder conferido aos juízes, sobretudo aos tribunais constitucionais, parece não encontrar em teorias argumentativas e exigência lógica de fundamentação a sua real solução".[662]

Tem-se a mesma normatividade a procurar construir racionalidades para suas justificações e fundamentos judiciais de decisão, mas que parte de uma idealidade que só existe no pensamento abstrato de quem a elabora. Ou seja, remanesce em aberto a exigência identificada e assim registrada por Martins Filho. Não é por acaso

---

[661] *(...) so ist überzeugend, die moderne kapitalistische Gesellschaft als eine unvollständige komplexe Totalität zu begreifen, deren Einheit als eine äußerliche durch kein einheitliches Prinzip garantiert wird.* (BUCKEL, Sonja. "Neo-Materialistische Rechtstheorie". *In*: BUCKEL, Sonja; CHRISTENSEN, Ralph; FISCHER-LESCANO, Andreas. *Neue Theorie des Rechts*. Stuttgart: Lucius & Lucius, 2006, p. 36).

[662] MARTINS FILHO, Felinto Alves. *Jurisdição e Democracia*: Contribuição à compreensão dos limites do poder de decisão judicial. Rio de Janeiro: Lumen Juris, 2020, p. 85.

MARTONIO MONT'ALVERNE BARRETO LIMA

que os responsáveis por esses discursos também respondem pelo que daí resulta: fim de Weimar; fim da tentada democracia brasileira pela Constituição de 1988. A reprodução material destas sociedades será sempre determinada e jamais separada de seus "componentes culturais, políticos, ideológicos ou jurídicos".[663] Não é que se tenha somente a vinculação do econômico do Direito. Esta constatação é apenas uma parte do todo. Tem-se igualmente diante dos olhos os nexos entre os componentes culturais, econômicos, políticos ideológicos e jurídicos.

Na sua troca de correspondências com István Mészáros, John Bellamy Foster registra a análise de Mészáros sobre a configuração do todo em Marx:[664]

> contudo, o que Marx chamou de "superestrutura jurídica e política" não deve ser simplesmente identificado com o Estado, mas engloba também elementos da sociedade civil, isto é, a política como um todo.

Concebida sob um modelo desta totalidade, tem-se a permissão teórica de se avançar no sentido de compreender que decisões judiciais de cortes constitucionais em períodos turbulentos, além de submeterem à prova qualquer das institucionais formais de qualquer sistema constitucional, consistem no instante de observação em que se dissipa névoa da retórica construída pela normatividade idealista. É que esta articulação – normatividade, tribunais constitucionais e instabilidade – não pode mais esconder sua real face ante o vigor dos elementos subjacentes que aparecem durante estes fenômenos. Agora, de maneira inteira, exibem-se os componentes

---

[663] No original: *kulturellen, politischen ideologischen oder rechtlichen Komponennten.* (BUCKEL, Sonja. "Neo-Materialistische Rechtstheorie". *In*: BUCKEL, Sonja; CHRISTENSEN, Ralph; FISCHER-LESCANO, Andreas. *Neue Theorie des Rechts*. Stuttgart: Lucius & Lucius, 2006, p. 137).

[664] FOSTER, John Bellamy. "Introdução". *In*: MÉSZÁROS, Istvàn. *Para além do Leviatã*: Crítica do Estado. São Paulo: Boitempo, 2021, p. 37.

CAPÍTULO IV – PODER JUDICIÁRIO E AS FORMAS JURÍDICAS...

que atuam contra, em conjunto e a favor da normatividade que busca permanecer. O desfecho possui inequívoca relação com o movimento destes componentes. Como não autorizar que esta formulação marxiana não possa se constituir numa das explicações racionais para que apreenda estes momentos das sociedades?

Não se exige que um sistema possa garantir mais do que sua capacidade institucional estruturada numa Constituição. Porém, é necessário que se reivindique que a normatividade constitucional civilizatória e democrática seja observada por aqueles que foram definidos como guardiões da Constituição. Sem o atendimento desta reivindicação, esvai-se qualquer sentido de Constituição. Eis o instante em que as teses sobre as formas jurídicas ganham em força explicativa crítica. A forma da normatividade inscrita nas constituições comprova que se pretende realizar a referida previsão normativa.

Quando nem esta normatividade é observada, ou é esvaziada por operações interpretativas que apontam o caminho contrário do conteúdo histórico e político em que o texto constitucional foi produzido, tem-se o intencional fracasso da normatividade constitucional, levado a cabo por órgãos internos à própria Constituição. Este ponto produz toda a diferença, uma vez que identificar os elementos comprovadores da intenção concreta dos órgãos políticos pela destruição do texto constitucional exige maiores esforços para sustentar uma racionalidade que dê conta desta explicação.

Embora maiores esforços sejam exigidos, não há novidade nisso. Ingeborg Maus destacou, ainda em meados dos anos 1970, que a ontologia do Direito, "há muito tempo deixou para trás a vinculação da segurança jurídica baseada tanto exclusivamente na racionalidade formal do Direito como num sistema de Direito fechado em si e livre de contradições".[665] Com outras palavras, as fundadas

---

665 (...) *die Bindung bürgerlicher Rechtssicherheit ausschließlich and formale Rationalität des Rechts sowie die Konzeption eines in sich geschlossenen*

suspeitas de que a racionalidade do Direito, com seus refinados sistemas normativo e de interpretação normativa, daria conta da complexidade dos acontecimentos, e ainda seria capaz de estabilizar a ordem democrática do capitalismo, provou ser um engano, mais constatável nos países da modernidade tardia, ou da periferia do capitalismo, especialmente quando de momentos de crise.

Quando se relacionam história e política, encontra-se a chave para o deslinde desta forma jurídica como manifestação normativa: pela promulgação de uma Constituição, bem como da posterior manifestação destrutiva; pelos julgamentos que ratificam um sentido diverso daquele normativamente estatuído. É, na verdade, uma esperta operação que surge como intocável porque retoricamente baseada num suposto âmbito de validade normativa que se pretende argumentativamente racional. Do que esta pretensão não escapa, porém, é da observação política de sua construção e trajetória, alinhada com o *kayrós* – não com o *chronos* – de sua produção.

O cenário acima descrito difere daquele que foi percebido por Friedrich Engels em 1895, quando de sua observação sobre "a legalidade que mata". Se Engels foi claro ao perceber que o incentivo ao fim da "legalidade que mata" foi organizado pelos próprios partidos da ordem capitalista, não se fala agora no fim da "legalidade que mata": o que se operacionaliza é mais sofisticado, na medida em que a mesma "legalidade que mata" remanesce e é até protegida ou

---

*widerspruchfreien Rechtssystems längst hinter sich gelassen haben.* (MAUS, Ingeborg. "Die Basis als Überbau oder: 'Realistische' Rechtstheorie". *In*: ROTTLEUTHNER, Hubert. *Probleme der marxistischen Rechtstheorie.* Frankfurt am Main: Suhrkamp, 1975, p. 486). Ainda sobre a "destruição da racionalidade formal da lei como expressão de processos internos da socialização capitalista" (*"Die Zerstörung der formalen Rationalität des Gesetzes als Ausdruck innerkapitalistischer Vergesellschaftungsprozesse"*), p. 461 de Thomas Blanke. BLANKE, Thomas. "Das Dilemma der verfassungspolitischen Diskussion der Linken in der Bundesrepublik". *In*: ROTTLEUTHNER, Hubert. *Probleme der marxistischen Rechtstheorie.* Frankfurt am Main: Suhrkamp, 1975, pp. 419-483).

CAPÍTULO IV – PODER JUDICIÁRIO E AS FORMAS JURÍDICAS...

ratificada. Realiza-se a substituição desta "legalidade que mata" pela interpretação judicial que a redireciona em sentido completamente diferente de seu conteúdo. Não se altera nenhuma letra da lei, não se modifica nenhuma ordem de descrição normativa, mas se confere outro sentido ao que antes era claro na letra da norma. Em outras palavras, as formas jurídicas se compõem deste ou daquele significado, a depender da retórica utilizada. A assimilação na nova versão da "legalidade que mata", como a de uma Constituição dirigente de Weimar àquela do Brasil de 1998, resultará do esforço perante a opinião pública que se dedicou a essa tarefa.

Nas duas experiências aqui mencionadas, este esforço foi decisivo para que se normalizasse os novos conteúdo e sentido das mesmas determinações constitucionais, o que findou por normalizar exatamente o que era anormal e avesso à ordem constitucional então vigente. Como desvendar e explicar este jogo de formas jurídicas que trazem um sentido claro na sua expressão normativa, mas na verdade carregam a possibilidade de abrigar o seu oposto em si mesmas, a depender do momento da política e da história?

O conceito de desenvolvimento econômico no pensamento marxiano é distinto do conceito dominante do capitalismo. Para o olhar de Marx, a centralidade repousa fundamentalmente no bem-estar da população, de forma equilibrada, a não possibilitar acumulação de riqueza, e sobretudo de poder político, sob domínio de poucos grupos sociais. Assim, os conceitos de crescimento e desenvolvimento econômico escapam da tradicional compreensão oferecida pela economia política tradicional, onde tais conceitos são marcados pelos parâmetros capitalistas, os quais levam em conta o bem-estar das populações do mundo apenas de forma secundária.

A crítica elaborada por Marx ao pensamento da economia política é também uma crítica sistêmica, e se trata de um decisivo embate de ideias, no qual o redirecionamento analítico recai necessariamente para o desenvolvimento econômico humano. A crítica do Direito que se possibilita desta premissa segue percurso semelhante.

Trata-se, primeiro, de recorrer-se à compreensão do Direito noutro local, na direção de um profundo olhar humanista e emancipatório. Por esta razão é que, ao se observar como se desenvolve a aplicação da normatividade, também se torna possível enxergar que não se trata somente de constatar o desenrolar desta aplicação na burocracia administrativa ou judicial do Estado, porém de ir mais além: buscar compreender seus limites que decorrem de sua própria pretensão normativa, objetivamente disposta nos textos constitucionais.

Se o sistema tradicional de compreensão sobre desenvolvimento econômico promete bem-estar para todos, mas não consegue efetivar suas próprias promessas, como poderia o sistema normativo entregar o que promete em termos de suas próprios formulações previstas nas suas próprias constituições? A dissipação da névoa desta contradição parece se tornar possível se se recorrer ao materialismo histórico. É o mesmo Marx quem oferece análise quando de sua "Questão Judaica".

O olhar de que o Direito formulado a partir dos desdobramentos da Revolução Francesa afastava os homens uns dos outros, principalmente já no século XIX, fez com que Marx percebesse que, por exemplo, os Direitos Humanos não eram o problema, mas a causa do problema, uma vez que seriam direitos humanos, porém dos humanos da sociedade burguesa:[666]

> Nenhum dos chamados direitos humanos, portanto, vai além do ser humano egoísta, além do ser humano como membro da sociedade burguesa, isto é, como um indivíduo afastado de si mesmo, de seus interesses privados e de sua arbitrariedade privada, e separado da comunidade.

---

[666] *Keinen der sogenannten Menschenrechte geht also über den egoistischen Menschen hinaus, über den Menschen, weil er Mitglied der bürgerlichen Gesellschaft, nämlich auf sich, auf sein Privatinteresse und seine Privatwillkür zurückgezogenes und von Gemeinwesen abgesondertes Individuum ist.* (MARX, Karl. "Zur Judenfrage". *In*: MARX, Karl; ENGELS, Friedrich. *Marx-Engels-Werke*. vol. 1. Berlim: Dietz Verlag, 1977, p. 366).

## CAPÍTULO IV – PODER JUDICIÁRIO E AS FORMAS JURÍDICAS...

Os direitos humanos, assim como a segurança, serviriam mais à separação do que à possível universalização dos homens em sociedade. Marx registra a luta pelo direito de associação de trabalhadores, o qual foi proibido, seja na França, pelo "Decreto de 14 de junho de 1791", seja na Inglaterra, pelo "Ato Parlamentar de 29 de junho de 1871".[667] Dito de outro modo, o direito da segurança jurídica da propriedade correspondia à inexistência dos direitos humanos em favor da outra parte da sociedade. Por esta razão é que através "do conceito de segurança, a sociedade burguesa não se eleva acima do seu egoísmo. A segurança é antes a **garantia** do seu egoísmo".[668]

Daniel Loick[669] opera análise sobre esta percepção marxiana para identificar a partir desta construção a possibilidade de uma "declaração de dependência" (*Abhängikeitserklärung*), na direção de que todos os homens são iguais, nascem iguais e que necessitam uns dos outros, em vez de se oporem uns aos outros. O Direito que mantem uns aos outros "mentalmente distantes", que não concebe uma "liberdade individual entrelaça com aquela dos outros",[670] embora assim esteja na previsão normativa, é incapaz de efetivar tanto a prometida igualdade quanto a liberdade.

Referida "transformação de liberdade em não liberdade" (*Umschlagen von Freiheit in Unfreiheit*) proposta por Marx foi

---

667 MARX, Karl. "Das Kapital". Erster Band. *In*: MARX, Karl; ENGELS, Friedrich. *Marx-Engels-Werke*. vol. 23. Berlim: Dietz Verlag, 1969, pp. 744-769.

668 *Durch den Begriff der Sicherheit erhebt sich die bürgerliche Gesellschaft nicht über ihren Egoismus. Die Sicherheit ist vielmehr die* Versicherung *ihres Egoismus.* (MARX, Karl. "Zur Judenfrage". *In*: MARX, Karl; ENGELS, Friedrich. *Marx-Engels-Werke*. vol. 1. Berlim: Dietz Verlag, 1977, p. 366).

669 LOICK, Daniel. "Abhängigkeitserklärung. Recht und Subjektivität". *In*: LOICK, Daniel; JAEGGI, Rahel (Coord.). *Nach Marx*: Philosophie, Kritik, Praxis. Frankfurt am Main: Suhrkamp, 2017, p. 316.

670 LOICK, Daniel. "Abhängigkeitserklärung. Recht und Subjektivität". *In*: LOICK, Daniel; JAEGGI, Rahel (Coord.). *Nach Marx*: Philosophie, Kritik, Praxis. Frankfurt am Main: Suhrkamp, 2017, p. 307.

percebida por Andrea Maihofer,[671] para quem é exatamente o capitalismo neoliberal que faz destacar esta transformação, de maneira especial quanto à individualidade humana como mera abstração e não como concreta individualidade, vale dizer: de plena igualdade em todas suas perspectivas, especialmente econômica e política. Dissecada a estrutura dialética do conceito burguês de liberdade[672] – e de igualdade – resta a constatação de que a normatividade atual ainda possui muito o que assimilar do que ela mesma prevê para o concreto de suas decisões. Não parece remanescer maior dúvida de que a jurisdição tem tarefa importante neste ponto, tarefa que tem falhado em momentos importantes do século XX.

Com Nicos Poulantzas se discute também o enfrentamento da complexidade da questão relativa ao Direito na obra marxiana, e de sua atualização para a modernidade contemporânea no campo das estruturas sociais. Poulantzas enfrenta referido tema com a atenção voltada à distinção das "estruturas e práticas" entre as classes sociais. Desta forma, a "confusão estruturas-práticas parece garantir aqui no limite o velho equívoco, que consiste em ver as classes sociais emergirem no nível do político e do ideológico para 'pôr em ação' as leis inconscientes da economia".[673] Para Poulantzas, são possíveis "defasagens"[674] contínuas entre estruturas e práticas, o que acaba por tornar complexa a tessitura social do conflito entre classes, caracterizada por uma descentralização das

---

[671] MAIHOFER, Andrea. "Überlegungen zu einem materialistischen-(de)konstruktivistischen Verständnis von Normativität". *In*: LOICK, Daniel; JAEGGI, Rahel (Coord.). *Nach Marx*: Philosophie, Kritik, Praxis. Frankfurt am Main: Suhrkamp, 2017, p. 190.

[672] MAIHOFER, Andrea. "Überlegungen zu einem materialistischen-(de)konstruktivistischen Verständnis von Normativität". *In*: LOICK, Daniel; JAEGGI, Rahel (Coord.). *Nach Marx*: Philosophie, Kritik, Praxis. Frankfurt am Main: Suhrkamp, 2017.

[673] POULANTZAS, Nicos. *Poder Político e Classes Sociais*. Campinas: Unicamp, 2019, p. 86.

[674] POULANTZAS, Nicos. *Poder Político e Classes Sociais*. Campinas: Unicamp, 2019, p. 87.

# CAPÍTULO IV – PODER JUDICIÁRIO E AS FORMAS JURÍDICAS...

relações entre os níveis de estrutura. Por consequência, o Direito integra tais defasagens entre classes sociais, estruturas e práticas, o que fortalece o aparecimento das distintas formas jurídicas no transcurso do desenvolvimento destas relações.

Tem-se, portanto, que a forma jurídica de não dependência entre todos os atores sociais que conduz os tribunais a transformar o Direito e sua interpretação, num instante de desigualdade, faz com que os mesmos atores sociais recebam tratamento diferenciado quando da aplicação do mesmo Direito. Lida desta maneira, a normatividade constitucional recebe conteúdo e sentido diferentes para as mesmas situações, para os mesmos destinatários da jurisdição.

A teoria marxiana possibilita que se compreenda que a legalidade pode ser utilizada, na sua subjetividade diferenciadora específica, como elemento que esvazia a si própria, tornando-se um mecânico apêndice da história e da política, mas não pelas mãos da mesma leitura marxiana: ao contrário, pelo manejo da legalidade que leva à mecanicidade da relação. Se parece razoável crer que sozinho o Poder Judiciário não enfrenta ou supera graves crises políticas, notadamente quando o jogo partidário e político se agrava, por outro lado, poderia este mesmo Poder alertar sobre a "piscadela" do perigo da barbárie, uma vez que a legalidade constitucional, da qual ele é o guardião, é aquela legalidade democrática e avançada. A escolha de não pôr fim às claras intenções políticas de quem ataca as constituições deixou consequências como a consolidação na crença política de que os conflitos podem ser resolvidos por fora das mesmas constituições, sem que se altere as atribuições das instituições, como aquelas que deveriam responder pela guarda da Constituição.

Neste momento, abre-se outro flanco na luta institucional e política, tão prejudicial à Constituição quanto o mal que lhe fez pela omissão. Uma vez que a crise foi estabelecida também por quem jurou defender a Constituição, é a mesma Constituição quem passa a ser vista como incapaz de solucionar os conflitos, e não seus órgãos internos de ação legal. A reponsabilidade do fracasso é empurrada para a normatividade, na qual também residiria a solução. O surgimento de debates recentes no Brasil pelo "semi-presidencialismo", numa Constituição que claramente impõe a radical separação de poderes do presidencialismo como cláusula pétrea, somente pode ser explicado pela recusa das "instituições que funcionam" em refletir sobre seu papel de fracasso durantes a crise e os desdobramentos que se instalaram.

Na luta pela "concorrência de poder" (*Machtkonkurrenz*) entre a ampliação efetiva, sem precedentes tanto em Weimar quanto no Brasil após 1988, dos direitos constitucionais em largos setores sociais e das exigências contrárias de elite econômica, financeira e política, nas duas experiências, o Poder Judiciário não deu conta da aplicação normativa mais inclusiva, o que trouxe como consequência o enfraquecimento das constituições respectivas. O não intervencionismo do Estado em sociedade capitalistas, como lembrou Kichheimer, significa na verdade a intervenção em favor da *"ruling class"*.[675]

Ainda confirmada, resta a visão da "dualidade" da convivência do que aparentemente não convive. Recentemente, a partir de 2020, o Supremo Tribunal Federal tomou atitudes contrárias ao assalto à institucionalidade iniciado já em 2014. Isto, porém, não o absolve da histórica responsabilidade pelo desencadeamento dos fatos que conduziram à erosão da democracia brasileira, então perpetrados com sua concordância e conhecimento. Este conjunto de fatos é apenas revelador da complexidade do desafio que se tem para pesquisadores, diante da exigência de que a repetição da história não se opera de maneira linear, porém contraditória. A identificação destes dois momentos e os nexos que vinculam um ao outro é que exigem da racionalidade esforços especiais.

---

[675] OFFE, Claus. "The Problem of Social Power in Franz L. Neumann's Thought". *Constellations*, vol. 10, issue 2, 2003, p. 217.

## CAPÍTULO IV – PODER JUDICIÁRIO E AS FORMAS JURÍDICAS...

A duplicidade com que se opera a aplicação do Direito chamou a atenção há bastante tempo. Jens Meierhenrich encontra a racionalização desta complexidade em Ernst Fraenkel, para quem se constata uma *"continous variabel"*, com um infinito "número de casos possíveis" que se encontravam na tarefa da jurisdição[676] e da burocracia judiciária durante a Alemanha nazista. Ao decidir os casos que se apresentavam, a burocracia judiciária formulava opções que variavam de acordo com o sentido dos casos, e com a concepção do nacional-socialismo sobre o conteúdo do que se tinha para decidir. Naturalmente que tal funcionamento se afastava das previsões normativas constitucionais e infraconstitucionais, o que redundava no completo esgarçamento da tessitura do Direito. Este enfraquecimento era anunciado exatamente como o seu contrário: como elemento que fortaleceria o Direito, o poder de intervenção do Estado.

Antes e durante os episódios que antecederam o *impeachment* da Presidenta Dilma Rousseff, não se cansou de reafirmar no Brasil que "as instituições funcionam", o que tornaria inquestionável a aplicação do Direito, notadamente pelo Supremo Tribunal Federal. As alegações de todos os que eventualmente se julgam vítimas de disfunções judiciais dispunham da ampla defesa, com seus recursos e apreciação por outras instâncias, tornou sem sentido as análises dos que chamavam a atenção de que algo mais sofisticado estava em jogo, bem como destituiu de qualquer sentido e possibilidade de reversão de julgamento as tentativas das defesas dos acusados e condenados.

O Supremo Tribunal Federal teve a oportunidade de impedir um golpe político disfarçado de *impeachment* em 2016, e poderia ter parado o Presidente da Câmara dos Deputados, Eduardo Cunha. O Supremo Tribunal Federal poderia ainda ter impedido a ilegal prisão do ex-Presidente Luiz Inácio Lula da Silva em 2018 e

---

[676] MEIERHENRICH, Jens. *The Remnants of the Rechtsstaat*: an Ethnography of Nazi Law. Oxford: Oxford University Press, 2018, p. 33.

fazer valer cláusula pétrea da Constituição. Poderia ter agido para corrigir os abusos da Operação Lava Jato, em diferentes instâncias do Poder Judiciário, antes e depois de 2016. O Tribunal Superior Eleitoral poderia ter investigado as fartas denúncias de notícias falsas e seu papel nas eleições de 2018. As ações do Poder Judiciário para defender Constituição e democracia somente vieram em 2021.

Quando emergiram provas da aplicação disfuncional da lei e da modificação de seu conteúdo é que o Poder Judiciário se viu enredado na evidente constatação de que as instituições não funcionaram, e que era necessária a correção devida. Não sem surpresa que a revisão judicial praticada pelo Supremo Tribunal Federal, iniciada ao final de 2020 e estendida durante o ano de 2021, recebeu crítica da opinião legal de diversos juristas, a insistir, sobretudo, no fato de que o mesmo Tribunal não poderia invalidar a "luta contra a corrupção", em razão de possível deslizes de autoridades judiciárias de instâncias inferiores. O Supremo Tribunal Federal reagiu quando a direita mais agressiva bateu às suas portas. Ao invés de se preocupar com a manutenção da democracia e recorrer à sua autoridade institucional conta os ataques que a democracia brasileira sofreu – e eis o que lhes compete no campo da política constitucional – o Poder Judiciário preferiu disputar com os poderes eleitos a interferência na política de saúde, de orçamentos, de políticas sociais, de execução financeira e orçamentária, sob a alegação de que a corrupção é o maior dos males. Distribuição de renda e contornos da soberania econômica nacional são assuntos relegados à não visão pelo Poder Judiciário. Transcorridos mais de cinco anos após o golpe que destituiu a Presidenta Dilma Rousseff, o Supremo Tribunal Federal ainda não olhou para trás, a fim de avaliar com sinceridade o custo de sua omissão. Referido conjunto de fatos será cobrado pela história.

É conhecida a troca de correspondência entre Herbert Marcuse e Martin Heidegger. Em algumas das correspondências, emerge o tema inevitável: como se lidar com o passado. Ambos os filósofos dispensam comentários sobre sua relevância intelectual... e política.

CAPÍTULO IV – PODER JUDICIÁRIO E AS FORMAS JURÍDICAS...

Em 27 de maio de 1933, quando de sua filiação ao Partido Nazista, afirmou Heidegger:[677] "sou de ascendência alemã e livre de influência racial judaica ou de cor... Prometo prestar obediência incondicional ao *Führer*". Em 3 de novembro de 1933, novo apelo aos estudantes, agora como Reitor da Universidade de Freiburg:[678] "as regras do seu ser não são doutrinas e 'ideias'. O próprio *Führer* sozinho é a realidade alemã presente e futura, bem como sua lei".

Herbert Marcuse produziu seu escrito de "Habilitação" (*Habilitation*) para o ingresso na docência universitária sob a orientação de Heidegger, em 1928, publicada em 1932. Heidegger respondeu à carta de Marcuse, em 20 de janeiro de 1948[679] a respeito de sua esperança com o nacional-socialismo:

> 1. Em relación a 1933: tenía esperanzas de que el Nacional-socialismo provocara una renovación espiritual de la vida en su plenitude, una reconciliación de los antagonismos sociales, y una liberación del Ser (Dasein) occidental de la amenaza del comunismo. (...) 2. Em 1934 reconocí mi erro político y renuncié al rectorado, como protesto contra el Estado y el Partido. (...) 3. Tiene absoluta razón en que no hice una contradeclaración pública y razonada: hacerlo hubiera sido mi fin y el de mi família. Japers dijo, al respecto: seguir com vida es culpa mostra.

---

[677] *Ich bin deutscher Abstammung und frei von jüdischen oder farbigen Rasseneinfluss... ich verspreche, dem Führer unbedingten Gehorsam zu leisten.* (KLEE, Ernst. *Das Personenlexikon zum Dritten Reich*: wer war was vor und nach 1945. Frankfurt am Main: S. Fischer Verlag, 2003, p. 237).

[678] *Nicht Lehrsätze und 'Ideen' seien die Regeln Eures Seins. Der Führer selbst und allein ist die heutige und die künftige deutsche Wirklichkeit und ihr Gesetz.* (KLEE, Ernst. *Das Personenlexikon zum Dritten Reich*: wer war was vor und nach 1945. Frankfurt am Main: S. Fischer Verlag, 2003).

[679] HEIDEGGER, Martin. "Carta a Marcuse, 20 de Enero de 1948". *In*: RÍOS, José Gonzáles. *Cartas Filosóficas*: de Platon a Derrida. Buenos Aires: Editorial Quadrata, 2004, p. 120.

Do ponto de vista de intelectuais do Direito, há mais chamativos casos. Theodor Maunz, com seu passado e presente nazistas e sua glorificação como professor e intelectual da Alemanha após 1945, constitui-se num exemplo especialmente demonstrativo. Quando da morte de Maunz, Michael Stolleis chamou a atenção desses passado e presente do jurista, que foi celebrado e continuou a receber honrarias até sua morte em 10 de setembro de 1993. Não foram poucas as críticas que o nome mais importante da História do Direito da Alemanha, Michael Stolleis, recebeu de outros juristas e intelectuais que preferiram não revelar o passado e presente de um grande nome em público, como o de Maunz. Theodor Maunz escreveu artigos anônimos para o *National-Zeitung*, jornal de extrema-direita e ligado aos nazistas após 1945, até o fim de seus dias. Recentemente, a tradicional editora C. H. Beck Verlag, de Munique, responsável pela impressão deste jornal, confirmou e deu conhecimento público da autoria de Maunz sobre os textos então anônimos. Maunz sempre dispôs do apoio da imprensa para o silêncio ante a verdade de sua vida intelectual e política, bem como de suas ligações, até sua morte, com a liderança da extrema-direita da *Deutsche Volksunion*, liderada por Gerhard Frey.[680] Stolleis pagou o preço da divergência perante seus colegas, como se devesse silenciar sobre o que era de conhecimento de todos.

Semelhante registro ainda se encontra em Klaus Detlev, que responsabiliza boa parte da política alemã, após a Segunda Guerra, pelo não enfrentamento radical da cultura nacional socialista, também ainda presente no Poder Judiciário com participação de intelectuais:[681]

---

[680] STOLLEIS, Michael. *Recht im Unrecht*: Studien zur Rechtsgeschichte des Nationalsozialismus. Frankfurt am Main: Suhrkamp, 2016, p. 309.

[681] *Die pragmatische Politik aller Parteien führt dazu, dass eine konsequente Diskussion 6uber die NS-Justiz mehrere Jahrzehnte lang unterlieb. Dieses Schweigen ermöglichte, ja förderte geradezu die Renazifizierung der Justiz. Allerdings nahm diese im gesellschaftlichen Kontext gesehen keine Sonderstellung ein. Alle gesellschaftlichen Gruppen profitierten von dieser Politik des Schweigens und des Verharmlosens. Und als die NS-Justiz*

# CAPÍTULO IV – PODER JUDICIÁRIO E AS FORMAS JURÍDICAS...

O pragmatismo político de todos os partidos conduziu ao fato de que uma discussão consistente sobre o sistema de justiça nazista foi reprimida por várias décadas. Este silêncio permitiu, até mesmo encorajou, a renazificação do Judiciário. Entretanto, em um contexto social, o Judiciário não ocupava uma posição especial. Todos os grupos sociais lucraram com esta política de silêncio e banalização. E quando o sistema de justiça nazista se tornou objeto de crítica pública, os antigos juristas nazistas já estavam tão bem estabelecidos na sociedade que uma ampla limpeza não era mais politicamente viável.

O caso de Michael Stolleis sobre Maunz não passou despercebido da intelectualidade brasileira. Otavio Luiz Rodrigues Júnior investigou, desde 2017, as influências e recepção dos juristas do nacional-socialismo sobre juristas brasileiros e sobre o Direito Civil brasileiro. O que também chama a atenção de Rodrigues Júnior é a dificuldade em se revelar o passado dos civilistas alemães por seus colegas após 1945:

> No Direito alemão, a revisão do papel dos juristas do regime nacional-socialista nos anos 1933-1945 e, o mais grave, sua supervivência nas universidades e nos tribunais após a Segunda Guerra Mundial somente conseguiram romper a lei do silêncio nos finais da década de1960, graças aos esforços e à coragem de Michael Stolleis e de Bernd Rüthers, além de Joachim Rückert, embora este último com menor ênfase.[682]

---

*dann zum Gegenstand öffentlicher Kritik wurde, waren die ehemaligen NS-Juristen bereit so stark in der Gesellschaft etabliert, dass eine breit angelegt Säuberung überhaupt nicht mehr politisch durchsetzbar gewesen wäre.* (DETLEV, Klaus. "Von der Entnazifizierung zur Renazifizierung der Justiz in Westdeutschland". *Forum Historiae Juris*, 6 jun. 2001, p. 23/par. 100. Disponível em: http://fhi.rg.mpg.de/zitat/0106godau-schuettke.htm. Acessado em: 20.12.2019).

[682] RODRIGUES JÚNIOR, Otavio Luiz. "Editora alemã faz acerto de contas histórico com autores nazistas". *Consultor Jurídico*, 28 jul. 2021, p. 1.

Seria razoável aceitar de Martin Heidegger que o nacional-socialismo poderia ser uma "redenção espiritual" da Europa contra o comunismo? E quanto a Theodor Maunz, a atitude aberta de esclarecimento de Stolleis sobre o que representou, e o que continuou Maunz a representar, deve ser criticada? Parece óbvio que as respostas são negativas.

Na história das catástrofes, há sempre o argumento de que o homem vive o seu tempo, como se fosse sustentável a argumento de que intelectuais abdicam exatamente do que os distinguem do homem comum: o contínuo exercício do intelecto. Ao afirmar que se enganaram, ou que o tempo lhe turvou a capacidade de reflexão ante o ímpeto dos acontecimentos, homens e mulheres da *intelligentsia* transferem para o abstrato a responsabilidade que lhes é inerente. Direcionam o julgamento do que fizeram, ou deixaram de fazer, para a coletividade, igualando-se ao homem e à mulher comum enquanto jamais assim o são. A formação que receberam, a atividade que desenvolveram, o ambiente em que viveram desautoriza a ideia de que não podem ser responsabilizados porque não tinham escolha. Sempre tiveram: as vítimas que enfrentaram morte, perseguição, prisão, tortura foram os que não puderam escolher. Cada um carrega seu grau de responsabilidade proporcional à capacidade respectiva de compreensão do que realmente se tratava a subida do nacional-socialismo ao poder nacional em 1933. Em qualquer dos casos, todos responderão perante a história.

Se transcorridos 75 anos do fim da Segunda Guerra ainda há resistências ao trabalhar do passado, especialmente o intelectual, bem se pode imaginar o que ocorre quando se enfrenta tema com apenas cinco anos de acúmulo histórico. Após mais de 80 anos da deflagração da Segunda Guerra, Alemanha – e a Europa – ainda procuram se reconstruir das ruínas culturais e políticas

---

Disponível em: https://www.conjur.com.br/2021-jul-28/direito-comparado-editora-alema-faz-acerto-contas-historico-autores-nazistas. Acessado em: 29.08.2021.

CAPÍTULO IV – PODER JUDICIÁRIO E AS FORMAS JURÍDICAS...

deixadas pela tragédia. A necessidade de se compreender o que ocorreu, e como se produziu a destruição de uma democracia, é que se pode extrair as lições para o futuro que, ao que parece, nunca serão suficientes.

O discurso insistente de que o passado não importa e de que os episódios do presente trazem a diferença "natural" a impossibilitar a manifestação do passado não passa da tentativa de desenvolver esperta ilusão a fim de que se escape da reponsabilidade do julgamento. Walter Benjamin adverte de que "articular o passado historicamente não significa reconhecê-lo 'como ele realmente foi'. Significa apoderar-se de uma memória à medida que ela pisca no momento de um perigo".[683] A mesma história mostra que não representa um desafio impossível identificar este momento do perigo.

Quando se comprova que a "piscadela" do perigo se dirigiu diretamente a integrantes do Poder Judiciário, também no caso brasileiro, o ano de 2021 não deixou dúvida quanto ao elevado preço que foi cobrado do mesmo Supremo Tribunal Federal, por não considerar o perigo quando a memória histórica assim alertou. No dia 7 de setembro de 2021, o Presidente Jair Bolsonaro ameaçou publicamente o Supremo Tribunal Federal, com notícia de que deixaria de cumprir decisões de seu integrante, além de incentivar multidões a "fechar" o Tribunal. Novamente, a atualidade de Benjamin: "a história é o objeto de uma construção, cujo lugar não é um tempo homogêneo e vazio, mas aquele tempo que é preenchido com o presente".[684] O tempo passado volta a preen-

---

[683] *Vergangenes historisch artikulieren heißt nicht, es erkennen "wie es denn eigentlich gewesen ist". Es heißt, sich einer Erinnerung zu bemächtigen, wie sie im Augenblick einer Gefahr aufblitzt.* (BENJAMIN, Walter. "Über den Begriff der Geschichte". *In:* _____. *Ausgewählte Werke.* vol. I. Darmstadt/ Berlim: Wissenschaftliche Buchgesell-schaft/Suhrkamp Verlag, 2015, p. 630).

[684] *Die Geschichte ist Gegenstand einer Konstruktion, deren Ort nicht die homogene und leere Zeit, sondern die von Jetztzeit erfüllte bildet.* (BENJAMIN, Walter. "Über den Begriff der Geschichte". *In:* _____. *Ausgewählte Werke.*

MARTONIO MONT'ALVERNE BARRETO LIMA

cher o presente, e com maior disposição, na medida em que não se atentou para o que se deu no passado.

Assim como a normatividade constitucional de Weimar, a Constituição Federal de 1988 exigiu mais dos atores institucionais e políticos. Em ambas as Constituições se estava diante de uma proposta de perspectiva de vitória de democracia econômica, com complexas concepções de direito de propriedade, de atuação do Estado na economia e, sobretudo, de ampliada integração de setores da população na decisão política e da direção dos recursos econômicos e políticos. Facilmente se percebe que a experiência liberal restava como distante destes novos modelos constitucionais, uma vez que constituintes eram cientes de que a nova normatividade exigiria mais de todos.

Hermann Heller, ainda quando de sua participação no julgamento da Prússia contra o Reich, foi ao "coração do assunto" (*heart of the matter*):[685] se o Tribunal do Estado estaria impedido de julgar a intervenção contra a Prússia com base no par. 1º do art. 48 da Constituição de Weimar, por se tratar de questão meramente política, por qual razão estaria autorizado a decidir com base no par. 2º do mesmo artigo, tão político quanto o anterior?

Quando o Supremo Tribunal Federal permitiu o uso pessoal de uma prerrogativa institucional pelo então Presidente da Câmara dos Deputados, sob o fundamento de que se está diante de uma questão política, o que seriam, senão igualmente questões políticas, a composição partidária de comissões investigadoras da existência de crime de responsabilidade; o rito de julgamento na Câmara dos Deputados e no Senado Federal; o modo de votação para formação

---

vol. I. Darmstadt/Berlim: Wissenschaftliche Buchgesell-schaft/Suhrkamp Verlag, 2015, p. 636).

[685] KELLY, Duncan. *The State of the Political*: Conceptions of Politics and the State in the Thought of Max Weber, Carl Schmitt and Franz Neumann. Oxford: Oxford University Press, 2003, p. 251.

## CAPÍTULO IV – PODER JUDICIÁRIO E AS FORMAS JURÍDICAS...

da comissão especial e a proporcionalidade na sua composição? Não é sem razão que, à tentativa hegeliana de conciliar o "estado do funcionalismo público" (*Beamtenstaat*) com democracia, a ponto de prever a possibilidade de que qualquer um pode se tornar um funcionário público, a reação de Marx "a esta argumentação foi somente de risos" (*Für diese Argumentation hat Marx nur Spott*).[686]

A erosão de tão promissor quadro constitucional e político não se deu da noite para o dia. Wanderley Guilherme dos Santos, mais de dois anos do golpe de abril de 1964, tinha consciência do que estava a caminho.[687] Tampouco representava surpresa o fato de que muitos dos que juraram defender suas constituições seriam seus primeiros e mais consistentes adversários, em todos os sentidos.

O percurso da perda do conteúdo inovador das constituições enfrenta etapas que lhe conferem quase uma impossibilidade de retorno, de reconquista do espaço institucional e político perdido. A cada passo dado, o delírio de que se caminha na direção de fortalecer democracia, igualdade e pluralismo – quando na verdade se tem o seu oposto – observa-se mais decidido. As advertências dos riscos para a sociedade desta via não se fazem ouvir ou são mesmo ignorados.

Quando se volta os olhos ao início dos processos constituintes inovadores é que se constata que a luta política e a prática da luta política em torno da efetivação e bloqueio desta efetivação da nova ordem constitucional são os dois lados de uma mesma moeda. Por um lado, a luta política institucional procura dar sentido concreto à normatização, ao mesmo tempo que se depara com o propósito

---

[686] FETSCHER, Iring. *Karl Marx und der Marxismus*: Von der Philosophie zur proletarischen Weltanschauung. München: R. Piper & Co. Verlag, 1967, p. 166.

[687] SANTOS, Wanderley Guilherme dos. *Quem dará o golpe no Brasil?* Rio de Janeiro: Editora Civilização Brasileira, 1962. (Coleção Cadernos do Povo Brasileiro).

de retardo da chegada deste sentido. Por outro lado, a prática da luta política abandona o território normativo, mas para atingi-lo e esvaziá-lo num momento subsequente.

A primeira ação contrária à normatividade se legitima culturalmente, em espaços onde é possível construir consensos. É neste espaço de disputa que se forma um sentimento extensivo ao cidadão comum, contrário à nova normatividade constitucional, mas que procura o contrário do que adverte Benjamin: o objetivo aqui é fazer com que a memória não acione o seu alerta sobre a história, e projete um futuro impossível com tão sofisticadas constituições. Uma vez satisfeita esta condição, o retorno à normatividade, porém contra o conteúdo da própria normatividade, representa a parte final da operação, como a participação das instituições, onde o Poder Judiciário adquire a condição de fiador de toda a operação.

A instalação do paralelismo da normatividade com terror, que Ernst Fraenkel identificou no dualismo do Estado da Alemanha sob o nazismo, evidenciou a vitória de uma ideia culturalmente assimilada por aquela sociedade: a de que era impossível o progresso da Alemanha com uma Constituição destituída de uma clara decisão política, de uma pretensa definida substância; tão características às tradições alemãs. O fato de que Weimar trazia diferentes decisões; distintos componentes porque apostava no pluralismo, não se mostrou sedutor para a mesma sociedade.

As ideias de que o extenso rol de direitos e garantias individuais da Constituição Federal brasileira era um impedimento à tranquilidade dos lares e de que o conceito de soberania econômica inviabilizava o crescimento econômico do País foram elementos-chave na prática desta luta política. A maior parte da sociedade restou convencida de que estas medidas eram necessárias, a ponto de apoiar a leitura contrária à Constituição, realizada pelo Poder Judiciário, destas e de outras determinações constitucionais. Luta política e prática da luta política que não se dissociam do econômico e do jurídico, compreendendo e integrando a subjetividade

## CAPÍTULO IV – PODER JUDICIÁRIO E AS FORMAS JURÍDICAS...

da esfera de cada um, como um todo de discurso necessário, as quais exigem especial atenção para que compreenda seus efeitos e formas de manifestação nos poderes do Estado.

Por essas razões que o olhar materialista sobre o Direito necessita de pressupostos para sua explicação no intrincado espaço onde este se movimenta com a economia e a política. Eis a advertência que fazem Christodoulidis e Goldoni:[688]

> Let us highlight three methodological tenets of a materialist conception of law. First, the materialist study of law must maintain the political economy clearly within its sights, in terms of the analysis of production, reproduction and creation of value. Let us be clear: production and reproduction have to be tied to a broad, not a rigid, definition of labour. That is to say that a materialist analysis of the law should go well beyond the boundaries of a political economy based on waged labour. A second clarification follows: the legal analysis will have to take into account the political economy of the *concrete* legal order, as only in this way is it possible to retrieve how the production of economic value determines what counts as labour. (...) The third point, which is a consequence of the above recognition of the solidity and at the same time contingency of the legal order, concerns the value of legal critique. Here, the task of a material study of law is, first of all, to study the legal and political institutions of a concrete regime of valorisation and, second, to imagine and theorise alternative institutions.

A interpretação marxista sobre o poder do Estado procurou submeter esta análise à teoria materialista, o que não significa dizer que a reflexão marxiana descurou do problema de uma teoria

---

[688] CHRISTODOULIDIS, Emilios; GOLDONI, Marco; DUKES, Ruth. "Marxism and the political economy of law". *Research Handbook on Critical Legal Theory*. Cheltenham/Northampton: Edward Elgar Publishing Limited, 2019, p. 112.

social do poder do Estado. Para Jacques Textier, a preocupação primeira de Marx consistiu na construção de uma filosofia revolucionária;[689] a preocupação segunda – "jamais secundária"[690] – é a construção de uma nova democracia.

Constatação no mesmo rumo é anotada por Lea Ypi, para quem a concepção de ditadura, na perspectiva marxiana, possui "um profundo caráter democrático",[691] uma vez que o aspecto revolucionário compensaria os efeitos corruptores provocados pela forte desigualdade sobre a capacidade dos oprimidos em compreender a natureza da opressão que sofrem.[692] Demais, a fase de ditadura do proletariado, como aquela da Revolução Francesa, é uma *"form of rule that is collecctive rather than individual"*.[693] Em razão deste ponto, *"[b]y promoting freedom as self-liberation and freedom as just rule, the Marxist analysis of dictatorship emerges in its profoundly antipaternalist and antiauthoritarian character"*.[694]

---

[689] Cf. ALTHUSSER, Louis. *Lenin and Philosophy and Others Essays*. Nova York: Monthly Review Press, 1971.

[690] TEXTIER, Jacques. *Democracia e revolução em Marx e Engels*. Rio de Janeiro: Editora UFRJ, 2005, p. 15.

[691] YPI, Lea. "Democratic dictatorship: Political legitimacy in Marxist perspective". *European Journal of Philosophy*, 2020, p. 5.

[692] *Marx's and Engels's conception of dictatorship has a profound democratic character, in line with the radical interpretation of freedom as both self-liberation and as just rule, and aspiring to realize an ideal of freedom as public willing. The distinction between dictatorship over the proletariat and dictatorship of the proletariat is essential to underscore this point (see on this also Ehrenberg, 1992). In the case of the French republicans, the dictatorship of a revolutionary leadership is essential to compensate for the corrupting effects of inequality on the capacity of the oppressed to understand their oppression. For Marxists, this amounts to a violation of freedom as self-liberation and hinders freedom as just rule. Instead of driving the people from "one folly to another", the first step of a working-class revolution is, as Engels puts it, to "win the battle of democracy" (Engels, 1874).*

[693] YPI, Lea. "Democratic dictatorship: Political legitimacy in Marxist perspective". *European Journal of Philosophy*, 2020, p. 2.

[694] YPI, Lea. "Democratic dictatorship: Political legitimacy in Marxist perspective". *European Journal of Philosophy*, 2020, p. 6.

CAPÍTULO IV – PODER JUDICIÁRIO E AS FORMAS JURÍDICAS...

A literatura marxista a respeito de uma teoria política e social de Marx tem sido *"formidable and extremely influential"*,[695] e eis uma das razões que autoriza o recurso a esta perspectiva para oferecer uma consistente visão a mais sobre o poder do Estado, o que leva necessariamente à análise dos poderes do Estado da modernidade do século XX.

Após o debate explicitado entre a necessidade de bases epistemológica e ontológica a respeito da formação de classes sociais na modernidade capitalista, que deve acompanhar uma tentativa empírica das demonstrações destas manifestações, resta aberto amplo campo de investigação sobre as relações internas de classes sociais e as esferas do Poder do Estado. Jeffrey Isaac é um dos autores que se desincumbiu da tarefa de expor sobre o olhar dos marxistas sobre separação de poderes, percebendo o sentido da expressão do que Louis Althusser definia como *"a mere distribuition of power"*.[696] Neste ambiente, será o mesmo Isaac quem identificará a crítica que enfrenta a ideia da "autonomia relativa" (*"relative autonomy"*)[697] entre poder privado econômico e político e o poder do Estado no funcionamento das duas esferas: pública e privada. Desta maneira é que o conceito de autonomia relativa *"denotes the strucutural relations between class relations and the state"*.[698] Por um lado, a economia se forma por empresas, conglomerados, bancos; por outro lado o Estado exibe sua burocracia: *"executive, parliaments, courts, police, armies, administrative bureaucracy"*.[699] Isaac al-

---

695 ISAAC, Jeffrey. *Power and Marxist Theory*: a Realist View. Ithaca/Londres: Cornell University Press, 1987, p. 151.

696 ISAAC, Jeffrey. *Power and Marxist Theory*: a Realist View. Ithaca/Londres: Cornell University Press, 1987, p. 158.

697 ISAAC, Jeffrey. *Power and Marxist Theory*: a Realist View. Ithaca/Londres: Cornell University Press, 1987, p. 165.

698 ISAAC, Jeffrey. *Power and Marxist Theory*: a Realist View. Ithaca/Londres: Cornell University Press, 1987.

699 ISAAC, Jeffrey. *Power and Marxist Theory*: a Realist View. Ithaca/Londres: Cornell University Press, 1987.

cança um ponto além da autonomia relativa para propor que este conceito *"is best contrued as denoting the* mutual *determinations between class relations and the state"*.[700]

A escrita de *O 18 de Brumário de Luís Bonaparte* deixa claro que Marx deslocou seu ponto de observação para além do econômico, centrando sua atenção também no político. Sérgio Lima enuncia este registro quando compara os escritos de Marx e de Alexis de Tocqueville sobre os acontecimentos de 1848:[701]

> Também o Estado tem uma dinâmica no âmbito político que escapa ao aspecto econômico, possuindo, de certa forma, uma esfera autônoma de poder. Aqui, vale exemplificar, mostrando as querelas entre o executivo e o legislativo tão analisadas por Marx, e também por Tocqueville, quanto às disputas pelo poder.

Os vínculos entre um e outro sugerem, na modernidade do capitalismo, que tais esferas não são fechadas em si, e parece claro que dúvidas emergem como consequência desta constatação.

Uma delas é como se opera a possibilidade da autonomia relativa entre as esferas, e é sincero o questionamento do limite da ação do Estado em face da ação do poder econômico privado de todos os setores de qualquer organização econômica nacional. Mas uma teoria que tenha como ponto de partida a análise das relações de produção em sociedade de luta de classes sociais pode auxiliar na compreensão e, sobretudo, na identificação do grau da autonomia relativa. Tão relevante quanto esta consciência limitativa é o fato de que, para o marxismo, a democracia política

---

[700] ISAAC, Jeffrey. *Power and Marxist Theory*: a Realist View. Ithaca/Londres: Cornell University Press, 1987, p. 169.

[701] LIMA, Sérgio Cruz de Castro. "As jornadas revolucionárias de 1848: uma análise comparativa do pensamento político de Karl Marx e Alexis de Tocqueville". *Revista Hydra*, vol. 2, nº 3, jun. 2017, p. 212.

# CAPÍTULO IV – PODER JUDICIÁRIO E AS FORMAS JURÍDICAS...

se mostra como elemento fundamental na construção socialismo e na superação de abismos econômicos entre membros da sociedade.

Ainda que se repare a existência destas esferas, não se deve perder do horizonte o ponto de que a disputa pelo espaço democrático do Direito pode adquirir formas menos ofensivas de repressão. Nada autoriza a ilusão de que, ao abandonar o embate aberto e repressor de direitos nos processos sociais, o Direito que favoreça ampliação de cidadania econômica e política se veja livre de possibilidade de retrocesso. A advertência de Fank Deppe de que remanesce o mesmo desafio, agora sob outras formas, chama a atenção para esta particularidade. O ambiente da disputa sobre o

> domínio de classes será realizado por meio de um sistema complexo de aparato estatal que reproduz a integração social e o consenso, e desta forma assegura a hegemonia burguesa não apenas na economia e na política, mas também em outras áreas sociais (acima de tudo: ideologia e cultura).[702]

A tradição marxista neste sentido ainda é resgatada por Habermas, para quem Marx reconheceu o "conteúdo ambivalente" (*den ambivalenten Gehalt*)[703] da formação cultural burguesa. Além de ciência, filosofia, economia, artes e literatura se constituírem em sua "forma clássica de expressão" (*klassischer Ausdruck*),[704] os

---

702 *Klassenherrschaft realisiert sich vielmehr durch ein komplexes System von Staatsapparaten, die gesellschaftliche Integration und Konsensus reproduzieren und auf diese Weise die bürgerliche Hegemonie nicht nur in Ökonomie und Politik, sondern auch in anderen gesellschaftlichen Teilbereichen (vor allem: Ideologie und Kultur) sichern.* (DEPPE, Frank. *Einheit und Spaltung der Arbeiterklasse*: Überlegungen zu einer politischen Geschichte der Arbeiterbewegung. vol. 25. Marburg: Verlag Arbeiterbewegung und Gesellschaftswissenschaft GmbH., 1981, p. 113).

703 HABERMAS, Jürgen. *Theorie des kommunikativen Handelns*. vol. 2. Frankfurt am Main: Suhrkamp, 1981, p. 517.

704 HABERMAS, Jürgen. *Theorie des kommunikativen Handelns*. vol. 2. Frankfurt am Main: Suhrkamp, 1981, p. 517.

MARTONIO MONT'ALVERNE BARRETO LIMA

ideais de autonomia científica, liberdade individual e universalismo defendidos pela mesma formação tradicional são sensíveis à crítica e autocrítica, acaso não contem com o "suporte de proteção da autoridade da tradição" (*Rückdekung duch die Autorität der Tradition*).[705]

A mesma formação cultural, que inclui o Direito, não convive com a possibilidade de mudança crítica por outra práxis. Assim, o chamado Estado social se vê num dilema quando da realização de sua autonomia relativa, que resta comprovada ainda pelas palavras de Habermas:[706]

> O dilema consiste no fato de que o Estado social tem que lidar tanto com os efeitos negativos imediatos do sistema de emprego capitalistamente organizado quanto com os efeitos colaterais disfuncionais do crescimento econômico, dirigido pela acumulação de capital sobre o mundo vivo, sem lhe ser permitido tocar na forma organizacional, estrutura e mecanismo de condução da produção econômica.

Andrea Maihofer registra também outros dilemas percebidos por Habermas, os quais já estavam presentes na reflexão marxiana. Quando Marx critica a oposição liberal nos "parlamentos estaduais unidos" (*Vereinigten Landtagen*),[707] enxerga que se trata de

---

[705] HABERMAS, Jürgen. *Theorie des kommunikativen Handelns*. vol. 2. Frankfurt am Main: Suhrkamp, 1981, p. 517.

[706] *Das Dilemma besteht darin, daß der Sozialstaat sowohl die unmittelbaren negativen Auswirkungen des kapitalistisch organisierten Beschäftigungssystems wie auch die dysfunktionalen Nebenwirkungen eines über Kapitalakkumulation gesteuerten ökonomischen Wachstum auf die Lebenswelt, ohne Organisationsform, Struktur und Antriebsmechanismus der wirtschaftlichen Produktion antasten zu dürfen.* (HABERMAS, Jürgen. *Theorie des kommunikativen Handelns*. vol. 2. Frankfurt am Main: Suhrkamp, 1981, p. 511).

[707] MARX, Karl. "Die Bourgeoisie und die Kontrerevolution". *In*: MARX, Karl; ENGELS, Friedrich. *Marx-Engels-Werke*. vol. 6. Berlim: Dietz Verlag, 1959, p. 105.

CAPÍTULO IV – PODER JUDICIÁRIO E AS FORMAS JURÍDICAS...

uma oposição contra o governo. Mas esta mesma oposição liberal defende os "direitos, as liberdades, os quais aspira para si mesmo, os quais poderiam naturalmente ser reivindicados perante o governo em nome dos direitos e liberdades do povo".[708] É aqui que Andrea Maihofer concebe a instrumentalização de tal processo,[709] exatamente quando Marx, de forma decisiva (*entscheidend*), destaca que, superado este obstáculo pela oposição liberal, podem os homens fixar sua vontade como "expressão de uma vontade geral" (*Ausdrucck des allgemeinen Willens*).[710] Será, então, neste ambiente democrático dividido e de autonomia relativa que a grande parte dos setores sociais pode conquistar e ampliar seus direitos, embora não se deva alimentar grandes ilusões sobre referido processo.

Há mais a ser resgatado. Marx já não deixava dúvida quanto às preocupações democráticas, sem esconder o sujeito oculto que as leis tentavam proteger. Ao celebrar o sufrágio universal ou a separação de poderes, o liberalismo tratou de ocultar seu verdadeiro destinatário através da lei, que não integrou à ativa participação política pobres ou mulheres. É por isso que Marx chama a atenção a respeito deste conteúdo:[711] "assim como a religião não cria o homem, mas o homem é que cria a religião, a Constituição não cria o povo, mas o povo é que cria a Constituição".

---

708 *Die Rechte, die Freiheiten, die sie* für *sich erstrebt, konnte sie daher natürlich nur unter Fima von* Volksrechten *und* Volksfreiheiten *der Regierung gegenüber in Anspruch nehmen.*

709 MAIHOFER, Andrea. *Das Recht bei Marx*: Zur dialektischen Struktur von Gerechtigkeit, Menschenrechten und Recht. Baden-Baden: Nomos Verlagsgesellschaft, 1992, p. 220.

710 MAIHOFER, Andrea. *Das Recht bei Marx*: Zur dialektischen Struktur von Gerechtigkeit, Menschenrechten und Recht. Baden-Baden: Nomos Verlagsgesellschaft, 1992.

711 *Wie die Religion nicht den Menschen, sondern wie der Mensch die Religion schafft, so schafft nicht die Verfassung das Volk, sondern das Volk die Verfassung.* (MARX, Karl. "Zur Kritik der Hegelschen Rechtsphilosophie". *In*: MARX, Karl; ENGELS, Friedrich. *Marx-Engels-Werke*. vol. 1. Berlim: Dietz Verlag, 1977, p. 231).

Os golpes que sofreram Weimar, os regimes populistas da América Latina dos anos 1950 e 1960 e aqueles efetivados durante a vigência da *pink tide* das primeiras décadas do século XXI tanto dissipam tais ilusões como confirmam a ideia da autonomia relativa. Desvendar e compreender este emaranhado não é tarefa simples. A realidade tende a confundir o que realmente ocorre e o que está em disputa. E eis o que também, para Isaac, têm realizado os marxistas: se têm eles enfatizado a importância do poder do Estado, têm igualmente destacado seus limites.[712]

O Brasil anterior a 2014 comprovou a ideia autonomia relativa. De 2014 em diante, e com o golpe de 2016, também confirmou a mesma ideia. No primeiro momento, percebeu-se a capacidade de exibição de algum grau de autonomia: deu-se a transição da ditadura militar para a democracia liberal, reuniu-se a assembleia constituinte que deu conta de sua tarefa e promulgou-se uma avançada e inédita normatividade constitucional, a qual vigorou formalmente.

Neste cenário, estava incluída a autonomia do Poder Judiciário. No segundo momento, a partir de 2014 e com a destituição da Presidenta reeleita, a autonomia relativa que se percebia foi interrompida por uma complexa rede de ações políticas, transformadas em decisões judiciais com pretensão de fundamento à mesma política, mas que em nada dialogavam com a normatividade constitucional. O recurso à utilização da legalidade que ofereceu alternativas interpretativas distantes da Constituição de 1988 trouxe o peso de uma sedução, porque se desvinculada da própria Constituição, e resultante de apelo fácil à mobilização da sociedade.

Remanescem pontos merecedores de mais atenção. Se a ideia da autonomia relativa reconhece espaço mútuo de movimentação das esferas, resta a necessidade de enfrentamento teórico explicativo

---

[712] MARX, Karl. "Zur Kritik der Hegelschen Rechtsphilosophie". *In*: MARX, Karl; ENGELS, Friedrich. *Marx-Engels-Werke*. vol. 1. Berlim: Dietz Verlag, 1977, p. 178.

# CAPÍTULO IV – PODER JUDICIÁRIO E AS FORMAS JURÍDICAS...

desse fenômeno. Por quais razões a estrutura de um dos poderes do Estado, que emitia sinais de exercitar sua relativa autonomia, capitulou tão rapidamente, ao mesmo tempo que foi incapaz de se impor como instância mediadora da democracia liberal quando um golpe bateu às suas portas? Os governos do Partido dos Trabalhadores jamais ameaçaram a estrutura das relações de produção, tampouco sinalizaram que se moveriam em alguma direção revolucionária. Inexistiu razões objetivas que se traduzissem em concreta ameaça à ordem normativa de economia de mercado com intenção reguladora trazida pela Constituição Federal de 1988. A formação da cultura constitucional e política pode oferecer algumas pistas para que se entenda o processo.

Quando se observa o que se deu a partir de 2014, anuncia-se a proliferação de decisões judiciais aplicadas exclusivamente a determinados casos, e assim expressadas pelos julgadores. À hipernormia que se opera no âmbito da ação do Executivo e do Legislativo corresponde um número elevado de decisões judiciais, as quais se dirigem a casos específico, o que libera o Poder Judiciário para aplicação diferenciada noutros casos. Ao invés de reconhecer na generalidade a condição de aplicação horizontal do Direito, de enxergar nesta mecânica uma das bases do Estado democrático de Direito, da ampla defesa e do devido processo legal, as decisões proferidas pelo Poder Judiciário minaram esta conjuntura jurídica normativa, o que levou à derrocada do poder civilizatório da Constituição Federal de 1988.

Quando uma perspectiva conhecida como neoconstitucionalista centra suas atenções e esforços na decisão judicial, na força "natural" dos princípios e sua articulação com a dogmática jurídica, corresponde tal posição à sua retirada do enfrentamento teórico da história e da política constitucional. Desta forma, discussões sobre história e política, que tanto têm a contribuir em especial durante o século XX, desaparecem da natureza explicativa do mesmo neoconstitucionalismo e de suas sofisticadas pretensões teóricas. É um tiro no próprio pé, entre outros motivos, porque estas formulações neoconstitucionalistas se veem às voltas com a força das mesmas história e política, em experiencias retratadas aqui, como a Alemanha, antes e após Weimar e o nazismo, e no Brasil, além dos casos recentes de rupturas por dentro do próprio Direito, pelo menos na América Latina do século XXI. Convincente comprovação deste quadro ocorre pelo incomensurável volume de publicações e pesquisas relativamente aos temas de efetivação de direitos fundamentais, eficácia de normas, interpretação constitucional desvinculadas dos conteúdos da história e da teoria política. Modernamente, recebem amplo destaque temáticas como inter-, multi- e pluriculturalismo que se discutem em tribunais constitucionais, sem que se enfrente na mesma medida assuntos como soberania econômica, direito de propriedade, intervenção do Estado na vida social.

O principal pressuposto das correntes neoconstitucionalistas tem sua âncora no argumento de que a decisão judicial nesta compreensão do Direito possui sua base na racionalidade. Por serem produtos de uma razão de decidir, articulada internamente ao ordenamento jurídico, estaria satisfeito seu critério de validade. Não se deve olvidar, porém, que decisões como a "infame"[713] *Plessy vs, Ferguson* de 1896, ou como a resultante da Prússia contra o *Reich,* ou ainda aquelas do Supremo Tribunal Federal durante a crise política brasileira durante o golpe de 2016 também foram racionais. Todas possuem construção argumentativa baseada na racionalidade. O que o neoconstitucionalismo normativista se recusa a enxergar é o óbvio: a razão também pode ser utilizada

---

[713] Bush v. Gore *is certainly not the first bad Supreme Court ruling. Over the years, the justices have rendered many evil, immoral, even dangerous decisions, most of which have been overturned by later courts and condemned by the verdict of history. Heading the list, of course, is* Dred Scott v. Sandford, *which essentially declared African-Americans to be property, without rights. Included on this list of infamy is* Plessy v. Ferguson, *which announced the principle of "separate but equal".* (DERSHOWITZ, Alan M. *Supreme injustice*: how the high court hijacked election 2001. Nova York: Oxford University Press, 2001, p. 81).

## CAPÍTULO IV – PODER JUDICIÁRIO E AS FORMAS JURÍDICAS...

para a destruição e para o mal. Nimer Sultany identificou as deficiências do neoconstitucionalismo normativista, enredado nos resultados racionais de sua interpretação, sem dar o passo seguinte de submeter a normatividade abstrata ao concreto:[714]

> They offer progressive interpretations of constitutions without much attention to the 'institutional prerequisites of social democracy'. Similarly, while progressive liberals like John Rawls recognise that welfare state capitalism is unjust, they continue to defend constitutional arrangements that enable the injustices they decry. The critique of these arrangements is even more urgent today in light of the emergence of transnational regulations (the 'new constitutionalism' or 'supra-constitutionalism') that entrench capitalist economic structures, constrain democratic politics, and shape domestic constitutions.

Na condição de um dos melhores produtos do liberalismo econômico e político, o pensamento neoconstitucionalista mostra seu esgotamento quando não oferece alternativa aos desafios de resolver o que as constituições prometeram. E, na chegada dos momentos decisivos, sua falha teórica evidencia seu limite da ação política de que tanto quis se afastar, já que sempre navegou no idealismo da autonomia normativa. Novamente, Sultany revela o funcionamento desta engrenagem história e teórica:[715]

---

[714] SULTANY, Nimer. "Marx and Critical Constitutional Theory". *In*: O'CONNEL, Paul; ÖZSU, Umut. *Research Handbook on Law and Marxism.* Londres: Edward Elgar Publishing Limited The Lypiatts, 2021, p. 210.

[715] SULTANY, Nimer. "Marx and Critical Constitutional Theory". *In*: O'CONNEL, Paul; ÖZSU, Umut. *Research Handbook on Law and Marxism.* Londres: Edward Elgar Publishing Limited The Lypiatts, 2021, p. 240. O desafio marxiano referido na final desta transcrição localiza-se na parte inicial deste ensaio de Sultany, em que são identificadas as razões que fazem da teoria constitucional de Marx uma teoria política, e não meramente normativa: *"Marx's theory of constitutional law is political in three ways. First, it analyses constitutional puzzles as socio-political rather than as mere theoretical puzzles, because the latter mystify reality. Second,*

Liberal scholarship presents constitutionalism as a departure from the excesses of right-wing conservatives and left radicals alike. It positions itself as a theory and practice that possesses the best of both worlds, or at least as a kind of optimal centre.[245] This idealised portrait merely cements the 'dictatorship of no alternatives', preventing the kind of radical change that alone may transform social reality.[246] It papers over the incoherence and contradictory character of liberal constitutionalism itself. If anything, the experience of the past decades shows that the view of the liberal constitution as non-ideological and stable is no longer, if it ever was, tenable. Even prior to the appearance of Donald Trump and far-right populism, scholars in the United States had noted that their own liberal 'triumphalism' is misplaced in light of the structural deficiencies of the liberal order, and that the distinction between liberal democracy and dictatorship 'is greatly overstated'. At root, then, liberal theory is yet to respond convincingly to Marx's challenge.

Sem dúvida que um dos significativos momentos do referido quadro se observa quando das ações perante o Supremo Tribunal Federal que envolveram toda a crise política desencadeada logo após as eleições de 2014: além dos processos aqui trazidos, devem ser adicionadas as Ações Declaratórias de Constitucionalidade n. 43, n. 44 e n. 54 que trataram do tema da possibilidade da execução provisória das penas após confirmação da sentença de primeiro grau por instância colegiada superior. No que pesem a clareza e a força constitucional do inciso LVII do art. 5º que torna

---

*it is anti-foundationalist in the sense of discarding the constitution's 'sacred origins', 'singular foundings', and venerated 'founding fathers', who are supposed to impose moral or structural limits on future generations. Instead of elevating the constitution above the people, Marx insists on openness and experimentation. Third, it rejects normative reductionism (the view that the constitution constitutes a 'higher' law or a 'normative contract' that binds ordinary politics) and conceives the constitution as embedded in a web of social relations and as an outcome of class struggle".*

CAPÍTULO IV – PODER JUDICIÁRIO E AS FORMAS JURÍDICAS...

possível o início do cumprimento da pena somente após efetivado o trânsito em julgado, mesmo com a qualidade de cláusula pétrea da Constituição do mesmo inciso LVII (decorrente do inciso IV do par. 4º do art. 60), o Supremo Tribunal Federal não hesitou em ceder à tentação de decidir para casos específicos, como o que terminou por efetivar a prisão do ex-Presidente Luiz Inácio Lula da Silva. De 2016 em diante, o tema central das mencionadas Ações Declaratória de Constitucionalidade era menos o teor do mandamento constitucional do que o personagem político que seria atingido com a decisão. De nada resultaram as afirmações sobre a manipulação da pauta do Supremo Tribunal Federal por sua então Presidenta, afirmações proferidas por outro integrante do Tribunal e até hoje não respondidas pela Ministra que presidiu o Tribunal àquele tempo.

A proliferação de decisões vinculadas a casos específicos desenganou qualquer olhar mais esperançoso. Este desengano estender-se-á nos anos subsequentes. Mesmo quando a mais levada instância do Poder Judiciário brasileiro deu sinais claros de que enfrentaria as violações contra Constituição e leis (como efetivamente se deu), ainda quando o Supremo Tribunal Federal reagiu aos discursos e ações contra a Constituição, leis e contra o próprio Tribunal, o Poder Judiciário deixou para reagir quando a ação política atingiu alguns de seus integrantes.

A mudança de posição de alguns dos integrantes sugere que a razão de sua defesa foi de caráter corporativo, como instituição constitucional. Há um abismo entre este quadro de posicionamento tardio em favor da Constituição e a defesa da Constituição e das leis que deveria ter se operado de forma permanente, como impõe a Constituição. Parece restar claramente sugerida a procedência do que foi previsto por Carl Schmitt e registrado por Ellen Kennedy:

> A deeper reading of Carl Schmitt's political theory, however, directs on toward others matters: the meaning of history,

the providential quality of human existence, the fragile constitution of the normal in face of the exceptional.[716]

A "fragilidade da normalidade constitucional em face da exceção", foi a característica desafiadora a qual sucumbiu o Supremo Tribunal Federal. É uma das incapacidades das formulações liberais, a quem ainda se estende a crítica de Schmitt. Resumir o funcionamento da engrenagem constitucional e política à normatividade, mesmo que apareça este funcionamento dotado de sofisticada e suposta racionalidade interna aos textos legais, não tem fornecido natureza explicativa satisfatória para o abandono da mesma normatividade e sua aplicação de maneira seletiva.

A lição que se pode tirar é a de que no balanço da história do Poder Judiciário, em distintos experimentos do que parecia ser um promissor século XX, tem-se uma dura sentença: "os condenados pela lei sentem pesar-lhes sobre a cabeça todo o peso dessa sociedade humana, tão formidável para quem está do lado de fora, tão terrível para os que são por ela sobrepujados".[717]

---

[716] KENNEDY, Ellen. *Constitutional Failure*: Carl Schmitt in Weimar. Durham: Duke University Press, 2004, p. 186.

[717] HUGO, Victor. *Os Miseráveis*. vol. 1. São Paulo: Cosac & Naify, 2002, p. 103.

# REFERÊNCIAS BIBLIOGRÁFICAS

ABENDROTH, Wolfgang. "Bürgerliche Jurisprudenz – Zur Rückbildung des juristischen Raumes". *In*: ABENDROTH, Wolfgang; BUCKMILLER, Michael; PERELS, Joachim; SCHÖLER, Uli (Coord.). *Gesammelte Schriften*: 1926-1948. vol. 1. Hannover: Offizin Verlag, 2006.

_____. "Die Funktion des Politikwissenschaftlers und Staatslehrers Hermann Heller in der Weimarer Republik und in der Bundesrepublik Deutschland". *In*: MÜLLER, Christoph; STAFF, Ilse (Coord.). *Staatslehre in der Weimarer Republik*: Hermann Heller zu ehren. Frankfurt am Main: Suhrkamp, 1984.

_____. "Der Notstand der Demokratie – Die Entwürfe zur Notstandgesetzgebung". *In*: ABENDROTH, Wolfgang; KOGON, Eugen; RIDDER, Helmut; HANNOVER, Heinrich; SEIFERT, Jürgen. *Der totale Notstandsstaat*. Frankfurt am Main: Im Stimme-Verlag, 1965.

ADORNO, Luís; BARRETO FILHO, Herculano. "Deltan pediu checagem de viagens da defesa de Lula, indicam mensagens". *Uol*, 12 fev. 2021. Disponível em: https://noticias.uol.com.br/politica/ultimas-noticias/2021/02/12/deltan-pediu-rastreamento-de-viagens-da-defesa-de-lula-indicam-mensagens.htm. Acessado em: 02.09.2022.

ADORNO, Theodor W. *Aspectos do Novo Radicalismo de Direita*. São Paulo: Editora Unesp, 2019.

AGAMBEN, Giorgio. *Estado de exceção*: homo sacer, I, I. São Paulo: Boitempo, 2004.

ALENCAR, Kennedy. "Moro sofre maior derrota no STF; Lula eleva chance de anular condenações". *Uol*, 09 fev. 2021. Disponível em: https://noticias.uol.com.br/colunas/kennedy-alencar/2021/02/09/moro-sofre-maior-derrota-no-stf-lula-eleva-chance-de-anular-condenacoes.htm. Acessado em: 02.09.2022.

ALMEIDA, Ana Lia Vandelei de. "A prisão de Lula e a crença na 'justiça verdadeira': reflexões sobre o lugar do Direito na reprodução da sociedade de classes". *Revista Direito e Práxis*, Rio de Janeiro, vol. 9, nº 3, 2018.

ALMEIDA, Eloísa Machado de. "O papel do Supremo Tribunal Federal no Impeachment da Presidenta Dilma Rousseff". *DESC – Direito, Economia e Sociedade Contemporânea*, Campinas, vol. 2, nº 1, jan./jun. 2019.

ALTHUSSER, Louis. *Lenin and Philosophy and Others Essays*. Nova York: Monthly Review Press, 1971.

ALVES, Adamo Dias; CATTONI, Marcelo Andrade de Oliveira. "Carl Schmitt: um teórico da exceção sob o estado de exceção". *Revista Brasileira de Estudos Políticos*, Belo Horizonte, nº 105, jul./dez. 2012.

AMORIM, Felipe; MOTOMURA, Marina. "Eduardo Cunha aceita pedido de impeachment da oposição contra Dilma". *UOL*, Brasília, 02 dez. 2015. Disponível em: https://noticias.uol.com.br/politica/ultimas-noticias/2015/12/02/eduardo-cunha-impeachment.htm. Acessado em: 02.09.2022.

ANDERSON, Perry. "Bolsonaro's Brazil". *London Review of Books*, vol. 41, nº 3, 07 fev. 2019. Disponível em: https://www.lrb.co.uk/v41/n03/perry-anderson/bolsonaros-brazil. Acessado em: 02.02.2019.

_____. "Lula's Brazil". *London Review of Books*, vol. 33, nº 7, 31 mar. 2011. Disponível em: https://www.lrb.co.uk/v33/n07/perry-anderson/lulas-brazil. Acessado em: 02.02.2019.

_____. *The H-Word*: the Peripeteia of Hegemony. Londres/Nova York: Verso, 2017.

ANGELO, Tiago. "Procuradores pedem que acesso de Lula a mensagens hackeadas seja revogado". *Consultor Jurídico*, 28 jan. 2021. Disponível em: https://www.conjur.com.br/2021-jan-28/procuradores-pedem-lula-nao-tenha-acesso-mensagens-hackeadas. Acessado em: 02.09.2022.

## REFERÊNCIAS BIBLIOGRÁFICAS

ANSCHÜTZ, Gerhard. "Three Guiding Principles of the Weimar Constitution". *In*: JACOBSON, Arthur J.; SCHLINK, Berhard. *Weimar*: Jurisprudence of Crisis. Berkeley: University of California Press, 2000.

_____. *Die preußische Wahlreform*. Berlim/Heidelberg: Springer-Verlag GmbH., 1917.

ARANTES, Paulo. "1964, o ano que não terminou". *In*: TELES, Edson; SAFLATE, Vladimir (Coord.). *O que resta da ditadura*: a exceção brasileira. São Paulo: Boitempo, 2010.

BALTHAZAR, Ricardo. "Gilmar Mendes defende decisão que barrou posse de Lula em 2016 e critica Lava Jato". *Folha de S.Paulo*, 09 set. 2019. Disponível em: https://www1.folha.uol.com.br/poder/2019/09/gilmar-mendes-defende-decisao-que-barrou-posse-de-lula-em-2016-e-critica-lava-jato.shtml. Acessado em: 02.09.2022.

BARION, Jakob. *Hegel und die Marxistische Staatslehre*. Bonn: H. Bouvier u. CO. Verlag, 1963.

BARROSO, Luís Roberto. "A Democracia sob pressão: o que está acontecendo no mundo e no Brasil". *CEBRI Revista*, Rio de Janeiro, ano 1, n° 1, jan.-mar. 2022.

_____. *Curso de Direito Constitucional Contemporâneo*: os Conceitos Fundamentais e a Construção do Novo Modelo. 7ª ed. São Paulo: Saraiva, 2018.

BATOCHIO, Roberto. "SEM FLAGRANTE – Constituição não permite prisão processual para parlamentar, afirma Roberto Batochio". *Consultor Jurídico*, 25 nov. 2015. Disponível em: https://www.conjur.com.br/2015-nov-25/autor-regra-tema-batochio-ataca-prisao-delcidio. Acessado em: 20.01.2019.

BECKER, Sabina. *Experiment Weimar*: Eine Kulturgeschichte Deutschlands 1918-1933. Darmstadt: WBG Academic, 2018.

BEL, Germà. "Against the mainstream: Nazi privatization in 1930s Germany". *Economic History Review*, vol. 63, n° 1, 2010.

BELLO, Enzo. "Constituição e política na Venezuela: um balanço da conjuntura contemporânea". *Revista Pensar*, Fortaleza, vol. 24, n° 1, jan./mar. 2019.

BELLO, Enzo; BERCOVICI, Gilberto; LIMA, Martonio Mont'Alverne Barreto. "O fim das ilusões constitucionais de 1988?" *Revista Direito e Práxis*, Rio de Janeiro, vol. 10, n° 3, 2019. DOI: 10.1590/2179-8966/2018/37470.

BENJAMIN, Walter. "Über den Begriff der Geschichte". *In*: _____. *Ausgewählte Werke*. vol. I. Darmstadt/Berlim: Wissenschaftliche Buchgesell-schaft/Suhrkamp Verlag, 2015.

BENZ, Wolfgang. "Dokumentation – Papens 'Preussenschlag' und die Länder". *Vierteljahrshefte für Zeitgeschichte*, Jahrgang 18, 1970.

BERCOVICI, Gilberto. "A problemática da Constituição dirigente: algumas considerações sobre o caso brasileiro". *Revista de Informação Legislativa*, Brasília, vol. 36, n° 142, abr./jun. 1999.

_____. "Carl Schmitt e Estado de Emergência Econômico". *Revista de Direito*, Viçosa, vol. 11, n° 2, 2019.

_____. "O estado de exceção econômico e a periferia do capitalismo". *Revista Pensar*, Fortaleza, vol. 11, fev. 2006.

_____. *Constituição e Estado de Exceção Permanente*: Atualidade de Weimar. Rio de Janeiro: Azougue Editorial, 2004.

BERGAMO, Mônica. "Marco Aurélio deve levar segunda instância ao plenário do STF". *Folha de S. Paulo*, 20 mar. 2018. Disponível em: https://www1.folha.uol.com.br/colunas/monicabergamo/2018/03/marco-aurelio-deve-levar-segunda-instancia-ao-plenario-do-stf.shtml. Acessado em: 02.09.2022.

BERGBAUER, Knut; FROHLICH, Sabine; SCHÜLER-SPRINGORUM, Stefanie. *Denkmalsfigur*: biographische Annäherung an Hans Litten, 1903-1938. Göttingen: Wallstein Verlag, 2008.

BIANCHI, Bernardo; RANGEL, Patricia; CHALOUB, Jorge. "Dedemocratization in Contemporary Brazil From 2015 to 2020". *In*: BIANCHI, Bernardo; RANGEL, Patricia; CHALOUB, Jorge; WOLF, Frieder Otto (Coord.). *Democracy and Brazil*: Collapse and Regression. Nova York/Londres: Routledge, 2021.

BILFINGER, Carl. "Rezension zum Das preussische-deutsche Problem von Heinrich Held". *Archiv des öffentlichen Rechts*, vol. 21, 1932.

BLANKE, Thomas. "Das Dilemma der verfassungspolitischen Diskussion der Linken in der Bundesrepublik". *In*: ROTTLEUTHNER, Hubert. *Probleme der marxistischen Rechtstheorie*. Frankfurt am Main: Suhrkamp, 1975.

# REFERÊNCIAS BIBLIOGRÁFICAS

BLOCH, Ernst. *O Princípio Esperança*. Rio de Janeiro: UFRJ/Contraponto, 2005.

BLOMEYER, Peter. *Der Notstand in den letzten Jahren von Weimar*. Berlim: Duncker & Humblot, 1999.

BOOKBINDER, Paul. "Hermann Heller Versus Carl Schmitt". *International Social Science Review*, Summer, vol. 62, nº 2, 1987.

BRAATZ, Werner E. Franz. "Papen and the Preussenschlag, 20 July 1932: a move by the 'New State' toward Reichsreform". *European History Quarteley 3*, nº 2, 1973.

BRACHER, Karl Dietrich. "Dualismus oder Gleichschaltung: Der Faktor Preußen in der Weimarer Republik". *In*: BRACHER, Karl Dietrich; FUNKE, Manfred; JAKOBSEN, Hans-Adoff (Coord.). *Die Weimarer Republik 1918-1933*: Politik, Wirstschaft, Gesellschaft. vol. 251. Bonn: Bundeszentrale für politische Bildung, 1998.

BRAGON, Gustavo Uribe Ranier. "Eduardo Cunha acata pedido de impeachment contra Dilma Rousseff". *Folha de S. Paulo*, 02 dez. 2015. Disponível em: http://www1.folha.uol.com.br/poder/2015/12/1714133-cunha-deflara-processo-de-impeachment-contra-dlma.shtml. Acessado em: 02.09.2022.

_____. "Em retaliação ao PT, Cunha ameaça deflagrar impeachment de Dilma". *Folha de S. Paulo*, 02 dez. 2015. Disponível em: http://www1. folha.uol.com.br/poder/2015/12/1714020-em-retaliacao-a-pt-cunha-a-meaca-deflagrar-impeachment-de-dilma.shtml. Acessado em: 02.09.2022.

BRAMMER, Karl. *Attentätter, Spitzel, und Justizrat Class*: der Seeckt- und Harden-Prozess. Berlim: Verlag für Sozialwissenschaft, 1924.

BRASKÉN, Kasper. *The International Workers' Relief, communism, and transnational solidarity*: Willi Münzenberg in Weimar Germany. Nova York: Palgrave Macmillan, 2015.

BRECHT, Arnold. *Föderalismus, Regionalismus und die Teilung Preussens*. Bonn: Dümmlers Verlag, 1949.

_____. Vorwort. *Preußen contra reich vor dem staatsgerichtshof*: Setnogrammbericht der Verhandlungen vor dem Staats-gerichtshof in Leipzig vom 10. bis 14. und vom 17. Oktober 1932. Mit einem Vorwort von Ministerialdiretktor Dr. [Arnold] Brecht. Glashütten im Taunus [mit freundlicher Genehmigung des Verlages J. H. W. Dietz Nachfolger, GmBH. Unveränderter Nachdruck der Ausgabe Berlin 1933], 1976.

BREUER, Stefan. *Carl Schmitt im Kontext*: Intellektuellenpolitik in der Weimarer Republik. Berlim: Akademie Verlag, 2012.

BROSSARD, Paulo. *O Impeachment*. 2ª ed. ampl. e atual. São Paulo: Saraiva, 1992.

BROSZAT, Martin. *Der Staat Hitlers*: Grundlegung und Entwicklung seiner inneren Verfassung. Wiesbaden: Marix Verlag, 2007.

BROUÉ, Pierre. *The German Revolution, 1917-1923*. Leiden/Boston: Brill, 2005.

BRÜCK, Carlheinz von. *Ein Mann, der Hitler in die Enge trieb*: Hans Littens Kampf gegen den Faschismus – ein Dokumentarbericht. Berlim: Verlag, 1975.

BUCKEL, Sonja. "Neo-Materialistische Rechtstheorie". *In*: BUCKEL, Sonja; CHRISTENSEN, Ralph; FISCHER-LESCANO, Andreas. *Neue Theorie des Rechts*. Stuttgart: Lucius & Lucius, 2006.

BUSTAMANTE, Thomas. *Em defesa da legalidade*: temas de Direito Constitucional e Filosofia Política. Belo Horizonte: Arraes Editores, 2018.

BUSTAMANTE, Thomas; MEYER, Emílio Peluso Neder; BUSTAMANTE, Evanilda de Godoi. "Luís Roberto Barroso's Theory of Constitutional Adjudication: A Philosophical Reply". *The American Journal of Comparative Law*, vol. XX, 2022.

CABRAL, Mário André Machado. *Subdesenvolvimento e Estado de Exceção*: o papel da Constituição Econômica e do Estado o Brasil. Rio de Janeiro: Lumen Juris, 2018.

CALDWELL, Peter. *Popular Sovereignty and the Crises of German Constitutional Law*: the Theory & Practice of Weimar Constitutionalism. Durham e Londres: Duke University Press, 1997.

CALMON DE PASSOS, José Joaquim. "Reflexões, frutos do meu cansaço de viver ou de minha rebeldia?" *Ensaios e Artigos*, vol. I. Salvador: Juspodium, 2014.

CÂMARA DOS DEPUTADOS. *Denúncia por Crime de Responsabilidade n. 1/2015*. 02 dez. 2015. Disponível em: https://www.camara.leg.br/proposicoesWeb/fichadetramitacao?idProposicao=2057823. Acessado em: 29.08.2022.

CAMÕES, Luís de. *Os Lusíadas*. Porto: Porto Editora, 2014.

## REFERÊNCIAS BIBLIOGRÁFICAS

CANNON, Barry. *The Right in Latin America*: Elite Power, Hegemony and Struggle for the State. Nova York e Londres: Routledge, 2016.

CARRY, Noel. "The Making of the Reich President 1925: German Conservatism and the Nomination of Paul con Hindenburg". *Central European History*, vol. 23, n° 2/3, jun.-set. 1990.

CARTA CAPITAL. "Barroso: 'Não há dúvida de que Dilma não foi afastada por crime de responsabilidade ou corrupção'". *Carta Capital*, 05 jul. 2021. Disponível em: https://www.cartacapital.com.br/cartaexpressa/barroso-nao-ha-duvida-de-que-dilma-nao-foi-afastada-por-crime-de-responsabilidade-ou-corrupcao/. Acessado em: 02.09.2022.

CASTRO, Felipe Araújo. "Bourdieu Encontra Pachukanis". *Revista Direito e Práxis*, Rio de Janeiro, vol. 11, n° 1, 2020.

CERVANTES, Miguel de. *Don Quijote de la Mancha*. Edición del IV Centenario. Madrid: Real Academia Española/Asociación de Academias de la Lengua Española, 2004.

CHAPOUTOT, Johann. *Le meurtre de Weimar*. Paris: Presses Universitaires de France, 2015.

CHAUI, Marilena. "Theologico-political power: Spinoza against Schmitt". *Crisis and Critique*, vol. 8, n° 1, 2021.

CHAVES, Álvaro Guilherme de Oliveira. *Prisões Preventivas da Operação Lava Jato (2014-2017)*: Pesquisa empírica e crítica garantista. Brasília: Universidade de Brasília, 2021. (Dissertação de Mestrado).

CHRISTODOULIDIS, Emilios; GOLDONI, Marco; DUKES, Ruth. "Marxism and the political economy of law". *Research Handbook on Critical Legal Theory*. Cheltenham/Northampton: Edward Elgar Publishing Limited, 2019.

COELHO, José Maria Latino. *Marquez de Pombal*. Lisboa: Arte Mágica Editores, 2003.

COLLOTTI, Enzo. *Fascismo, fascimi*. Firenze: Sansoni, 1989.

CONJUR. "'Lava jato' deixou denúncia de Cunha de lado e não fechou acordo de delação". *Consultor Jurídico*, 10 set. 2019. Disponível em: https://www.conjur.com.br/2019-set-10/lava-jato-deixou-denuncia-cunha-lado-nao-fechou-acordo-delacao. Acessado em: 02.09.2022.

_____. "Curitiba tentou coagir Rosa Weber com imprensa e Sergio Moro". *Consultor Jurídico*, 08 fev. 2021. Disponível em: https://www.conjur.com.

br/2021-fev-08/curitiba-tentou-coagir-rosa-weber-impren sa-sergio-moro. Acessado em: 02.09.2022.

_____. "Perícia atesta integridade de mensagens hackeadas de procuradores". *Consultor Jurídico*, 29 dez. 2020. Disponível em: https://www.conjur.com.br/2020-dez-29/pericia-atesta-integridade-mensagens-hackeadas-vaza-jato? im-primir=1. Acessado em: 02.09.2022.

_____. "Procuradores da 'lava jato' agiram para proteger Moro e evitar conflitos com STF". *Consultor Jurídico*, 23 jun. 2019. Disponível em: https://www.conjur.com.br/2019-jun-23/procuradores-agiram-proteger-moro-evitar-conflitos-stf. Acessado em: 02.09.2022.

CONZE, Eckart; FREI, Norbert; HAYES, Peter; ZIMMERMANN, Moshe. *Das Amt und die Vergangenheit*: Deutsche Diplomaten im Dritten Reich und in der Bundesrepublik. München: Verlag, 2010.

CORREAS, Óscar. *Kelsen y los marxistas*. México: Ediciones Coyoacan, 2004.

DAMGAARD, Mads. "Cascading corruption news: explaining the bias of media attention to Brazil's political scandals". *Opinião Pública*, Campinas, vol. 24, nº 1, jan.-abr., 2018.

DENNINGER, Erhard. "'Security, Diversity, Solidarity' Instead of 'Freedom, Equality, Fraternity'". *Constellations*, vol. 7, nº 4, 2000.

_____. "Deutsch-französisches Juristentreffen vom 19. bis 21. Mai 1966 in Berlin". *JuristenZeitung*, 21. Jahrg., nº 18, 16 set. 1966.

_____. "Gewalt, innere Sicherheit und demokratischer Rechtsstaat". *Zeitschrift für Rechtspolitik*, 6. Jahrg., H. 11, nov. 1973.

_____. "Menschenrechte und Staatsaufgaben – ein 'europäisches' Thema". *JuristenZeitung*, 51. Jahrg., nº 12, 21 jun. 1996.

_____. *Der gebändigte Leviathan*. Baden-Baden: Nomos Verlagsgesellschaft, 1990.

DEPPE, Frank. *Einheit und Spaltung der Arbeiterklasse*: Überlegungen zu einer politischen Geschichte der Arbeiterbewegung. vol. 25. Marburg: Verlag Arbeiterbewegung und Gesellschaftswissenschaft GmbH., 1981.

_____. *Supreme injustice*: how the high court hijacked election 2001. Nova York: Oxford University Press, 2001.

DETLEV, Klaus. "Von der Entnazifizierung zur Renazifizierung der Justiz in Westdeutschland". *Forum Historiae Juris*, 6 jun. 2001, 1-29/ par.

## REFERÊNCIAS BIBLIOGRÁFICAS

1-101. Disponível em: http://fhi.rg.mpg.de/zitat/0106godau-schuettke. htm. Acessado em: 20.12.2019.

DEUTSCHER REICHSTAG. *Verhandlungen des Reichstages. VIII Whalperiode. 1933.* Stenographische Berichte – Anlagen zu den Stenographischen Berichte Sach- und Sprechberichte. vol. 457. Berlim: Druck und Verlags des Reichsdruckerei, 1934.

DIETER, Mauricio Stegemann; FERRÃO, Mariana Diniz de Argollo. "36 Teses ou a controvérsia sobre o poder e a eficácia das delações". *In*: ARRUDA, Desdêmona T. B Toledo; MACHADO FILHO, Roberto Dalledone; SILVA, Christine Oliveira Peter da (Coord.). *Ministro Luiz Edson Fachin*: cinco anos de Supremo Tribunal Federal. Belo Horizonte: Fórum, 2021.

DOPATKA, Fridrich-Wilhelm. "Zur Bedeutung des Bundesverfassungsgerichts in der politischen und gesellschaftlichen Entwicklung der Bundesrepublik 1951 bis 1978". *In*: DÄUBLER, Wolfgang; KÜSEL, Grudrun (Coord.). *Verfassungsgericht und Politik.* Hamburg: Rowolth Taschenbuch Verlag, 1979.

DOSTOIÉVSKI, Fiódor. *Crime e Castigo.* São Paulo: Editora 34, 2001.

_____. *Os Irmãos Karamázov.* vol. 2. São Paulo: Editora 34, 2008.

DUARTE, Letícia. *Vaza Jato*: os bastidores das reportagens que sacudiram o Brasil. Rio de Janeiro: Mórula, 2020.

DYZENHAUS, David. "Hermann Heller and the Legitimacy of Legality". *Oxford Journal of Legal Studies*, Winter, vol. 16, n° 4, 1996.

_____. "Introduction: why Carl Schmitt?" *In*: _____. *Law as Politics*: Carl Schmitt's Critique of Liberalism. Durham e Londres: Durham University Press, 1998.

_____. "Legal Theory in the Collapse of Weimar: Contemporary Lessons?" *The American Political Science Review*, vol. 91, n° 1, mar. 1997.

EAGLETON, Terry. *Why Marx was Right.* New Haven e Londres: Yale University Press, 2011.

ECO, Umberto. *Interpretation and Overinterpretation*: World, History, Texts. The Tanner Lectures on Human Values. Delivered at Clare Hall: Cambridge University, 1990.

ENGELS, Friedrich. "Brief an Starkenburg. 25. Januar 1894". *In*: ENGELS, Friedrich; MARX, Karl. *Briefe über das Kapital.* Berlim: Dietz Verlag, 1954.

_____. "Einleitung zu Marx' 'Klassenkämpfe in Frankreich 1848 bis 1850' (1895)". *In*: MARX, Karl; ENGELS, Friedrich. *Marx-Engels-Werke*. vol. 22. Berlim: Dietz Verlag, 1963.

_____. "Engels an Joseph Bloch in Königsberg". *In*: MARX, Karl; ENGELS, Friedrich. *Marx-Engels-Werke*. vol. 37. Berlim: Dietz Verlag, 1967.

ERGER, Johannes. *Der Kapp-Lüttwitz-Putsch*: Ein Beitrag zur deutschen Innenpolitik 1919/20. (Beiträge zur Geschichte des Parlamentarismus und der politischen Parteien, vol. 35). Düsseldorf: Droste Verlag, 1967.

ESPINOZA, Baruch de. *Tratado Teológico-Político*. São Paulo: Martins Fontes, 2003.

ESTADÃO. "Jogo duro constitucional: uma conversa com Mark Tushnet". *Estado da Arte*, 18 dez. 2020. Disponível em: https://estadodaarte. estadao.com.br/tushnet-hardball-entrevista/. Acessado em: 02.09.2022.

ESTRADA, Gaspard. "El Desairado fin de Lava Jato". *The New York Times*, 09 fev. 2021. Disponível em: https://www.nytimes.com/es/2021/02/09/espanol/opinion/lava-jato-brasil.html. Acessado em: 29.08.2022.

FALCÃO, Márcio. "Gilmar Mendes suspende posse de Lula e deixa investigação com Moro". *Folha de S. Paulo*, 18 mar. 2016. Disponível em: https://www1.folha.uol.com.br/poder/2016/03/1751759-stf-suspende-posse-de-lula-e-deixa-investigacao-com-moro.shtml. Acessado em: 02.09.2022.

FECHNER, Heiner. *Emazipatorischer Rechtsstaat – Praxistheoretische Untersuchung soziokultureller Inklusion durch Recht am Beispiel Venezuelas*. Baden-Baden: Nomos Verlagsgesellschaft, 2016.

FELDMAN, Gerald D. "Big Business and the Kapp Putsch". *Central European History*, vol. 4 n° 2, 1971.

FELICE, Renzo de. *Mussolini e Hitler*: I rapporti segreti 1922-1933 con documenti inediti. Roma-Bari: Laterza, 2013.

_____. *Mussolini l'alleato*: L'Italia in Guerra 1940-1943. Torino: Einaudi, 1996.

FERNANDES, André Gonçalves. "Caso Ellwanger: Despotismo judicial ilustrado". *In*: PEREIRA JÚNIOR, Antonio Jorge; BARBOSA, Milton Gustavo Vasconcelos. *Supremos Erros*: decisões inconstitucionais do STF. Porto Alegre: Fundação Fênix, 2020.

## REFERÊNCIAS BIBLIOGRÁFICAS

FETSCHER, Iring. *Karl Marx und der Marxismus*: Von der Philosophie zur proletarischen Weltanschauung. München: R. Piper & Co. Verlag, 1967.

FISCHER-LESCANO, Andreas. "Warum der Rechtsextremist Jens Maier nicht wieder Richter werden darf". *Verfassungsblog*, 10 jan. 2022. Disponível em: verfassungsblog.de/warum-der-rechtsextremist-jens-maier-nicht-wieder-richter-werden-darf/.10/. Acessado em: 01.09.2022.

FOLHA DE SÃO PAULO. "Cunha recebeu R$ 1 mi para 'comprar' votos do impeachment de Dilma, diz Funaro". *Folha de S.Paulo*, *Poder*, 14 out. 2017. Disponível em: https://www1.folha.uol.com.br/poder/2017/10/1927138-cunha-recebeu-r-1-mi-para-comprar-votos-do-impeachment-de-dilma-diz-funaro.shtml. Acessado em: 02.09.2022.

_____. "Dilma agiu para tentar evitar a prisão de Lula, sugere gravação; ouça". *Folha de S.Paulo*, 16 mar. 2016. Disponível em: https://www1.folha.uol.com. br/poder/2016/03/1750752-dilma-agiu-para-tentar-evitar-a-prisao-de-lula-diz-pf.shtml. Acessado em: 02.09.2022.

FOSTER, John Bellamy. "Introdução". *In*: MÉSZÁROS, Istvàn. *Para além do Leviatã*: Crítica do Estado. São Paulo: Boitempo, 2021.

FRAENKEL, Ernst. "German-Russian Relations Since 1918. From Brest-Litovsk to Moscow". *The Review of Politics*, vol. 2, nº 1, 1940.

_____. *Der Doppelstaat*. Hamburg: CEP Europäische Verlagsanstalt, 2012.

_____. *The Dual State*: a Contribution to the Theory of Dictatorship. Oxford: Oxford University Press, 2017.

FREISLER, Roland. *Nationalsozialistisches Recht und Rechtsdenken*. Berlim: Industrieverlag Spaeth & Linde, 1938.

FULDA, Bernhard. *Press and Politics in the Weimar Republic*. Oxford: Oxford University Press, 2009.

GALLI, Marcelo. "Impeachment sem prova é 'escárnio à Constituição', diz parecer de jurista". *Consultor Jurídico*, 20 out. 2015. Disponível em: https://www.conjur.com.br/2015-out-20/impeachment-prova-escarnio-constituicao-jurista. Acessado em: 02.09.2022.

GLOBO NOTÍCIAS (G1). "VÍDEO: Funaro diz que Cunha pediu R$ 1 milhão para 'comprar' votos a fim de aprovar impeachment de Dilma". *G1*, 14 out. 2017. Disponível em: https://g1.globo.com/politica/noticia/funaro-diz-que-cunha-pediu-r-1-milhao-para-comprar-votos-pro-impeachment. ghtml. Acessado em: 02.09.2022.

GODOY, Miguel Gualano de. "O fio condutor do Ministro Luiz Edson Fachin". *In*: ARRUDA, Desdêmona T. B Toledo; MACHADO FILHO, Roberto Dalledone; SILVA, Christine Oliveira Peter da (Coord.). *Ministro Luiz Edson Fachin*: cinco anos de Supremo Tribunal Federal. Belo Horizonte: Fórum, 2021.

GOETHE, Johann Wolfgang von. *Fausto*: uma Tragédia. Primeira Parte. Trad. Jenny Klabin Segall. São Paulo: Editora 34, 2004.

GREEN, John. *Willi Münzenberg*: Fighter against Fascism and Stalinism. Routledge Studies in Radical History and Politics. Oxfordshire: Taylor & Francis Group, 2020.

GREENWALD, Glenn; MARTINS, Rafael Moro; SANTI, Alexandre de. "Não é muito tempo sem operação?" *The Intercept Brasil*, 09 jun. 2019. Disponível em: https://theintercept.com/2019/06/09/chat-moro-deltan-telegram-lava-jato/. Acessado em: 02.09.2022.

_____. "Não é muito tempo sem operação?" *The Intercept Brasil*, 09 jun. 2019. Disponível em: https://theintercept.com/2019/06/09/chat-moro-deltan-telegram-lava-jato/. Acessado em: 02.09.2022.

GREENWALD, Glenn; NEVES, Rafael. "'Vazamento seletivo...' Dallagnol mentiu: Lava Jato vazou sim informações das investigações para a imprensa – às vezes para intimidar suspeitos e manipular delações". *The Intercept Brasil*, 29 ago. 2019. Disponível em: https://theintercept. com/2019/08/29/lava-jato-vazamentos-imprensa. Acessado em: 02.09.2022.

GREENWALD, Glenn; REED, Betsy; DEMORI, Leandro. "Como e por que o Intercept está publicando chats privados sobre a lava jato e Sérgio Moro". *The Intercept Brasil*, 09 jun. 2019. Disponível em: https://theintercept.com/2019/06/09/editorial-chats-telegram-lava-jato-moro/. Acessado em: 02.09.2022.

_____. "Como e por que o Intercept está publicando chats privados sobre a lava jato e Sérgio Moro". *The Intercept Brasil*, 09 jun. 2019. Disponível em: https://theintercept.com/2019/06/09/editorial-chats-telegram-lava-jato-moro/. Acessado em: 02.09.2022.

GRIFFIN, Roger. *A Facist Century*: essays by Roger Griffin. Nova York: Palgrave Macmillan, 2008.

_____. *Modernism and Fascism*: the Sense of a Beginning under Mussolini and Hitler. Nova York: Palgrave Macmillan, 2007.

# REFERÊNCIAS BIBLIOGRÁFICAS

GROSS, Raphael; RENZ, Wener (Coord.). *Der Frankfurter Auschwitz-Prozess (1963-1965)*. vol. 1 e 2. Frankfurt am Main: Campus Verlag, 2013.

GRUBER, Helmut. "Willi Münzenberg's German Communist Propaganda Empire 1921-1933". *The Journal of Modern History*, vol. 38, n° 3, set. 1966.

GÜSTROW, Dietrich. *Tödlicher Alltag*: Strafverteidiger im Dritten Reich: Berlim: Wolf Jobst Siedler Verlga GmbH., 1981.

HÄBERLE Peter; KILIAN, Michael; WOLFF, Heinrich Amadeus. "Gerhard Anschütz (1867–1948)". *In*: _____. *Staatsrechtslehrer des 20. Jahrhunderts (Deutschland - Österreich - Schweiz)*. Berlim: De Gruyter, 2015.

HABERMAS, Jürgen. *Theorie des kommunikativen Handelns*. vol. 2. Frankfurt am Main: Suhrkamp, 1981.

HATMANN, Christian; VORDERMAYER, Thomas; PLÖCKINGER, Othmar; TÖPPEL, Roman. *Hitler, Mein Kampf*: Eine kritische Edition. Berlim: Instituts für Zeitgeschichte München, 2016.

HECKEL, Johannes. "Das Urteil des Staatsgerichtshofs vom 25.10.1932 in dem Verfassungsstreit Reich-Preußen". *Archiv des öffentlichen Rechts*, vol. 23, 1933.

HEGEL, Georg Wilhelm Friedrich. *Grundlinien der Philosophie des Rechts*. vol. 5. Darmstadt: Wissenschaftliche Buchgesellschaft, 1999.

HEIDEGGER, Martin. "Carta a Marcuse, 20 de Enero de 1948". *In*: RÍOS, José Gonzáles. *Cartas Filosóficas*: de Platon a Derrida. Buenos Aires: Editorial Quadrata, 2004.

HELLER, Hermann. "Ist das Reich verfassungsmässig vorgegangen?" *In*: _____. *Gesammelte Schriften*. In Verbindung mit Martin Draht, Otto Stammer, Gerhard Niemeyer, Fritz Borinski. Hrsg. von Christoph Müller. Zweiter Band. Tübingen: Mohr Siebeck, 1992.

_____. "Rechtsstaat oder Diktatur". *In*: _____. *Gesammelte Schriften*. In Verbindung mit Martin Draht, Otto Stammer, Gerhard Niemeyer, Fritz Borinski. Hrsg. von Christoph Müller. Zweiter Band. Tübingen: Mohr Siebeck, 1992.

_____. "The Essence and Structure of the State". *In*: JACOBSON, Arthur J.; SCHLINK, Bernhard. *Weimar*: a Jurisprudence of Crisis. Berkeley/Los Angeles/Londres: University of California Press, 2000.

_____. "Zum Verfassungsrecht der Weimarer Republik". *In*: _____. *Gesammelte Schriften*. In Verbindung mit Martin Draht, Otto Stammer,

Gerhard Niemeyer, Fritz Borinski. Hrsg. von Christoph Müller. Zweiter Band. Tübingen: Mohr Siebeck, 1992.

_____. *La soberanía*: contribuición a la teoria del derecho estatal y del derecho internacional. México: Fondo de Cultura Económica, 1995.

_____. "Staatslehre". *In*: _____. *Gesammelte Schriften*. In Verbindung mit Martin Draht, Otto Stammer, Gerhard Niemeyer, Fritz Borinski. Hrsg. von Christoph Müller. Dritter Band. Tübingen: Mohr Siebeck, 1992.

HENKEL, Michael. *Hermann Hellers Theorie der Politik und des Staates*. Tübingen: Mohr Siebeck, 2011.

HERMANNS, Stefan. "Der Führer schützt das Recht". *In*: _____. *Carl Schmitts Rolle bei der Machtkonsolidierung der Nationalsozialisten*. Wiesbaden: Springer Fachmedien Wiesbaden GmBH, 2018.

HETT, Benjamin Carter. *Crossing Hitler*: the man who put the Nazis on the witness stand. Oxford: Oxford University Press, 2008.

HEUSER, Robert. *Reichsgerichtspräsident Dr. Erwin Bumke*. By Dieter Kolbe. Studies and Sources of the History of German Constitutional Law, Series A (Studies). vol. 4. Karlsruhe: Müller, 1975. *The American Journal of Comparative Law*, Summer, vol. 25, n° 3, 1977.

HILFERDING, Rudolf. *Das Finanzkapital*: Eine Studie zur jüngsten Entwicklung des Kapitalismus. Wien: Verlag der Wiener Volksbuchhandlung Ignaz Brand & Co., 1910.

HIRSCH, Martin; MAJER, Diemut; MEINCK, Jürgen. *Recht, Verwaltung und Justiz im Nationalsozialismus*: Ausgewählte Schrifte, Gesetze und Gerichts-entscheidungen von 1933 bis 1945 mit ausfürhlichen Erläuterungen und Kommentierungen. Baden-Baden: Nomos Verlagsgesellchaft, 1997.

HIRSCHL, Ran. "The Judicialization of Mega-Politics and the Rise of Political Courts". *The Annual Review of Political Science*, vol. 11, 2008.

_____. *Towards Juristocracy*: the origins and consequences of the new constitutionalism. Cambridge: Harvard University Press, 2004.

HUGO, Victor. *Os Miseráveis*. vol. 1. São Paulo: Cosac & Naify, 2002.

HULA, Erich. "The Dual State: a Contribution to the Theory of Dictatorship". Book Review. *Social Research – An International Quarterly*, vol. 9, n° 2, mai. 1942.

## REFERÊNCIAS BIBLIOGRÁFICAS

HÜRTEN, Heinz. *Der Kapp-Putsch als Wende Über Rahmenbedingungen der Weimarer Republik seit dem Frühjahr 1920*. Opladen: Westdeutscher Verlag GmbH, 1989.

_____. *Zwischen Revolution und Kapp-Putsch*: Militär und Innenpolitik, 1918-1920. Düsseldorf: Droste Verlag, 1977.

HÜRTER, Joahnnes (Coord.). *Notizen aus dem Vernichtungskrieg – Die Ostfront 1941/42 in den Aufzeichnungen des Generals Heinrici*. Darmstad: Wissenschaftliche Buchgesellschaft, 2016.

ISAAC, Jeffrey. *Power and Marxist Theory*: a Realist View. Ithaca/ Londres: Cornell University Press, 1987.

JASPER, Gothard. *Der Schutz der Republik*: Studien zur staatlichen Sicherung der Demokratie in der Weimarer Republik, 1922-1930. Tübingen: Mohr Siebeck, 1963.

_____. "Justiz und Politik in der Weimarer Republik". *In*: JASPER, Gotthard; MAJER, Diemus; OLDENHAGE, Klaus; RÜPING, Hinrich; SELLERT, Wolfgang. *Justiz im Nationalsozialismus*. Hannover: Niedersächsische Landeszentrale für politische Bildung, 1985.

JONES, Larry Eugene. "'The Dying Middle': Weimar Germany and the Fragmentation of Bourgeois Politics". *Central European History*, vol. 5, n° 1, 1972.

_____. "Franz von Papen, the German Center Party, and the Failure of Catholic Conservatism in the Weimarer Republic". *Central European History*, vol. 38, n° 2, 2005.

_____. "Hindenburg and the Conservative Dilemma in the 1932 Presidential Elections". *German Studies Review*, vol. 20, n° 2, mar. 1997.

JOSEPH, Detlef. *Nazis in der DDR*: die deutschen Staatsdiener nach 1945 - woher kamen sie? Berlim: Ost, 2002.

KAHN, Ernst; NAPHTALI, Frizt. *Wie liest man den Handelsteil einer Tageszeitung?* Frankfurt am Main: Verlag, 1922.

KAUFMANN, Erich. "Die Gleichheit vor dem Gesetz im Sinne des Art. 109 der Reichsverfassung". *In*: KAUFMANN, Erich; NAWIASKY, Hans; HENSEL, Albert; BÜHLER, Ottmar. *Verhandlungen der Tagung der Vereinigung der Deutschen Staatsrechtslehrer zu Münster i. W. am 29. und 30. März 1926*. Berlim: De Gruyter, 1965.

_____. *Die Gleichheit vor dem Gesetz im Sinne des Art. 109 der Reichsverfassung.* 1. Bericht von Professor Dr. Erich Kaufmann in Bonn. Berlim: De Gruyter, 1927.

KELLY, Duncan. *The State of the Political*: Conceptions of Politics and the State in the Thought of Max Weber, Carl Schmitt and Franz Neumann. Oxford: Oxford University Press, 2003.

KELMPERER, Victor. *LTI*: Lingua Tertii Imperii – Notizbuch eines Philologen. Dietzingen: Reclam, 2019.

KELSEN, Hans. "La Sentencia del Tribunal Estatal del 25 de octubre de 1932". *In*: VITA, Leticia (Coord.). *Prusia contra el Reich ante al Tribunal Estatal – la sentencia que enfrentó a Hermann Heller, Carl Schmitt e Hans Kelsen em Weimar.* Bogotá: Universidad Externado de Colombia, 2015.

_____. *A Teoria Comunista do Direito.* São Paulo: Contracorrente, 2021.

_____. "Diskussionsbeitrag zu Die Gleichheit vor dem Gesetz im Sinne des Art. 109 der Reichsverfassung". *In*: KAUFMANN, Erich; NAWIASKY, Hans; HENSEL, Albert; BÜHLER, Ottmar. *Verhandlungen der Tagung der Vereinigung der Deutschen Staatsrechtslehrer zu Münster i. W. am 29. und 30. März 1926.* Berlim: De Gruyter, 1965.

_____. *Sozialismus und Staat*: Eine Untersuchung der politischen Theorie des Marxismus. Wien: Verlag der Wiener Volksbuchhandlung, 1965.

_____. *Sozialismus und Staat*: eine Untersuchung der politischen Theorie des Marxismus. Leipzig: C. H. Hirschfeld, 1920.

KENNEDY, Ellen. "Emergency Within the Bounds of the Constitution: An Introduction to Carl Schmitt, 'The Dictatorship of the Reich president according to Article 48 R.V.'". *Constellations*, Blackwell Publishing, vol. 18, n° 3, 2011.

_____. *Constitutional Failure*: Carl Schmitt in Weimar. Durham: Duke University Press, 2004.

KEYNES, John Maynard. *As Consequências Econômicas da Paz.* São Paulo: Imprensa Oficial do Estado/Editora UnB/Inst. de Pesq. em Relações Internacionais, 2002.

KICHHEIMER, Otto. "Staatsgefüge und Recht des Dritten Reiches". *In*: _____. *Von der Weimarer Republik zum Faschismus*: Die Auflösung der demokratischen Rechtsordnung. Frankfurt am Main: Suhrkamp, 1976.

## REFERÊNCIAS BIBLIOGRÁFICAS

_____. "The Dual State: a Contribution to the Theory of Dictatorship". by Ernst Fraenkel. Book Review. *Political Science Quarterly*, vol. 56, n° 3, set. 1941.

_____. "Weimar – und was dann? Analyse einer Verfassung". *Politik und Verfassung*. Frankfurt am Main: Suhrkamp, 1964.

_____. *Politische Justiz*. Frankfurt am Main: Fischer Verlag, 1985.

KLEE, Ernst. *Das Personenlexikon zum Dritten Reich*: wer war was vor und nach 1945. Frankfurt am Main: S. Fischer Verlag, 2003.

KLEMPERER, Victor. *Ich will Zeugnis ablege bis zum letzten*: Tagebücher 1933-1941. Berlim: Aufbau Verlag, 2015.

KLENNER, Hermann. "Zur ideologischen Natur des Rechts". *In*: _____. *Staat und Recht im Lichte des grossen Oktober*: Festschrift zum 40. Jahrestage der Grossen Sozialistischen Revolution. Berlim: Deutscher Zentralverlag, 1957.

KOENEN, Andreas. *Der Fall Carl Schmitt*: sein Aufstieg zum "Kronjuristen des Dritten Reiches". Darmstadt: Wissenschaftliche Buchgesellschaft, 1995.

KOENER, Andrei; SCHILLING, Flávia. "O Direito regenerará a República? Notas sobre a política e racionalidade jurídica na atual ofensiva conservadora". *In*: CRUZ, Sebastião Velasco e; KAYSEL, André; CODAS, Gustavo (Coord.). *Direita, volver! O Retorno da direita e o ciclo político brasileiro*. São Paulo: Fundação Perseu Abramo, 2015.

KOERNER, Andrei. "O STF no processo político brasileiro 2: da moralização da política ao golpe parlamentar". *Cadernos do CEDEC*, São Paulo, n° 125, out. 2018.

_____. "O STF no processo político brasileiro 2: do Golpe à eleição de 2018". *Cadernos do CEDEC*, São Paulo, n° 126, dez. 2018.

KOGON, Eugen. *Der SS-Staat*: Das System der deutschen Konzentrationslager. Frankfurt am Main: Europäische Verlagsanstalt, 1946.

KOLBE, Dieter. *Reichsgerichtspräsident Erwin Bumke*: Studien zum Niedergang des Reichsgerichts und der deutschen Rechtspflege. Karlsruhe: Müller, 1975.

KÖNNEMANN, Erwin; SCHULZE, Gerhard (Coord.). *Der Kapp-Lüttwitz-Ludendorff Putsch*: Dokumente. München: Olzog, 2002.

KRONHEIMER, Wilhelm. "Der Streit um den Art. 48 der Reichsverfassung". *Archiv des öffentlichen Rechts*. vol. 46, 1924.

KÜBLER, Friedrich Karl. "Der deutsche Richter und das demokratische Gesetz: Versuch einer Deutung aus richterlichen Selbstzeugnissen". *Archiv für die civilistische Praxis*, vol. 162, H.1/2, 1963.

KÜHNL, Reinhard. *Der Deutsche Faschismus in Quellen und Dokumenten*. Köln: Paul-Rugenstein Verlag, 1977.

_____. *Die Weimarer Republik – Errichtung, Machtstruktur und Zerstörung einer Demokratie*. Hamburg: Rowohlt Taschenbuch Verlag, 1985.

_____. *Faschismustheorien*: texte zur Faschismustheorien 2 – Ein Leitfaden. Hamburg: Rowohlt Taschenbuch Verlag, 1979.

LARENZ, Karl. "Die Bedeutung der völkischen Sitte in Hegels Staatsphilosophie". *Zeitschrift für die gesamte Staatswissenschaft*, vol. 98, 1938.

_____. "Rechtsperson und subjektives Recht: zur Wandlung der Rechtsgrundbegriffe". *In*: _____. *Grundfragen der neuen Rechtswissenschaft*. Berlim: Junker & Dünnhaupt, 1935.

_____. *Über Gegenstand und Methode des völkischen Rechtsdenkens*. Berlim: Junker & Dünnhaupt, 1938.

LENHARD, Philipp. "Introdução: as análises de Friedrich Pollock do nacional-socialismo". *In*: FLECK, Amaro; CAUX, Luiz Philipe de (Coord.). *Crise e transformação estrutural do capitalismo*: artigos na Revista do Instituto de Pesquisa Social, 1932-1941. Florianópolis: NEFIPO, 2019.

LENIN, Vladimir Ilyich. *Ilusões Constitucionalistas*. São Paulo: Kairós, 1985.

LEVINSON, Daryl J.; PILDES, Richard H. "Separation of Parties, Not Powers". *New York University Public Law and Legal Theory Working Papers*. Paper 25, 2006.

LIMA, Hermes. "Rumos para a interpretação materialista do Direito". *Revista da Faculdade de Direito de São Paulo*, vol. 28, 1932.

LIMA, Martonio M. Barreto; REGO, Walquíria Leão. "Atualidade da reificação de Marx como instrumentos da análise das relações jurídicas e sociais". *Revista Lua Nova*, n° 109, 2020.

LIMA, Sérgio Cruz de Castro. "As jornadas revolucionárias de 1848: uma análise comparativa do pensamento político de Karl Marx e Alexis de Tocqueville". *Revista Hydra*, vol. 2, n° 3, jun. 2017.

# REFERÊNCIAS BIBLIOGRÁFICAS

LIMA, Venício A. "A direita e os meios de comunicação". *In*: CRUZ, Sebastião Velasco e; KAYSEL, André; CODAS, Gustavo (Coord.). *Direita, volver! O Retorno da direita e o ciclo político brasileiro*. São Paulo: Fundação Perseu Abramo, 2015.

LOEWENSTEIN, Karl. "Law in the Third Reich". *Yale Law Journal*, vol. 45, n° 5, mar. 1936.

LOICK, Daniel. "Abhängigkeitserklärung. Recht und Subjektivität". *In*: LOICK, Daniel; JAEGGI, Rahel (Coord.). *Nach Marx*: Philosophie, Kritik, Praxis. Frankfurt am Main: Suhrkamp, 2017.

LOSURDO, Domenico. *Democracia e bonapartismo*. Rio de Janeiro: UFRJ; São Paulo: UNESP, 2004.

_____. *La lotta di classe*: uma storia politica e filosofica. Bari: Editori Laterza, 2013.

LUDWIG, Berndt. "Die politische Theorie der Frankfurter Schule". *In*: BRODOCZ, André; SCHALL, Gary S. (Coord.). *Politische Theorien der Gegenwart I*. Opladen: Leske + Budrich, 2002.

LUKÁCS, Georg. *A Destruição da Razão*. São Paulo: Instituto Lukács, 2020.

LUSTIG, Doreen. "The Nature of the Nazi State and the Question of International Criminal Responsibility of Corporate Officials at Nuremberg: Revisiting Franz Neumann's Concept of Behemoth and the Industrialist Trials". *International Law and Politics*, vol. 43, 2011.

LUTHARDT, Wolfgang. *Von der Weimarer Republik zum Faschismus*: die Auflösung der demokratischen Rechtsordnung. Frankfurt am Main: Suhrkamp Verlag, 1976.

MAIHOFER, Andrea. *Das Recht bei Marx*: Zur dialektischen Struktur von Gerechtigkeit, Menschenrechten und Recht. Baden-Baden: Nomos Verlagsgesellschaft, 1992.

_____. "Überlegungen zu einem materialistischen-(de)konstruktivistischen Verständnis von Normativität". *In*: LOICK, Daniel; JAEGGI, Rahel (Coord.). *Nach Marx*: Philosophie, Kritik, Praxis. Frankfurt am Main: Suhrkamp, 2017.

MAIHOFER, Werner. *Ideologie und Recht*. Frankfurt am Main: Vittorio Klostermann, 1969.

MALINOWSKI, Stephan. *Vom König zum Führer*: Deutsche Adel und nationalsozialismus. Frankfurt am Main: Fischer Verlag, 2004.

MANGABEIRA, João. *Rui*: o Estadista da República. Brasília: Senado Federal, 1999. (Coleção Biblioteca Básica Brasileira).

MARCUSE, Herbert. *Preface to Franz Neumann's The Democratic and The Authoritarian State*. Glencoe: The Free Press, 1957.

MARQUES, Francisco Paulo Jamil; MONT'ALVERNE, Camila; MITOZ, Isabele Batista. "A empresa jornalística como ator político: Um estudo quantiqualitativo sobre o impeachment de Dilma Rousseff nos editoriais de Folha e Estadão". *Observatório (OBS\*) Journal*, 2018.

_____. "Editorial journalism and political interests: Comparing the coverage of Dilma Rousseff's impeachment in Brazilian newspapers". *Sage Journals*, vol. 1, 2019.

MARTINS FILHO, Felinto Alves. *Jurisdição e Democracia*: Contribuição à compreensão dos limites do poder de decisão judicial. Rio de Janeiro: Lumen Juris, 2020.

MARTINS, Cristiano Zanin; MARTINS, Valeska Teixeira Zanin; VALIM, Rafael (Coord.). *O Caso Lula*: a luta pela afirmação dos direitos fundamentais no Brasil. São Paulo: Contracorrente, 2017.

MARTUSCELLI, Danilo Enrico. "A crise política e os conflitos de classe não importam na análise das eleições de 2018? Um comentário crítico à obra 'O Brasil dobrou à direita' de Jairo Nicolau". *Cadernos CEMARX*, n° 13, 2020.

MARX, Karl. "Das Elend der Philosophie: Antwort auf Proudhons 'Philosophie des Elends'". *In*: MARX, Karl; ENGELS, Friedrich. *Marx-Engels-Werke*. vol. 4. Berlim: Dietz Verlag, 1990.

_____. "Das Kapital". Erster Band. *In*: MARX, Karl; ENGELS, Friedrich. *Marx-Engels-Werke*. vol. 23. Berlim: Dietz Verlag, 1969.

_____. "Debatten über das Holzdiebstahlgesetz". *In*: MARX, Karl; ENGELS, Friedrich. *Marx-Engels-Werke*. vol. 1. Berlim: Dietz Verlag, 1977.

_____. "Der achtzehnte Brumaire des Louis Napoleon". *In*: MARX, Karl; ENGELS, Friedrich. *Marx-Engels-Werke*. vol. 8. Berlim: Dietz Verlag, 1960.

_____. "Der erste Prozeß der 'Neuen Rheinischen Zeitung'". Verteidigungsrede von Karl Marx. *In*: MARX, Karl; ENGELS, Friedrich. *Marx-Engels-Werke*. vol. 6. Berlim: Dietz Verlag, 1959.

# REFERÊNCIAS BIBLIOGRÁFICAS

_____. "Die Bourgeoisie und die Kontrerevolution". *In*: MARX, Karl; ENGELS, Friedrich. *Marx-Engels-Werke*. vol. 6. Berlim: Dietz Verlag, 1959.

_____. "Die heilige Familie". *In*: MARX, Karl; ENGELS, Friedrich. *Marx-Engels-Werke*. vol. 2. Berlim: Dietz Verlag, 1972.

_____. "Die Lage in Preußen". *In*: MARX, Karl; ENGELS, Friedrich. *Marx-Engels-Werke*. vol. 12. Berlim: Dietz Verlag, 1963.

_____. "Ökonomisch-philosophische Manuskripte aus dem Jahre 1844". *In*: MARX, Karl; ENGELS, Friedrich. *Marx-Engels-Werke*. Ergänzungsband. Berlim: Dietz Verlag, 1968.

_____. "Zur Judenfrage". *In*: MARX, Karl; ENGELS, Friedrich. *Marx-Engels-Werke*. vol. 1. Berlim: Dietz Verlag, 1977.

_____. "Zur Kritik der Hegelschen Rechtsphilosophie – Einleitung". *In*: MARX, Karl; ENGELS, Friedrich. *Marx-Engels-Werke*. vol. 1. Berlim: Dietz Verlag, 1977.

_____. "Zur Kritik der Hegelschen Rechtsphilosophie". *In*: MARX, Karl; ENGELS, Friedrich. *Marx-Engels-Werke*. vol. 1. Berlim: Dietz Verlag, 1977.

_____. "Zur Kritik der Politischen Ökonomie". *In*: MARX, Karl; ENGELS, Friedrich. *Marx-Engels-Werke*. vol. 13. Berlim: Dietz Verlag, 1972.

MARX, Karl; ENGELS, Friedrich. "Die deutsche Ideologie". *In*: _____. *Marx-Engels-Werke*. vol. 3. Berlim: Dietz Verlag, 1969.

MASCARO, Alysson Leandro. *Crise e Golpe*. São Paulo: Boitempo, 2018.

MATTEI, Ugo; NADER, Laura. *Pilhagem*: Quando o Estado de Direito é Ilegal. São Paulo: VMF Martins Fontes, 2013.

MAUS, Ingeborg. "'Gesetzbindung' der Justiz und die Struktur der nationalsozialistischen Rechtsnormen". *In*: DREIER, Ralf; SELLERT, Wolfgang (Coord.). *Recht und Justiz im "Dritten Reich"*. Frankfurt am Main: Suhrkamp, 1989.

_____. "Die Basis als Überbau oder: 'Realistische' Rechtstheorie". *In*: ROTTLEUTHNER, Hubert. *Probleme der marxistischen Rechtstheorie*. Frankfurt am Main: Suhrkamp, 1975.

_____. "Hermann Heller und die Staatslehre der Bundesrepublik". *In*: STAFF, Ilse; MÜLLER, Christoph (Coord.). *Staatslehre in der Weimarer Republik*: Hermann Heller zu ehren. Frankfurt am Main: Suhrkamp, 1984.

McCORMICK, John P. "Identifying or exploiting the paradoxes of constitucional democracy? An introduction to Carl Schmitt's Legality and Legitimacy". *In*: SCHMITT, Carl. *Legality and Legitimacy*. Durhan e Londres: Duke University Press, 2004.

McNUTT, Russell T. "Paul von Hindenburg, Germany's Soldier-President". *The Historical Outlook*, vol. 22, n° 7, 1981.

MEGALI NETO, Almir. *O Impeachment de Dilma Rousseff perante o Supremo Tribunal Federal*. Belo Horizonte: Expert, 2021.

MEHRING, Reinhard. *Carl Schmitt*: Aufstieg und Fall – Eine Biographie. München: Verlag C. H. Beck, 2009.

MEHRING, Reinhard; BOGDANDY, Armin von (Coord.). *Heinrich Triepel – Parteienstaat und Staatsgerichtshof*: Gesammelte verfassungspolitische Schriften zur Weimarer Republik. (Beiträge zum ausländischen öffentlichen Recht und Völkerrecht). vol. 300. Baden-Baden: Nomos Verlagsgesellschaft, 2021.

MEIERHENRICH, Jens. *The Remnants of the Rechtsstaat*: an Ethnography of Nazi Law. Oxford: Oxford University Press, 2018.

MENDES, Conrado Hübner. "Na prática, ministros do STF agridem a democracia, escreve professor da USP". *Folha de S.Paulo*, 28 jan. 2018. Disponível em: http://www1.folha.uol.com.br/ilustrissima/2018/01/1953534-em-espiral-de-autodegradacao-stf-virou-poder-tensionador-diz-professor.shtml. Acessado em: 29.08.2022.

_____. "Vivendo como se não houvesse Bolsonaro". *Folha de S.Paulo*, 12 jan. 2021. Disponível em: https://www1.folha.uol.com.br/colunas/conrado-hubner-mendes/2021/01/vivendo-como-se-nao-houvesse-bolsonaro.shtml. Acessado em: 29.08.2022.

MENDES, Conrado; MANN, Roni. "Worüber Richter schweigen Strategie und Theorie in der Verfassungsgerichtsbarkeit". *WZB Mitteilungen*, Heft 146, dez. 2014.

MÉSZÁROS, George. "Caught in an Authoritarian Trap of Its Own Making? Brazil's 'Lava Jato' Anti-Corruption Investigation and the Politics of Prosecutorial Overreach". *Journal of Law and Society*, vol. 47, issue S1, out. 2020.

MÉTALL, Rudolf Aladár. *Hans Kelsen*: Leben und Werke. Wien: Verlag Franz Deuticke, 1969.

## REFERÊNCIAS BIBLIOGRÁFICAS

MEYER, Emilio Peluso Neder. "Judges and Courts Destabilizing Constitutionalism: The Brazilian Judiciary Branch's Political and Authoritarian Character". *German Journal of Law*, vol. 19 n° 4, 2018.

_____. *Constitutional Erosion in Brazil*. Oxford: Hart Publishing, 2021.

MEYER-PFLUG, Samantha. *Liberdade de expressão e discurso de ódio*. São Paulo: RT, 2010.

MIÉVILLE, China. *Outubro*: História da Revolução Russa. São Paulo: Boitempo, 2017.

MILLS, Charles. "The Nazi Behemoth". *In*: MILLS, Charles Wright; HOROWITZ, Irving Louis. *Power, politics, and people*: the collected essays of C. Wright Mills. Nova York: Oxford University Press, 1963.

MIQUEL, Marc von. "Juristen; Richter in eigener Sache". *In*: FREI, Norbert (Coord.). *Hitlers Eliten nach 1945*. München: DTV Verlagsgeselschaft, 2018.

MÖCKELMANN, Reiner. *Franz von Papen*: Hitlers ewiger Vasall. Darmstadt: Wissenschaftliche Buchgesellschaft, 2016.

_____. *Hannah von Bedrow*: Bismarcks furchtlose Enkelin gegen Hitler. Darmstadt: Theiss/Wisseschaftliche Buchgesellschaft, 2018.

MOLLNAU, Karl A. *Recht und Juristen im Spiegel der Beschlüsse des Politbüros und Sekretariats der SED*. Frankfurt am Main: Klostermann, 2004.

MOREIRA, Marcelo Sevaybricker. "As Raízes do Golpe: Economia e política na polêmica de Wanderley Guilherme dos Santos com Celso Furtado". *Revista de Ciências Sociais*, n° 34, abr. 2011.

MORO, Sérgio Fernando. "Considerações sobre a Operação Mani Pulite". *Revista do Centro de Estudos Judiciários do Conselho da Justiça Federal*, n° 26, jul./set. 2004.

MORRIS, Douglas. "Review Denkmalsfigur. Biographische Annäherung an Hans Litten, 1903-1938 by Knut Bergbauer, Sabine Fröhlich and Stefanie Schüler-Springorum". Göttingen: Wallstein Verlag, 2008. *Central European History*, vol. 42, n° 1, mar. 2009.

_____. "The Dual State Reframed: Ernst Fraenkel's political Clients and his Theory of Nazi Legal System". *Leo Baeck Institute Year Book*, vol. 58, mar. 2013.

_____. "Write and Resist: Ernst Fraenkel and Franz Neumann on the Role of Natural Law in Fighting Nazi Tyranny". *New German Critique*, 126, vol. 42, n° 3, nov. 2015.

_____. *Legal Sabotage*: Ernst Fraenkel in Hitler's Germany. Cambridge: Cambridge University Press, 2020.

MORTATI, Constantino. "Una valoración de conjunto sobre la experiencia de la Constituición de Weimar". *In*: MORTATI, Constantino; BÜHLER, Ottmar; JELLINEK, Walter; AMADO, Juan Antonio García (Coord.). *La Constitución de Weimar*. Madrid: Editorial Tecnos, 2010.

MOTTA, Luiz Eduardo. "Marxismo e a crítica ao Direito moderno: os limites da judicialização da política". *Revista Direito e Práxis*, Rio de Janeiro, vol. 10, n° 2, 2019.

MOTTA, Severino; DEMORI, Leandro. "Diálogos indicam que Moro instruiu força-tarefa a não apreender celulares de Eduardo Cunha". *BuzzFeed.News*, 12 ago. 2019. Disponível em: https://www.buzzfeed.com/br/severinomotta/dialogos-indicam-que-moro-instruiu-forca-tarefa-a-nao. Acessado em: 02.09.2022.

MOUFFE, Chantal. "Carl Schmitt and the Paradox of Liberal Democracy". *In*: _____. *Law as Politics*: Carl Schmitt's Critique of Liberalism. Edited by David Dyzenhaus. Durham e Londres: Durham University Press, 1998.

MÜLLER, Friedrich; CHRISTENSEN, Ralph. *Juristische Methodik*: Grundlagen des Öffentlichen Rechts. vol. 1. Berlim: Duncker & Humblot, 2002.

MÜLLER, Ingo. *Furchtbare Juristen*: die unbewältigte Vergangenheit unserer Justiz. München: Droemersche Verlagsanstalt Th. Knaur Nachf., 1989.

NAPHTALI, Fritz. *Konjuktur, Arbeiterklasse und sozialistische Wirtschaftspolitik*. Berlim: Dietz, 1928.

_____. *Wirtschaftsdemokratie*: Ihr Wesen, Wegen und Ziel. Frankfurt am Main: Europäische Verlaganstalt, 1966.

NAVA, Mariane; MARQUES, Francisco Paulo Jamil. "From 'Leftist' To 'President': Journalism and Editorial Coverage of Brazil's Lula in Five Elections". *Journalism Practice*, Routledge, 8 mar. 2019. DOI: 10.1080/17512786.2019.1587640.

## REFERÊNCIAS BIBLIOGRÁFICAS

NAWIASKY, Hans. "Die Auslegung des Art. 48 der Reichsverfassung". *Archiv des öffentlichen Rechts*, vol. 9, neue Folge, 1925.

NEGRI, Antonio. "Pachukanis, 44 anos depois". *In*: PACHUKANIS, Evguiéni B. *Teoria Geral do Direito*. São Paulo: Boitempo, 2017.

NEGT, Oskar; ZIPES, Jacke. "Ernst Bloch, the German Philosopher of the October Revolution". *New German Critique*, Winter, n° 4, 1975.

NEIMAN, Susan. *Learning from the Germans*: Race and the Memory of Evil. Nova Yok: Farrar, Straus and Giroux, 2019.

NEUMANN, Franz. "The Decay of German Democracy". *The Political Quartely*, vol. 4, Issue 4, 1933.

_____. *Behemoth*: the Structure and Practice of Nacional Socialism, 1933-1944. Chicago: Ivan R. Dee, ass. with The US Holocaust Memorial Museum, 2009.

NEVES, Marcelo. "Denúncia contra Dilma é inconsistente e partidária". *Vermelho*, 07 dez. 2015. Disponível em: https://vermelho.org.br/2015/12/07/marcelo-neves-denuncia-contra-dilma-e-inconsistente-e-partidaria/. Acessado em: 02.09.2022.

_____. *Constituição e Direito na Modernidade Periférica*: uma abordagem teórica e uma interpretação do caso brasileiro. São Paulo: Martins Fontes, 2018.

_____. *Symbolische Konstitutionalisierung*. Berlim: Duncker & Humblot, 1998.

NEVES, Rafael; DEMORI, Leandro. "'Intercepta ela': Moro autorizou devassa na vida de filha de investigado da Lava Jato para tentar prendê-lo". *The Intercept Brasil*, 11 set. 2019.

NUNES, António José Avelãs. *Compreender o mundo para o transformar*: Homenagem a Celso Furtado o Centenário de seu Nascimento. São Paulo: Quartier Latin, 2021.

_____. *O Estado Capitalista e as suas Máscaras*. 3ª ed. Rio de Janeiro: Lumen Juris, 2021.

O GLOBO. "Marco Aurélio critica 'manipulação da pauta' no STF: 'tempos estranhos'". *O Globo - Política*, 27 jun. 2018. Disponível em: https://oglobo.globo.com/politica/marco-aurelio-critica-manipulacao-da-pauta-no-stf-tempos-estranhos-22827300. Acessado em: 02.09.2022.

OETTE, Luz. "Document and analyze: the legacy of Klemperer, Fraenkel, and Neumann for Contemporary Human Rights Engagement". *Human Rights Qaurtely*, John Hopkins University Press, vol. 39, n° 4, nov. 2017.

OFFE, Claus. "The Problem of Social Power in Franz L. Neumann's Thought". *Constellations*, vol. 10, issue 2, 2003.

OLIVEIRA, Marcelo Andrade Cattoni de. *Contribuições para uma Teoria Crítica da Constituição*. Belo Horizonte: Arraes Editores, 2017.

OLIVEIRA, Marcelo Andrade Cattoni de; LIMA, Martonio Mont'Alverne Barreto: "Justiça e Política – O passado que ainda desafia o presente". *In*: BERCOVICI, Gilberto (Coord.). *Cem Anos da Constituição de Weimar*. São Paulo: Quartier Latin, 2019.

OSORIO, Aline. "Impeachment e Jurisdição Constitucional: O Julgamento da ADPF n. 378". *In*: SARAIVA, Renata; OSORIO, Aline; GOMES, Estevão; PEPE, Rafael Gaia Edais (Coord.). *Ministro Luís Roberto Barroso*: 5 Anos de Supremo Tribunal Federal. Belo Horizonte: Fórum, 2018.

PACHUKANIS, Evguiéni B. *Fascismo*. São Paulo: Boitempo, 2020.

_____. *Teoria Geral do Direito e Marxismo*. São Paulo: Boitempo, 2017.

PASSARINHO, Nathalia. "Eduardo Cunha autoriza abrir processo de impeachment de Dilma". *G1*, Brasília, 02 dez. 2015. Disponível em: http://g1.globo.com/politica/noticia/2015/12/eduardo-cunha-informa-que-autorizou-processo-de-impeachment-de-dilma.html. Acessado em: 02.09.2022.

PAUER-STUDER, Herlinde. *Justifying Injustice*: Legal Theory in Nazi German. Cambridge: Cambridge University Press, 2020.

PAUER-STUDER, Herlinde; FINK, Julian (Coord.). *Rechtfertigungen des Unrechts*: das Rechtsdenken im Nationalsozialismus. Frankfurt am Main: Suhrkamp, 2019.

PAUL, Wolf. *Marxistische Rechtstheorie als Kritik des Rechts*: Intention, Aporien und Folgen des Rechtsdenken von Karl Marx – eine kritische Rekonstruktion. Frankfurt am Main: Athenäum, 1974.

PAULSON, Stanley L. "Una periodización de la Teoria Jurídica de Hans Kelsen". *Revista Cubana de Decrecho*, La Habana, vol. 1, n° 2, jul.-dez. 2021.

# REFERÊNCIAS BIBLIOGRÁFICAS

PAULY, Walter. "Gerhard Anschütz". *In*: JACOBSON, Arthur J.; SCHLINK, Berhard. *Weimar*: Jurisprudence of Crisis. Berkeley: University of California Press, 2000.

POSTERT, André; ORTH, Rainer. "Franz von Papen an Adolf Hitler - Briefe im Sommer 1934". *Vierteljahrshefte für Zeitgeschichte*, vol. 63, 2015. DOI 10.1515/vfzg-2015-0014.

POULANTZAS, Nicos. *Poder Político e Classes Sociais*. Campinas: Unicamp, 2019.

PRANTL, Heribert. *Eigentum Verpflichtet*: das unerfüllte Grundgesetz. München: Süddeutsche Zeitung, 2019.

PRAZERES, Leandro. "Gilmar diz que prisões temporárias na Lava-Jato foram 'instrumento de tortura' e ataca Moro e procuradores". *O Globo*, 02 out. 2019. Disponível em: https://oglobo.globo.com/brasil/gilmar-diz-que-prisoes-temporarias-na-lava-jato-foram-instrumento-de-tortura-ataca-moro-procuradores-23990890. Acessado em: 02.09.2022.

*Preußen contra Reich vor dem Staatsgerichtshof*. Stenogramm-bericht der Verhandlungen vor dem Staatsgerichtshof in Leipzig vom 10. bis 14. und vom 17. Oktober 1932. Mit einem Vorwort von Ministerialdiretktor Dr. [Arnold] Brecht. Glashütten im Taunus [mit freundlicher Genehmigung des Verlages J. H. W. Dietz Nachfolger, GmBH. Unveränderter Nachdruck der Ausgabe Berlin 1933], 1976.

PRONER, Carol; CITADINO, Gisele; RICOBOM, Gisele; DORNELLES, João Ricardo (Coord.). *Comentários a uma sentença anunciada*. São Paulo: Canal 6 Editora, 2017.

_____. *Comentários a um acórdão anunciado*. São Paulo: Outras Expressões, 2018.

QUARITISCH, Helmut. *Carl Schmitt*: Antworten in Nürnberg. Herausgegeben und kommentier von Helmut Quaritisch. Berlin: Duncker & Humblot, 2000.

RAMOS, Marcelo Maciel; CASTRO, Felipe Araújo. "Aristocracia judicial brasileira: privilégios, *habitus* e cumplicidade estrutural". *Revista Direito GV*, vol. 15, nº 2, 2019.

RECONDO, Felipe; WEBER, Luiz. *Os onze*: o STF, seus bastidores e suas crises. São Paulo: Companhia das Letras, 2019.

RÊGO, Walquíria Domingues Leão. "Justiça Social ou Barbárie". *In*: SICSÚ, João; AGUIAR, Renan; BERCOVICI, Gilberto (Coord.). *Utopias para reconstruir o Brasil*. São Paulo: Quartier Latin, 2020.

REGO, Walquíria Leão; PINZANI, Alessandro. *Vozes do Bolsa Família*: autonomia, dinheiro e cidadania. São Paulo: Editora UNESP, 2014.

RENZ, Werner. *Frizt Bauer und das Versagen der Justiz*: Nazi-Prozesse und ihre "Tragödie". Hamburg: CEP Europäische Verlagsanstalt, 2015.

RIDDER, Helmut. "Presse und Justiz". *JuristenZeitung*, 18. Jahrg., n° 13, 05 jul. 1963.

RIEMER, Jehuda. *Fritz Perez Naphtali*: Sozialdemokrat und Zionist. Schriftenreihe des Instituts für Deutsche Geschichte der Universität Tel Aviv, 12. Gerlingen: Bleicher Verlag, 1991.

ROCHA, Camila. "Direitas em rede: think tanks da direita na América Latina". *In*: CRUZ, Sebastião Velasco e; KAYSEL, André; CODAS, Gustavo (Coord.). *Direita, volver! O Retorno da direita e o ciclo político brasileiro*. São Paulo: Fundação Perseu Abramo, 2015.

RODRIGUES JÚNIOR, Otavio Luiz. "Clóvis Beviláqua e o Código Civil de 1916 na visão de um estrangeiro: contradições com a imagem preponderante na historiografia nacional". *Revista de Direito Civil Contemporâneo*, vol. 12, ano 4. São Paulo: RT, jul.-set. 2017.

_____. "Editora alemã faz acerto de contas histórico com autores nazistas". *Consultor Jurídico*, 28 jul. 2021. Disponível em: https://www. conjur.com.br/2021-jul-28/direito-comparado-editora-alema-faz-a-certo-contas-historico-autores-nazistas. Acessado em: 29.08.2021.

RODRIGUEZ, José Rodrigo. "Franz Neumann, o Direito e a Teoria Crítica". *Revista Lua Nova*, n° 61, 2004.

_____. *Como decidem as cortes?* – Para uma crítica do Direito (brasileiro). 1ª ed. 4ª reimp. Rio de Janeiro: Editora FGV, 2013.

ROSENBERG, Arthur. "Fascism as a Mass-Movement (1934)". *Historical Materialism*, n° 20, 2012.

ROSSI, Marina. "O vídeo em que Emílio Odebrecht diz que esquema tem 30 anos e culpa a imprensa e os Poderes". *El país*, 16 abr. 2017. Disponível em: https://brasil.elpais.com/brasil/2017/04/14/politi-ca/1492192630_931956.html. Acessado em: 29.08.2019.

# REFERÊNCIAS BIBLIOGRÁFICAS

ROSSOL, Nadine; ZIEMANN, Benjamin (Coord.). *Aufbruch und Abgründe*: das Handbuch der Weimarer Republik. Darmstadt: Wissenschaftliche Buchgesellschaft, 2021.

ROTTLEUTHNER, Hubert. "Rechtsphilosophie und Rechtssoziologie im Nationalsozialismus". *In*: DREIER, Ralf; SELLERT, Wolfgang (Coord.). *Recht und Justiz im "Dritten Reich"*. Frankfurt am Main: Suhrkamp, 1989.

_____. *Steuerung der Justiz in der DDR*: Einflußnahme der Politik auf Richter, Staatsanwälte und Rechtsanwälte. Köln: Bundesanzeiger, 2004.

RÜTHERS, Bernd. "Hatte die Rechtsperversion in den deutschen Diktaturen ein Gesicht?" *JuristenZeitung*, 62. Jahrg., n° 11, 2007.

_____. *Derecho Degenerado*. *Teoría Jurídica y Juristas de Cámara en el Tercer Reich*. Madrid: Marcial Pons, 2016.

SAAGE, Richard. "Otto Kirchheimers Analyse des nationalsozialistischen Herrschaftssystems 1935-1941". *In*: OOYEN, Robert. Chr. Van; SCHALE, Frank (Coord.). *Kritische Verfassungspolitik*: Das Staatsverständ-nis von Otto Kirchheimer. Baden-Baden: Nomos Verlagsgesellschaft, 2011.

SALERT, Ingo Wolfgang; GODOY, Arnaldo Sampaio de Morais. *História Constitucional da Alemanha – Da Constituição da Igreja de São Paulo à Lei Fundamental*. Porto Alegre: Editora Fundação Fênix, 2021.

SALTER, Michael. "Neo-Fascist Legal Theory on Trial: An Interpretation of Carl Schmitt Defence at Nuremberg from the Perspective of Franz Neumann's Critical Theory of Law". *Res Publica*, 5, 1999.

SANTOS, Wanderley Guilherme dos. *Quem dará o golpe no Brasil?* Rio de Janeiro: Editora Civilização Brasileira, 1962. (Coleção Cadernos do Povo Brasileiro).

SANTOS, Rogério Dultra dos. *Teoria Constitucional, Ditadura e Fascismo no Brasil*. São Paulo: Tirant Lo Blanch, 2021.

SCHALE, Frank; OOYEN, Robert Crhr. Van (Coord.). *Kritische Verfassungspolitik*: Das Staatsverständnis von Otto Kirchheimer. Baden-Baden: Nomos Verlagsgesellschaft, 2011.

SCHEUERMAN, William E. "Franz Neumann: Legal Theorist of Globalization?" *Constellations*, Oxford, vol. 8, n° 4, 2001.

_____. "Social Democracy and the Rule of Law: The Legacy of Ernst Fraenkel". *In*: CALDWELL, Peter; SCHEUERMAN, William. *From Liberal Democracy to Fascism*. Boston/Leiden/Cologne: Humanities Press, Inc., 2000.

_____. *Between the norm and the exception*: the Frankfurt school and the rule of law. Cambridge: The MIT Press, 1997.

_____. *The End of Law – Carl Schmitt in the Twenty-First Century*. Second Edition. Londres/Nova York: Rowman & Littlefield, 2020.

SCHIEDER, Wolfgang. "Carl Schmitt und Italien". *In*: _____. *Vierteljahrshefte für Zeitgeschichte*. 37. Jahrg., 1. Heft. München: Oldenbourg, 1989.

_____. "Das italienische Experiment der Faschismus als Vorbild in der Krise der Weimarer Republik". *Historische Zeitschrift*, vol. 262, 1996.

_____. "Hermann Heller: ein wissenschaftliches und politische" Portrait. *In*: MÜLLER, Christoph; STAFF, Ilse (Coord.). *Staastlehre in der Weimarer Republik*: Hermann Heller zu ehren. Frankfurt am Main: Suhrkamp, 1984.

SCHMID, Richard. "Über die politische Haltung der Richterschaft seit Weimar". *Gewerkschaftliche Monatshefte*, 1961.

SCHMIDT, Alfred. *Der Begriff von Natur in der Lehre von Marx*. Hamburg: Europäische Verlagsanstalt, 1993.

SCHMITT, Carl. "Der Führer schützt das Recht". *In*: _____. *Gesammelte Schriften 1933-1936*: mit ergänzenden Beiträgen aus der Zeit des Zweiten Weltkriegs. Berlim: Duncker & Humblot, 2021.

_____. "Nationalsozialistisches Rechtsdenken". *Deutsches Recht: Zentralorgan des Bundes National-sozialistischer Deutscher Juristen*, Berlim, n° 10, Jahrgang 4, 23 mai. 1934.

_____. "Positionen und Begriffe im Kampf mit Weimar - Genf – Versailles". *In*: _____. *Schlußrede vor dem Staatsgerichtshof in Leipzig (1932)*. Berlim: Duncker & Humblot, 1994.

_____. *Der Begriff des Politischen*. 6ª ed. Berlim: Duncker & Humblot, 1996.

_____. *Interpretación Europea de Donoso Cortés*. Buenos Aires: Editorial Struhart & Cía., 2006.

_____. *Legalität und Legitimität*. 5ª ed. Berlim: Duncker & Humblot, 1993.

_____. *Staat, Bewegung und Volk*: die Dreigliederung der politischen Einheit. Hamburg: Hanseatische Verlagsanstalt, 1933.

## REFERÊNCIAS BIBLIOGRÁFICAS

SCHÜLE, Adolf. "Aus der Praxis des Staatsrechts. Einstweilige Verfügung in der Staatsgerichtsbarkeit – Zu dem Urteil des Reichsstaatsgerichtshofes vom 25. Juli 1932". *Archiv des öffentlichen Rechts*, vol. 23, 1933.

SCHUSTER, Rudolf (Coord.). *Deutsche Verfassungen. Die Verfassung des Deutschen Reiches (Weimarer Verfassung) von 11. August 1919*. München: Goldmann Verlag, 1992.

SCHWAB, George. *The Challenge of Exception – An Introduction to the Political Ideas of Carl Schmitt between 1921 and 1939*. Nova York/Londres: Greenwood Press, 1989.

SEELAENDER, Airton Cerqueira Leite. "Juristas e Ditadura: uma leitura brasileira". *In*: SEELAENDER, Airton Cerqueira Leite; FONSECA, Ricardo Marcelo. *História do Direito em Perspectiva*: do Antigo Regime à Modernidade. Curitiba: Juruá, 2009.

SEIBERTH, Gabriel. *Anwalt des Reiches*: Carl Schmitt und der Prozess "Preußen contra Reich" vor dem Staatsgerichtshof. Berlim: Duncker & Humblot, 2001.

SERRANO, Pedro Estevam Alves Pinto. *Autoritarismo e golpes na América Latina*: breve ensaio sobre jurisdição e exceção. São Paulo: Alameda Casa Editorial, 2016.

SHAKESPEARE, William. "The Merchant of Venice". *Shakespeare Comedies*, vol. I. Edited by Peter Alexander. Londres e Glasgow: Collins, 1963.

SILVA, Diogo Bacha e. *Desconstruindo o novo Constitucionalismo Latino-Americano*: o Tribunal Constitucional plurinacional e a jurisdição constitucional decolonial. Belo Horizonte: Conhecimento Livraria e Distribuidora, 2020.

SMALDONE, Willian. *Confronting Hitler*: German Social Democrats in Defense of The Weimar Republic, 1929-1933. Lanham: Lexigton Books, 2009.

SOUZA NETO, Cláudio Pereira de. *Democracia em crise no Brasil*: Valores constitucionais, antagonismo político e dinâmica institucional. São Paulo: Contracorrente, 2020.

SOUZA, Jessé. *A Elite do Atraso*: da Escravidão à Lava Jato. Rio de Janeiro: Casa da Palavra/LeYa, 2017.

_____. *A Radiografia do Golpe*. Rio de Janeiro: Casa da Palavra/LeYa, 2016.

STAFF, Ilse. "Constantino Mortati: Verfassung im Materiellen Sinn". *Quaderni Fiorentine per la Storia del Pensiero Giuridico Moderno*, vol. 23. Milano: Giuffrè, 1994.

_____. "Italien und der Faschismus. Ein Beitrag zu Hermann Hellers Faschismus-Interpretation". *In*: STAFF, Ilse; MÜLLER, Christoph (Coord.). *Der sozialer Rechtsstaat*: Gedächtnisschriften fü Hermann Heller. Baden-Baden: Nomos, 1984.

_____. *Staatsdenken im Italien des 20. Jahrhunderts*: ein Beitrag zur Carl Schmitt-Rezeption. Baden-Baden: Nomos Verlagsgesellschaft, 1991.

STAFF, Ilse; MÜLLER, Christoph (Coord.). *Staatslehre in der Weimarer Republik*: Hermann Heller zu ehren. Frankfurt am Main: Suhrkamp, 1984.

STEINKE, Ronen. *Fritz Bauer oder Auschtwitz vor Gericht*. München: Pipper Verlag, 2018.

STOLLEIS, Michael. *Geschichte des öffentlichen Rechts in Deutschland*. vol. 3. München: Verlag C. H. Beck, 1999.

_____. *Recht im Unrecht*: Studien zur Rechtsgeschichte des Nationalsozialismus. Frankfurt am Main: Suhrkamp, 2016.

_____. *Sozialistische Gerechtigkeit*: Staats- und Verwaltungsrechtswissenschaft in der DDR. München: Verlag, 2009.

_____. *The Law under the Swastika*: Studies on Legal History in Nazi Germany. Chicago e Londres: The University of Chicago Press, 1998.

STRECK, Lenio Luiz. "Intervenção federal ou militar? Ato discricionário? Qual é o limite?" *Consultor Jurídico*, 22 fev. 2018. Disponível em: https://www.conjur.com.br/2018-fev-22/senso-incomum-intervencao-federal-ou-militar-ato-discricionario-qual-limite. Acessado em: 29.08.2022.

_____. "O nome que o STF dá é o nome que fica? Eis o busílis do caso Delcídio!" *Consultor Jurídico*, 03 dez. 2015. Disponível em: https://www.conjur.com.br/2015-dez-03/senso-incomum-nome-stf-fica-eis-busilis-delcidio? Acessado em: 29.08.2022.

_____. "Tá lá um corpo estendido no chão! É a filigrana! É a Constituição!" *Consultor Jurídico*, 09 set. 2019. Disponível em: https://www.conjur.com.br/2019-set-09/ta-la-corpo-estendido-chao-filigrana-constituicao. Acessado em: 29.08.2022.

# REFERÊNCIAS BIBLIOGRÁFICAS

_____. *30 Anos da CF em Julgamentos*: uma radiografia do STF. Rio de Janeiro: Forense, 2018.

STUCKART, Wilhelm; HOEWEL, Harry von. *Der staatsaufbau des Deutschen reichs in systematischer darstellung (Neues staatsrecht III)*. Neue Gestaltung von Recht und Wirtschaft (Hrsg. von C. Schaeffer). 13. Heft. 4. Teil. Leipzig: Verlag W. Kohlhammer – Abteilung Schaeffer, 1943.

SULTANY, Nimer. "Marx and Critical Constitutional Theory". *In*: O'CONNEL, Paul; ÖZSU, Umut. *Research Handbook on Law and Marxism*. Londres: Edward Elgar Publishing Limited The Lypiatts, 2021.

SUPREMO TRIBUNAL FEDERAL. *Ação Cautelar n. 4.039*. Rel. Min. Teori Zavaski. Disponível em: https://portal.stf.jus.br/processos/detalhe.asp?incidente=4892330. Acessado em: 05.09.2022.

_____. *Ação Cautelar n. 4.070*. Rel. Min. Teori Zavaski. Disponível em: http://portal.stf. jus.br/processos/detalhe.asp?incidente=4907738. Acessado em: 25.07.2019 (segredo de justiça). Íntegra da decisão publicada disponível em: https://redir.stf.jus.br/paginadorpub/paginador. jsp?docTP=TP&docID=11899283. Acessado em: 20.01.2018.

_____. *Ação Direta de Inconstitucionalidade n. 5.526*. Rel. Min. Edson Fachin. Redator do Acórdão: Min. Alexandre de Moares. Julgamento em 11/10/2017. Disponível em: http://portal.stf.jus.br/processos/downloadPeca.asp?id= 314935383&ext=.pdf. Acessado em: 05.09.2022.

_____. *Agravo Regimental na Ação Cautelar n. 4.327*. Rel. Min. Marco Aurélio. Disponível em: https://portal.stf.jus.br/processos/detalhe. asp?incidente=5188006. Acessado em: 25.07.2018.

_____. *Arguição de Descumprimento de Preceito Fundamental n. 378*. Rel. Min. Edson Fachin. Rel. para acórdão Min. Luís Roberto Barroso. Disponível em: https://portal.stf.jus.br/processos/detalhe. asp?incidente=4899156. Acessado em: 05.09.2022.

_____. *Arguição de Descumprimento de Preceito Fundamental n. 390 – ADPF n. 390*. Rel. Min. Teori Zavascki. Disponível em: https:// portal.stf.jus.br/processos/detalhe.asp?incidente=4948745. Acessado em: 05.09.2022.

_____. *Arguição de Descumprimento de Preceito Fundamental n. 391 – ADPF n. 391*. Rel. Min. Teori Zzavascki. Disponível em: https://

portal.stf.jus.br/processos/detalhe.asp?incidente=4948829. Acessado em: 05.09.2022.

_____. *Impeachment*. Brasília, DF: Imprensa Nacional, 1995.

_____. *Inquérito n. 4.483*. Rel. Min. Edson Fachin. Disponível em: https://portal.stf.jus.br/processos/detalhe.asp?incidente=5174909. Acessado em: 25.05.2020.

_____. *Mandado de Segurança n. 34.070*. Rel. Min. Gilmar Mendes. Disponível em: https://portal.stf.jus.br/processos/detalhe.asp?incidente=4948822. Acessado em: 05.09.2022.

_____. *Mandado de Segurança n. 34.071*. Rel. Min. Gilmar Mendes. Disponível em: https://portal.stf.jus.br/processos/detalhe.asp?incidente=4948919. Acessado em: 05.09.2022.

_____. *Mandado de Segurança n. 34.609*. Rel. Min. Celso de Mello. Disponível em: https://portal.stf.jus.br/processos/detalhe.asp?incidente=5126193. Acessado em: 05.09.2022.

_____. *Mandado de Segurança n. 34.615*. Rel. Min. Celso de Mello. Disponível em: https://portal.stf.jus.br/processos/detalhe.asp?incidente=5127429. Acessado em: 05.09.2022.

_____. *Mandado de Segurança n. 37.097*. Rel. Min. Alexandre de Moraes. Disponível em: https://portal.stf.jus.br/processos/detalhe.asp?incidente=5899275. Acessado em: 05.09.2022.

_____. *Reclamação n. 23.457*. Rel. Min. Teori Zavascki. Disponível em: https://portal.stf.jus.br/processos/detalhe.asp?incidente=4951535. Acessado em: 05.09.2022.

_____. *Reclamação n. 29.508*. Rel. Min. Cármen Lúcia. Disponível em: https://portal.stf.jus.br/processos/detalhe.asp?incidente=5341589. Acessado em: 05.09.2022.

_____. *Reclamação n. 43.007*. Rel. Min. Ricardo Lewandowski. Disponível em: https://portal.stf.jus.br/processos/detalhe.asp?incidente=5990778. Acessado em: 10.12.2020.

TAVARES, Francisco Mata; BENEDITO, Sérgio Mendonça. "Pós-democracia no Sul Global: Uma Leitura Sociofiscal dos Confrontos Políticos e da Ruptura Institucional no Crepúsculo da Nova República Brasileira (2003-2017)". *Revista Sul-Americana de Ciência Política*, vol. 4, nº 2, 2018.

REFERÊNCIAS BIBLIOGRÁFICAS

TAVARES, Francisco Mata; RAMOS, Pedro Victor Garcia. "O novo regime fiscal brasileiro e a democracia: interpretações sobre uma incompatibilidade". *Boletim Goiano de Geografia*, Goiânia, vol. 38, nº 3, set./dez. 2018.

TAVARES, Francisco Mata; SILVA, Gustavo. "A ciência política brasileira diante do novo regime fiscal: para uma Agenda de pesquisas sobre democracia e Austeridade". *Dados*, Rio de Janeiro, vol. 63, nº 2, set./dez. 2018.

TAVOLARI, Bianca. "Weimar... e então? Formação e atualidade da Constituição de Weimar". *Revista Direito e Práxis*, Rio de Janeiro, vol. 10, nº 2, 2019.

TEITELBAUM, Raul. "Hans Globke and the Eichmann Trial: a Memoir". *Israel Journal of Foreign Affairs*, 5:2, 2011.

TEXTIER, Jacques. *Democracia e revolução em Marx e Engels*. Rio de Janeiro: Editora UFRJ, 2005.

THOMA, Richart. "Gerhard Anschütz: Zum 80. Geburtstag". *Deutsche Rechts-Zeitschrift*, 2. Jahrg., H. 1 jan. 1947.

TRIBUNAL REGIONAL FEDERAL DA 4ª REGIÃO. *P.A. Corte Especial nº 0003021-32.2016.4.04.8000/RS*. Rel. Des. Fed. Rômulo Pizzolatti. Acessado em: 23.09.2016.

TRIEPEL, Heirich. "Die Entscheidung des Staatsgerichtshofs im Verfassungsstreite zwischen Preußen und dem Reiche". *In*: BOGDANDY, Armin von; MEHRING, Reinhard (Coord.). *Heinrich Triepel – Parteienstaat und Staatsgerichtshof*: Gesammelte verfassungspolitische Schriften zur Weimarer Republik. (Beiträge zum ausländischen öffentlichen Recht und Völkerrecht). vol. 300. Baden-Baden: Nomos Verlagsgesellschaft, 2021.

_____. *Die Hegemonie*: Ein Buch von führenden Staaten. Stuttgart: Verlag von W. Kohlhammer, 1943.

TROTSKY, Leon. "What is National Socialism?" *Writings in Exile*. Edited by Kunal Chattopadhyay and Paul Le Blanc. Londres: Pluto Press, 2012.

TUSHNET, Mark. *The New Fourth Branch*: Institutions for Protecting Constitutional Democracy. Cambridge: Cambridge University Press, 2021.

URBACH, Karina. *Hitlers heimlicher Helfer*: Der Adel im Dienst der Macht. Darmstadt: WBG-Theiss, 2019.

URWAND, Ben. *Der Pakt*: Hollywoods Geschäfte mit Hitler. Darmstadt: Theiss/Wissenschaftliches Buchgesellschaft, 2017.

VALADÃO, Rodrigo Borges. "A Luta contra a Teoria Pura do Direito na República de Weimar e o caminho para o Nacional-Socialismo". *Revista Eletrônica da Procuradoria Geral do Estado do Rio de Janeiro*, Rio de Janeiro, vol. 3, nº 3, set./dez. 2020.

VALIM, Rafael. *Estado de Exceção*: a Forma Jurídica do Neoliberalismo. São Paulo: Contracorrente, 2017.

VITA, Letícia. "El conflito de Prusia contra em el Reich". *In*: CASQUETE, Jesús; TAJADURA, Javier (Coord.). *La Constitución dde Weimar*: Historia, Política e Derecho. Madrid: Centro de Estudios Políticos y Constitucionales, 2020.

_____. *Prusia contra el Reich ante al Tribunal Estatal – La sentencia que enfrentó a Hermann Heller, Carl Schmitt e Hans Kelsen em Weimar*. Bogotá: Universidad Externado de Colombia, 2015.

VOLTAIRE. *Dictionnairie Philosophique*. Le chasseur abstrait, 2005.

WALLERSTEIN, Immanuel. *World-Systems Analysis*. Duke e Londres: Duke University Press, 2007.

WASSERMANN, Rudolf. *Der politische Richter*. München: R. Piper & Co. Verlag, 1972.

_____. *Justiz und Nationalsozialismus zur Aufarbeitung der NS-Vergangenheit durch die Justiz*. München: Luchterhand, [s.d.].

_____. *Richter, Reform, Gesellschaft*: Beiträge zur Erneuerung der Rechtspflege. Karlsruhe: Verlag C. H. Müller, 1970.

WEBER, Max. "Politik als Beruf". *In*: BAIER, Horst; LEPSIUS, M. Rainer; MOMMSEN, Wolfgang J.; SCHLUCHTER, Wolfgang; WINCKELMANN, Johannes (Coord.). *Max Weber Gesamtausgabe*. vol. 17. Tübingen: Mohr Siebeck, 1992.

WEIZEN, Hans Willi. *Gewerkschaften und Sozialismus*: Naphtalis Wirtschaftsdemokratie und Agratz' Witschaftsordnung. Frankfurt am Main: Campus-Verlag, 1982.

YPI, Lea. "Democratic dictatorship: Political legitimacy in Marxist perspective". *European Journal of Philosophy*, 2020.

REFERÊNCIAS BIBLIOGRÁFICAS

ZAFFARONI, Eugenio Raul. *Doutrina Penal Nazista*: a Dogmática Penal Alemã entre 1933 a 1945. Florianópolis: Tirant lo Blanch, 2019.

ZIMMERMANN, Reinhard. "O Código Civil alemão e o desenvolvimento do Direito Privado na Alemanha". Tradução, revisão e notas: Arthur Maximus Monteiro, João Carlos Mettlach, Otavio Luiz Rodrigues Júnior e Jan Peter Schmidt. *Revista de Direito Civil Contemporâneo*, vol. 12, ano 4. São Paulo: RT, jul.-set. 2017.

ZINN, Howard. *A People's History of the United States*: 1492-Present. Nova York: Harper Perennial, 2010.

# NOTAS

# NOTAS

A Editora Contracorrente se preocupa com todos os detalhes de suas obras! Aos curiosos, informamos que este livro foi impresso no mês de outubro de 2023, em papel Pólen Natural 80g, pela Gráfica Copiart.